數百年舊家無非積德

第一件好事還是讀書

張元濟 書

鸣沙

005

种瓜得豆

清末民初的阅读文化与接受政治

修订版

张仲民 著

社会科学文献出版社
SOCIAL SCIENCES ACADEMIC PRESS(CHINA)

谨以此书纪念先慈李秀花女士

（1953.7.22～2014.1.12）

再版自序

　　本书初版 2016 年问世之后，曾引起书评界和学界一些反响。其中，澎湃新闻的黄晓峰兄率先提出若干小标题上的修改意见，上海中医药大学的裘陈江博士指出两处引用书名上的错误，本系曹南屏博士则指出了一个以今律古的地域区划错误，湖南师范大学吴仰湘教授则告诉我《皮锡瑞日记》中所提及的"蓉墅"情况，同济大学的叶隽教授也指出一处英文引用的疏失。最可感者是广东行政学院张求会教授，他细心校改拙书，指出多处书写或印刷上的漏失。这些问题，此前的初版重印本（2017）中已经大部分更正，这里再借此次出修订版的机会特别向他们六位表达感谢。同时也向为本书撰写过评论的戴海斌兄、饶佳荣兄、刘苏里先生、刘文楠教授、林颐先生、张求会教授、叶隽教授、傅杨兄、陈思言、郑渝川先生、俞诗逸同学、邓倩倩同学和刁培俊兄等表示感谢。同样要感谢的，还有其他一些读者或网友的意见反馈，尽管个别评论和反馈也不乏误读和苛责之处。

　　接下来简要回应一下某些读者对拙著的评论。有评论者指出笔者使用的材料太多，解读太少，这或许是笔者长期以来的顽固所致——笔者觉得让史料自身说话，而不是由研究者简化代言，或许更有助于增加论述的说服力，同时也可以让读者更好意识到引用者或解读者是否存在附会、歪曲或割裂史料之处。当然此做法更可能是与笔者的才思困顿、有心无力有关，只好偷懒。

　　还有读者质疑拙著不关注读者反应，用的皆是精英资料等。其实本书最重要的出发点即是侧重于传播学的视角，侧重于读者反应，尤其是关注非精英读者的反应，并试图运用多种类型的材料（包括一些精英史料）来再现他们的声音，这也是十几年来笔者在做阅读史研究中一直坚持的。

总之，很荣幸这本旧作能够有机会出修订版。过去五年，笔者一直在对此书进行完善补充，特别是利用最近几年新读到的资料，对初版中的各章节内容进行了增补，篇幅增加七万字左右，尤其是对引论部分和第七章内容进行了重写，各章节标题也有更改，同时更正了一些错讹之处，删除了个别武断之论。在此意义上，与旧版相比，修订版应该会问题稍少一些。只是鉴于新版字数稍多，为了节约篇幅，就舍去了2016年初版中王汎森先生的序言与作者的致谢。

在撰写与修订本书的过程中，有幸得到诸多学者、师长和朋友的指点与帮助，本书初版致谢中已经表达，这里再补上本书修订过程中惠予帮助以及初版时没有来得及感谢的师友。他们是本书初版时的责编赵薇、邵璐璐、夏仲壮、李期耀四位，以及负责同我接洽联络的宋荣欣主任，他们当年耗费假日审稿，对我反复多次的修正也不厌其烦，特别应该表达迟到的谢意。最后感谢这次修订版的责编陈肖寒博士。他本人即是一位颇为优秀的历史研究者，由他负责本书的编校工作，无疑也是笔者的幸运，而他细心的编校，的确纠正了一些笔者习焉不察的问题。当然还要谢谢《新京报》和国家图书馆，让笔者在2017年初先后获得两个意外之喜。

目 录

引　论　　　　　　　　　　　　　　　　　　　　　001

　一　"新名词入诗"　　　　　　　　　　　　　　001

　二　新名词之批评　　　　　　　　　　　　　　008

　三　捍卫新名词　　　　　　　　　　　　　　　024

　四　表达与实践　　　　　　　　　　　　　　　033

　五　新名词之运用　　　　　　　　　　　　　　037

　六　本书主旨　　　　　　　　　　　　　　　　053

第一章　清季启蒙人士改造大众阅读文化的论述与实践　055

　导　言　　　　　　　　　　　　　　　　　　　055

　一　前现代中国阅读文化管窥　　　　　　　　　058

　二　新小说　　　　　　　　　　　　　　　　　070

　三　改良戏曲　　　　　　　　　　　　　　　　080

　四　检讨　　　　　　　　　　　　　　　　　　093

　小　结　　　　　　　　　　　　　　　　　　　115

第二章　"淫书"的社会史　　　　　　　　　　　　120

　导　言　　　　　　　　　　　　　　　　　　　120

　一　强种关怀　　　　　　　　　　　　　　　　121

　二　广告宣传　　　　　　　　　　　　　　　　124

　三　著译旨趣　　　　　　　　　　　　　　　　137

四　译者与作者　　　　　　　　　　146

五　支持者的表态　　　　　　　　　155

六　反对者的批评　　　　　　　　　162

七　梁启超的指责　　　　　　　　　173

小　结　　　　　　　　　　　　　　184

第三章　"黑格尔"的接受史　　　　188

导　言　　　　　　　　　　　　　　188

一　译介黑格尔　　　　　　　　　　192

二　哲学译著中的黑格尔　　　　　　201

三　援用黑格尔　　　　　　　　　　208

四　章太炎与黑格尔　　　　　　　　222

小　结　　　　　　　　　　　　　　231

第四章　"古腾堡"的接受史　　　　238

导　言　　　　　　　　　　　　　　238

一　古腾堡的西方形象　　　　　　　241

二　中西印刷术对比　　　　　　　　262

三　发明古腾堡　　　　　　　　　　276

四　中国印刷术与古腾堡　　　　　　292

小　结　　　　　　　　　　　　　　300

第五章　世界语的接受史　　　　　311

导　言　　　　　　　　　　　　　　311

一　刘师培初倡世界语　　　　　　　313

二　刘章分歧　　　　　　　　　　　318

三　坐言起行　　　　　　　　　　　327

四　事随境迁 338

小　结 348

第六章　五四新文化运动的在地化 354

导　言 354

一　出道 356

二　福湘女校事件 360

三　《湖南教育月刊》 364

四　求助名流 371

五　其他活动 376

六　接受及传播 379

小　结 383

结　语　种瓜得豆 387

一　"唯公言是听" 387

二　"亡国之媒" 419

三　"以学亡国" 438

参考文献 444

引　论

一　"新名词入诗"

1903 年 1 月 8 日，上海一个立场比较激进的杂志《大陆报》第 2 期"文苑"栏目刊登了七首未署名的新名词诗歌，其中一首云："倡女权，制人格，扬眉吐气。驱异族，返黑龙，神州重复文明俗，黄人一雪努力耻。痛饮威士忌几千钟，痛饮白兰地几千钟。"① 看得出，这首充满新名词（如"女权""人格""神州""文明""黄人""威士忌""白兰地"等）的"漫歌"用语拼凑，品质不佳。同期《大陆报》及该杂志其他期乃至当时诸多趋新报刊上登载的新名词诗，品质也大多相仿。

其实，由于字数、平仄、押韵等的限定，诗这一传统文体并不太适合用不雅不驯的外来新名词填充，但是这样的"新名词入诗"表达虽然往往流于粗率——正如梁启超当时的反思"盖当时所谓新诗者，颇喜扯新名词以自表异"，② 在当时却非常吸引年轻人，正好反映了 19 世纪末以来梁启超等人通过《清议报》《知新报》《新民丛

---

① 《游上野不规则之漫歌》，《大陆报》第 2 期，光绪二十八年十二月初十日，"文苑"，第 1～2 页。
② 梁启超：《饮冰室诗话》，人民文学出版社，1982，第 49 页。

报》等报刊发起的"诗界革命"之影响。① 如这时（约 1903 年初）喜欢读新书新报的二十岁青年吕思勉即写下一首新名词诗言志，自比法国启蒙思想家卢梭："欲倡东方民约论，廿年落拓一卢梭。关山萧瑟悲秋气，风日苍凉感逝波。不为恩仇始流血，尽夺新旧费调和。闻鸡起舞中原意，我亦年年夜枕戈。"据作者自述，写作这首诗时自己"思想极驳杂，为文喜学龚定庵，又读梁任公先生之文，慕效之，诗文皆喜用新名"。② 而受到趋新风气影响的武昌少年朱峙三在 1906 年自己二十岁时也拟写十首七绝诗作为纪念，"时尚文明，遂用新名词于诗句中"，但仔细阅读诗作后，朱峙三自感"不佳，拟毁去"③。更有人用新名词去填充艳诗。像《新世界小说报》1906 年第 1 号即刊出一则青年学生使用新名词的艳联："留学生某将授室，同学拟以联幛为贺，苦无佳句。某君为撰一联云：方针直接中心点，团体膨胀势力圈。更大书'咄咄咄'三字为幛额，见者绝倒。"④ 诸如此类的情况，或不足为训，却显示出新名词对于当时青年学生的吸引力。

其实庚子以后，随着留学生特别是留日学生日多，翻译事业大盛，受到梁启超影响宣传新学的报刊也日益增多，致使来自"译本书、时报纸"中的新名词越发泛滥，⑤ 弥漫于各种文类中。上述"新名词入诗"的现象即其反映。

---

① 有关情况可参看胡全章《近代报刊与诗界革命的渊源流变》，北京大学出版社，2017。

② 转见李永圻、张耕华编撰《吕思勉先生年谱长编》上册，上海古籍出版社，2012，第 88~89 页。该诗又收入《吕思勉遗文集》下册，华东师范大学出版社，1997，第 655 页。

③ 胡香生辑录《朱峙三日记》，光绪三十二年七月二十一日，华中师范大学出版社，2011，第 186 页。

④ 长城不才子：《新名词之运用》，《新世界小说报》1906 年第 1 号，"杂志"，第 4 页。

⑤ 参看《四川学使吴蔚若通敕示谕》，《大公报》1903 年 2 月 21 日，第 4 页。

面对此种情形，一些清廷大员如张百熙、荣庆、张之洞认为在当时形势下除"文以载道"之外，"今日时势更兼有文以载政之用，故外国论治、论学，率以言语文字所行之远近，验权力教化所及之广狭"。但鉴于"近日少年习气，每喜于文字间袭用外国名词谚语，如团体、国魂、膨胀、舞台、代表等字"，又喜"剽窃西学"，撷拾"外国一二字样、一二名词"而有"犯上作乱""摇惑人心"之举，三人担心"中国之学术风教，亦将随之俱亡"，遂在所起草的纲领性文件《学务纲要》中明确反对新名词对中国"文体"的"阑入"——"戒袭用外国无谓名词，以存国文，端士风"。其反对的是看来更"正宗"的西化与日化的思想资源，需要借此对新名词和新学进行正本清源的工作：

> 近来少年躁妄之徒，凡有妄谈"民权""自由"种种悖谬者，皆由并不知西学、西政为何事，亦并未多见西书。耳食臆揣，腾为谬说。其病由不讲西国科学而好谈西国政治法律起，盖科学皆有实艺，政法易涉空谈，崇实戒虚，最为防患正俗要领。日本教育名家，持论亦是如此。[①]

充满悖论的是，这个反对新名词的文件亦不得不援引新名词和外来的新思想资源。连充满本土文化优越感、坚持"新名词不可用"的清廷大员张之洞亦无法避开这个困扰，[②] 乃至他去世后都是如此。

---

① 张百熙、荣庆、张之洞：《学务纲要》（光绪二十九年十一月），收入舒新城编《中国近代教育史资料》上册，人民教育出版社，1980，第205～208页。引文标点有更动。需要提醒的是，该文件虽然由张百熙、荣庆、张之洞及其幕僚共同起草，但内容显然必须经过三人同意才能上报与公开发表。在此意义上，该文件当是三人相互妥协的产物。

② 参看胡思敬《国闻备乘》，上海书店，1997，第84～85页；瞿兑之《杶庐所闻录·故都闻见录》，山西古籍出版社，1996，第27～28页；黄濬《花随人圣庵摭忆》，山西古籍出版社、山西教育出版社，1999，第562～563页。

1909 年 10 月 11 日，中外官绅、留日学生、中国驻日公使等人特意在东京本愿寺开"追悼会"纪念他，① 而"追悼会"一词也是当时刚刚兴起的一个时髦名词。其实，张之洞本人并没有那么抗拒新名词，他也曾"自撰"《学堂歌》（1904），内中大量使用了诸如中国、德育、体育、卫生、公德、赤道、中央、五大洲、地球、文明、黄种、科学、变迁、思想、国文、权利、自由、民权、革命、遗产等新名词，尽管他在使用其中某些词时不乏批评谴责之意。② 该歌曾在湖北学堂中广为传唱，趋新的朱峙三认为其颇为顺口押韵，特意请人在其任教的学堂教授该歌。③ 当时正在武昌上私塾的冯友兰也学过该歌，晚年回忆时还对其印象颇为深刻。④

　　风气所趋，很多官员在章奏及日常生活中也经常使用新名词装点门面，即严复所谓"笃旧诸公近亦稍知西学，无往不论自由，无书不主民权"。⑤ 到 1907 年时，又有御史鉴于其"阅各省督抚章奏中多用新名词"，与朝廷尊孔及以经史为学堂必修科目宗旨相背离，遂上折请求禁止官员在奏章中使用新名词，然而清廷高官不但无人理会，且还讥笑之，"疏入，政府诸公均非笑之"。⑥ 包天笑对此也发表评论挖苦道：

　　　　张南皮昔日禁人用新名词，而今日章奏中盛用新名词，遂为

<hr>

① 参看《为张文襄开追悼会》，《顺天时报》1909 年 10 月 13 日，第 2 版。
② 转见王扬宗编校《近代科学在中国的传播》下册，山东教育出版社，2009，第 608～614 页。
③ 胡香生辑录《朱峙三日记》，光绪三十二年四月二十七日，第 179 页。
④ 参看冯友兰《三松堂自序》，江苏文艺出版社，2011，第 8～9 页。
⑤ 《与熊季廉书（五）》，收入孙应祥、皮后锋编《〈严复集〉补编》，福建人民出版社，2004，第 232 页。
⑥ 参看《请禁章奏用新名词》，《广益丛报》第 5 年第 3 期，光绪三十三年三月初十日，"纪闻"，第 1 页。

某御史所参。谓嗣后应不准用新名词，以重国粹。虽然"新名词"新名词也，"国粹"亦新名词也。我知他日必又有一御史以参御史之用新名词矣。①

不过，此时身为管理学部的军机大臣，张之洞鉴于学部来往公文禀牍"参用新名词者居多，积久成习，殊失体制"，又通令禁止来往公文禀牍中使用新名词，"通饬各司嗣后无论何项文牍，均宜通用纯粹中文，毋得抄袭沿用外人名词，以存国粹"。② 只是当时朝野上下竞相趋新，"辛丑、壬寅以后，无一人敢自命守旧"，③"人人欲避顽固之名"（胡思敬语），④ 援引新名词成为时髦，张之洞的劝诫根本无人肯听。故此，当时清廷的上谕，官方的文牍，官员的条陈，考生的试卷，报刊上的商业广告与社团启事，坊间出版的各类教科书、唱歌集、新的戏曲小说等各种文类之中，均散布着各式各样的新名词。即便是清廷高官如军机大臣那桐、直隶总督端方也不讳言新名词，甚至主动使用某些比较敏感的新名词。1909 年 9 月 8 日的天津《大公报》刊出一则有关时人抵制日货事的报道：

> 日前驻京某国公使往谒那相国，因北京某某两报对于该国货品倡言抵制，业已登载数次，请由民政部预行严禁，以笃邦交等

① 笑：《新名词》，《时报》1907 年 3 月 5 日，第 3 页。
② 《张中堂禁用新名词》，《秦中官报》光绪戊申年第 1 册，"学务"，第 2 页。
③ 梁启超：《读十月初三日上谕感言》，《饮冰室合集·文集之二十五》第 3 册，中华书局，1989，第 145 页。
④ 有关清末朝野上下群相趋新的情况，可参看罗志田《革命的形成：清季十年的转折》，《近代史研究》2012 年第 3、6 期，2013 年第 6 期。胡语见该文 2012 年第 6 期，第 19 页。

情。闻那相国对以此次风潮亦我国人民自由之行动，官场无法干预，未识某公使如何答复。①

该报道后来分别被《汉口中西报》和《神州日报》以《那相维持言论自由》为标题进行了转载。②转载十天后，《神州日报》又报道了天津某校学生公开发送抵制日货传单，结果被地方官缉拿押送给新任直隶总督端方裁决。端方表示学生热心国事，应不予追究，送回学校由监督管束即可。第二天在召见提学使及各学堂总办、监督时，端方又表示："货品买卖，固属个人自由，官府未便干预，但聚会联络，终非学生所当为，各官回堂，明白晓谕，勿酿事端。"③诸如此类的案例，均表明新名词在当时受到的欢迎程度，如朱峙三后来反思清末他为《汉口中西报》《群报》所作的四十余篇论说时所言，"纯以新名词填塞为文，此当时流行文字，可笑也"。④或许是新名词太过流行，容易被滥用和引起争议，摄政王载沣不得不对此有所表示，专门示意宪政编查馆总务处帮总办汪诒书，"凡关于宪政章程，少用新名词"。⑤同时载沣还要求各御史在奏折中

---

① 《外人干涉内地报馆》，《大公报》1909 年 9 月 8 日，第 2 张。
② 《那相维持言论自由》，《汉口中西报》1910 年 9 月 9 日，"新闻"，第 1 页；《那相维持言论自由》，《神州日报》1909 年 9 月 14 日，第 2 页。
③ 《端督之丰采可畏爱》，《神州日报》1909 年 9 月 24 日，第 2 页。不过端方后来很趋新，"锐意新政，所至以兴学为急"，其程度为清末地方督抚中少见，还被外媒誉为清廷内部"立宪党之首领"。端方所反对的大概只是更激进的新名词与革命学说，尽管其目的或如时人（约 1907 年）所讥："是前之立宪之说，不过为骗取南洋计，与《劝善歌》同一用意也。"胡思敬 1910 年在端方失势后也讽刺端方趋新目的："借是以要（邀）时誉。"参看吴庆坻《端总督传》，收入端方《端忠敏公奏稿》，文海出版社，1967，第 8 页；《端督落职后之外论》，《神州日报》1909 年 11 月 28 日，第 1 页；尹克昌函（15），收入上海图书馆编《汪康年师友书札》（2），上海古籍出版社，1986，第 19 页；《御史胡思敬奏立宪之弊折》，收入故宫博物院明清档案部编《清末筹备立宪档案史料》上册，中华书局，1979，第 346 页。
④ 胡香生辑录《朱峙三日记》，1916 年 3 月 18 日，第 467 页。
⑤ 《本馆专电》，《新闻报》1909 年 4 月 3 日，第 1 张。

不准抄袭报纸杂志言论，① 实际也是禁止他们随意援引报章中的新名词。

简言之，新名词在清末大量出现及流行的前提预设是积贫积弱的中国不如欧美、日本，本土文化不如外来资源，中国必须取法列强。如时人的自嘲："中国积弱至此，安有学？即有学，安敢与外人较优劣？"② 康有为也说：

> 今吾国人乃以一日之孱弱，迷于日本之新书，醉于欧美之强盛，不问是非，不审时宜，即使出自欧美及日本下愚人之论说，则亦尊尚之，盲从之。于是凡中国之旧说，不论其为圣贤豪杰、圣经贤传，悉弃去之。③

取法欧美、日本的途径自然是翻译援用"他国之思想学术以供吾民之吸取"，④ 因"欧美各国"的强国之道正落脚于此。文以载道，那些被译介进来象征"文明""先进"的新名词自然非常具有吸引力，让很多人包括那些有势力和有地位者，都望风而拜，将之作为趋新的符号与自我标榜的旗帜。一如辜鸿铭的讽刺："好大喜功之督抚，遇事揽权之劣绅，欲借此以徼名利耳。"⑤ 时论也有类似挖苦："官场禀批、公牍亦往往有于俗不可耐之文词中杂以三五新名词，可

---

① 《摄政王不准各御史抄袭报纸》，《汉口中西报》1910年4月3日，"新闻"，第1页。
② 胡思敬：《国闻备乘》，第43页。
③ 《英国监布烈住大学华文总教习斋路士会见记》（1904年），姜义华、张荣华编校《康有为全集》第8集，中国人民大学出版社，2007，第35~36页。
④ 《译书难易辨》，《大陆报》第5期，光绪二十九年三月初十日，"论说"，第7页。
⑤ 《外务部员外郎辜汤生陈言内政宜申成宪事宜定规制并请降旨谕不准轻改旧章创行新政呈》（光绪三十三年十月），收入故宫博物院明清档案部编《清末筹备立宪档案史料》上册，第309页。

噬孰甚。"① 过犹不及，新名词的普遍流行也引起许多人的担忧，他们从不同角度分析批评新名词的泛滥情形及迷恋新名词会导致的危害。

二　新名词之批评

今日我们最容易看到的批评新名词的论述来自时论，当时诸多报刊对此纷纷发表意见，批评这些主要来自日文中的新名词。② 像上海《申报》即曾多次刊发评论对新名词流行表达反对意见，只是其前后表达反对的依据却不太相同。在 1905 年前反对新名词的论述中，时尚守旧的《申报》因为惧怕隐藏在新名词背后的革命诉求而反对新名词。如其在 1902 年发表的一篇"社说"中批评"今日应试之士"，"刺取《新民丛报》及近人所译和文诸书中各字面，诩诩自得，号为新奇"，此种做法"嚣张谬戾，不特有乖于学术，抑且有害于人心"。进而，该文开始为当时尚不太趋新的湖北巡抚端方所出"示预"中的"简明章程七条"背书，希望士子引以为戒："近日文体多歧，如改良、基础、目的、问题、二十世纪、四万万人之类，不可枚举，徒令阅者生厌……若夫革命、流血等说，则词涉悖乱……"警告士子不要用"改良、基础、目的、问题、二十世纪、四万万人"等语，

---

① 《论文字之怪现象》，《申报》1906 年 6 月 30 日，第 1 张第 2 版。
② 关于清末时人及部分时论对新名词的态度，可参看罗志田《抵制东瀛文体：清季围绕语言文字的思想论争》，《历史研究》2001 年第 6 期；黄克武《新名词之战：清末严复译语与和制汉语的竞赛》，《中央研究院近代史研究所集刊》第 62 期，2008 年 12 月；沈国威《近代中日词汇交流研究：汉字新词的创制、容受与共享》，中华书局，2010，第 285～320 页。其他相关的研究者还有实藤惠秀、冯天瑜、王汎森、桑兵、潘光哲、黄兴涛、陈力卫、孙江、章清等，以及一些较为年轻的学者，此处不再一一列举其具体成果。

否则不仅贻笑大方，还自毁前程。① 两年多以后，《申报》继续直斥留日学生无知无学，以致被"革命"等富有激进色彩的新名词诱惑，盲从于外来的新思潮，而忘却其本来职分及中国原有文化：

> 我见今之所谓学生，略语捱皮西提温多的里，即喜新厌故，争思游学东瀛。于是易短衣，去发辫，屐声阁阁，趾高气扬。及在彼中留学一二年，乞假归国，则革命流血之毒已深入于心，平权自由之言竟妄腾诸口，薄父母为顽固，视朝廷若仇雠，狼顾鸱张，恣睢夸诞，日惟以排满灭清诸谬说，公然宣布于大廷广众之中。及考其所学何如，则华文固一无所知，即年来所习之和文，亦只以国脑、国粹、起点、内容、个人、广告、视线、社会、影响、单简、进步、国民、目的、脑筋、学界、商界、舞台、惨剧诸词头，填砌满纸，不伦不类，似通非通，叩以彼中之经史百家、兵刑礼乐、天文舆地、化电声光，下逮商贾农桑、百工杂技，不特专门学问无一擅长，即所谓普通者，亦大半茫然不知，瞠目无能对答。②

当 1905 年初《申报》立场逐渐趋新后，③ 它对于新名词的批评则不再聚焦于蕴藏在其背后的政治危险，而是批评人们盲从新名词带来的恶果，"实为亡国之阶"：

> 新名词未入之前，中国民德尚未消亡，既有新名词之输入，

---

① 《书鄂闻文告后》，《申报》1902 年 9 月 7 日，无标注版面。
② 《说学》，《申报》1904 年 11 月 29 日，第 1 版。
③ 关于 1905 年前后《申报》持论立场的转变情况，可参看徐载平、徐瑞芳《清末四十年申报史料》，新华出版社，1988，第 97~105 页。

而后宗教不足畏、格言不足守、刑章不足慑、清议不足凭，势必率天下之民尽为作奸之举，而荡检逾闲之行不复自引为可羞……推其极弊，实为亡国之阶。①

在其他评论中，《申报》还呼吁应该禁止官员在奏章中援引新名词。② 由前引《广益丛报》上《请禁章奏用新名词》的材料可知，《申报》上的这种呼吁大概很难得到朝野的有效响应。

与转变后的《申报》相似，立场趋新的《神州日报》亦发表有类似评论，批评新名词成为许多人的护身符，让他们有借口可以任性妄为，对国民道德造成极大危害：

> 新名词流行，而人乃悍然以圣贤为不足法，名教为不足畏，清议为不足惧……凡所谓新学新理者，不足为行己求学之助，而适成护身文过之符，不及今救正之，则数十年后必至智育日益进，而德育日益亡。窃科学之作用，以逞诳骗淫恶之行；挟权力之诸言，以为利己损人之具。③

同在上海的《南方报》也发表有相似的意见，批评当时受西潮激荡而兴起的新名词，其"主义"多被时人假借与滥用，造成的危害很大：

> 近数年间，欧化东渐，如波斯荡。其影响尤巨、其效用尤神

---

① 汉：《论新名词输入与民德堕落之关系》，《申报》1906 年 12 月 13 日，第 1 张第 2 版。该文又先后被《东方杂志》与《北洋官报》转载，被认为系刘师培所作，收入万仕国辑《刘申叔遗书补遗》上册，广陵书社，2008，第 457~458 页。
② 《奏请章奏禁用新名词》，《申报》1907 年 3 月 2 日，第 1 张第 4 版。
③ 《论国民道德堕落之原因》，《神州日报》1908 年 7 月 19 日，第 1 页。

者，则为"权利""自由"两主义……第即一知半解之伦，肆口鼓吹，附会臆说，充其放纵悖戾之气，足使数千年固有之民德裂冠破冕，不欲置诸其脑中。而小子后生，性根未定，此亦权利，彼亦自由，不问其真理之何若，而一本其习闻之由来，谬想浸淫，铸成国脑，于是而风纪问题遂为今日救俗之必要……①

《南方报》另外一篇批评所谓新学志士的文章，亦说到这些"自号为志士者"不过借新学求利求名，浑水摸鱼，其实际水准与作为让人不齿：

> 察其研求新学之故，岂真知国势之阽危，思发愤为雄哉？彼其用心不以为将救同胞，而以为吾但托"自由""平等"之名词，习"爱皮西地"之英语，上者可以得高位、荣妻孥、夸乡里，下者亦不失为书局之议员、学堂之教习，终较胜于昔日之蒙馆。其用心既如此，是以听其言则言言皆忧国，观其行则在在皆图私。假自制之美誉，以巴结官场；借教育之虚名，以运动公款。因利权而冲突，无血非凉；为势力而竞争，有心必热。②

有趣的是，这两篇批评新名词及其滥用者的论述中（及该文全文中）同样大量使用了诸如"主义""民德""真理""国脑""交际""公德""过渡时代""社会""性质""资格"之类的新名词，也使用了似通非通的日化句式。其实，《南方报》一直在大量使用新名词与日化句式，这里对新名词的指责与其说是批评，毋宁说是

---

① 锐：《论今日社会交际之两大病》，《南方报》1906 年 12 月 28 日，"新闻"，第 1 页。
② 《论士夫无耻为积弱之原因》，《南方报》1907 年 3 月 10 日，"新闻"，第 1 页。

提醒与自省。

北方趋新的《大公报》也刊载过多篇评论，对滥用新名词现象进行谴责，其中一篇曰：

> 吾尝见我中国今日有一种自诩文明者，不过多读几卷新译书籍，熟记许多日本名词，遂乃目空一切、下笔千言，袭西人之旧理论，作一己之新思想，以狡诈为知识之极点，以疏狂为行止之当然，以新学为口头禅，以大言为欺人术，自高其格曰吾文明也。[①]

《大公报》上另外一篇评论甚至称当时滥用新名词的人为"学魔"：

> 兹之所谓魔者，业无根底，格不完全，剽窃一二新名词，居然以输入文明、主持教育为己任，思奏社会上震天动地之伟功。究其所得，大都秕糠糟粕、败絮弃丝，于文化之实际精神，扞格而不相入。以如是之新机形式，不惟难增国民继长之程度，亦适以淆国民进化之方针，滥糜学费，虚掷光阴。[②]

《大公报》这里的评论不可谓不严厉，尽管其中不乏危言耸听之处。

清末报刊舆论总体上趋新甚至激进，它们针对新名词及其使用者的批评却如此之多而激烈，或表明清末新名词的泛滥已经让趋新者对其造成的影响与可能导致的危害忧心忡忡，遂不得不表达严厉谴责乃至危言耸听，希图借此提醒人们对于新名词的攀附崇拜可能带来的

---

① 《国民文明野蛮之界说》，《大公报》1903年3月1日，第2页。
② 《学魔》，《大公报》1903年4月19日，第2页。

后果：

> 近来一二十年，外国人做的书，渐渐的流入中国……无如现在，新的未来，旧的已去，变成一个青黄不接的时候……你看现今这班草头志士，平日铮铮自命救国救民，问他"孝"字、"弟"字，在古文上是甚么样写法，他还不知道；读一篇斯宾沙尔《平权论》，他便把父母看得比狗一样贱，念两句边沁乐利主义的学说，他便暴戾放恣，无所不为……现在新学家的金字大招牌，已经被这班混账东西弄得个不像样子，不将这班人死尽灭尽，同胞那里能救？中国那里会强呢？而且他们，动不动便招出自由、平等些新名词，来做他的护身符、遮战牌，这种恶俗传染起来，比那瘟疫流行，还要快几十倍！稍一大意，便终身不能做人，禽兽关头，在此一线……①

这种立场除了公开见之于时论，一些时人在私下场合与个人著述、奏折中也纷纷表达类似的担忧和批评。如陈黻宸即指责一些趋新者记住了新名词，却数典忘祖、不学无术，只能用新名词唬人：

> 中国学生有休宁人者，告以东原而不知也。若是者谓之不知古，不知古则顽。语必柏林，言称彼得，而问以十八省之风俗民情，不能举其一二者，比比也。若是者谓之不知中，不知中则固。顽固者，彼之所挟为诋人之新名词者也。②

---

① 天僇生：《中国人没有道德》，《国民白话日报》戊申七月二十日，第2版。
② 陈黻宸：《上某尚书第二书》，收入胡珠生编《东瓯三先生集补编》，上海社会科学院出版社，2005，第374～375页。

而在孙宝瑄看来，当时很多趋新的人，即其所谓"慕为欧美新世界之人"，动机并不单纯，"爱自由，又爱特立，皆实不外名利二字。自由，利也；独立，名也"。① 严复有类似看法，他曾批评义和团事件之后清末社会的趋新情况道："自陵谷变迁以后，有一种滑头新党，口谈新理，手持新书，日冀新政之行，而己得虱其间，以邀其利，或沾明保为新贵。"② 趋向守旧的政府官员于式枚也注意到立宪呼吁流行之后，受到舆论裹挟，滥用新名词之流弊愈发明显："横议者自谓'国民'，聚众者辄云'团体'。数年之中，内治、外交、用人、行政皆有干预之想，动以立宪为词，纷驰电函，历抵枢部……"③ 如此诸多批评性论述，除了体现发言者自身的政治或文化立场之外，亦显示了部分时人对于新名词作为一种强势文化资源出现后的警惕与反思。

此外值得特别注意的是，时人所著像小说这样的大众文类如《文明小史》《官场现形记》《负曝闲谈》《轰天雷》《女界现形记》《新党现形记》《最新女界鬼蜮记》《官场维新记》《新水浒》《新茶花》《冷眼观》等，对趋新世风、新名词及其使用者也有很多的挖苦讽刺。其中一篇"小说"更是直斥所谓的"新党""听了种种新名词，受了种种新感化"之后，无所不为、无恶不作：

> 看到后来，率性将一切名心、利心、自私自保、贪鄙卑陋，

① 参看孙宝瑄《忘山庐日记》上册，光绪二十八年十月十七日，上海古籍出版社，1983，第592页。
② 《与熊季廉书（六）》，收入孙应祥、皮后锋编《〈严复集〉补编》，第233页。
③ 《出使德国考察宪政大臣于式枚奏立宪不可躁进不必预定年限折》（光绪三十三年十月二十四日），收入故宫博物院明清档案部编《清末筹备立宪档案史料》上册，第306页。稍早时像瞿鸿禨幕僚江瀚亦观察到相似情况："无如国民教育方始萌芽，而各省学风器张已甚，大率以聚众要求为团体，以蔑弃礼法为文明，服从约束，则斥为奴隶性质；反对抗议，则美为社会义务，种种流弊，可为浩叹。"转见关晓红《科举停废与近代中国社会》，社会科学文献出版社，2013，第328页。

和盘托出，分明是恣横，误认为自由；分明是虚骄，误认为高尚；分明是欺诈，误认为权术；分明是哄骗，误认为运动；分明是嫉妒，误认为竞争；分明是专制，误认为决断；分明是懒惰，误认为从容；分明是怙过，误认为坚定；分明是暧昧，误认为秘密；分明是暴动，误认为进取；分明是怯懦，误认为忍耐；分明是卤莽，误认为勇往直前。①

可以看出，较早时除了《申报》基于政治理由反对新名词之外，大家均不反对学习西学，只是更多论述仍聚焦于时人将新名词作为"营私文奸之具"，②盲目趋新和乱用、误用，乃至其中出现了荒唐状况，导致弊端丛生，这不但无益于中国的"进步"，还造成道德人心的滑坡，"或利未睹而害已生"，③同时也会给维新事业增添阻力。如《申报》上一则社论的提醒：

今且不必为用新名词者责，而以一言为用新名词者劝。要知新法新政，在乎吾人之身体力行，见诸措施，征诸事业。徒借一纸空言，以为中国维新之一助，其收效已属有限。乃犹不自检束，无论著书立说，皆以是新名词为口头禅，为当世攻击新学者授以口实，其无裨于时局固可，惜其以文字贾祸，尤可危也。④

此时正热衷于宣传"物质救国"、一意保皇的康有为也有类似担

① 嗟予：《新党现形记》，《新新小说》第 2 号，光绪三十年十月二十日，上海书店，1980，第 3~4 页。
② 《论今日新党之利用新名词》，《警钟日报》1904 年 10 月 15 日，第 1 版。
③ 《论中国新事业之所以无效》，《时报》1906 年 5 月 5 日，第 1 页。
④ 《论近日学者喜用新名词之谬》，《申报》1903 年 9 月 9 日，第 3 版。

心，他直斥新名词导致风气大坏，让人不学无术：

> 而后生新学，稍拾一二自由立宪之名、权利竞争之说，与及日本重复粗恶名词，若世纪、手段、崇拜、目的等字，轻绝道德而日尚狂嚚，叩以军国民实用之学则无有，欲以御强敌乎，则空疏无用如旧，而风俗先大坏矣！①

进而他认为辛丑以后的革命思潮也由新名词所导致，"自由、革命之潮，弥漫卷拍，几及于负床之孙、三尺之童，以为口头禅矣"。②

康有为的上述言论虽没有公开提及梁启超名字，但无疑可被视为他对梁启超的敲打与提醒。此种情况在康有为 1910 年 8 月 5 日致梁启超的一封私信中表现得尤其明显：

> 汝文才气绝佳，惟久于东中，又声名已成，有意开新，乃撷拾东文入文，凡至恶俗之字，如"手段""手腕"（其它"组织""目的""舞台""二十世纪""为"字满目）等亦日日入文，以至波荡成风。文笔则芜漫，文调则不成，千古文章之入于地狱恶道矣，莫今日若。③

---

① 《物质救国论》，姜义华、张荣华编校《康有为全集》第 8 集，第 82 页。
② 《物质救国论·序》，姜义华、张荣华编校《康有为全集》第 8 集，第 63 页。甚至在 1900 年前后，康有为已经开始批评此前梁启超等人在《清议报》上高唱的"自由平等学说"，命令此后的《清议报》"凡有革命自由独立自主等名辞，一律禁止登载"，为此还引起梁启超的争辩。参看丁文江、赵丰田编《梁启超年谱长编》，上海人民出版社，2009，第 153～155 页；冯自由《横滨清议报》，收入《革命逸史》初集，中华书局，1981，第 63 页。后来黄遵宪也委婉劝告梁启超在《新民丛报》上发表关于自由、民权之类议论时要慎重，"一言兴邦，一言丧邦"，不要给他人留下借口。见《致梁启超函》，陈铮编《黄遵宪全集》上册，中华书局，2005，第 449 页。
③ 《与梁启超书》（1910 年 8 月 5 日），姜义华、张荣华编校《康有为全集》第 9 集，第 151 页。

可以看出，康有为在该信中明确批评梁启超用东语入文，制造出东瀛文体和许多流行的新名词，恶果极大，对中国传统文章的文体伤害尤甚——"千古文章之人于地狱恶道矣"，而文章为载道之具，"中国已百无所有，一切须变，独此道德、文章、衣服、饮食四者可存耳。若文章亦皆芜秽之，古复何有？"① 这正显示出康有为几年前对新名词及时人趋新风气的批评，实有其矛头所指，主要规诫的其实正是不太听从其教导与指示的高徒梁启超，"此诚汝之罪也"。②

今日的批评者恰是昔日的始作俑者，戊戌变法时代的康有为亦多用新名词入文，为此受到王先谦、叶德辉等人的攻击，其中即批评康有为、梁启超等人导致了"文不成体"的问题，伤害了"东南数省之文风"。

与王先谦、叶德辉对康梁的批评相仿，张百熙、荣庆、张之洞在所定《学务纲要》中同样明确指出新名词掺入对文体造成的危害之大，并上纲上线到指责喜用新名词之人，认为其品格必有问题："大凡文字务求怪异之人，必系邪僻之士。文体既坏，士风因之。"③ 可以说，康有为这里重视新名词对传统文体冲击的做法，其实是重弹了之前其敌对者的老调。这种吊诡应系康有为面对外在中国社会的思想文化语境日趋激进而做出的后退和因应，"初尚以为仅一二少数人，今则骎骎乎几遍于全国矣。我自戊戌维新，忧心忡忡，日惧国土之覆亡而人士之不我从也"。④ 特别是此前章太炎、邹容这些康有为的新

---

① 《与梁启超书》（1910 年 8 月 5 日），姜义华、张荣华编校《康有为全集》第 9 集，第 151 页。

② 有关康有为对新名词的态度及其在此一问题上对梁启超的规诫，可参看黄兴涛《新名词的政治文化史——康有为与日本新名词关系之研究》，收入黄兴涛主编《新史学》第 3 卷《文化史研究的再出发》，中华书局，2009。

③ 《学务纲要》（光绪二十九年十一月），收入舒新城编《中国近代教育史资料》，第 205 页。

④ 《英国监不烈住大学华文总教习斋路士会见记》，姜义华、张荣华编校《康有为全集》第 8 集，第 37 页。

论敌已经使用了激进的新名词倡导革命"排满"、驳斥康有为，业已游历过欧美十一国的康有为并不担心"攻我为守旧"，而是认为这是对"欧美致强之本"的误会，亦是对外来思潮的迷信。这样下去，将会如盲人瞎马，结果不堪设想，"自由、革命、民主、自立之说，皆毒溺中国之药者也，其万不可从，不待言也"。①

当民国成立、清朝灭亡后，新名词的流行更加不可阻挡。因之，与时俱进的康有为并非如他后来所展现出的那么"保守"。他此时对新思潮、新名词的态度有所改变，他开始承认共和、自由、文明等新名词蕴含的价值和意义，同样对于共和政体，他也接受现实，虽对之屡有批评，但更多是一种建设性的、劝诫性的献言献策，而非与之势不两立。② 康有为这时内心希望各方力量团结一致尽早"弥乱"，因当务之急是将中国建成一个强大统一的国家，避免因内乱与外人瓜分而分崩离析、战乱频仍，而非优先落实那些特定新名词的指代：

> 今政府、议院、方镇与党人志士，当共和之始基，应先去共和之大害，万众一心，聚精会神，图所以先靖暴民之祸，而后安定有基，统一有效。故欲外人早认，借债易信，免监理之辱，绝瓜分之危，舍先弥乱无由也！欲筹款行政，保边阜民，舍先弥乱无由也！即欲进而讲平等、自由、文明、幸福，亦必由弥乱之后，乃能进化也。天下未有举国日乱而能得文明、幸福、平等、自由者。今不求弥乱以保内对外，乃先求文明、平等、自由、自

① 《物质救国论》，姜义华、张荣华编校《康有为全集》第8集，第71页。

② 当然，康有为之所以如此做，很可能也是出于策略考虑，因此时舆论攻击康有为和保皇派甚力，为缓和矛盾，梁启超一度有请康有为公开宣布退隐的想法。康有为也曾答应，但终因麦孟华的反对，此议未成。参看丁文江、赵丰田编《梁启超年谱长编》，第403~405页。

立，则航断流绝港而无由至，何其颠倒哉！①

只是民初政局乱象较之清朝末造远有过之，康有为对比之下有了今不如昔之感："今以前清为失政，而后发愤革之。虽然，昔者虽专制失道，而不闻悍将骄兵之日争变也，不至人民身家产业不保也，不至全国士农工商失业也，不至蒙回藏不统一而图自立也。故今者国民惴惴恐慄，或且悔祸，皆谓革命之举以求国利民福，不图共和之后反见国危民悴也。"② 与康有为所见略同，稍后严复也认为民国肇建，"所谓共和、幸福，均未见也，而险象转以环生，视晚清时代若尤烈"。③ 耳闻目睹实况后，康有为重新开始反思与批评新名词、新学说和东瀛文体的危害，他认为共和以来的事实表明中国对"欧美之政治、风俗、法律"的追随模仿完全失败，同时又遗弃了"吾国数千年之政治、教化、风俗之美"，造成邯郸学步先失其故的局面，中国面临亡国危险。究其原因，在于"举国之后生新学""举欧美人之自由、自治、平等、革命、共和、民主之说，日昌洋而光大之，展转贩售，弥漫全国，遂以有今日之大乱也，遂以全法欧美而尽弃国粹也"。④ 康有为又具体针对来自日本的新名词与东瀛文体，批评中国

---

① 《中华救国论》（1912 年 5、6 月间），姜义华、张荣华编校《康有为全集》第 9 集，第 312～313 页。

② 《中华救国论》（1912 年 5、6 月间），姜义华、张荣华编校《康有为全集》第 9 集，第 312 页。稍后，恽毓鼎亦从相似角度分析过民初政情及复辟的社会心理基础："近日'复辟'二字，忽喧传于中外。康南海唱之，冯华帅和之，闻梁星老颇奔走于其间。民国以来，横征暴敛，纲纪不修，于是人心日思旧朝，加以项城失威信于北，民军争权利于南，土匪横行，生民蹙蹙靡骋，急谋救济之策，不得不出此一途矣。"史晓风整理《恽毓鼎澄斋日记》第 2 册，1916 年 5 月 1 日，浙江古籍出版社，2004，第 767～768 页。

③ 参看《贬时》，收入孙应祥、皮后锋《〈严复集〉补编》，第 128 页。

④ 《中国颠危误在全法欧美而尽弃国粹说》（1913 年 7 月），姜义华、张荣华编校《康有为全集》第 10 集，第 129～143 页。

文学学习日本文体、援用日本俗语名词是"退化",是"易好音为鸮鸣",为"吾国文学之大厄":

> 盖日本文法长累过甚,彼以旧俗,既牵汉文,又加英文法,不得不然。我国数千年之文章,单字成文,比音成乐,杂色成章,万国罕比其美,岂可自舍之?且以读东书、学东文之故,乃并其不雅之名词而皆师学之,于是手段、手续、取消、取缔、打消、打击之名,在日人以为俗语者,在吾国则为雅文,至命令皆用之矣。其他若崇拜、社会、价值、绝对、唯一、要素、经济、人格、谈判、运动、双方之字,连章满目,皆与吾中国训诂不相通晓。英之华文博士为恶士佛大学教授褒洛者,读中国书数十年,近读报章,至"社会"二字,不得其解,谓吾读中国书久,何无之也。故谓与中国训诂不相通也。天下之褒洛多矣,其日见"取缔""手续"而不得其解者,十居其九。则何为乎?若以难中国之旧人乎,抑以夸异闻之新博乎?接前之文史,则不相通;垂后之文史,则不为尔雅。今之时流,岂不知日本文学皆出自中国,乃俯而师日本之俚词,何无耻也。始于清末之世,滥于共和之初,十年以来,真吾国文学之大厄也。①

稍后,林纾也从捍卫桐城文章的角度就新名词对中国文章造成的冲击进行了批评,尽管他承认自己无法从学理上清楚阐述"古文"即桐城文体的学术价值——"不能道其所以然",但认为"自有其不宜废者"。他还批评民初知识界的盲目趋新风尚可能会导致国未亡而

---

① 《中国颠危误在全法欧美而尽弃国粹说》(1913年7月),姜义华、张荣华编校《康有为全集》第10集,第140页。

文字先亡的局面："民国新立，士皆剽窃新学，行文亦泽之以新名词。夫学不新而唯词之新，匪特不得新，且举其故者而尽亡之，吾甚虞古系之绝也。"① 实际上，林纾并不能算太守旧，他早年在澳门《知新报》上发表的《闽中新乐府三十二首》②，实可被视为开启清末"诗界革命"和五四新文化运动中白话新诗的先声。③ 而且他自己在用古文所做的翻译工作中，也不乏使用新名词之举。④

除了上述批评和反思之外，民国初年一些人也从总结清亡原因的角度对新名词、新学、趋新风气进行了回顾与检讨。如忠清的湖南文人苏舆目睹辛亥之变后曾作《辛亥溅泪集》解释清亡之前因后果，其中有诗云："四译新词敌圣书，秘谋如诳楚商於。戊庚翻覆风云变，蓬岛方迷恨有余。"苏舆认为康梁及满洲亲贵、袁世凯等皆为亡清的有力影响者，尤其是亲贵们迷惑于新名词（"四译新词"）之表象，重名轻实，盲目趋新逢迎，结果导致清朝灭亡：

> 以"立宪"二字夺君权，"共和"二字去君位；以"万世一系"诳立宪，"优遇皇族"诳共和。此等窃国之术，与日本县（陷）朝鲜同为欺人新法。推原其故，盖自甲午之败，朝野愤

---

① 林纾：《论古文之不宜废》，《大公报》1917年2月1日，第1张；《民国日报》1917年2月8日原文转载。胡适读了《民国日报》转载的该文后，将之全文收录于日记中，见《胡适留学日记》上册，安徽教育出版社，2006，第342~344页。

② 参看闽中畏庐子《闽中新乐府》，《知新报》1898年第46册（光绪二十四年二月二十一日），第1~2页；第47册（光绪二十四年三月初一日），第3~4页；第48册（光绪二十四年三月十一日），第5~6页；第50册（光绪二十四年闰三月初一日）第7~8页；第55册（光绪二十四年四月二十一日），第9~11页。又参看王松《台阳诗话》，台湾大通书局，1963，第24页。

③ 林纾这样的贡献后来也得到其论敌胡适的肯定。参看《林琴南先生的白话诗》，收入季羡林主编《胡适全集》第12卷，安徽教育出版社，2003，第66页。该卷整理者为严云绶，以下再引用《胡适全集》，仅标注整理者及卷数页码等信息。

④ 参看钱锺书《林纾的翻译》，三联书店，2016，第101页。

激，亟图变法自强之策。不料康、梁等得而乘之，几肇大乱。于是执政者讳新法不敢言，一意任用旧人。孝钦又以愤于康梁之故，立大阿哥，由是端郡王载漪得执朝权，徐桐、崇绮辈向用，酿成拳乱，乘舆西幸。还銮之后，政见愈炫。袁世凯、端方诸人乃以立宪之说进，冀选为总理，握政柄。世凯既厄于瞿氏，而朝廷方冀收万世一系之效，又以谓立宪宣布则革党自弭，且外人亦惊我日进文明，由是一意趋向立宪。诸亲贵本无政治知识，徒以鉴于庚子之乱冒顽固名，反而尚文明，言政治，游历各国，招揽新进，强不知以为知，借博浮誉，握重权，谋私利。由是游士竞进，奸党播弄，祸遂成矣！余尝语友人曰："今日朝廷之亡，新名词亡之也。"不料竟成谶语，思之痛心！刘幼云学部云："戊戌误于新进，庚子误于亲贵。今新进与亲贵合，互相利用，焉得不亡！"诚笃论也。①

此时目睹巨变的苏舆全然忘记了他当年亦曾以新名词入诗，特别是他 1906 年访问日本时，用了诸如"日本刀""明治""哲理""实力""基督"等新词来记载自己在日本的访问见闻。他另外还写作两首七绝，来歌颂电报的神奇快速，内中有"空羡当年莫尔斯"字样。②

同苏舆立场相仿，一心想推翻民国恢复清朝统治的蒙古贵族升允在讨伐民国及袁世凯、孙文的三封檄文中，将矛头直接指向光绪以来流行的新学说、新名词，批评其为惑人的"邪说"，让"无知恶少年喜为平权自由之说"，"甘心从无父无君之教"，结果导致清室灭亡，

---

① 《辛亥溅泪集》卷 2，收入胡如虹编《苏舆集》，湖南人民出版社，2008，第 229 页。
② 参看《第二番》《电报》，收入胡如虹编《苏舆集》，第 292～294、297～298 页。

"大经大法荡然无存，纲纪于是坏，民生于是困矣"，华夏沦为"无父无君之国"，面临列强瓜分。① 升允还认为共和只可实行于"美洲"，不适宜于欧亚和中国，"近时为'新名词'所惑也众矣！人有恒言，动曰'四万万同胞'，曰'代表'，曰'保种'，曰'排外'，曰'公敌'，曰'压力'，曰'野蛮'，曰'推倒君权'，其不可一二数"。接下来，升允辨析时人运用各名词之意指，认为皆系滥用、误用，结果以"排外""保种"名义走上"叛吾君父"之路，"何其憪无所知而颜之厚如此也！附之则引为同胞，不附则目为公敌，纯用压力以相劫，此真山贼海盗强暴之为，视彼所呼为野蛮者，不更甚至也？"②

类似升允，一向文化与政治守旧的辜鸿铭在讲演中也抨击蔡尔康于《泰西新史揽要》一书中翻译揭橥的"革命""流血""平等""自由"诸名词，"实启晚近纷乱之渐，而康有为、梁启超等反从而合之，由是天下大乱已不可收拾矣。"③

目睹清末民初新名词乱象的小文人彭文祖也直接将有清一代灭亡之因归于甲午战后兴起的新名词风气："殊不知新名词之为鬼为祟，

---

① 《升允反抗民国之檄文》，《大公报》1913 年 7 月 6 日，第 2 张。
② 《升允反抗民国之伪檄二道》，《大公报》1913 年 7 月 14 日，第 3 张。升允三张檄文又载于劳祖德整理《郑孝胥日记》第 3 册，中华书局，1993，第 1468 ~ 1472 页。郑孝胥抄录的升允檄文均来自《民立报》（日记整理者误作《民主报》），其中第一张檄文见《丧心病狂之升允》，《民立报》1913 年 6 月 23 日，第 7、8 页；第二、三张檄文见《丧心病狂之升允》，《民立报》1913 年 6 月 24 日，第 8 页。
③ 《辜鸿铭之奇诞复旧说》，《申报》1915 年 4 月 16 日，第 6 版。顾颉刚对辜鸿铭的此番言论特意留下了记载，参看顾颉刚《顾颉刚读书笔记》第 15 卷，中华书局，2011，第 40 页。严复对于辜鸿铭的这番议论也颇为认可，但不赞同辜对自己所提倡的天演论之批评："辜鸿铭议论稍有惊俗，然亦不无理想，不可抹杀，渠生平极恨西学，以为专言功利，致人类涂炭。鄙意深以为然。至其訾天演学说，则坐不能平情以听达尔文诸家学说，又不悟如今日德人所言天演。以攻战为利器之说，其义刚与原书相反。西人如沙立佩等，已详辨之，以此訾达尔文、赫胥黎诸公，诸公所不受也。夜深不能多谈，余容续报。"《致熊纯如（二、三）》（1915 年 5 月 6 日），收入王栻主编《严复集》第 3 册，中华书局，1986，第 623 页。

害国殃民以启亡国亡种之兆，至于不可纪极也。"①

类似针对新名词的指责在当时颇不乏见，均可展示当时大量涌现出的新名词对于时人产生的冲击效果及造成的社会影响。虽然不断出现这些反对声音，但新名词的流行势头并未稍减，反倒愈加风行，甚至进一步渗透进清末民初几乎所有的知识生产与文化活动中，大大改变了汉语的结构及表达习惯，影响至今。

三　捍卫新名词

相反，清末以来也一直有学者为新名词进行辩护，他们接纳所谓日本或欧美经验，赞成引入和使用外来的新名词，间或批评汉语之繁杂难学。像清末引介西学和新学的先驱梁启超从进化论出发，认为文字与民族文明高下程度相关："文字为发明道器第一要件，其繁简难易，常与民族文明程度之高下为此例差。"而文字由低阶的衍形向高阶的衍声进化，经过千百年的发展，与本来面目必然大相径庭，在这样的情况下，言文是否一致其实反映了一个国家的文明程度，"故衍声之国，言文常可以相合；衍形之国，言文必日以相离"。进一步，梁启超又从社会层面分析新名词出现之正当性与言文一致之重要性：

> 社会之变迁日繁，其新现象、新名词必日出，或从积累而得，或从交换而来。故数千年前一乡一国之文字，必不能举数千年后万流汇沓、群族纷挐时代之名物意境而尽载之、尽描之，此无可如何者也。言文合，则言增而文与之俱增，一新名物、新意境出，而即有一新文字以应之，新新相引，而日进焉。言文分，

①　彭文祖：《盲人瞎马之新名词》，东京秀光舍，1915，第4、5页。

则言日增而文不增，或受其新者而不能解，或解矣而不能达。故虽有方新之机，亦不得不窒，其为害一也。言文合，则但能通今文者，已可得普通之智识，其古文之学（如泰西之希腊、罗马文字）待诸专门名家者之讨求而已。故能操语言者即能读书，而人生必需之常识，可以普及。言文分，则非多读古书通古义，不足以语于学问。故近数百年来学者，往往瘁毕生精力于说文、尔雅之学，无余裕以从事于实用。夫亦有不得不然者也，其为害二也。

可以看出，梁启超这里其实是在批评汉语太过繁难，不如日语和西方语言那样简单易学，以至于中国人学习起来非常吃力，收效也不大。即便有成，"而犹于当世应用之新事物、新学理多所隔阂"，梁启超认为这才是导致中国民众"性灵之浚发所以不锐"、新思想所以传播"独迟"的原因。① 有此认知，无怪乎梁启超身体力行，成为当时新名词的最大生产者。② 他大量从日文中引入日本名词，形成所谓"新民体"，对当时及后来的青年读者影响甚大。③

《浙江潮》上也发表有评论认为新名词的日多是因为翻译事业大兴，有其出现的必然性，只是因其新，许多读者对其含义不太了然，自然会出现一些滥用情况：

---

① 中国之新民：《新民说·论进步》，《新民丛报》第 10 号，光绪二十八年五月十五日（1902 年 6 月 20 日），第 4~5 页。

② 后来据研究者统计，仅经过梁启超使用而在国内开始流行的源自日本的新名词，就有 140 余个。参看李运博《中日近代词汇的交流——梁启超的作用与影响》，南开大学出版社，2006，第 239~248 页。

③ 参看杨复礼《梁任公的新民体及其在中国文学史上的地位》，《开封教育月刊》第 1 卷第 3 期，1940 年，第 33~48 页；夏晓虹《觉世与传世：梁启超的文学道路》，上海人民出版社，1991，第 109~148 页。

自东方译事兴，而新名词出现于学界者日益多。好学之士初读新书，必有半日不得其解者。而译书、著书之人，习之既熟，脱口而出，必强之以另易名词，无论其不便也，亦势有所不能。然则举其非吾之所习者，而一一解之，斯诚今日吾辈之义务，无可容辞者矣。抑尤有进者，名词之解释，不明其害之流入社会者，影响甚大。权利无定解，则必有以权力、权势谓当崇拜者矣；自由无定解，则必有以杀人淫酒为不当受人约束者矣。失之毫厘，谬以千里。其为害之大，又何可言也。①

为避免新名词被滥用导致的危害，作者称愿意为读者解释一些关键的新名词，以尽其义务。可以看出，作者这里对新名词持赞赏态度，并愿意付出努力去推广新名词的真义，以防招致误解。

来华传教士林乐知则参考"西国""日本"的造字经验认为，如"不阻塞中国之进步"，使中国"人心"得到"释放"，新名词引入中国为不可避免之事：

中国今日译书之中，苦名词之枯窘而借日本所已译者用之，正如英文借德文、法文之比例，且日本之文原祖中国，其译书则先于中国，彼等已几费酌度而后定此新名词，劳逸之分，亦已悬殊，何乐而不为乎？②

另外一个来华日本人服部宇之吉则在京师大学堂教书，他编有心理学、伦理学教材以供中国学生使用。他在自己所编《心理学讲义》

---

① 酴癸：《新名词释义》，《浙江潮》第 2 期，光绪二十九年二月二十日，第 181 页。
② 林乐知、范祎：《新名词之辨惑》，《万国公报》第 184 册，甲辰四月，第 24~25 页。

中也回应了张之洞等人在《奏定学堂章程》中对新名词的批评，并援引中国历史上的证据指出反对新名词的无道理及引入新名词的必要性：

> 《奏定学堂章程纲要》有不许用新语之不雅驯一条，然学术欲随时而进步，学者随事而创作新语，亦势所不得免也。创作新语，中国不乏其例。春秋战国诸子暂舍而不论，即唐代玄奘等译佛典，亦多用此法。盖传外国之学术宗教者，自己国语苟无适当之语，则不得已而为此也。玄奘等所创作之新语，在当时未必皆雅驯，而今人则不复问其雅驯与否。由是观之，语之雅驯与否，毕竟不过惯与不惯而已。今中国正当广求知识于外国之时，而敢问语之雅驯，或因此致阻碍学术之发达，则岂能免颠倒本末轻重之讥乎？本书所用学语，专据日本学界常用之语，其中或有所谓不雅驯者，然在日本则既已通行，而在中国又无可代用，毋宁仍用之，非敢蔑明章也。①

王国维也与前引林乐知、服部宇之吉等的见解相仿，他认为中国学术"欲进步"，就不得不创造"新名词"（即其所谓新学语、新言语），在此情况下，王国维认为新名词的出现是新思想输入导致的必然结果，"新思想之输入，即新言语输入之意味也"，所以日本所造西式汉文才能在中国流行。但是"滥用之"或"唾弃之"均非妥善态度，"日人之译语"虽未必"皆精确"，然其"精密"之处却为中国人提出的类似新语所不逮，"处今日而讲学，已有不能不增新语之势，而人既造之，我沿用之，其势无便于此者矣"。王国维这里还进

---

① 服部宇之吉：《心理学讲义》，日本东京东亚公司新书局，1905，凡例，第2~3页。

一步分析新名词受到贬斥的部分原因——"译者能力之不完全是也",这不应该成为拒绝来自日本新名词的借口。①

高凤谦(梦旦)所见略同,也认为当下出现的新名词之来源主要出于翻译,其中沿袭日文俗语而"扞格不通者,诚不可胜数",又不能摒弃不用,原因在于"世界之变迁益甚,则事物之孳乳益多,此不可逃之定例也。其后起之事物,既为古之所无,势不能无以名之;此正新名词之所由起,固不必来自外国而始得谓之新也"。部分人之所以反感新名词,乃是因为"谓其来自外国也",高氏认为这不能成为贬斥拒绝新名词的借口,因为之前中国已经从对外国文献的翻译中吸收了大量新名词,"何文人皆习见而不之怪乎?"高凤谦又继续质疑,在"世界交通,文明互换"的时代,中国对于外来之新事物已经不再拒绝,"而独计较于区区之名词,无奈失本末轻重之分乎?"进一步,高凤谦为新名词辩护道:

> 今者译本之流行,报章之传布,上至于奏定之章程,钦颁之谕旨,所用新名词既数见不鲜,又乌得从而禁之?平心言之,新名词之不可通者,勿用可也。既已习用,必从而禁之不可也。治古学者不用新名词可也,必以责通常之人不可也。且谋教育之普及,不能不设学堂,设学堂不能不教科学,教科学不能不用新名词。②

因之,如前引《时报》上包天笑的观点,高凤谦认为,即便对于保存国粹者而言,亦无法回避新名词,因为"国粹"这一表达本

---

① 《论新学语之输入》,收入谢维扬等编《王国维全集》第1卷,浙江教育出版社、广东教育出版社,2010,第126~130页。
② 高凤谦:《论保存国粹》,《教育杂志》第1年第7期,1909年,第79页。

身即新名词，况"新名词亦新名词"，即便去批评新名词亦不得不用新名词。于此，可以看出高氏本人对于新名词的大力支持态度，他身体力行地在该辩护文中大量使用新名词以昭法式。

类似林乐知、王国维、高凤谦等的看法，有时论（甚至是《申报》上发表的时论）同样认为新名词出现有其合理性，是翻译引进东西方各国新知识的必然之举：

> 至于今日东西各国书籍翻译日富，新知识之输入日多，而一切新名词亦遂摇笔即来，时时流布于文字之间，故文字变至今日，可谓从古所未有。原夫新名词之初入文字也，在译东西书之学子，一时翻译华文，无恰当之名词以易之，故仍而不改。其继阅译本书多者，新名词日积月累于胸中，故临文时取之，即是有不期然而然者。

仅是在被"不学之徒"将新名词视为时尚的象征从而大加滥用后，其才造成弊端：

> 不学之徒，见新名词之可喜也，以为用新名词即可以冒称新学家也，于是尽心摹仿，极力搜罗，一若用新名词愈多，即新学问愈博者。然至是，而新名词遂大行于今日之文字矣。①

《大公报》上也有时论认为目下新名词被大肆滥用，但这并非新名词本身之错，乃是"解释新名词者之自误"，系其故意歪曲利用新名词为护身符所致，人们不必因噎废食，就此排斥新名词：

---

① 《论文字之怪现象》，《申报》1906年6月30日，第1张第2版。

概自欧风东渐，多数学子无不被其影响，而以解释新名词之讹误，遂自此多事矣。言维新也，必欲使祖国数千年来之文化咸付之一炬，而不知温故而后得新也；言文明也，以为事事必有文明表面，虽无论靡费若干金钱，亦不之惜，而不知重人道裕经济而后得为文明也；言自由也，以为言无不可言，行无不可行，虽缅越规矩、背弃道德之举动，亦无不可，而不知有道德之自由与法律之自由也；言平等也，以为君父可蔑之为路人，奴婢可视之为一本之亲，而不知智愚之攸分，且职业有高下，德与爵有尊卑也。虽然，此犹举其荦荦最著者，若夫以贿赂钻营者，则曰运动费也；以欺骗投资者，则曰经济学也；倾轧异己者，则曰外交手段也；甚至以监守而自盗公家之财者，则曰权利思想也。举凡不道德之行为，以新名词之故，无不可加之美名者，在不知者，方以新名词之何以误人一至于此？噫嘻，我知之矣，非新名词之误人，而实解释新名词者之自误也，其为患又岂浅鲜哉！①

而《大公报》上发表的另外一篇《论文字与科学之关系》则从文字进化的角度论证引入新名词的合法性。该文认为中国文字自诞生以后，越变越复杂，"孳乳寖多，虽意义闳括，而文字之繁难日剧"，从而成为"吾国民开明之阻力"，由此，遂有"热心之士"倡导"官话字母"，试图改革汉字，降低学习难度。不仅如此，"虽然我国之文字信繁富"，但若"用之于今日之科学"，问题就很多，远不如泰西文字简洁明了，简单易记，"使学者一见了如，不惟得其形式，且可会其精神"，"此泰西之科学"发达的原因所在。接下来，该时论又批评中国

---

① 丁宝钧：《评社会流行之新名词》，《大公报》1910年2月28日，第1张。该文被改为《论社会流行之新名词》，为上海《舆论时事报》全文转载，见《舆论时事报》1910年3月25日，第1页。

文字相比泰西文字，"其冗杂繁难，固不待言，复经词章家补苴掇拾，语多涵浑，遂至重迭沓冗，义欠分晓"，这对于翻译和研究泰西新学非常不利，而新名词的出现就成为必然，因其有助于弥补这一弊端："然今日之学界，讲求一切科学，能读蟹行之书者，仍居少数，势不得不导源译本。即读译本，势不得不沿用新名词。此一定之理，而不可丝毫易者。"该文这里又使用新名词质疑"某省大吏"（即张之洞）禁止新名词的做法乃刻舟求剑，于史无据，且违背"考求科学"宗旨：

> 乃近闻某省大吏所主持之学堂，屏弃一切，自命保全国粹，饬考求科学禁用新演之名词，及凡特别坚确之新字。呜呼！其醉心祖国，爱护先型，自是热度膨胀，而独于科学则不能无方枘圆凿之苦焉。譬之驶汽船者，仍袭曩时之篙栌，开矿产者，犹执古代之斧锯，本不适用，而以为此吾黄炎古帝国相传之旧物，决不可废焉，虽海舟已覆，美矿无成，而弗悔矣。人非病狂，必不出此，敢质之科学家以为然焉否耶？①

由以上诸例可知，尽管同样承认新名词存在容易被人误用、滥用，乃至由此造成唯新是从、中国文章受到污染等问题，但捍卫新名词的人均认为援引新名词入中文和向西方及日本学习乃大势所趋，是中国自身文化传统得以维系与更新的必然之举，也是融入欧美日所主导的世界秩序的表现。如1908年底清廷出使德国考察宪政大臣于式枚所揭示的现象：

> 当光绪初年，故侍郎臣郭嵩焘尝言西法，人所骇怪，知为中

---

① 《论文字与科学之关系》，《大公报》1906年5月11日，第1页。

国所固有，则无可警疑。今则不然，告以尧舜禹汤文武周公之道，汉唐宋明贤君哲相之治，则皆以为不足法，或竟不知有其人。近日南中刊布立宪颂词，至有四千年史扫空之语，惟告以英、德、法、美之制度，拿破仑、华盛顿所创造，卢梭、边沁、孟德斯鸠之论说，而日本之所模仿，伊藤、青木诸人访求而后得者也，则心悦诚服，以为当行。①

保守的于式枚敏锐地察觉出光绪以来舍旧谋新趋势之强烈，因而他希望清廷在立宪问题上要循序渐进，以"广兴教育为急"，不为"群言淆乱"，不要急于推广那些称颂西方的政治性新名词。

"文以载政"，接纳新名词就必然意味着对其体现出的"文明"价值观与生产体制（或即所谓文化帝国主义）的认可和追随。人在国外的康有为就观察说："而今学者，乃以欧美一日之富强而尽媚之，以为无一不超出吾国者；见吾国一日之弱，遂以为绝无足取焉。"② 身在山西内地乡村的刘大鹏同样注意到，"近年来新学之兴，以能洋人之学为高。凡守孔孟之道者目之曰顽固之党，此亦时运之使然，无可如何者也"。③ 以今日的观察可知，康、刘的说法大致不差，而且清季朝野上下这样"尊西趋新"的大势，最后确实滑向了一种"自我东方主义化"（self-orientalization）的尴尬认同，④ 时人不甘自

----

① 《出使德国考察宪政大臣于式枚奏立宪不可躁进不必预定年限折》（光绪三十三年十月二十四日），收入故宫博物院明清档案部编《清末筹备立宪档案史料》上册，第306页。原文标点有更改。
② 《英国监布烈住大学华文总教习斋路士会见记》，姜义华、张荣华编校《康有为全集》第8集，第31页。
③ 乔志强标注《刘大鹏日记》，山西人民出版社，1990，第31页。
④ 有关的讨论可参看 Arif Dirlik, "Chinese History and the Question of Orientalism," *History and Theory*, Vol. 35, No. 4 (Dec. , 1996), pp. 96 – 118; 杨瑞松《病夫、黄祸与睡狮："西方"视野的中国形象与近代中国国族论述想像》，政大出版社，2010。

居于"野蛮"的他者地位，以不被欧美人、日本人视为文明人而感屈辱，但在现实层面又"技不如人"，屡败屡战，由此造成许多自我困扰与认同危机。这种状况甚至延续至今，经常以一种极度自卑后的敏感民族主义反应为表现方式。

四　表达与实践

简言之，以上不管是反对还是赞成新名词，他们其实均相信"文以载政"，意识到新名词及其所代表的新学对于近代中国之重要。正是考虑到晚清以来引入的新名词影响之大，近来不少学者从西学东渐、关键词、概念史、观念史、学科史、学术史、语言学和思想史等角度对之进行深入讨论。①

盘点既有的研究成果，因关怀所在，研究者侧重于从思想史、学科史和概念史入手，比较关注核心的政治概念、词汇或学术术语以及精英思想的系谱，比较强调"新名词"的现代性色彩及其带给中国的正面价值，尤其是对所谓近代化（现代化）的促进；而对于不那么具有政治性或学术意义但同样很关键的某些概念或符号相对不够关注，对于不那么精英的社会阶层乃至普通大众的阅读实践与有关的受众接受情况的讨论也不太充分，同样对于"新名词"带来的负面效应不太注意。在材料的使用上，很多研究者取向比较单一，重视精英类、政治类或思想性强的杂志和某些特殊的精英文本，对通俗性的文学性材料乃至各种各样的商业报刊、日记等利用有限，甚或对资料自身的形成过程及其局限性也全无警惕与批判意识。在方法论层面，很

①　有关的部分研究情况，可参看陈建守《思想的载体：近代中国词汇/概念史的研究回顾与展望》，《日本中国史学》2016 年 10 月号。

多的研究成果太过重视新派的标榜而忽略其实践以及旧派的相关反应，缺乏传播学的视野，对语言背后的社会因素、物质因素不够关注，容易忽略近现代语言环流及翻译过程中的不平等权力关系与利益追逐，这导致了研究中的近代化关怀、自我东方主义色彩浓厚，等于是文化帝国主义的历史注脚。还有个别学者过于依赖数据库和相信所谓的"大数据"分析，忽略了对材料本身的解构与辨析，以及受众心态暨各种各样的反应情况，亦缺乏对新名词作为一种外来文化霸权机制本身的揭示和反思。在以金观涛、刘青峰教授等为代表的量化研究者中，这些问题体现得尤为明显，而且其研究中的后设色彩、启蒙情结、精英主义立场和因果论取径均比较显著。①

近代中国出现的那些新知识、新名词，虽然大多发轫于精英阶层，但莫不是通过各种媒介、经由各种场域传播到一般民众那里才发挥作用进而产生效果的。形成悖论的是，与时人更为关注新名词的接受层面相比，如今的很多研究者却更为关注新名词的内涵及其诞生史，忽略对其接受层面情况的考察。这恰同当时的批评相背反："学者不明其界说，仅据其名词之外延，不复查其名词之内容，由是为恶为非者均恃新名词为护身之具，用以护过饰非，而民德之坏，遂有不可胜穷者矣！"② 包天笑在目睹新名词衍生出的弊端后也有类似所见：

> 往者张南皮辄戒人勿用新名词，窃尝诟其不通，今乃至新名词者大足为无耻者所利用。其"运动"两字之为口头禅者不必言矣，即如贿赂亦可称之为运动费也，"欺骗"则称之为外交手段也，"贪黩"则称之为经济主义也。凡此种种，不胜枚举，是

① 参看金观涛、刘青峰《观念史研究：中国现代政治术语的形成》，法律出版社，2010。
② 汉：《论新名词输入与民德堕落之关系》，《申报》1906年12月13日，第1张第2版。

亦近日一种新变相也。①

众所周知，公开的言论表达并不一定都能发挥效力或产生作用，其落实到具体的实践层面究竟如何，仍是有待大力拓展的问题。如果忽略举足轻重的接受层面，只关注精英的公开表达而忽略其表演和"故意为之"的色彩，只重视其政治性论述而忽略在日常生活中的实践状况，只重视出现频次而忽略受众的接受情况，那么我们的研究看似"科学""真实"，其实仍是只重视文本表象与精英外在言论的传统思想史研究的变体，并不能得其门而入。毕竟，言论或文本在传播过程中肯定会发生诸多变异，给予的东西与接收到的东西并不一致，公开的表达和私领域的实践之间存在明显的落差。这种情况在清末民初的中国普遍存在。像《新闻报》时论所言："号称文明而往往有极不文明之举动，而人犹崇奉之曰文明，文明是则崇奉者之过也。"②《大公报》上也有评论直接说：

> 今之维新家，流品太杂，往往略识得一二新名词，即自侪新党之列，略读得几卷新书籍，即穷攻旧党之非，究之穷不得志，议论颇高，倘一旦入官，则舞弊徇私，难保不更甚于旧党。③

稍后，《大公报》上又有文章批评说"号称维新者"到处皆是，仔细考察其为人，"觉有大不足恃者"，因为他们只会大话空言，不能身体力行：

① 笑：《新名词》，《时报》1909 年 2 月 28 日，第 4 页。
② 《沪事谈屑》，《新闻报》1910 年 10 月 9 日，第 3 张第 1 页。
③ 《合群以御外侮说》，《大公报》1903 年 11 月 27 日，第 2 页。

盖维新党中其真心爱国、热心救国者，固不少，而其间以冒托维新之名、毫无国家思想者，尤占多数。平居雄谈博辩，满口新名词，陈义极高，目空一切，或指摘某之行事，或谤毁某之为人，问其所以自见者何在？则空言以外，无作为焉。我国家又何贵有此维新党也？①

《盛京时报》上亦针对此类言论与实践背离的现象评论道：

就怕那些假文明，学了几句新名词，什么合群拉、团体拉、运动拉，其实全为自私自利起见，那一头风硬，就往那一头跑。讲爱群，讲得天花乱坠，其实为爱群的事，一点亏不肯吃，不过借着这个声气，沽名钓誉。②

孙宝瑄在日记中也批评这种现象："有平日谈公理，一得志即逞私欲以败公者。有平日谈民权，偶任事即用专制以压众人者，比比然也。"③

即便是新名词的倡导者梁启超也承认新名词被滥用的现象非常恶劣：

今日所以猖狂者，则窃通行之"爱国忘身""自由平等"诸口头禅以为护符也。故有耻为君子者，无耻为小人者，明目张胆以作小人。然且天下莫得而非之，且相率以互相崇拜，以为天所赋与我之权当如是也。④

① 《论中国新党空言多、实行少》，《大公报》1904 年 5 月 12 日，第 1 页。
② 《论报馆与国民之关系》，《盛京时报》光绪三十二年十一月初四日，第 2 张。
③ 孙宝瑄：《忘山庐日记》上册，光绪二十八年五月初八日，第 531 页。
④ 中国之新民：《新民说·论私德》，《新民丛报》第 46、47、48 号，光绪二十九年十二月二十九日（1904 年 2 月 14 日），第 8 页。

民国初年这种表达与实践相背离的所谓"喜用新名词而不究其意义"的情况依然严重：

> 如民权、自由、共和、专制者，今人人之口头禅也，而明其义者盖寡。故一方面有以抵抗法律为民权、破坏秩序为自由、盗贼当事为共和、执法不阿为专制者，而他方面则以个人之命令意见为法律，而强人以遵守焉。①

不过，清末以来一直在耳闻目睹此种表达与实践脱节局面的鲁迅则为新学进行了辩护，认为问题根源在于提倡者言行不一、口是心非："近来所谓新思潮者，在外国已是普遍之理，一入中国，便大吓人；提倡者思想不彻底，言行不一致，故每每发生流弊，而新思潮本身，固不任其咎也。"② 十余年后，鲁迅又沉痛指出："每一新制度、新学术、新名词，传入中国，便如落在黑色染缸，立刻乌黑一团，化为济私助焰之具……此弊不去，中国是无药可救的。"③ 故此，公开的精英表达如何被读者接受？如何见之于社会实践？其间的差别有多大？使用者背后的利益动机何在？其使用先后有没有变化？产生的社会效果如何？这些问题均是需要我们仔细研究的。

五　新名词之运用

就清末民初人对新思潮、新学说的接受与使用情况来说，一知半

---

① 《中国人之弱（点）（录〈庸言报〉叶景莘稿）》，《大公报》1913 年 5 月 25 日，第 3 张。
② 《致宋崇义》（1920 年 5 月 4 日），收入《鲁迅全集》第 11 卷，人民文学出版社，1981，第 369 页。
③ 《偶感》，收入《花边文学》，《鲁迅全集》第 5 卷，第 480 页。

解者、望文生义者也许更多，新名词对于这些人多是一种趋新偏好的认同和表达，往往反映了其在日常生活中的食洋不化与逢迎风气。如接下来这个故事所显示的：

> 宾宴茶楼有某京货铺，系天津郑紫宸之业也。其子名万元者，年前游学东洋，致函于其父称紫宸同胞赐览云云，郑见此信勃然大怒。其子日昨来京，郑训子曰：汝游学东洋，何以来信称我同胞。其子答曰：当今维新时代，上自君王，下至庶民，皆在四万万同胞之内，老父非中国之民乎？郑一时无言以答之。知之者相传为笑柄。①

小说《文明小史》中也讲了一则相仿的故事，苏州趋新的塾师姚文通带儿子及三个学生到上海观摩，当留在客栈中的儿子不辞而别出去玩乐归来后，焦急的姚文通训斥了儿子，其子却不买账，同样用新名词反驳：

> 我的脚长在我的身上，我要到那里去，就得到那里去。天地生人，既然生了两只脚给我，原是叫我自由的。各人有各人的权限，他的压力虽大，怎么能够压得住我呢？②

可见，受到世风影响，很多趋新者均有意无意地在运用或者说滥用这些新的思想资源为自己的行动寻求意义与合法性。如其时还是一个青年学生的钱玄同自称，他1902年后才开始阅读新学书籍，立场渐趋

---

① 《新名词之笑话》，《广益丛报》第7年第5期，宣统元年闰二月初十日，"纪闻"，第4页。
② 李伯元：《文明小史》，上海古籍出版社，1982，第111页。

向革命，在1903年初次读到曾鲲化所著《中国历史》一书时，马上心有戚戚，被其中关于"民族主义"（其实是种族主义——笔者注）的叙述所吸引，"甚爱之，以为史籍教科书之佳本矣"。后来钱玄同思想受到刘师培所编《中国历史教科书》的影响，认为曾书存在滥用新名词的问题，"专务用新名词，并造图像，不率故常，实极可笑"。钱玄同还追悔昔日对曾书评价过高，"以糠秕为佳"。① 并在日记中写道："昔尝谓横阳翼天氏之《中国历史》，体例未错，而喜用新名词，太远国风，且考据多讹。"② 需要注意的是，钱玄同此前其实并不反对新名词，他受到章太炎《訄书·正名释例》的启发，反而认同新名词出现有其必要性与合理性：

> 今之有物无名者，比比皆是，检之故籍，储材不少，举而用之，犹修废官也。必古实无其物其文，而后新造一名词。其并不能造新名词则译音，（章太炎）所言实是卓见。盖古时所定，恒较今定为确。古人煞费苦心，尽心下问，始定一确当之名词，不若今人之师心自用也。废而不用，杜撰一不安者何为耶？③

只是钱玄同思想转变剧烈，稍后不久他就转向认同《国粹学报》保存国粹的主张和对"东洋文体"的批评，并自悔过去几年的盲目趋新：

> 菊圃购一《国粹学报》至，借观之，颇有趣味。盖现今东

---

① 《钱德潜先生之年谱稿》，杨天石主编《钱玄同日记》整理本上册，北京大学出版社，2014，第5页。
② 杨天石主编《钱玄同日记》整理本上册，1906年5月4日，第41页。
③ 杨天石主编《钱玄同日记》整理本上册，1906年3月8日，第27页。

洋文体，粗率之书实不足观，且亦无甚道理。保存国粹，输入新思想，光大国学，诚极大之伟业也。数年以来，余扮了几种新党，今皆厌倦矣，计犹不如于此中寻绎之有味也。①

通过这段自述，我们不难了解钱玄同转向国粹与复古思想的关键点。

不过钱玄同读到的《国粹学报》，其实也大量使用了新名词，来自日本的名词"国粹"即其一，只是《国粹学报》创刊号《略例》中的标榜，恰好符合钱玄同此时思想转变的需要而已。"本报以发明国学、保存国粹为宗旨"，"本报撰述其文体纯用国文风格，务求渊懿精实，一洗近日东洋文体粗浅之恶习"。② 或可说，钱玄同这里认可《国粹学报》对东洋文体的指责，进而批评曾鲲化乱用新名词，乃至早前由顽固转向学习新学，并非源自他的切身感受与内在学术转向，而是由于外部的刺激和提醒。像钱玄同自陈他之所以愿意从事新学，一改之前的"无意识顽固"，乃是时势所迫、不由自主，因为师长所劝，"愍其早年孤露，又无恒产以自给，恐其不免沟壑，故嘱其稍习时学，以期应试用，稍觅菽水之赀耳"。③ 但钱玄同对所谓新学实无门径，恰巧有人告诉他可读《新民丛报》，钱"因取阅焉"，他清楚意识到这是"无学"如他者的"叶公好龙"："昔之反对新书为无意识，今之喜读新书亦无意识也，盖有入世想钱之心而读新书。"④

故此，近代以来也颇有人批评一些中国人的趋新、爱谈新名词只

① 杨天石主编《钱玄同日记》整理本上册，1906 年 4 月 2 日，第 33 页。
② 《国粹学报发刊辞·略例》，《国粹学报》第 1 年乙巳第 1 号，光绪三十一年正月二十日，无页码标识。
③ 《钱德潜先生之年谱稿》，杨天石主编《钱玄同日记》整理本上册，第 4 页。
④ 《钱德潜先生之年谱稿》，杨天石主编《钱玄同日记》整理本上册，第 5 页。十余年后，谢觉哉在 1922 年 10 月 12 日的日记中也有类似观感："从前维新的人，现在变为顽固，这不是他退化，乃是他维新的时候就是盲从，没有什么觉悟的原故。"参看《谢觉哉日记》上卷，人民出版社，1981，第 106～107 页。

是表面现象，其实是赶时髦、假维新，舍本逐末。即便那些以救世之"志士"自命的趋新者，也仅是见诸空言，一旦付诸实践，则大相径庭：

> 今之志士，大都剿袭民权、自由一二新名词，于是睥睨一世，傲慢群伦，以花天酒地为运动之机关，以奸贪狠戾为经济之手段，日言爱群，拔一毛利同群，未见其肯为也；日言爱国，得数金而卖国，未见其不肯为也。而且互相骂詈、互相倾陷，胸愤戾而口叫嚣，性凶残而手毒辣，安见其能爱群也。[①]

此类名实乖违、言行脱离、文胜于质的案例在当时颇不乏见。像皮锡瑞日记即曾记载时人竞相趋新，留日学生大受欢迎，究其实际水平与能力，很多留日学生的西学水准却让人哭笑不得：

> 阅报，见江南学会致分会书，痛言解散之非，有教员以"童汪踦"为人姓名、辽金元为人名之笑话。此必东洋学生归充教员者，村学究犹不至此，而人必舍学究而用学生，不知此辈本无点墨也。[②]

朱峙三的日记中亦有类似记载。在他所求学的寒溪速成师范学堂（即稍后的武昌县师范学堂）中，因为缺乏懂新学的教习，滥竽充数之人多有，"日本文仅识得片假名、平假名而已"，学堂堂长"在东京所学仅半年，其空洞之教育学实无用也"。朱峙三还感慨道："予

---

① 《今世之人材果足今世之用乎（续）》，《大公报》1904年7月26日，第1张。
② 皮锡瑞1906年8月6日日记，见吴仰湘编《皮锡瑞全集》第11册，中华书局，2015，第2089页。

思省城各学堂教习，或不致如此劣等也。"① 可是朱峙三这样的美好期待不久就落空，当他稍后考上位于省城武昌府的规模更大、师资力量更强的两湖总师范学堂后，发现该校中一些教习水准也一般，且"学堂当局多有奴性者也"。他尤其注意到一个教育学教员黄陂人金华祝，曾留学日本速成师范，一度"倡言革命"，回国后顶替已归国的日本教育学教员上课，结果其能力有限，"上堂完全吹牛，拿日本琐碎之事掺入讲词，以欺学生"。②

由以上案例我们或可推知，当时很多的普通趋新者其实并无坚定的立场，多为追随风气，或仅是浑水摸鱼，想博取趋新名声和谋取私人利益。"用之者未必真知其详"，往往"不过采取虚声"，导致"猎泰西之皮毛"的人滥竽充数，"偾事更多"。③

在下者的趋新情况如此，在上者的情况更是让人不满。激进的《民呼日报》曾直斥清廷所实施的包括立宪在内的诸举措为"牢笼之政策"和"欺骗之伎俩"，其数量之多"不胜枚举"：

> 质而言之，要不外阳托立宪之名，以阴施压制之实耳。外虽假政治上、物质上之伪文明，而内实陷生民于苦海。然则今日之当国事者，岂非社会上万恶之根源乎？④

以今日之见看来，清廷当日各种举措未能落实，或事出无奈，或力有不及，但其进退无据、举措失当的表现却让很多"误会欧美之

---

① 胡香生辑录《朱峙三日记》，光绪三十一年十月初四日，第171页。引文标点有更动。
② 胡香生辑录《朱峙三日记》，光绪三十四年三月十六日，第228页。
③ 《御史徐定超奏更定官制办法十条折》（光绪三十二年九月十四日），收入故宫博物院明清档案部编《清末筹备立宪档案史料》上册，第167页。
④ 《论趋时派之新迷信》，《民呼日报》1909年6月17日，第1页。

文明"的趋新精英感到悲愤和绝望，"迷信其伪以为真"。像《大公报》即曾发表白话评论，面对清廷上下"假维新"的现实痛心疾首说"中国不亡是无天理"：

> 我们十数年来，所期的那舍妄来真、寻源讨本、循序渐进的进步，不过是人民嘴上多了几句新名词，社会表面改了几样浮皮毛，添了些个习气，弄得不中不西、不新不旧，在那国利民福上，不但没见有什么益处，而且更加上种种的苦累，危亡之祸，近在眼前，困苦的情形，一天比一天的加紧……①

转言之，在时论看来，有些新名词的出现其实体现了旧势力的强大和借"新"还魂。如清末各种关于"员"的新名词流行，正反映出官本位崇拜的愈加流行，本来"在官场多以'员'计，所以视与民人有别也"，但"今年以来社会称谓无一不称员"：

> 如学堂教习则称为教员，管理者则称管理员，书局编书则称编辑员，办杂务者则称庶务员，遇事开会则有招待员、干事员、书记员，甚而戏馆优伶登场演剧亦有称为艺员者。呜呼！今日官员之多，已有在坑满坑、在谷满谷之势，而又有并非官员亦另标新名词，一若称为员即非常荣耀者。中国人心之羡慕官场，何竟至于此极哉？是真不可解矣！②

进而言之，时人对新名词的接受普遍存在各取所需、饥不择食、

---

① 《白话》，《大公报》1909 年 11 月 7 日，第 2 张。
② 《中国人之欣慕官场》，《舆论时事报》1909 年 6 月 25 日，第 2 张第 1 页。

耳食肤受的情况。然同一名词或术语，对于不同人意义不一样，对于不同人在不同时期的意义也不一样。以下聊举四个例子，以便读者窥豹一斑。

首先是时人对自由的理解，多系望文生义，与政治思想上所谓的天赋人权、政治自由相距甚远。清末有时论曾指出这种情况："今之所谓自由，则肆无忌惮，乃古人所谓放纵也。"[①] 像上海即有趋新人士假借"自由"之名行淫乱之实，全然不顾法律礼俗的约束：

> 新党萃居于上海，乃假开通女子之名以兴女学，然新党者以"自由"二字为护符者也。上海者，又中国法律礼俗所不加之地也，由是新党之好淫者，必借婚姻自由为名而纵其淫欲，女子稍受教育者，亦揭"自由"二字以为标，视旁淫诸事不复引为可耻，由是无娼妓之名，而有娼妓之实。[②]

上述叙述也正像辛亥年上海《时报》发表的讽刺文《新名词别解十二则》中批评的情况，"自由"含义被时人曲解利用："自由者，逍遥自在，如妻妾虽有外交，而主人不得过问，臣下贪财卖国，而朝廷不能禁制，皆享自由之权利也。"[③] 再举一个大家耳熟能详的例子，鲁迅小说《阿Q正传》里未庄乡下人所说的"柿油党"——未庄人不知道什么是"自由党"，因发音相近，将其说成"柿油党"，尽管这个意思完全不符合自由原来的政治意义，却形象地揭示了一般民

---

① 汉：《论新名词输入与民德堕落之关系》，《申报》1906年12月13日，第1张第2版。
② 志达：《男盗女娼之上海》，《天义》第5卷，1907年8月，第33～34页。该文也可能出自刘师培之手，参看万仕国辑《刘申叔遗书补遗》，第1651～1652页。引文在1652页。
③ 寿侠：《新名词别解十二则》，《时报》1911年4月30日，《附刊·滑稽时报》。

众对"自由"的无知，以及"自由"之类政治术语的意义因环境而异、因人之不同身份而异，且同承载它的语言、文体及其使用方式、修辞方式有关。像陈焕章在民国初年呼吁定孔教为国教，他居然借助"信教自由"这个新名词进行辨析和鼓吹。[①] 山西地方士人刘大鹏亦采取同样思路使用"自由"，他在 1914 年 11 月 17 日的日记中述说其坚持采用宣统与旧历纪年而非民国所用的民国和公历纪年的根据在于坚持"自由"，"今改民国之年，而予称年号仍系宣统，以予系大清之人，非民国之人耳。各行其志不能强，维新人所谓之自由也"。[②]

此外，康有为对"自由"的理解与辨析也很有意思。康有为认为"自由"并非欧美富强之根源，它反而在欧美受到诸多法律限制，欧美人享受的自由远不如中国人，"其拘困服从过于吾国人百倍"。中国人如追求自由，是"无病服药"，因为中国的自由平等早已实行两千年，"本已大受自由之乐"。而且时人追求的所谓自由，其名词本身就不通，时人误认为是一种绝对的自由，即其所谓的"自由之万全义"，"不特意偏而不举，亦且理穷而难行"。康有为还进一步从词源学角度分析"自由"（freedom）之含义，认为其源出法国，在法国久受压制的语境中本意当为"开放""释放"，该词后来在日语中被误译为"自由"，又为中国人所接受，结果带来"大害"，"而不见丝毫之益也"。在当下的中国，"法律太疏，教化太宽"，势必不能推行自由："若无病加药，日言自由，则必中风狂走，势必士背学，吏犯法，工不职，弟逆师，子叛父，尽弃规矩法度教化，而举国大乱……"中国的当务之急是效法德国推行专制、

---

① 陈焕章:《明定原有之国教为国教，并不碍于信教自由之新名词》，《宗圣汇志》第 1 卷第 4 号，1913 年，第 7~22 页。
② 乔志强标注《刘大鹏日记》，第 199 页。

加强皇权，"而欲以自由救之，所谓病渴而饮鸩也，其不至死不得矣"。[1] 辛亥革命后，随着形势的急剧变化，康有为对自由的定义又发生了变化："号为自由，而实自死自亡。"[2] 可以看出，一以贯之地体现在康有为关于"自由"的认识中的，是他因应形势对中国本土文化资源的捍卫和保护，这固然同康有为自身的政治立场与思想主张密不可分，但更多是与时人盲从西方、只追求其表面形式而无视其是否适用于中国现实的做法有关。康有为这里对新名词的批评颇具深度，实已触及对其背后的欧美日文化霸权进行检讨和反思的层面。

其次，关于"革命"一词的使用在当时同样存在歧义。如曾有上海文人写作游戏文《勾栏革命书》，呼吁妓院改善环境及待客之道，不要任意歧视敲诈客人——此即其所谓革命之义。[3] 刘鹗在《老残游记》里则说："其已得举人、进士、翰林、部曹等官的呢，就谈朝廷革命；其读书不成，无着子弟，就学两句爱皮西提或阿衣乌爱窝，便谈家庭革命。一谈了革命，就可以不受天理国法人情的拘束，岂不大痛快呢？"[4] 这里的革命是任意妄为的意思。讽刺小说《冷眼观》中则挖苦"革命党"为"特别的新名词""二命党"，原因在于真真假假的革命党流品混杂，为鸡鸣狗盗之辈会集的乌合之众，系很多人借"革命"招摇撞骗、唯利是图、见风使舵的组合：

① 以上引文均见《物质救国论》，姜义华、张荣华编校《康有为全集》第 8 集，第 68～71 页。
② 《中华救国论》，姜义华、张荣华编校《康有为全集》第 9 集，第 312 页。
③ 蔡床卧读生编《绘图上海杂记》卷 9，上海文宝书局，1905，第 13～14 页。据郭长海教授考证，此"吴县蔡床卧读生"当为管斯骏。参看《蠢勺居士和蔡床卧读生》，吴晓峰主编《中国近代文学史证——郭长海学术文集》上册，吉林人民出版社，2005，第 300～303 页。
④ 刘鹗：《老残游记》，人民文学出版社，1982，第 117 页。

原来他们党中的人物，却是各界都有，只要扫帚戴个帽子，皆可以兼收并蓄，拉了来做同胞看待。诸如当扒手的，怕还算是他们内中实业界上的大好老呢！非我说句刻薄话，古语族大还难遮丑，莫说是聚多数乌合之众，我恐怕里头连忘八兔子都敢是有的呢！难怪一旦小人得志，只要被他骗着个磕头虫儿的官儿，就包管立地改变方针，将从前打算革政府命的一番本领，就反过脸来，去革同党的命。从前要想流满洲人血的各种手段，就掉转头来去流部民的血。无一事不是譬如昨宵死、今朝活，实行反对宗旨。因此东洋人就赠他们一个二命党的徽号，这句话真是讽刺得有趣呢！①

而前引《时报》那则新名词别解文则挖苦了当时部分人所理解的革命，最后实质是革自己之命："命即性命之谓，今日后生小子，猖狂无忌，一触法纲，立陷大辟，是与性命为仇，而竭力以革之也。"② 舒新城也回忆说在民国元年的长沙，"革命"两字，"是最时髦的名词，自学校以至娱乐场所，都无不以革命为标志"。③ 而舒新城自己之前也是积极鼓动罢课参与所谓排满革命事业的，但他自认：

不过凭一时的意气，作快心之举而已。所谓革命排满，也不过是从书报上看来的两个名词，其含义都不甚了了，更说不到什么研究与方法。④

---

① 八宝王郎：《冷眼观》，百花洲文艺出版社，1991，第410页。
② 寿侠：《新名词别解十二则》，《时报》1911年4月30日，《附刊·滑稽时报》。
③ 参看舒新城《我和教育》，收入张玉法、张瑞德主编"中国现代自传丛书"第2辑上册，龙文出版社，1990，第96页。
④ 舒新城：《我和教育》，第70页。

以上这些关于"革命"含义的种种表达和使用情形，在陈建华等人的相关研究中并没有得到体现。①

再如"共和"一词，中国古语中虽有该词，但其意义与清末民初人所接受的"共和"之意全然不同，时人却不管不顾，以个人喜好用今义比附古义，援中入西。如清末汪康年在笔记中即讽刺"共和"仅仅为专制之遮羞布：

> 甲乙数人共谈政体，甲曰："政体究以何者为善？"乙曰："莫如共和立宪。"丙曰："然！然！我国周厉王时已尝行之矣。"乙曰："厉王时虽有共和之名，然其治绩如何，今不可知矣。"丙曰："我尚记有一弭谤之事，以卫巫一言而雷厉风发，令行禁止，使道路以目，可见当时政府虚心采纳，尊重民权。即此一事，已足令人敬服其宪政进行之速。"甲、乙大笑曰："子真糊涂！此事实专制之虐政，而子敬服之，异哉！"丙曰："二君误矣。天下岂有真是非？但使强权在手，令出而人不敢不遵，虽行专制之实，谁敢谓其专制哉……"②

将共和与专制联系起来，刘师培从无政府主义角度也如此阐释："何谓'共和'？共和政体者，专制政体之变相也。""是则共和、专制，其名虽异，而人民受害则同。"③

类似汪康年将"共和"同周厉王联系起来的认识与解读，一心复辟清朝而又守旧的升允有同样看法，他直斥袁世凯"假共和之名

① 参看陈建华《"革命"的现代性：中国革命话语考论》，上海古籍出版社，2000。
② 汪康年：《汪穰卿笔记》，上海书店出版社，1997，第156~157页。
③ 刘师培：《共和之病》，原载《衡报》第1号（1908年4月28日），转见万仕国辑《刘申叔遗书补遗》下册，第1030页。

以盗天下，号称民国，其意盖托古昔周厉王之时与美洲华盛顿之世也"。在升允看来，真正的"共和"要采用其古义——"因国中无君而调护之之谓，非有君而攘夺之之谓也"。升允还认为像"共和"之类的新名词迷惑了太多人，凡是使用这类新名词的人，"皆借以为笼络挟制之术也"。①

康有为也在辛亥革命后屡屡写文章辨析共和含义，探求挽救大局的新办法。他指出"共和之义，于古也六，于今也六"，②认为当时的共和国"号为共和，而实共争共乱"。③就如上引康有为对"自由"的看法，这同样显示出康有为对革命的恐惧及对新出现的"共和"政体的悲观失望。为此他才走上为复辟帝制背书之路，如时论所载的传言："我非一定赞成复辟，拒挂共和招牌，以不照招牌做去，则可惧耳。"④民初社会陷入乱象后，主张复辟帝制者大有人在，于是章太炎、劳乃宣、宋育仁、刘师培等人又基于不同政治或文化立场对"共和"做出新解释，其背后均有自己特定的政治期待与现实意图。⑤

回顾了上述知识精英关于"共和"的表达后，我们再简单看下《清稗类钞》中的记载，也可管窥清末民初部分普通青年学子对"共和"的认识与观感。当时受到新思潮影响的年轻人争趋"摧专制而建共和"，但他们对"共和"何谓其实多不了解，其中

---

① 《升允反抗民国之伪檄二道》，《大公报》1913年7月14日；该檄文又见劳祖德整理《郑孝胥日记》第3册，第1470~1472页。

② 《共和政体论》，姜义华、张荣华编校《康有为全集》第9集，第241页。

③ 《中华救国论》，姜义华、张荣华编校《康有为全集》第9集，第312页。

④ 《北京专电》，《时事新报》1918年8月26日，第1张第2版。

⑤ 可参看亦镜《论民主与共和不能两存》《周召批评宋育仁》《宋育仁曲解共和》，收入张亦镜编《真光丛刊》，中华浸会书局，1928，"通论"，第105~108页，"谭薮"，126~128页；刘师培《共和解》，《仪征刘申叔遗书》第10册，万仕国点校，广陵书社，2014，第4463~4464页；老钱《共和别解》，《顺天时报》1915年10月6日，第3版。

就有"年少佻达之黄立夫者",将"共和"理解为"共和实行,吾辈可为共同和奸(刑律有强奸、和奸之别)之行动矣!"[1] 这样望文生义式对新名词的认识在当时年轻学生中普遍存在,他们喜欢谈论新名词,"以自表其富于新学",若询问其"共和""自由"这类新名词的真义,则"瞠然不能对",或者会认为"窃人之物、损人之书即为共和","他的即是我的","辍业罢课、口角纷争即为自由"。[2]

最后,对于清末以来流行的"新名词入诗"现象,民初学界也有人借已故上海名流文人李伯元之名,挖苦其为"饿鬼道、畜生道":

> 用新名词入诗词者,如梁卓如之"自由人远天涯近",尚为巧不伤雅。昨见粤人某君寿友一诗,则直是饿鬼道、畜生道矣。诗曰:大舞台中一少年,亦狂亦侠亦翩翩。地轮四九球初转,世界三千月正圆。我佛生生无寿天,美人面面尽姻缘。要将祝典留花界,艳说人间李谪仙。[3]

《清稗类钞》中也收录了时人写作新名词诗对此现象进行"以毒攻毒"的情况:

> 某曾赋诗四首以嘲之,一云:"处处皆团体,人人有脑筋。

---

① 《共和》,徐珂编《清稗类钞》第4册,中华书局,1986,第1755~1756页。
② 醒吾等:《童子随笔》,《童子声》第3期,1914年2月16日,第52页。
③ 李伯元:《南亭四话》,江苏古籍出版社,2000,第217页。此《南亭四话》当为民初学者托名李伯元之作,有关考证可参看《〈南亭笔记〉与〈南亭四话〉非李伯元所作考》,收入吴晓峰主编《中国近代文学史证——郭长海学术文集》上册,第280~296页。

保全真目的，思想好精神。势力圈诚大，中心点最深。出门呼以太，何处定方针。"二云："短衣随彼得，扁帽学鲁索。想设欢迎会，先开预备科。舞台新政府，学界老虔婆。乱拍维新掌，齐听进步歌。"三云："欧风兼美雨，过渡到东方。脑蒂渐开化，眼廉初改良。个人宁腐败，全体要横强。料理支那事，酣眠大剧场。"四云："阳历初三日，同胞上酒楼。一张民主脸，几颗野蛮头。细崽皆膨胀，姑娘尽自由。未须言直接，间接也风流。"①

这四首讽刺诗大概收罗了当时较为流行的新名词，如"团体""脑筋""方针""目的""中心""精神""以太""鲁索（卢梭）""欢迎""进步""改良""支那""同胞""民主""野蛮""膨胀""自由""直接""间接""风流"等，借此显示其流行之广及被使用之滥，内中蕴含的挖苦、戏谑之意溢于言表。故此，清末以降由黄遵宪、梁启超、谭嗣同、夏曾佑等人所倡导的"诗界革命"，后来颇有梁启超所谓"以堆积满纸新名词为革命"之弊。② 即便被公认为成绩最大如黄遵宪者，其诗的实际艺术成就也不佳。③

由上述讨论可知，本土的思想资源既然不足以应对"世变"和"文变"——所谓执"旧法"无法"治近世"，时人不得不寻求他山

---

① 《新名词入诗》，徐珂编《清稗类钞》第 4 册，第 1724 页。该组诗影响颇大，曾被改名为《旧体新诗·嘲新名词也》，收入《兴华报》第 23 年第 26 册，1926 年 7 月；也曾被收入张亦镜编《真光丛刊》，"诗歌"，第 21 页。
② 参看梁启超《饮冰室诗话》，人民文学出版社，1959，第 51 页。
③ 钱锺书曾批评黄遵宪之诗："差能说西洋制度名物，掎摭声光电化诸学，以为点缀，而于西人风雅之妙、性理之微，实少解会。故其诗有新事物，而无新理致。"钱氏批评用在当时其他人所写的新名词诗中，亦同样适合。参看钱锺书《谈艺录》，中华书局，1996，第 23～24 页。

之石以作为鉴戒和奥援，他们或标新立异、借酒浇愁，或为功利而趋新，或为时髦而趋新，或为"文明"追求和强国想象而趋新。"文以载政"，因文见政，有此形势，遂不断地有更新的"新名词"出来，有更新的"新学"出来。可以说，新名词在清末民初社会的流行和被滥用情况正体现出外来新学的咄咄逼人，以及当时中国"舍旧谋新"崇拜的强势和虚妄。只是原体制内在的"旧"与"恶"也随着"新""俱分进化"，"为鬼为祟"，影响深远。

这里有必要提醒的是，新名词流行程度虽高，但当时仍有不少较为守旧与身处闭塞地区的士子对此不太了然。如一个书商言，他在1906年冬天去杭州卖书，发现参加"浙省考优"的一些士子，甚至"如支那、社会、张博望、心算学普通名词，犹有不能解者"。[①] 另据《大公报》报道，桂林广西法政学堂的106名学生中绝大多数人（十分之九）不读新书新报，"故于新名词不能谙悉"。[②] 只是这些不太理解新名词的案例，并不能视作新名词的失败。

行胜于言，即便是一直反对日译新名词的严复，老年时愈趋"保守"，也不得不劝在唐山路矿学校读书的儿子严璿要适应学校教授国文的风气："勉强从俗，播弄些新名词之类，依教员所言，缴卷塞责。"[③] 到了1920年代初，新名词之优势已不待言，时人无奈感慨："大势所趋，不可挽救，学者非用新词，几不能开口动笔。不待妄人主张白话，而中国语文已大变矣。"[④]

---

① 参看四明语生稿《杭州卖书记》，《时报》1907年3月6日，第5页。
② 《广西法政学堂琐志》，《大公报》1908年10月23日，第2张。
③ 《与四子严璿》（1918年11月8日），收入王栻主编《严复集》第3册，第809页。王汎森教授曾用"复合性思维"概括此种情况。参看王汎森《晚清以来的"复合性思维"》，收入方维规编《思想与方法：近代中国的文化政治与知识建构》，北京大学出版社，2015，第46~51页。
④ 柴萼：《新名词》，《梵天庐丛录》，山西古籍出版社、山西教育出版社，1999，第1033页。柴书最早由中华书局于1926年出版。

六 本书主旨

前引这些资料中显示出的读者对新名词的认识、误用与滥用情况告诉我们，不管是趋新者，还是守旧之人，或是骑墙派，正如时论所指出的那样均在使用新名词为自己辩护。[①] 这些不同的人对自由、革命、共和等新名词形形色色的阅读、想象、理解和使用，及其背后的利益诉求，乃至最后导致的多种多样效果，即所谓"接受政治"（the politics of reception 或 reception politics）的问题，[②] 或许才应是我们研究近代中国的概念史、知识史、阅读史时需要着力揭示的。[③] 可惜的是，很多精英取向的研究者都视之为不登大雅之堂或不够重要而弃之不顾。因之，关注近代中国新名词、新知识、新概念的生产机制、符

---

① 参看《今日新党之利用新名词》，《警钟日报》1904 年 10 月 15 日，第 1 版，该文转见《东方杂志》第 1 年第 11 期，1904 年，"时评"，第 75～76 页；《论今日旧党之利用新名词》，《警钟日报》1904 年 10 月 17 日，第 1 版。

② "接受政治"这一名词是当下文化研究中广被使用的词，多被用于表示受众或读者的反应情况和反应方式，它最初来自西方对《圣经》的诠释，后来逐渐发展为接受史（reception history）与接受理论（reception theory）这样专门的学术研究领域。根据笔者的理解，简单说，"接受政治"是指读者或阐释者在阅读、使用和诠释、转化过程中发生的主体作用、意义重构，以及由此对原初文本进行再现过程中产生的建构、规范、附会和消解、偏移、纠正等现象，而这些现象又同受众或读者的知识、身份、利益以及受到的外部权力干涉（如阐释共同体、赞助、编辑、印刷等）情况密切相关。因此，这里的政治是一种广义的政治含义或意识形态表述，并非狭义的区别于经济、文化、社会那样的政治意涵，它指的是（政治、文化、经济等方面的）权力无所不在的渗透和作用，以及人与人、人与文化、人与制度等的互动与再现关系中体现出来的权力涉入程度与意识形态制约强度。有关应用此概念于阅读史的研究，可参看 James Smith Allen, *In the Public Eye: A History of Reading in Modern France, 1800 – 1940*, New Jersey: Princeton University Press, 1991, pp. 83 – 110。

③ 王汎森教授即提出要在中国近代思想史研究中重视"思想的社会功能""思想的形形色色的使用"情况，并注意厘清"思想与自我利益（self interest）之间的关系"。参看王汎森《中国近代思想文化史研究的若干思考》，台北《新史学》第 14 卷第 4 期，2003 年 12 月，第 180～181 页。

号意义和修辞策略，以及其在不同时期、不同具体语境里被不同人士的阅读、想象与使用乃至滥用的情况，即关注所谓阅读文化（reading cultures）之建构及与之相关的"接受政治"问题，亦即近代中国的知识如何再生产问题，进而揭示隐藏在再生产背后的物质利益、个人动机及由此折射出来的权力关系、意识形态影响，或比仅仅讨论起新名词出现的频次和时间、有多少"实"的含义与精英如何表达、言论如何独特更为重要、更有意义——因直接关涉其究竟如何再生产、如何转化为日常生活中的经验、如何发挥作用，以及造成何种结果等现实塑造问题。

职是之故，作为一个接受史取向的研究，本书希望在既有研究基础上，由时人的新名词论述出发，重点关注近代中国的一些来自西方（包括日本）的新知识是如何被生产出来和如何传播的。梁启超在其中扮演了什么样的角色，诸如启蒙、"新性道德"，一些同西方现代性及时人的西方想象有密切联系的关键名词像黑格尔、古腾堡、世界语等，它们是如何被知识精英和大众传媒在引介中具体化、在地化乃至符号化的，又是如何被清末民初的知识人阅读和使用的。这些富有新义或现代性含义的知识与符号又是如何被合法化，如何被传递到不同空间中不那么精英的受众那里（例如当年湖南的一个青年学生舒新城）。这些受众又是如何对此加以接受转化，最终又造成了何种的派生意义与社会效果。借此尝试，笔者希望从传播学和阅读史的角度同既有研究进行对话和区隔，同时希望能提供给读者一些关于清末民初那段历史的新的认知。

第一章
清季启蒙人士改造大众阅读文化的论述与实践

导 言

阅读的历史同禁书的历史密不可分。从查禁一方立场看，禁书总有正当性，其目的在于通过禁止某些文本的出版或流通，使人们不接触在查禁者看来非法或不够合法的知识，从而达到查禁者的政治、意识形态或道德、宗教上的目的。而通过对"禁书"的考察，我们就有可能知道在特定的时代、特定的空间中，那时的人应该阅读什么和不应该阅读什么，为何要限制阅读及其成效如何等阅读文化上的问题。

在中国，历代颁布的禁书之令为数甚夥，而清代尤甚。撇开政治层面的禁书不提，清代禁书令中有许多是针对小说、戏剧、唱词等通俗文学的，其查禁这些通俗文学类图书，往往是以"淫书小说""淫辞小说"等名称于风俗人心、社会秩序大大有碍——"诲淫诲盗"为借口：

> 一切鄙俚之词……大率不外乎草窃奸宄之事，而愚民之好勇斗狠者，溺于邪慝，转相慕效，纠伙结盟，肆行淫暴，概由看此等书词所致，世道人心，大有关系。[①]

---

① 《嘉庆七年十月禁毁小说》，收入王利器辑录《元明清三代禁毁小说戏曲史料》增订本，上海古籍出版社，1981，第56页。

这里所谓的淫、盗，多是统治者和士绅精英的强加之词，便于为查禁行动寻找合法性。实际上，这些文类虽包含不少情色、非圣无法成分，① 但亦承载有很多正统社会推崇和宣扬的教化观念，有严肃与正统的一面，情欲、暴力和教化在此是相辅相成的。当然，其中的某些文类确实属于露骨的色情之作，内容非常淫秽，尽管自序"十九以劝诫为借口"。②

此处姑且不论其中所禁之书是否"海淫海盗"和是否当禁，类似禁令的屡次颁布与诸多论述的不断生产，虽可表明朝野对此问题的关注及警惕，但在某种程度上，似乎更说明这类禁令与论述的实际效力或许并不大："功令虽有严禁之条，而奉行者多以为具文。"③ 即或有厉行禁令者，也收效甚微："思夫淫辞邪说，禁之未尝不严，而卒未能禁止者，盖禁之于其售者之人，而未尝禁之于其阅者之人——即使其能禁止于阅者之人，而未能禁止于阅者之人之心。"④ 另一方面，自然也表明这类书的普及程度与影响力——"识字之人，有不读经，无有不读小说者"。⑤ 此种现象绝非区区律法就能禁止，也非道德训诫所能力挽狂澜，特别是在私人刻书风行和商品经济发达的明清时期。

然而，在大厦将倾、新学流行的清末社会，受到新学影响和世变

---

① 比如，许多农民造反便是直接袭用《水浒传》等书中的口号与组织形式，从明末之李自成、张献忠，到清代天地会、湖南瑶民起义，都是显著例子。有的甚至连战术、战略亦效法《水浒传》，例如张献忠"日使人说《三国》《水浒》诸书，其埋伏攻袭咸效之"。参看罗尔纲《水浒传原本和著者研究》，江苏古籍出版社，2000，第237~266页；孟宪承等编《中国古代教育史资料》，人民教育出版社，1985，第424页。

② 钱锺书：《管锥编》第1册，中华书局，1994，第110页。

③ 余治：《删改淫书小说议》，《重订得一录：各项善堂义举规章》卷5，上海人文印书馆，1934，第46页。

④ 钱湘：《续刻〈荡寇志〉序》，收入俞万春《荡寇志》，上海世界书局，1935，第4页。

⑤ 《〈日本书目志〉识语》，姜义华、张荣华编校《康有为全集》第3集，第522页。

之亟的刺激，力主文化改造的启蒙人士——主要是一批政治立场不尽相同的新知识分子、趋新士绅、开明官员、新式军人等，意识到"今日法固不能不变，变法根本，端在读书"。① 在他们看来，中国士民久处于专制政治之下，风气闭塞，眼光狭隘，不关心国事，不具备国家思想："目未睹凌虐之状，耳未闻失权之事，故习焉安焉，以为国之强弱，于己之荣辱无关，因视国事为不切身之务云尔。"② 且普遍迷信"怪力乱神"，"文明"程度非常低。在此情况下，启蒙者开始将大众阅读视为一个关系国家兴亡的政治问题，③ 决心采用启蒙论述来规训老百姓的阅读文化，并佐以西方这个符号权威，承续以往正统的禁书论述，凭借新的思想资源及传播媒介，发起一场旨在改造大众阅读、禁止他们阅听"淫辞小说"的文化实践。

在这个过程中，清末启蒙人士时时以西方列强（包括日本在内）富国强兵的经验（其中不少是他们想象的经验）自警、警人，且将之转化到小说、戏曲等文类中，去开导在他们看来懵懂愚昧的"下流社会"，以为可以将己身的阅读经验、思维方式，顺理成章地加之于他们，并认为这是通往西方（包括日本）所示范的现代与建构民族国家的必经之路："余谓各种系统之进于文明，皆非读书不可。"④ "地方上不读书人太多，就为地方的大害。"⑤ 由是言之，引车卖浆者

---

① 汪大钧函，《汪康年师友书札》（1），第 595 页。
② 哀时客（梁启超）：《爱国论一》，原刊《清议报》第 6 册（光绪二十三年十一月初六日），《饮冰室合集·文集之三》第 1 册，第 67 页。
③ 19 世纪第二共和国时期，法国改革者和政府也发起了一场改造大众阅读的运动，不许各个地方图书馆收藏有争议作者的作品及一些异端的政治著作，希望能将有害于统治秩序的出版品包括一些文学读物，从大众的阅读品中剔除出去。参看 Martyn Lyons, *Readers and Society in Nineteenth-Century France*：Workers, Women, Peasants, New York：Palgrave Macmillan, 2001, pp. 144 – 154。
④ 孙宝瑄：《忘山庐日记》上册，光绪二十八年十二月十八日，第 622 页。
⑤ 《论地方上不读书人太多，就为地方的大害》，《通俗日报》宣统元年九月初六日，第 1 面。

流阅读什么以及如何阅读，必须适应启蒙精英的方略，服务于建立现代民族国家的需要。于此，阅读已不再纯是私人的行为，也不只是与人心风俗有关的行为，它实际关系到中国的国运和每个人的前途。笔者希望借此展开讨论，就改造阅读习惯的文化因素、启蒙人士采取的净化策略与所获得的效果，以及阅听者的反应等方面，进行一些探讨。

需要提醒的是，阅读从来不是在真空状态下进行，其过程和效果同文化习性、物质条件、传播状况等因素息息相关。至于这些因素的制约情形，中西学界对此已经有不少的研究，读者可以参考。[1] 本章限于材料和篇幅，不能一一处理，只能对传统阅读文化的影响、改造大众阅读文化之重点、读者的经济基础、传播速度和广度、读者的反应等情况进行考察。

一 前现代中国阅读文化管窥

在古代中国，信奉"正统知识观"的官方和知识精英制造了大量关于阅读、禁书、禁止怪力乱神的论述。在这些论述中，不少是针对下层百姓而言的，即禁止他们阅读某些通俗类文学书籍或阅听戏曲，禁止他们迷信怪力乱神。其实，民众接受"怪力乱神"与欣赏"淫辞小说"，未必一定走上同当权者和主流意识形态、礼仪纲常相对抗之路，经常不过是一种作为"嘉年华"式的游乐观赏行为而已。如时人之言："社会不能无游戏之事，以舒适其性情，故愚夫愚妇之入庙烧香，非必尽迷信神佛也。春秋暇日以从事游观，亦人情之所不

---

[1] 参看李仁渊《阅读史的课题与观点：实践、过程、效应》，收入复旦大学历史系、复旦大学中外现代化进程研究中心编《新文化史与中国近代史研究》，上海古籍出版社，2009，第213~254页。

可无也。"① 故此，将之谓为"迷信"，远不如称之为"娱乐"和英雄崇拜准确。恰如之后梁启超所言：

> 中国风俗之祀，与其谓之迷信，毋宁谓之娱乐。如清明端午活动……又中国祀神之俗，与其谓之迷信，毋宁谓之崇拜英雄，如关公庙、岳王庙等，遍于国中，其人则中国先民，其事则垂诸青史，并非三头六臂、飞行绝迹之怪物也。②

然而，在部分官方及正统人士那儿，却往往有其可能危害社会稳定的认知与担心，发布和推行禁令自然是应有之义，再饰以冠冕堂皇的说辞，无非还是为了端正所谓风俗人心，维护专制秩序与意识形态，预防这些文类惑世诬民，出现不乐见的后果。只是这些查禁论述大多是由官方或知识精英制造，不足为我们完全采信，但历史上的下层民众并没有留下太多关于自己生活、阅读、思想和信仰的记述——他们直接提供的证据太少。我们转换视角，由这些官方论述出发，反其道而行，或亦能对前现代中国下层社会流行的阅读文化及通俗文本有些许认识和体会。

实际上，那些官方和知识精英屡禁不止的读物，因其浅显、通俗、富于趣味和故事性，且贴合一般民众的生活及期望，往往是庶民百姓乐意阅听的；而他们所推崇的教化、训令，因其繁杂、艰涩，且带有强迫性质，往往让老百姓心存芥蒂、漠不关心。中国历史上的下层民众，他们的阅读习惯以及思想的生成固然同官方和知识精英的教化有关，但一般老百姓的知识水平比较低，绝大多数人甚至不识字，日常的阅读和娱乐兴趣依然是稗官野史、听大书、看戏剧等。这些被视为

---

① 颠：《时事评》，《舆论时事报》1910年8月22日，第2张第1页。
② 梁启勋：《曼殊室随笔》，收入林庆彰主编"民国文集丛刊"第1编103种，"杂论"18，文听阁图书有限公司，2008，第417~418页。

"淫辞小说"的文类以生动、形象、扣人心弦的叙述和寓意宏大、褒贬明确、发人联想的修辞，展现人们对人情世故、天道自然、善恶祸福、社会秩序、礼教纲常的认知（包括服从、暌隔或反抗），实际昭示了他们的生活经验、精神生活、期望及其如何面对、看待他们所处的外在环境。尽管这些文类存在与官方正统意识形态不太协调的成分，但它们本身亦承载着正统教化与道德训诫："内地各省城乡弹唱稗官野史者流，如《三国志》（原文如此，应该是时人把《三国演义》视为《三国志》，下文同样如此——引者注）、《说唐》、《说岳》之类，每逢鼓板登场，听者塞座，验其实效，虽事隔久远，间涉荒唐，然无论妇孺皆知某也忠、某也奸，了如指掌。此习惯之可证者。"① 刘师培也认为《三国演义》能激发爱国思想："昔李定国阅《三国演义》，而爱国思想油然而生。"② 在很多人看来，民众认知到的经史大义、纲常礼教等正统意识形态，往往是来自小说、戏曲中生动形象的故事，传统小说与戏曲是呈现和传达这些观念的最佳方式，恰当利用，足以佐助文治。

亦如以往研究所表明的那样，一般来说，知识精英甚至官方的直接影响力最多仅及于读书识字阶层，难以渗透至下层民众的日常生活与行为当中，大众关于过去的记忆以及对现世、来世的观点和想象，通常是来自他们从小到大就阅听的民谣、神话、口述故事、戏剧以及传统、通俗小说、小报、流行的出版品等文类，并非直接源自官方与知识精英的训诫。③ 对于前现代中国而言，可能更是如此："今时一

---

① 《分省补用道程清条陈开民智兴实业裕财政等项呈》（光绪三十三年九月二十二日），收入故宫博物院明清档案部编《清末筹备立宪档案史料》上册，第280页。
② 刘师培：《论白话报与中国前途之关系》，原刊《警钟日报》1904年4月25日、26日，转见万仕国辑《刘申叔遗书补遗》上册，第166页。
③ 参看 Richard J. Evans, *In Defence of History*, London：Granta Books, 2000, p. 207。又可参看霍布斯鲍姆《民族与民族主义》，李金梅译，上海人民出版社，2000，第56、90页。

般社会所有种种思想及希望，大都皆发源于旧时各小说中者，居其十之七八。"① 如晚清"烈宦"寇连材"违例上折"，服膺理学修身的梁济就认为其奏折中的思想资源"大半从小说书中摘来"。② 后来鲁迅在一篇小说中就点出，"赵七爷"面对辛亥年间的乱象感慨："倘若赵子龙在世，天下便不会乱到这地步了。"③ 教育家李廷翰（1886～1934）说他小时候看了许多所谓"淫辞小说"，"后来作史论时，所发议论，觉得有益于小说者不少，而社会之情状亦多于小说中得之"。④ 舒新城也在看了包括《三国演义》《红楼梦》《西游记》《聊斋》《西厢记》《七侠五义》等小说之后自谓："对于社会各方面的知识却增长不少，文章也无形中进步了许多。而扶弱不依强、傲上不傲下的习惯，也大半由这些小说所养成。"后来舒新城说他不愿意做官，也是因为受到小说《水浒传》和《儒林外史》的影响。⑤ 张恨水喜爱风流才子、高人隐士的行为，鄙弃传统的读书做官说法，也同小时候阅读旧小说有关。⑥ 甚至连一代枭雄袁世凯，据说也"喜阅说部"，受到小说的巨大影响，他尤其喜欢阅读《七侠五义》《三国演义》两种，"爱不释手，百读不厌，故其早年性好任侠，中年阴险狠鸷，论者谓其于此两书有得力处也"。⑦

---

① 狄平子：《小说新语》，原见《小说时报》（上海）第 9 期，引文转见陈平原、夏晓虹编《二十世纪中国小说理论资料》第 1 卷，北京大学出版社，1989，第 366 页。

② 梁济：《感劬山房日记节钞》，黄曙辉编校《梁巨川遗书》，华东师范大学出版社，2008，第 125 页。

③ 《风波》，《鲁迅全集》第 1 卷，第 470 页。

④ 李廷翰：《教育丛稿》第 5 种，上海中华书局，1921，第 23 页。关于李廷翰，可参看许洪新《民国初教育家李廷翰史料钩沉》，收入林克主编《上海研究论丛》第 18 辑，上海人民出版社，2007，第 319～332 页。

⑤ 参看舒新城《我和教育》，第 56、66 页。

⑥ 参看张恨水《写作生涯回忆》，人民文学出版社，1982，第 7 页。

⑦ 参看野史氏编辑《袁世凯轶事续录》卷 4，上海文艺编译社，1916，第 24 页。

至于三纲五常、《圣谕广训》之类的教条，官方固然在不断向老百姓灌输，然多托诸空言说教，其效果究竟如何，很成疑问。① 事实上，这类"肉食者谋之"的说教及阅读规训，或因其深文奥义，或以其形式繁杂，或由其陈义甚高，下等社会多不与之。

如时人之见，就一般妇女而言，她们较喜欢感性的东西，"其于一切深文奥义索解而不能，于是寝馈于稗史小说"。② 但这些书"不是说神仙鬼怪，就是说才子佳人"，③ 内容多为不经之谈，与传统社会关于女性的伦理纲常时相悖，不能不引起卫道士的担忧。他们采纳的女子教本无非是一些承载正统教化的《女四书》《女孝经》《列女传》之类图书，以培养妇女的三从四德为主义。④ 可是，这些读物，"率迂陋不可卒读"，⑤ 自然难引起女性读者的兴致。因而，女子的阅读世界根本不会像《女四书》中所言的——"淫佚之书不入门，邪僻之言不闻于耳"。⑥ 曾朴小说《孽海花》中有段话，虽属小说家言，然还是能揭示一些女性读者的阅读情况："这闺秀的姓名、籍贯，一时也记不得，但晓得他（她）平日看见那些小说、盲词、山歌、院

---

① 可参看王汎森《"儒家文化的不安定层"——对"地方的近代史"的若干思考》，收入罗志田等编《地方的近代史：州县士庶的思想与生活》，社会科学文献出版社，2015，第1~26页。

② 董瑞椿：《广女学议》，《实学报》第6册（光绪二十三年九月廿一日），中华书局，1991，第393页。

③ 裴毓芳：《劝看白话报》，《无锡白话报》，第5页下。该《无锡白话报》为复旦大学图书馆馆藏，未标注具体出版日期，其目录与《中国近代期刊篇目汇录》第1卷中的《无锡白话报》目录不太一样。后者的目录，没有复旦版所有的《〈无锡白话报〉序》和这篇《劝看白话报》。参看上海图书馆编《中国近代期刊篇目汇录》第1卷，上海人民出版社，1980，第922~925页。

④ 关于古代中国的女子教育及所使用教本，可参看祁伯文《中国女子教育之史的发展》，《青年》（北平）第1卷第10、11期合刊，1938年，第13~16、6~10页。

⑤ 刘师培：《留别扬州人士书》，转见万仕国编著《刘师培年谱》，广陵书社，2003，第19页。

⑥ 王相笺注《女四书》卷下，"女范"，光绪戊申年江阴源德堂藏版，复旦大学图书馆藏，第49页。

本，说到状元郎，好像个个貌比潘安，才如宋玉，常常心动。"① 可以说，僵化、枯燥的女教书根本无法满足女性实际的阅读需求，而像《西厢记》《牡丹亭》这样的言情杰作，却让许多女性爱不释手、魂系梦牵。② 难怪前现代社会一些以维护伦理纲常、移风易俗为己任的在地士大夫，要主动充当基层教化的先锋和主力，配合地方官员不遗余力地查禁这类淫辞小说，规训大众文化和妇女。然而，不断出现的女训、女诫与官方或士大夫大量的整顿风俗的论说，以及被官绅们树立的诸多贞女烈妇范型，只是显示男权社会欲建构和期待的妇女形象，并不一定为普通妇女真心接受或效法。明清一些女性作家在作品中大量涉及情欲问题，传统中国社会普遍出现的妇女烧香拜佛、卜问吉凶、"通奸"改嫁等"越轨"现象，在在是很好的证明。③

因此，一般情况下，大众文化和女性的日常生活同正统的说教与规训往往背道而驰，踏青、观戏、看小说、听说书、唱山歌、迷信"怪力乱神"等，早已经成为大众日常生活，特别是女性生活不可分割的部分。即便是较高阶层和地位的妇女，由于种种原因，难得接受比较高阶的文化教育及文化训练，却容易受带她们长大的保姆或仆人的影响，她们的阅读和信仰依然是与下层社会妇女相似的。周作人在回忆母亲时也曾提起："先母不曾上过学，但是她能识字读书。最初读的也是些弹词之类，我记得小时候有一个时期很佩服过左维明，便

---

① 曾朴：《孽海花》，收入吴组缃等主编《中国近代（1840～1919）文学大系·小说集》（4），上海书店，1992，第14页。

② 有关过去女性读者阅读《西厢记》，特别是《牡丹亭》后的反应情况，可参看仲玉《〈牡丹亭〉女读者的恋慕狂》，《古今半月刊》第5期，1942年7月，第24～27页。

③ 高彦颐（Dorothy Ko）的《闺塾师：明末清初江南的才女文化》（李志生译，江苏人民出版社，2005）一书，也讨论了明清时期江南部分知识精英女性的阅读及文学创作，这部分女性读者的闺中密枕中依然包含《牡丹亭》《桃花扇》等"淫辞小说"，以及当时书籍市场上随处可见的戏剧、小说和诗集等文类。

是从《天雨花》看来的……"① 周作人还记得他母亲看《七剑十三侠》、《三国演义》、新出的章回小说之类的书。② 民国时期亦类似，如出身破落豪门之家的张爱玲回忆她小时候，"我仅有的课外读物是《西游记》与少量的童话"。③ 在这些女性为人母后，此种喜阅小说的习惯又往往会影响到下一代。李廷翰就回忆说："我九岁时，始看小说。吾母为我讲解。"到他十一岁之时，已经读了包括《水浒》等在内的一百多本小说。④

事实上，这类"淫佚之书"不只是文化程度不高的女子爱读，就是一般男性也经常阅读。狄楚青就认为，不仅中国女子将《天雨花》《笔生花》《再生缘》等院本小说作为教科书，"吾国旧时男子，何尝不以小说为教科书？"⑤ 如舒新城回忆他在县立高等小学求学时，"发现小说的一种宝藏，在那里三年，除去前一两个月外，无日不看小说"。⑥ 著名文学家包天笑也回忆他从小就爱看小说："几部中国旧小说，如《三国演义》《水浒传》《东周列国》之类，却翻来翻去，看过几遍。后来还看《聊斋志异》《阅微草堂笔记》这些专谈鬼狐的作品。"⑦ 大概包天笑后来走上文学之路，与其小时候看这些"不正经"的书有很大关系。这种情况同样发生在许多别的作家身上。

---

① 周作人：《知堂回想录》，香港三育图书公司，1980，第596页。
② 周作人：《知堂回想录》，第597页。
③ 张爱玲：《天才梦》，收入来凤仪编《张爱玲散文全编》，浙江文艺出版社，1992，第1页。民初还有女子撰文告诫妇女不要有"耽于小说之恶习"，否则"其弊亦殊深"。丁婉宜：《女子德性之修养》，《中华妇女界》第2卷第3期，1916年，第9页。这亦从反面坐实女性对于小说之喜爱。
④ 李廷翰：《教育丛稿》第5种，第23页。
⑤ 狄平子：《小说新语》，原见《小说时报》第9期，引文转见陈平原、夏晓虹编《二十世纪中国小说理论资料》第1卷，第366页。
⑥ 舒新城：《我和教育》，第25页。
⑦ 包天笑：《钏影楼回忆录》上册，山西古籍出版社、山西教育出版社，1999，第129页。

1934 年,《文学》杂志一周年纪念时,以"我与文学"为题向作家们征文,有白薇、钱歌川、徐懋庸、茅盾、艾芜、巴金、欧阳山、赵家璧等五十九个作家写了文章。这五十九人中,说到由读经书走上文学路的只有三人,没有一人是由唐宋古文或《庄子》《文选》之类走上文学之途的,大部分人都是因小时候看《三国演义》《聊斋志异》《西游记》这类"海淫海盗"的说部之书走上文学之路的。① 读经书与喜好"淫辞小说"尽管未必相扞格,但显而易见,较之经书,"淫辞小说"对于这些作家走上文学道路的影响要大得多。而一些乡间的塾师,固然是正统文化、精英文化的代言人和宣讲者,但他们同时也充当了"淫辞小说"的保存者与传播者。正像舒新城的回忆,他们村子(湖南溆浦乡下)里的人"对于先生尤其重视。每到年节,大家都要请他去吃饭,平常到了吃过夜饭的时候,先生的房间或者佛堂的天井中,总是坐着许多本乡的老人和少年,围着先生听他讲《说唐》、讲《水浒》、讲《三国演义》、讲《包公案》、讲《荡寇志》,以及其它的种种故事"。② 晚清《图画新闻》亦报道过绍兴某吴姓塾师在私塾里"每晚弹唱艳词,演说宝卷",吸引周围"男女老幼,共聚一堂"。③

上述的种种情况,均表明"淫辞小说"类读物受欢迎的程度。故有人总结道:"下流社会中,虽不能读经史等书,未有不能读小说者;即有不读小说,未有不知小说中著名之故事者。"④ 进而言

① 参看曹聚仁《旧文人的文字游戏》,收入《曹聚仁杂文集》,三联书店,1994,第42 页;郑振铎、傅东华编《〈文学〉一周年纪念特辑:我与文学》,上海生活书店,1934。

② 舒新城:《我和教育》,第 25 页。

③ 《村学究》,《图画新闻》戊申年二月,转见刘精民收藏《光绪老画刊——晚清社会的〈图画新闻〉》,中国文联出版社,2005,第 230 页。

④ 《论小说之教育》,《新世界小说社报》第 4 期,引文转见陈平原、夏晓虹编《二十世纪中国小说理论资料》第 1 卷,第 186~187 页。

之，这些"淫辞小说"类读物并非只有引车卖浆者流、妇女或孩童喜欢阅读，即或是士大夫、达官贵人也分享这些文类和此种阅读文化传统，阶级或财富并不构成阻隔大众文化和精英文化的鸿沟，貌似大相径庭的大众文化和精英文化，其相通、相融处通过阅读相同的"淫辞小说"表现出来。明代正统七年（1442），曾有朝臣主张禁止《剪灯新话》等小说，原因就是："不惟市井浮夸之徒，争相颂习，至于经生儒士，多舍正学不讲，日夜记忆，以资谈论。若不严禁，恐邪说异端，日新月盛，惑乱人心。"① 而清代个别高级官员在应对雍正问话时援引三国旧事，无意间透露出曾读过《三国志》小说，还为此被治罪。② 凡此，均可见这些文类之吸引力与影响力：

> 社会间其文字知识稍深的，莫不有一部《三国志》《水浒》《西游》《封神》《七侠五剑》《红楼梦》等书在其胸中；其知识稍下的，莫不有《十八摸》《哭五更》《四季相思》《瓦车蓬》《五美图》等为其吟讽；其全无知识的，则工作劳苦的余暇，亦莫不借一二山歌俚语，以发抒心志。此等著作与口耳朝夕相接，观念为其所移，行为为其所化。③

约言之，一般大众热衷于接受和阅读的是那些"怪力乱神""淫辞小说"，而非冠冕堂皇的意识形态教条。他们长期沉浸在这些通俗文类中，不知不觉中受到潜移默化的影响，"而天下之人心风俗，遂

---

① 《正统七年禁〈剪灯新话〉等小说》，收入王利器辑录《元明清三代禁毁小说戏曲史料》增订本，第15页。
② 《雍正六年二月郎坤援引小说陈奏革职》，收入王利器辑录《元明清三代禁毁小说戏曲史料》增订本，第36页。
③ 畸零：《小说与社会》，《大公报》（长沙）1919年8月28日，第2张。

不免为说部之所持。"①

在 19 世纪末叶以前，不管是中央政府、地方政府，或是在地的士大夫，他们大多主张禁止老百姓读这些"淫辞小说"，个别有远见之人如钱湘，则认识到要找出如《荡寇志》之类的替代读物，才能达到不仅禁售者，亦并使阅者不取阅"海淫海盗"这类书的目的——"兹则并其心而禁之，此不禁之禁，正所以严其禁耳"。② 可有钱湘这样见识的人在当时实属凤毛麟角，他们并没有制作出多少像俞万春的《荡寇志》这样高质量的维护"封建"纲常伦理的读物，以代替那些所谓淫辞小说。一般士人能做的，无非表率禁书，宣扬纲常礼教与因果报应，送善书和主张改删淫词小说而已。

19 世纪末之后，禁"海淫海盗"这类书的论述从中央到各级政府，乃至于士人阶层，依旧有不少表达，出发点也与之前相同。甚至是当时的新学才子梁启超，亦有相同认知。在《变法通议·论幼学》一文中，梁启超即说中国古代文人之文"海淫海盗，不出两端。故天下之风气，鱼烂于此间而莫或知，非细故也"。③ 之后，梁启超又公开宣称："中土小说，虽列之于九流，然自《虞初》以来，佳制盖鲜。述英雄则规画《水浒》，道男女则步武《红楼》。综其大较，不出海淫海盗两端。"④ 不同的是，在梁启超发表这类

① 《本馆附印说部缘起》，《国闻报》第 1 期，光绪二十三年十一月十八日，转见张静庐辑注《中国近现代出版史料补编》，上海书店，2003，第 103 页。
② 钱湘：《续刻〈荡寇志〉序》，收入俞万春《荡寇志》，第 4 页。
③ 梁启超：《变法通议·论幼学》，《饮冰室合集·文集之一》第 1 册，第 54 页。
④ 任公（梁启超）：《译印政治小说序》，原刊《清议报》第 1 册（孔子二千四百四十九年十一月十一日），《饮冰室合集·文集之三》第 1 册，第 34 页。这种宣称有故作高论之嫌，并不意味着梁启超不读这些"海淫海盗"的旧小说。因梁曾自道："吾读《水浒传》，宋公明何以破祝庄；吾读《西游记》，唐三藏何以到西域……"见梁启超《过渡时代论》，原刊《清议报》第 83 册（孔子二千四百五十二年五月十一日），《饮冰室合集·文集之六》第 1 册，第 29 页。

言论的时代，特别是由于庚子年义和团事件，许多士人迷信"怪力乱神"，认为洋人船坚炮利不足畏，拳民皆可以术破之，其结果则众所周知。

随着西学、新学影响的不断扩大，特别是在义和团事件发生之后，启蒙人士鉴于庚子之后的现实困境，开始群起反思义和团事件之文化造因："义和拳之乱，所以举国披靡、云集响应者，固由人心思乱之殷，而亦系一般国民皆有一梨山老母、元始天尊斗法演宝之事，深印于其脑中，故不觉有感斯应也。"① 他们认为义和团的兴起是与传统通俗文学的影响分不开的："如曩年北省义和团之肇乱，虽由排外之思想所积而成，然何莫非《水浒》《西游》诸戏剧有以酿成之哉？至于民间奸盗等案之由于观剧而起者，殆犹不可以指数也！"② 身在河南卫辉的绅士王锡彤也观察到当地义和团所信奉之神名，"大抵见于《封神演义》《西游记》《三国演义》《施公案》者，否则戏剧上所有者，而以世俗所敬祀之关爷为多"。③ 有人则干脆指出："庚子之拳匪，即《封神演义》一书之结胎也，可见稗官野史实与政俗上有直接之关系。"④ "拳匪神坛，所奉梨山圣母、孙悟空等，皆剧中常见者。愚民迷信神权，演此劫运，盖酝酿百年以来矣。"⑤ 的确，义和团的组织形式、聚集方式很多是他们从耳熟能详的通俗文学中得知，之所以如此，"大约此辈人胸中只有《封神演义》《西游记》《水浒传》数部书耳。其余无非戏文搬演之经验"。⑥ 启蒙人士反思义

<hr />

① 新：《新小说之平议》，《汉口中西报》1909 年 4 月 23 日，"新闻"，第 1 页。
② 《宜禁演剧说》，《长沙日报》1905 年 10 月 4 日，第 1 版。
③ 王锡彤：《抑斋文稿·河朔前尘》，收入林庆彰主编"民国文集丛刊"第 1 编第 64 种，第 155 页。
④ 津门清醒居士：《开民智法》，《大公报》1902 年 7 月 21 日，无标注版面。
⑤ 罗惇融：《庚子国变记》，上海书店，1982，第 14 页。
⑥ 《某人致某人函》，转见中国社会科学院近代史研究所《近代史资料》编辑组编《义和团史料》上册，中国社会科学出版社，1982，第 255 页。

和团运动的根源，认识到正是北方老百姓相信与模仿《封神传》《西游记》之类"邪书"中的描述，认为自己法力无边、刀枪不入，才敢起来与洋人为难。

痛苦反省义和团运动的文化肇因之余，这些启蒙士人也认识到这样一个现实：《封神传》《西游记》等书之所以为下层社会之"圣经"；观世音、姜太公之流之所以为下层社会之"教主"，正在于下层社会"其智识极短，其生计极难，其道德极浅薄，其社会极涣散"。① 在这样的情形下，必须对下层社会该读什么书进行规训："若近时之义和团，则《封神传》《西游记》产出之人物也。故欲改进其一国之人心者，必先改进其能教导一国人心之书始。"②

然清廷对内忧外患已疲于应付，在查禁"淫辞小说"方面实是有心无力。此消彼长，凭借新的思想资源和传播媒体崛起的启蒙人士则成为主张查禁这类书的主角。自然，这也绝非意味着清朝各级政府以及翼教卫道之士对这些"诲淫诲盗"的书撒手不管、不闻不问，只是说在当时出现的各种有关论述中，相比借助于新式传播媒体和出版机构要"开民智"的启蒙论述，这些议论显得有些旧调重弹、了无新意。如其时尚为清政府辩护者之《申报》的言论：书之当禁者有二，一为诲盗诲淫之小说，一为讪谤朝廷之谬书。③ 较之于《申报》这样的卫道立场，启蒙人士不只提出了要查禁"诲淫诲盗"这类书，更要寻找和制作出这类书的替代读物——新小说、文明戏，从理论和实践上真正改造民众的阅读。且他们对于应该禁止"讪谤朝

---

① 《论革除迷信鬼神之法》，《中外日报》1905 年 4 月 9 日，第 1 版。
② 观云：《神话历史养成之人物》，《新民丛报》第 36 号，光绪二十九年六月十四日，第 88 ~ 89 页。
③ 《论公堂严办发售〈警世钟〉事》，《申报》1905 年 1 月 7 日，无标版面。

廷之谬书"的主张，大多不以为然，甚至斥之为"野蛮之举动"，有悖进化公例。

不过，禁书乃老生常谈，大家早已领教多次，司空见惯。且从以往查禁效果来说，收效不大，经常会适得其反，在清末新式传播媒体大量出现的情况下，还会招致舆论抨击，等于给被禁的阅读品做了广告，越禁越增加其销量。禁止阅读显然不能正本清源，要想不让大众阅读某些书，就必须预备相应的代替读物，否则效果不会很大。解铃还须系铃人，制造出合适的替代品，吸引读者的阅读兴趣，这才是"不禁之禁"之道。"文本只有通过读者才具有意义，且会随读者而变化。"① 没有读者的阅读，新的文类生产再多又有何用？故此，梁启超号召："今宜专用俚语，广著群书，上之可以借阐圣教，下之可以杂述史事，近之可以激发国耻，远之可以旁及彝情，乃至宦途丑态、试场恶趣、鸦片顽癖、缠足虐刑，皆可穷形极异形，振厉末俗，其为补益，岂有量耶！"② 换言之，改造大众阅读文化的必然途径是从把持庶民大众的"淫辞小说"入手。而戏剧为小说中一部分，剧本大多由小说改编而来，有新小说而后有新剧本，则小说之改良，尤为重要。③

二 新小说

在已经吸纳新思想资源的启蒙者那里，小说的影响无所不在，所

① Michel de Certeau, *The Practice of Everyday Life*, Berkeley, Los Angeles, London: University of California Press, 1988, p. 169.

② 梁启超：《变法通议·论幼学》，原刊《时务报》第 16 册（光绪二十二年十二月初一日），《饮冰室合集·文集之一》第 1 册，第 54 页。

③ 参看棣《改良剧本与改良小说关系于社会重轻》，《中外小说林》第 2 卷第 2 期，引文转见陈平原、夏晓虹编《二十世纪中国小说理论资料》第 1 卷，第 294~295 页。

关甚大："国势由于风俗，风俗由于民德，民德由于所读之书，书以小说为能普及，此已论定，无可疑矣，不必赘矣。"① 进一步，还有人认为：

> 天下无不有小说之国，亦无不读小说之人，成人以上，智识未定之时，爱之尤笃。故及人之广，中人之深，莫小说若。且小说有智人愚人之权，而读小说者，又不得不因小说之所以愚人者自愚，与小说之所以智人者自智。故小说而善，可以救风俗之弊，小说而不善，亦足以为风俗之蟊贼。②

他们在考察所谓泰西历史经验后得出，泰西小说"率皆为读者身心智慧之益，穷究物理，洞达世情，又复激昂奋发，刚健不阿。至十九世纪为小说最盛之时代，法人又以力排弊政之词寓诸小说之中，家传户颂，遂贩夫走卒，亦莫不乐而玩之，于是民气大伸，攘臂图义，遂为大革命之主因。今日法人之安享共和政体之福，皆小说诸家之所界"。③ 陈天华也认为"世界各国""每年所出的小说，至少也有数百种，所以能够把民智开通"。④ 而日本明治维新之成功，小说亦有大作用，相比起来，中国"小说界之腐坏，至今日而极矣。夫小说为振民智之一巨端，立意既歧，则为害深，是不可不知也"。⑤

进而，有人甚至认为中国当下风俗如此之坏，皆源于老百姓迷信

---

① 《说小说》，《中外日报》1902 年 4 月 10 日，第 1 版。
② 《支那风俗改革论》，《大陆报》第 2 期，"论说"，第 7 页。
③ 《支那风俗改革论》，《大陆报》第 2 期，"论说"，第 8~9 页。
④ 《狮子吼》（1904 年冬至 1905 年 11 月），收入刘晴波等编校《陈天华集》，湖南人民出版社，1982，第 137~138 页。
⑤ 衡南劫火仙：《小说之势力》，原刊《清议报》第 68 册，引文转见陈平原、夏晓虹编《二十世纪中国小说理论资料》第 1 卷，第 32 页。

旧小说，模仿其中行为：

> 支那人之机械变诈、口蜜腹剑，人人以为诸葛孔明、徐茂公
> 自拟，美其名曰神计算，足智多谋，则《三国演义》《隋唐演
> 义》之为之也。支那人之江湖亡命，拜盟结会，绿林铜马，漫
> 山遍野，则《水浒》《七侠五义》《施公案》《彭公案》之为之
> 也。支那人之妖言惑众，见神见鬼，白莲教、八卦教、义和拳、
> 红灯照，种种之变相，则《封神传》《西游记》之为之也。支那
> 人之儿女情长、英雄气短，以善病工愁为韵事，以逾墙钻穴为佳
> 期，则《西厢》《花月痕》《红楼梦》之为之也。小说之种类，
> 不可指数。总之，有一种之小说，必有一种之毒质，其文采愈足
> 以自饰，则其流毒愈深且远。夫以区区小说，乃至左右国民，隐
> 然为教育之中心点。①

梁启超之生花妙笔更是将"吾中国群治腐败之总根源"归咎为
旧小说，②并疾呼：

> 欲新一国之民，不可不先新一国之小说。故欲新道德，必新
> 小说；欲新宗教，必新小说；欲新政治，必新小说；欲新风俗，

---

① 《支那之真相》，《大陆报》第6期，光绪二十九年四月初十日，"论说"，第13~
  14页。
② 梁启超的这种观点后来遭到"曼殊"的反驳："今之痛恨祖国社会之腐败者，每
  归罪于吾国无佳小说。其果今之恶社会为劣小说之果乎？抑劣社会为恶小说之因
  乎？"曼殊：《小说丛话》，《新小说》第13号，光绪三十一年正月，第172~173
  页。不过，后来还是有不少人的观点与梁启超的认知相契合，像民国初年一作者
  即发表过类似高论："吾国数千年专制黑暗之历史、盗贼淫乱之社会，虽皆谓小说
  有以致之可也。"徐章垿：《论小说与社会之关系》，《友声》第1期，1913年8
  月，第10~11页。

必新小说；欲新学艺，必新小说；乃至欲新人心、欲新人格，必新小说。何以故？小说有不可思议之力支配人道故。①

于此，小说的社会功能与政治作用得到了前所未有的认识和强调，其重要性被建构得无以复加。梁启超在介绍新创办的《新小说》时同样标榜："盖今日提倡小说之目的，务以振国民精神、开国民智识，非前此诲盗诲淫诸作可比。"②他主办的《新小说》杂志则想为中国的说部"创一新境界"，赋予小说宏大的政治使命，宗旨在于"借小说家言，以发起国民政治思想，激励其爱国精神。一切淫猥鄙野之言，有伤德育者，在所必摈"。③

梁启超这些关于新小说社会功能的论述得到了当时诸多趋新人士之支持。他们纷纷在报纸杂志上发表言说，各抒己见，献计献策，遥相呼应。④

在具体的实践导向上，有人呼吁启蒙人士应该：

尽舍今日之所事，并力译著小说，平价发售，使通国之人无一人不读新译新著之小说，而后旧小说之势力尽为吾新译新著之小说所夺；旧小说之地位，尽为吾新译新著之小说所占；旧小说之祸毒，尽为吾新译新著之小说所拔。而吾民之脑筋，尽印吾新

① 梁启超：《论小说与群治之关系》，《新小说》第 1 号，光绪二十八年十月，第 1 页。
② 《绍介新刊：〈新小说〉第 1 号》，《新民丛报》第 20 号，光绪二十八年十月十五日，第 99 页。
③ 《中国唯一之文学报〈新小说〉》，《新民丛报》第 14 号，光绪二十八年七月十五日，插页。此文原未署名，应出自梁启超之手。已被收入夏晓虹编《〈饮冰室合集〉集外文》，北京大学出版社，2005，第 121～127 页。关于梁启超"新小说"观念的形成过程及影响，可参看斋藤希史《近代文学观念形成期的梁启超》，收入狭间直树编《梁启超·明治日本·西方》，社会科学文献出版社，2012，第 263～292 页。
④ 这方面的论说可以参看陈平原、夏晓虹编《二十世纪中国小说理论资料》第 1 卷。

译新著之小说；吾民之眼帘，尽触吾新译新著之小说。支那风俗，自当尽为吾新译新著之小说所化。①

在这样的呼吁下，许多启蒙人士身体力行，纷纷创办小说类刊物，写作和译介新小说，"挽（晚）近人士皆知小说为改良社会之不二法门，自《新小说》出，而复有《新新小说》踵起，今复有《小说林》之设。故沪滨所发行者，前后不下数百种"。②梁启超、李伯元等人创作的新小说都曾被出版商作为品牌推出。林纾的翻译小说以及一些翻译日本的小说如《经国美谈》《广长舌》之类的广告，亦经常可在当时报纸杂志上见到。报纸杂志上开始有大量新小说广告出现，"今者，有志之士争以译小说、编小说为急务，广告所布，日出不穷"。③各种名义的小说如政治小说、立宪小说、国民小说、侦探小说、翻译小说、伦理小说、心理小说、写情小说、历史小说、教育小说、科学小说、哲学小说、冒险小说、寓言小说、语怪小说、家庭小说、苦情小说、虚无党小说、复仇小说、时事戏剧、历史新戏、广东戏本等，名目百出。其中尤以翻译小说最为盛行，所谓"近时上海书肆林立，而惟小说一种，阅者最多，销流最畅，故译述诸小说，几于汗牛充栋"。④其中林纾所译诸小说影响力最大，也最为持久。

此时诸多报纸杂志也纷纷响应新小说的呼吁，开始刊载或连载小说，新小说的生产供不应求。那些专门的小说杂志社四处募集新小说著作，宣称想"借稗官野史之势力，为开智革俗之津梁"。⑤一般的报纸杂志还给新著、新译小说许以重酬。像新小说丛报社的小说征集

---

① 《支那风俗改革论》，《大陆报》第 2 期，"论说"，第 9～10 页。
② 《小说丛话》定一语，《新小说》第 15 号，光绪三十一年三月，第 169 页。
③ 《说小说》，《中外日报》1902 年 4 月 10 日，第 1 版。
④ 《说黄天霸》，《中外日报》1907 年 2 月 5 日，第 2 版。
⑤ 《改良小说社征求小说广告》，《时报》1909 年 6 月 28 日，广告第 3 张。

酬金为甲等洋五元，乙等四元，丙等三元，丁等二元。^① 时报社悬赏的小说酬金更高，第一等甚至达到千字十元，二等七元，三等也有五元。^②《小说世界日报》求新奇小说的征文广告亦悬赏每种十元至百元，但要求所作小说"须与本社宗旨符合而有益于社会"。^③ 诸如包天笑此类困于科场的才子就是靠翻译和写作新小说挣稿费谋生，渐渐在上海洋场出人头地的。^④ 后来，连一向并不刊载小说的《中外日报》也以翻译小说"益人智慧不少"，开始请人专门翻译新小说，并按日刊登。^⑤ 随后该报又开始连载一些中国人自己撰写的新小说。^⑥ 1905 年 4 月，改版后趋新的《申报》也多次刊登"访求小说"的广告。号称以启蒙为志的《大公报》则直到 1909 年 2 月下旬才开始刊载小说，其根据也是"社会教育之中，尤以小说之功居多"。^⑦ 一直在连载新小说的《神州日报》亦因其所刊载的"译著各小说，久荷海内称许，良由稗官家言最足增进智识，开通社会也"，多次刊出《访求小说》告白："不吝重酬"，访求"新著、新译各小说，无论章回传记、弹词曲本"。《新闻报》则先在每日报纸上登"本报附载小说"预告。商务印书馆则征求过反迷信的小说："述风水算命烧香求签及一切禁忌厌胜之事，形容其愚惑，以发明格致真理为主……"^⑧ 主张革命的《民报》也不例外，特意刊载陈天华为唤醒民众进行排满和种族革命所著的《狮子吼》小说，并为之加编者按语，颂扬该

① 《征求小说》，《时报》1906 年 9 月 9 日，首页广告。
② 《小说大悬赏》，《时报》1907 年 4 月 18 日，第 1 张。
③ 《〈小说世界日报〉广告》，《新闻报》1905 年 4 月 9 日，第 1 张。
④ 可参看李仁渊《新式出版业与知识份子：以包天笑的早期生涯为例》，《思与言》第 43 卷第 3 期，2005 年 9 月。
⑤ 《中外日报》1906 年 2 月 2 日，第 1 版。
⑥ 《添印新著小说启》，《中外日报》1907 年 5 月 9 日，第 1 版。
⑦ 《本报增刊小说广告》，《大公报》1909 年 2 月 18 日，第 2 版。
⑧ 《上海商务印书馆征文》，《新闻报》1904 年 12 月 4 日，广告版。

小说为"有血有泪之言","读此篇而不怒发冲冠、拔刀击案者，必非人也"。①

在报刊的读者当中，许多人喜欢读的也是报刊上所刊登之小说，特别是知识水平较低的"妇女与粗人"类读者。故此就有人主张以书报专攻士大夫，"决不为士大夫设"的小说"专攻妇人与下等人"。②"惟妇女与粗人，无书可读，欲求输入文化，除小说更无他途"。③因之，这时报纸的销路都与小说挂上了关系，为利润计，绝大多数报纸杂志均刊登新小说，以吸引读者眼球，增加发行量。曾亲与其事的包天笑回忆说：

> 那时候，正是上海渐渐盛行小说的当儿，读者颇能知所选择，小说与报纸的销路大有关系，往往一种情节曲折、文笔优美的小说，可以抓住了报纸的读者。④

胡适的经验或可为包语的注脚。其时正在上海求学的胡适后来回忆说："我在上海住了六年，几乎没有一天不看《时报》的。"他认为当时《时报》之所以受欢迎，一原因即为"那时的几个大报大概都是很干燥枯寂的，他们至多不过能做一两篇合于古文义法的长篇论说罢了。《时报》问世以后每日登载'冷'（即陈景韩）或'笑'（即包天笑）译著的小说，有时每日有两种冷血先生的白话小说，在当时译界中确要算很好的译笔。他有时自己也做一两篇短篇小说，如《福尔摩斯来华侦探案》等"。⑤年少的胡适曾读小说上瘾，不禁见猎

---

① 《狮子吼》（1904年冬至1905年11月），收入刘晴波等编校《陈天华集》，第99页。
② 《说小说》，《中外日报》1902年4月10日，第1版。
③ 别士（夏曾佑）：《小说原理》，《绣像小说》第3期，癸卯闰五月初一日，第4页。
④ 包天笑：《钏影楼回忆录》上册，第407页。
⑤ 《十七年的回顾》，郑大华整理《胡适全集》第2卷，第403~408页。

心喜，自己也写小说送去《时报》应征（或即应征《时报》"小说大悬赏"广告）。胡适还回忆当时《时报》刊载的许多小说之中，哀情小说《双泪碑》最为风行。曾有读者在读了《双泪碑》后投书《时报》表达自己的阅读感受，也为胡适的说法提供了证明："余读此，余心碎，余肠断，余胆战，余泪枯，余脑筋觉有万千之刺激，余魂已飘飘，若离余之躯壳……"①而让少年胡适等读者神魂颠倒的"哀情小说"《双泪碑》，只是《时报》重金悬赏小说中的第二等。②该小说后来还单独成书出版，以满足读者需要，定价仅时洋一角。③同样在《时报》上刊出的由陈景韩撰写的《火里罪人》《土里罪人》等小说，也被趋新读者张枫认为"皆写情小说之妙品也"。④

这时，有的报刊为吸引读者、增加销量，还采用不另收费随报纸附赠小说的手段（当然也有如《申报》等附送《点石斋画报》，《大公报》附送白话论说的情况），如历史悠久之《申报》即刊载广告曰："将新闻小说、各处风景择其有趣味者，绘成画图报一大张，按日石印附送，以答阅报诸君期望之厚意。"⑤还有的小说杂志如《小说时报》因出版后读者日多，印刷成本下降，从而降价销售，以刺激读者的购买欲望。⑥广智书局则采取捆绑销售策略，凡购买该书局书一元以上者，送新小说一册，购买书籍两元以上者送两册，以此类推，十元以上送十册，并在报纸广告上开列出所送的十三种新小说，以吸引读者。⑦改良小说社则大做广告，说购买该社出版的新小说超

① 《投书》，《时报》1907 年 7 月 28 日，第 5 张。

② 《双泪碑》，《时报》1907 年 6 月 11 日，第 1 张。

③ 《各种新小说》，《时报》1908 年 7 月 16 日，首页广告。

④ 《张枫日记》第 2 册，光绪三十三年二月初一日，中华书局，2019，第 950 页。

⑤ 《本馆特别广告》，《申报》1909 年 12 月 11 日，第 1 张第 3 版。

⑥ 《〈小说时报〉减价原因》，《时报》1909 年 11 月 27 日，广告第 3 张。

⑦ 《奉送小说》，《时报》1907 年 4 月 13 日，首页广告。

过一元者有赠书。① 甚至连黄楚九的中法大药房在发卖药品时也附送新小说以促销。② 有的报刊还搭便车拿《水浒》《封神演义》等在民间极流行的小说做文章，推出《新水浒》《英雄小说新水浒》《新封神传》《新西游记》《也是西游记》《新聊斋》《反聊斋》《改良版聊斋志异》《新儒林外史》《新石头记》等小说，将旧题目赋予新内容，以增加卖点和看点，吸引读者购买。如此种种，不一而足。这些做法客观上会影响读者的阅读选择，也说明新小说在当时所造成的社会效应。后来许多小说杂志虽因种种原因而停刊，可"华人爱读新小说之嗜好，乃经久而益盛。"③ 难怪有人感慨："近年译籍东流，学术西化，其最歆动吾新旧社会，而无有文野智愚咸欢迎之者，非近年所流行之新小说哉！"④

以上这些著译小说的实际内容、著译动机和出版旨趣千差万别，但在名号上，它们往往都援用了"改革小说""新小说""新新小说"这类广泛流行于启蒙人士间和报刊中的符号，多将小说与国家、启蒙联系起来，所谓"出一小说必自尸国民进化之功，评一小说必大倡谣俗改良之旨，吠声四应"，"虽谓吾国今日之文明为小说之文明可也"。⑤ 提倡改良小说之势转眼风行，"吾感夫饮冰子《小说与群治之关系》之说出，提倡改良小说，不数年而吾国之新著、新译之小说，几于汗万牛、充万栋，犹复日出不已而未有穷期也"。⑥ 十余年前的八股世界，"近则忽变为小说世界"。⑦ 这当中，真心鼓吹者有之，随

---

① 《阅新小说者又有特别赠品》，《民立报》1911年7月21日，第1页。
② 《谨送新小说保证书》，《时报》1905年2月19日，第1张第5页。
③ 《论泰西书籍流通中国》，《中外日报》1908年3月22日，第1版。
④ 觉我：《〈小说林〉缘起》，《小说林》第1期，光绪三十三年六月再版，第1页。
⑤ 摩西：《〈小说林〉发刊词》，《小说林》第1期，第2、3页。
⑥ 吴沃尧：《〈月月小说〉序》，《月月小说》第1卷第1号，1906年，第2～3页。
⑦ 寅半生：《〈小说闲评〉叙》，《游戏世界》第1期，引文转见陈平原、夏晓虹编《二十世纪中国小说理论资料》第1卷，第182页。

声附和、浑水摸鱼实行"拜金主义"者亦比比皆是。

由于文化市场上存在许多粗制滥造的新小说，一般读者购阅起来可能会无从下手，于是，一些帮助读者购买小说、批评旧小说的指南书如《小说闲评》之类，也应时而生。一些"购书宜慎""新书评骘"与抨击新小说质量之差的告白或文章亦开始出现在当时的报刊中。

凡此，均足表明新小说论述的符号威力及时人对此之心态。小说家陆士谔曾用讽刺的笔法，描述了某些时人对新小说的看法以及在他们的想象中新小说所发挥的作用：

> 我们瞧了这些新小说，差不多增进了数十年的阅历，所以在社会上交际，人家的圈套，颇能识破他一二，决不会再受人欺骗了……我说新小说比了圣贤经传还要有用……并且新小说比不得旧小说。那旧小说无论你笔墨怎样好，正大如《水浒》《三国》，尚不免有一两段淫秽的地方，所以老辈里不许子弟瞧小说，怕的是不曾学好，先学坏了。如今新小说这种弊病一点子都没有的，那怕是艳情小说，也只讲得一个情字，那淫是断断不会有的……新小说乃是人人少不来的东西，差不多与吃饭穿衣一般的紧要……新小说不仅有益于人的知识，并还有益于人的身子呢。①

当然，对于启蒙人士来说，创作新小说只是开端，最后的结果是他们希望由改造小说开始，将启蒙关怀灌注于一切大众喜闻乐见的文类中，推延至各个地区、各色人等，"先由小说以推而至于演剧、说大书、唱小曲，无不有此。先由通都大邑，推而至穷乡僻壤，无不如

---

① 陆士谔：《新上海》，上海古籍出版社，1997，第39页。

此。必期至台阁之宠妾、黄发之村童，皆以此为谈笑之具，则其力之巨，以士夫较之，有天渊之别也"。[1]

关于清末新小说的生产情况，时人曾言："风泉发涌不可遏抑，长编短书蔚成大观。数年以来，新小说之发见于兹土者，殆不下一二千种。"[2] 后有学者对此做过比较详细的数量统计，缺漏之处自然难免，但足可表明清末新小说创作、编译之繁荣。[3]

三　改良戏曲

在前现代中国总体识字率很低的情况下，所谓"中国识字之人十一，读书之人百一，阅报之人千一"。[4] 小说固然能吸引下层社会的读者，"然能阅小说者，仍限于识字之人，且必识字而粗解文理、略谙世事之人，始能有所领悟，而生其感触之思想"。[5] 即使设立讲演新小说所这类组织，收效也有限，况且新小说的读者还须具有一定的文学修养与审美能力。换言之，新小说的直接影响力也只能触及读书识字阶层，这些人在中国社会中只占少数，就算阅读新小说者以言传身教去感化周围之人，新小说之普及率与发挥的效力终归有限，靠新小说来改造绝大多数中国人的阅读习惯，无疑仍很困难。相较起来，小说之受人欢迎就远不逮戏剧了："小说虽作至极浅，终不能入不识字人之目。必待由小说而化为戏剧，

---

① 《说小说》，《中外日报》1902 年 4 月 10 日，第 1 版。
② 新：《新小说之平议》，《汉口中西报》1909 年 4 月 23 日，"新闻"，第 1 页。
③ 参看樽本照雄《新编增补清末民初小说目录》，齐鲁书社，2002；刘永文《晚清小说目录》，上海古籍出版社，2008。
④ 高凤谦函，《汪康年师友书札》(2)，第 1623 页。
⑤ 《论演说之效果》，《中外日报》1905 年 5 月 20 日，第 1 版。

其用乃神。"① 故此，有启蒙人士认为："戏曲之感动社会，其功效较小说尤速。"②

要之，对于绝大多数不识字之人，包括部分读书识字者，不能无所娱乐，看戏仍是他们娱乐即"阅读"的主要手段。而从本质及阅读效果看，我们不应该将阅读的形式局限于书籍和报刊等纸类介质，阅读活动的参与者绝非只限于印刷符号的读者，看电影、看电视、上网都是阅读的形式。同样，阅读不应局限于眼睛，戏曲、大书就是文盲的"书籍"，听书、听戏等以耳朵为主的活动一样是阅读的形式。③如达恩顿（Robert Darnton）之言："阅读一个仪式或一个城市，和阅读一则民间故事或一部哲学文本，并没有两样。"④ 从这种角度自可说，阅读小说和阅听戏剧并无差异。戏剧本多来自说部稗史，是从中演化出的一种艺术形式，就文类性质而言，二者并无轩轻。从阅读的效果来言，参与文化的传播也绝非只有通过印刷文字才能实现，对于前现代的中国下层民众来说，口耳相传才是他们交流信息的主要手段，阅听戏曲对下层民众文化的重要，不亚于印刷文本之于精英文化。在这样的情况下，"戏曲之能力当大于报纸"，⑤ "盖戏馆者，俨然一下流社会之活动学校也；戏本者，俨然一下流社会之教科新书也"。⑥ 这就很容易理解，为什么清代北京城的馒头铺，争相兼营出

---

① 《论兴学练兵作小说，其效不及演戏之速》，《中外日报》1903 年 11 月 15 日，第 1 版。

② 《报余广告》，《南方报》1907 年 7 月 14 日，第 2 页新闻。

③ Guglielmo Cavallo and Roger Chartier, eds., *A History of Reading in the West*, trans. by Lydia G. Cochrane, Amherst & Boston: University of Massachusetts Press, 1999, p. 4; Roger Chartier, *The Order of Books: Readers, Authors and Libraries in Europe Between the Fourteenth and Eighteenth Centuries*, trans. by Lydia G. Cochrane, Cambridge: Polity Press, 1994, pp. 8 - 9.

④ 罗伯·丹屯：《猫大屠杀：法国文化史钩沉》，"国立编译馆"主译，吕健忠译，联经出版公司，2005，第 xii 页。

⑤ 白：《戏曲与报纸之关系》，《时报》1907 年 2 月 24 日，第 3 页。

⑥ 张蔚臣：《开民智莫善于演戏说》，《大公报》1906 年 11 月 5 日，第 2 张。

租唱本给买馒头的人。这些唱本的内容无非还是所谓"淫辞小说"，故能吸引大量阅听人。①

实际上，看戏之类的"阅读"在下层社会非常流行，民间因醮会、盂兰盆会、赛龙舟、婚丧嫁娶、拜神祭祖等事情而演戏的情况更是非常普遍。在这些广泛流传的戏曲中，内容属于忠孝节义、因果报应之类的戏非常流行，所谓淫戏更是极受欢迎。

演戏在皇族、达官和士大夫之中同样广泛流行，"上而王公，下而妇孺，无不以观剧为乐事"。② 乾隆、光绪和慈禧就是清代统治者中最爱看戏的代表，京剧的崛起就与清朝皇族对之的喜爱和提倡有关。清代宫廷里演戏非常频繁，内廷还设置专门的演剧机构南府和升平署，在宫廷内外以及各处行宫，修建了众多的戏台，同时也大量传唤市井戏班入宫演戏。慈禧时，内廷传旨演剧，"一月之中，传演多至数次"。③ 慈禧不仅"嗜读小说，如《封神传》《水浒》《西游记》《三国志》《红楼梦》等书"，还喜欢从这些小说中节取故事"编入旧剧，加以点缀，亲授内监，教之扮演"。慈禧在颐和园的戏台豪华奢侈，"所演戏，率为《西游记》《封神传》等小说中神仙鬼怪之属"。所以有人认为慈禧当时迷信义和团，与其喜读小说和喜欢演戏有关，"此光绪庚子拳祸之所由来也"。④

演戏以其更形象化、更直接、更便捷的手段娱乐观众，自然会感染不少阅听人。文康在《儿女英雄传》中曾以文学家的笔法惟妙惟

---

① 李家瑞：《清代北京馒头铺租赁唱本的概况》，收入张静庐辑注《中国近现代出版史料补编》，第 134~138 页。

② 箸夫：《论开智普及之法首以改良戏本为先》，《之罘报》第 7 期，光绪三十一年四月十一日，第 3 页。

③ 飘瓦：《京华闻见录》，转见苏曼殊等《民权素笔记荟萃》，山西古籍出版社，1997，第 140 页。

④ 以上引文见徐珂编《清稗类钞》第 1 册，中华书局，1984，第 394 页。

肖地形容了听戏人的神情：

> 瞧了瞧那些听戏的，也有那呲嘴儿的，也有点头儿的，还有
> 那从丹田里运气，往外叫好儿的，还有几个侧耳不错眼珠儿的，
> 当一桩正经事在那儿听的。看他们那些样子，比那书上说的闻
> 《诗》闻《礼》还听得入神儿。①

此虽为小说家语，但亦可证戏曲对于老百姓的吸引力，远非正统说教
可比拟。故当时有启蒙人士言："最足震动冥顽之脑筋者，不在真事
之历史的，而在假面状之戏曲的。"② 听大书也是下层社会常见的消
闲或阅读方式，尤其是在乡村。在大书的阅听者中，"听书的人不好
听劝善惩恶的箴言，专好听佳人才子的情语、杀人放火的野蛮事和鬼
怪神奇的荒唐小说"。讲大书的人也投其所好，不讲枯燥的道德说
教："所说的不是偷香私会的淫荡事，就是绿林的传奇和神怪的说
部。"③ 在内容与效果上，听大书与观戏剧实是殊途同归。

戏曲既有如此力量，影响世道人心自是巨大，有人甚至认为，凡
是一切民间怪力乱神类的东西都是依托于戏曲才发挥力量的，"凡五
星（行）阴阳之说，僧道元虚之谈，鬼祟狐疑之惑，若无戏曲征信
之，则毫无势力之足言"。欲从根本上改革这种现状，"非扫除神话
鬼怪迷信之恶剧，改编崇尚忠贤有益世风之新戏"。④ 类似观点与心
态，盛行于启蒙人士中，他们普遍意识到，戏剧为改良社会风气、促
进启蒙的妙药："欲无老无幼无上无下，人人能有国家思想而受其感

---

① 文康：《儿女英雄传》，十月文艺出版社，1995，第 246 页。
② 榆：《论改革习俗之难（续）》，《盛京时报》光绪三十四年六月十二日，第 2 张。
③ 异昂：《说书》，《晋阳公报》1908 年 11 月 29 日，第 5 页。
④ 榆：《论改革习俗之难（续）》，《盛京时报》光绪三十四年六月十二日，第 2 张。

化力者，舍戏剧末由。"① 特别是对于下层人士，他们不识字，不读新书，也买不起新书、新报，仅仅依靠新书、新报来开通智慧就收效甚微，反观戏曲对于"下流社会"的影响，则不可同日而语：

> 试观穷乡僻壤，报赛竞会，袍笏登场，万众无哗。村妇牧竖，蠢男野老，每当演至古忠臣烈士、贞女义仆，殉节遭难、酸心惨目之际，往往声咽泪落。抑或演古奸雄淫娃、卖友恶奴，负心背德、明谋陷害之事，则又往往发指眦裂。故下流社会观演剧而心思开发、志气感动者，一岁盖不知凡若干人矣！②

受到启蒙思想很大影响的温州趋新士人张棡也认为："近日下等社会最足感动人心者，唯戏文及词曲，果能所演唱者皆忠义之事，自然令听者眉飞色舞，激发爱国之肝肠，此忧时君子所以有改良戏文词曲之说也。"③ 因此，欲开通"下流社会"的智识，唯有从事戏曲改良，发挥演剧的社会效应："除非是改良说书、唱戏，再没有开通下等社会相好法子了。"④ 这是当时诸多受到启蒙思想影响的趋新知识分子的共同意见。浙江趋新名士孙宝瑄亦所见略同，提醒士大夫要重视戏曲改良活动，积极投身于其中：

> 梨园一业，士夫不可不亟为整理。盖于人心风俗智识，皆有直接之影响。其所演之事，有不见于经传，及怪妄无理邪淫不道者，皆汰除之，禁遏之，并为润饰其词文，增减其节目，且多选

---

① 天僇生：《剧场之教育》，《月月小说》第 2 卷第 1 期，1907 年，第 4 页。
② 《观本埠梨园集资兴学而有感》，《新闻报》1905 年 8 月 31 日，第 1 张。
③ 《张棡日记》第 2 册，光绪三十二年四月初五日，第 860 页。
④ 《论开通下等社会的好法子》，《盛京时报》光绪三十三年三月二十一日，第 2 张。

084

古今忠廉孝义、可悲可愕之事，编成新剧，使彼曹歌之舞之，亦助社会普通进化之一端也。①

此时兴起的改良戏曲运动，逐渐成为一种时髦与权势崇拜，在清末引发诸多启蒙人士的参与和讨论。② 《安徽俗话报》、《安徽白话报》、《月月小说》、《中国白话报》、《绣像小说》、《小说月报》、《神州日报》、《民立报》和四川的《通俗日报》（《通俗报》）等诸多报刊上还不断刊载"新戏""历史新戏""改良戏曲""改良新剧""时事新剧"等新戏曲。远在香港的维新人士胡礼垣也受到感召。光绪三十二年（1906），胡礼垣游览内地后受到刺激："前年偶游内地，见竹棚歌舞所演戏文，阻塞进化之机，降低人格之品，中国之不能变，未始不由于此。怅触于怀，不能自已。"③ 回到香港他遂开始写作《梨园娱老集》，于丁未（1907）之春写成。该书主旨是鼓吹戏曲改良——胡礼垣借用戏曲这个流行文类来宣传其政治主张与道德理想，"此书虽曰娱老，实小则为少年男女修德育，大则为齐家治国平天下而作，以梨园者，人所同乐，故借其题，以为发挥。人老则事无能为，只写其心以为愉快，此《梨园娱老集》之所以名耳"。④ 全书分两册，他自许甚高，"第一册破专制，开大同之基也。第二册箴自由，立大同之极也"。⑤ 1908 年书出版后，胡礼垣将其挂号分赠达官显贵、名流、各

---

① 孙宝瑄：《忘山庐日记》下册，第 860 页。

② 关于清末改良戏曲运动的启蒙面相分析，可参看李孝悌《清末下层社会的启蒙运动》，河北人民出版社，2001。近代欧洲早期也有启蒙人士改革大众戏曲的努力，参看彼得·伯克《欧洲近代早期的大众文化》，杨豫等译，上海人民出版社，2005，第 251~295 页。

③ 胡礼垣：《致志尧书》，《胡翼南先生全集》，文海出版社，1976，第 2921 页。另参看《复英敛之书》，《胡翼南先生全集》，第 2880 页。

④ 胡礼垣：《示外孙黄临初书》，《胡翼南先生全集》，第 2933 页。

⑤ 胡礼垣：《梨园娱老集》，《胡翼南先生全集》，第 1248 页。

报馆和广东绅商，"拙集自告成时，即以挂号法分寄王公大臣、督抚大吏、驻外公使、外国名流、诸家报馆，并粤省绅宦以及拥皋比而司觉世牖民之责者。如有介绍，亦必寄呈。无他，为欲开风气之故也"。① 胡礼垣还赠书百部给母校香港皇仁书院，② 亦曾托英敛之将该书转赠严复一本，求其品评。③ 严复在回信中礼节性地赞扬了该书。④

在这样的集体努力下，清末的戏剧改良运动，蔚为时尚，包括一些趋新官员、地方士绅都支持有加，大众媒体也跟风配合，进行宣传报道。时任两江总督的端方在参考日本经验后于光绪三十三年正月丙申（1907 年 2 月 16 日）奏请："戏剧宜仿东西国形式改良，将使下流社会移风易俗。日本演戏学步欧美，厥名芝居，由文学士主笔，警察官鉴定，所演皆忠孝节义有功名教之事，说白而不唱歌，欲使人尽能解。中国京沪等处戏剧已渐改良，惟求工于声调，妇孺不能便喻，似宜仿日本例一律说白，其剧本概由警察官核定。此事虽微，实于风俗人心大有关系。"⑤ 清政府民政部也根据"某司员"主张改良戏曲的条陈，行文各省督抚，呼吁改良戏曲。⑥ 一些天津士绅亦集体禀请直隶总督袁世凯，希望袁能出面禁止淫戏、鼓励改良戏曲。⑦

得风气之先的上海戏曲改良运动开展得最为火热。一批演员会合趋新绅商沈缦云，成立从事戏曲改良的演出团体——上海新舞台。该新舞台曾演过为甘肃旱灾募捐的新戏，很好地刻画出灾民的凄惨情

---

① 胡礼垣：《复英敛之书》，《胡翼南先生全集》，第 2927 页；《示外孙黄临初书》，《胡翼南先生全集》，第 2934 页。

② 胡礼垣：《复英敛之书》，《胡翼南先生全集》，第 2879、2882 页。

③ 胡礼垣：《复英敛之书》，《胡翼南先生全集》，第 2886 页；《寄严几道书》，《胡翼南先生全集》，第 2898～2900 页。

④ 《与胡礼垣书》，收入王栻主编《严复集》第 3 册，第 594 页。

⑤ 朱寿朋编《光绪朝东华录》第 5 册，中华书局，1958，总第 5628 页。

⑥ 《改良戏曲》，《国民白话日报》戊申七月十四日，第 2 版。

⑦ 《天津士绅上袁宫保改良戏曲禀》，《时报》1906 年 8 月 14 日、15 日，均在第 1 张。

况，获得较好效果，时论认为该剧"足以征吾国戏剧之进步与伶界之热心也"。① 陆澹安在清末经常去新舞台观新剧，在看了商学会为赈灾演出的新剧《国民爱国》及《血手印》后，感觉"其陈义有可观者"。② 再如李登辉领导的寰球中国学生会这样的趋新团体，也标榜自己要演出改良新剧，"俾国民皆知演剧为教育界最显活泼之现象"，③ "借补教育所不及"，④ 颇受时人瞩目。其第一次演剧时，观众多达千人，有时论对此不无夸张地记录道："阅者无不拍掌称赏，使更进而益上，洵足以改良社会，增广知识。"⑤ 有时，寰球中国学生会还在报纸上刊登广告宣传自己所编改良新戏。⑥

流风所被，上海的许多社会戏院都开始追逐时尚，标榜自己所演为改良新戏，并大登广告、大作宣传招徕观众。上海丹桂戏园编排的《江北水灾》，因为表现灾民惨状真切，让观者大为感动，吸引了不少观众为灾民募捐。⑦ 而丹桂戏园推出的《潘烈士投海》时事剧，蒋维乔观看之后认为该剧"出神入化，足以改良风俗"。⑧ 两年后，温州观众张棡在上海看了丹桂戏园编演的该剧后，也认为它"尤有声有色，观者为之下泪"。⑨ 南京庆昇茶园也上演过《潘烈士投海》，由于名角汪笑侬的加盟，"观者更极拥挤"。⑩ 相比丹桂的"以情动

① 《新舞台演甘肃旱荒剧谈》，《神州日报》1909 年 6 月 28 日，第 3 页。
② 陆澹安：《澹安日记》第 1 册，上海锦绣文章出版社，2010，第 20 页。
③ 《寰球中国学生会演剧之宗旨》，《中外日报》1906 年 12 月 27 日，第 3 版。
④ 《新学界之大演剧》，《中外日报》1906 年 12 月 26 日，"论前广告"，第 1 版。
⑤ 《记寰球中国学生会演剧事》，《中外日报》1906 年 12 月 29 日，第 3 版。
⑥ 《寰球中国学生会请新舞台演唱二十世纪新茶花新戏》，《时报》1909 年 6 月 8 日，首页广告。
⑦ 《投书》，《时报》1907 年 1 月 19 日，第 3 版。
⑧ 《蒋维乔日记》第 2 册，丙午七月二十八日，中华书局，2014，第 249 页。
⑨ 《张棡日记》第 2 册，光绪三十三年二月初一日，第 950 页。关于该剧情况及所受到的欢迎，还可参看钟欣志《晚清"烈士剧"初探》，《文化艺术研究》2012 年 7 月号。
⑩ 《庆昇茶园因演新剧被封》，《时报》1907 年 6 月 15 日，未标明版面。

人"，沪上另一著名的春仙戏园所编新剧也不遑多让，有鲜明的政治启蒙色彩。《时报》主笔陈景韩对这两家新戏园曾有比较评论：

> 丹桂之新剧多动人感情，春仙之新剧多启人知识。丹桂之新剧如《潘烈士投海》《惠兴女士》等动人感情之作也，春仙之新剧如《立宪镜》《自由结婚》等，启人知识之作也。春仙之新剧，识者称之，不识者不知也；丹桂之新剧，识与不识均称之。①

除此之外，当时流行的其他改良新戏如《瓜种兰因》《党人碑》《明末遗恨》《黑籍冤魂》等，或关于历史，或关于社会，亦曾获得良好的演出效果，颇让时人印象深刻。②

这时候上海学校中演新剧的风气也渐渐流行，开始是在教会学校，后来"上海中国人所办的学校，学生演戏，也大为盛行，开什么游艺会、恳亲会、毕业会以及许多节日，也常常有此余兴"。③许多学生剧团在苏北遭受水灾时，还纷纷演剧助赈；一些社会剧团如丹桂戏园，以演改良文明的自强新戏标榜，也参与助赈活动，取得良好效果。④有医院还编出"医事新戏"，借新戏"详细指示，演说生理之原因，卫生之方法，能使人人知医，共登仁寿之域"，同时附以行医和卖药广告。⑤一些启蒙人士还进而计划在上海、苏州成立梨园学堂，培养改良戏曲的人才。

---

① 《丹桂之新剧与春仙之新剧》，《时报》1907年2月25日，第3张。
② 胡祥翰：《上海小志》，收入胡祥翰等《上海小志·上海乡土志·夷患备尝记》，上海古籍出版社，1989，第32页。
③ 包天笑：《钏影楼回忆录》上册，第512页。
④ 《演剧助赈》，《时报》1907年1月17日，第3张；《投书》，《时报》1907年1月18日，第3张；《学生演剧助赈》，《时报》1907年4月22日，第1张；《新舞台演剧助赈》，《民立报》1910年12月14日，第5页。
⑤ 《请看医事新戏》，《时报》1908年5月22日，第1页广告。

各地趋新人士纷纷响应该潮流。有的地方成立了戏剧改良会，"以改良戏剧为宗旨，以灌输文明思想、开通下等社会为目的"。[①] 四川就由成都商务总会发起，联合劝业道、提学使司、巡警道成立了戏曲改良公会，为"补助教育起见"，发行《改良戏曲》系列剧本，"以广流传"。[②] 其中，"双流刘君特撰各种新词，扮演蜀国史事，中有《制锦袍》一剧，为明庄烈制锦袍赐女土司秦良玉事，悲歌慷慨，尤脍炙人口，传钞颇众，几于洛阳纸贵"。[③] 山西启蒙人士也在省城太原设立改良戏曲社，拟"将旧剧本可删者删之，可存者存之，并取各国诸大英雄之新事业，及吾国近年以来关于国耻各事，编为剧本，招徒演习，以期激发国民之志气"。[④] 天子脚下的北京，改良戏曲运动也取得一定进展，我们通过《中外日报》上这则《记京城戏院改良进化情形》报道，可窥其一斑：

自玉成班田际云排演《惠兴女士》戏后，票友（京城谓凡工于戏曲而不以唱戏为业者，谓之票友，又谓之顽儿票，若外间之客串也）乔荩臣排演《烈士投海记》，义顺和班崔灵芝排演《女子爱国戏》（梁巨川侍郎济所撰），均能发挥义气，有声有色。每演新戏，观者皆逾常拥挤，外城厅丞且特告示表彰，并制银牌以奖励之。近又有人将张傻子事演成新戏，足见都中近来风气发达，迥非此前闭塞可比也。[⑤]

---

① 《戏剧改良会开办简章》，《警钟日报》1904 年 8 月 7 日，第 4 版。

② 《戏曲改良公会广告》，戏曲改良公会第一种《审吉平》（无具体出版信息，应为清末刊本，复旦大学图书馆藏）。关于清末民初四川戏曲改良运动的情况，可参看郭勇《晚清四川戏曲改良的历史还原》，连载于《四川戏曲》2008 年第 6 期、2009 年第 1 期。

③ 《剧本新词》，《中外日报》1906 年 6 月 20 日，第 6 版。

④ 剑公：《改良戏曲之先声》，《晋阳公报》1910 年 2 月 28 日，第 5 页。

⑤ 《中外日报》1906 年 7 月 4 日，第 7 版。关于当时京津一带的戏曲改良运动情况，可参看吴新苗《清末民初北方地区戏曲改良运动考述》，《中国戏曲学院学报》2001 年 8 月号。

田际云甚至因为编演《越人亡国泪》新剧而获罪被罚，所谓"以演唱新戏煽惑人心"，① 对此事，《申报》曾有多篇报道给以关注，其中一篇特意批评田借改良新戏之名进行居心叵测的政治活动："优人田际云，住长巷头条胡同，勾结奸民，以演新戏为名，实阴图煽惑，貌尽义务，心实叵测。"② 在这样的定调中，田际云最后吃了官司。③

戏剧改良的呼吁与努力甚至还体现在当时中小学生的国文教材中。如标明明德学堂审定、初等小学适用的《国文教科书》中即曰："若将戏剧改良，取故事或近事，能激发国民之志气者，演为戏剧，令人纵观，则社会之进步，必更远矣!"④ 另外一本国文教科书也专设一课《改良戏剧》，表达了类似看法："欲人群之进步，莫如改良戏剧。取古今之事，可激发人心、转移风俗者，演为戏剧，使人观之自然感动，收效自速。盖戏剧为人之所乐观，即不识字之人，亦寓目焉。其关系人群非浅小也。"⑤

在清末戏剧改良运动中，满人汪笑侬（1858~1918）的成就比较大。汪曾自谓"铜笆铁板当生涯，争识梨园著作家"，"手挽颓风大改良，靡音曼调变洋洋"。⑥ 如他一度在南京庆昇茶园演出，"自汪

---

① 《田际云无甚大罪》，《申报》1911 年 7 月 17 日，第 1 张第 5 版。
② 《瑞贤奏请拿办匪党原折》，《申报》1911 年 5 月 19 日，第 1 张第 5 版。参看《田际云与王钟声》，《申报》1911 年 7 月 24 日，第 1 张第 6 版等。
③ 关于田际云的情况及其遭遇的这次官司，可参看夏晓虹《旧戏台上的文明戏——田际云与北京"妇女匡学会"》，收入陈平原、王德威编《北京：都市想象与文化记忆》，北京大学出版社，2005，第 94~120 页；桑兵《天地人生大舞台——京剧名伶田际云与清季的维新革命》，《学术月刊》2006 年第 5 期。不过桑兵教授这里并不认为田际云吃官司是因为编演新剧。
④ 湖南机器印刷局印行《最新初等小学国文教科书》卷 2，无具体出版日期，但可看出为清末时出版，复旦大学图书馆藏，第 67 课《戏剧》，第 30 页。
⑤ 戴克让编《最新初等小学国文教科书》第 9 册，上海彪蒙书室印行，光绪三十二年丙午十二月初版，第 5 课，无页码。
⑥ 中国戏剧出版社编辑部编《汪笑侬戏曲集》，中国戏剧出版社，1957，第 298 页。

笑侬到园后，一时声价顿增，座客常满"。① 稍后汪笑侬在演江北水灾灾民事时，"现身说法，尤觉淋漓尽致"，看到观众如此受到感染，汪当即在现场拿出捐册呼吁捐款，受到感动的台下观众纷纷慷慨解囊，这些捐款及演出三天的"所有戏资，均归义赈"，接济江北灾民。② 1910 年，汪还被聘为戏剧改良所所长。汪笑侬自己不仅演剧，更改编和创作了很多的剧本，他将自己"忧国忧民"谋求革新的心理通过"高台教化"，"凭自己的身手口舌，来达到移风易俗的目的"。③ 汪的许多剧本和演出都很受观众欢迎，如他根据戊戌事件改编成的《党人碑》，"隐射时事，为新党所推重"，④ "此戏上海最有名，人人爱看之"，⑤《新闻报》《中外日报》等报纸上不断刊登此戏的演出广告。《安徽俗话报》第 11 期也曾刊登汪笑侬的《新排瓜种兰因班本》，其中曰："听说这本《瓜种兰因》，是说波兰国被瓜分的故事，暗寓中国时事，做得非常悲壮淋漓，看这戏的人无不感动。"⑥民初名记者黄远生对汪笑侬的戏曲改良活动也有很高评价。⑦

于上海起步的伶人王钟声在清末戏剧改良运动中的成就同样很大。他到北京、天津等地到处演出《惠兴女士》《热血》《鸣不平》《官场现形记》《秋瑾》《徐锡麟》《宦海潮》《缘外缘》《爱国血》《禽海石》

① 《庆昇茶园因演新剧被封》，《时报》1907 年 6 月 15 日，未标明版面。

② 《戏资助赈》，《中外日报》1907 年 7 月 26 日，第 8 版。

③ 周信芳：《敬爱的汪笑侬先生》，中国戏剧出版社编辑部编《汪笑侬戏曲集》，第 3 页。关于汪笑侬的戏曲改良活动，还可参看傅秋敏《论汪笑侬的戏曲改良活动》，《戏剧艺术》1988 年第 3 期；钟欣志《晚清"世界剧场"的理论与实践——以小说〈黑奴吁天录〉的改编演出为例》，《中央研究院近代史研究所集刊》第 74 期，2011 年 12 月。

④ 孙宝瑄：《忘山庐日记》上册，光绪二十七年七月初二日，第 380 页。

⑤ 剑村游客辑《上海》，无出版单位，光绪二十九年铅印本，上海图书馆藏，第 9 页。

⑥ 三爱（陈独秀）：《论戏曲》，《安徽俗话报》第 11 期，甲辰八月初一日，第 31 页。

⑦ 参看黄远生《新茶花一瞥》，收入《远生遗著》第 4 卷，商务印书馆，1984，第 262～263 页。

等改良新剧，并从事革命宣传。① 清末一个自号为"天隐庐"的二十出头的基层官员在观看了王钟声主演的新剧《缘外缘》等后，在日记中评论道"情神逼似，尚非俗乐之扰耳也"。第二天他又去继续观看王钟声新剧，"自午至子不倦，仍得二出，一为《爱国血》，一为《禽海石》，均哀楚动人"。② 时在北京考试的吴宓看了王钟声所演的《缘外缘》之后很受感动，特意写下自己的评论与对王钟声的评价：

> 钟声君扮一西装女郎，摹拟情事，曲尽委婉之致。此等剧纯用说话，弗须锣鼓等乐。所演者皆家庭上、社会上之真情状。其刺人之易、感人之深，较寻常情状为倍蓰。每到惟妙惟肖之处，台下观客直觉现身剧中，亦若果有如此其人，而亲睹其如此之事者。呜呼！大千世界本系一大舞台，劳扰群生，孰非演剧人哉？观剧者即演剧者，而演剧者固亦观剧者也。闻钟声研中西学，尝有所志，今乃以戏剧为业，是亦改良社会之妙法哉？或又云钟声君历史甚多，诸种机密运动，彼皆与其事云。岂真自隐于伶者耶？③

另外，李叔同（1880～1942）和春柳社、春阳社在清末民初时也从事了许多改良戏曲的活动，他们所演出的《茶花女》《黑奴吁天录》等，都是比较成功的作品。④ 像春阳社所演出的《黑奴吁天

---

① 有关王钟声的情况，可参看吴新苗《辛亥前王钟声在北方的戏剧活动及其影响》，《戏剧艺术》2012 年 8 月号。

② 《天隐庐日记》庚戌第一册，收入国家图书馆藏《中华历史人物别传集》第 86 册，线装书局，2003，第 223 页。

③ 吴学昭整理《吴宓日记》第 1 册，1911 年 2 月 10 日，三联书店，1998，第 20 页。

④ 有关这一时期李叔同及春柳社、春阳社的一些活动，可参看黄爱华《中国早期话剧与日本》，岳麓书社，2001，第 13～221 页；钟欣志《晚清"世界剧场"的理论与实践——以小说〈黑奴吁天录〉的改编演出为例》，《中央研究院近代史研究所集刊》第 74 期，2011 年 12 月。

录》《双烈殉路》两剧，曾让蒋维乔看后感叹演员演技道："神情栩栩之态，令人忽哭、忽泣，真妙技也。"① 受到改良戏曲运动的影响，其他一些艺人也投身其中，像夏月润等"戏子"在看了启蒙人士主张改良戏曲的文字后，"大为感发"，便捐款"到上海的实业讲习社，并在丹桂戏园开大会，商议教育普及的法子。要编些戏来唱"。②

综合以上情况看，清季启蒙人士在改良戏剧以改造大众阅读文化方面，花费了不少心血，涉及层面很广，也得到一些观众的认可与传媒的赞许、宣传，应该是收到一定的成效。可惜，最明白反映这个成效的清末改良戏曲剧本总数，已难有较准确的统计，我们只能从后人所编不完全的晚清戏曲名录中，窥斑见豹。③

四　检讨

以上概括分析了清末启蒙人士改造大众阅读的两方面情况，但并不能完全体现其所有的论述与努力。如本章对当时清政府如何规划大众阅读没有涉及，对其他净化阅读文化努力的讨论也付之阙如。清末启蒙人士也认识到这个问题，所谓"开智之术，以笔、以舌、以教，三者盖缺一不可"。④ 单采取一种"开智"形式，势必有欠周全，故"毋宁舍小说与剧本，而赞成演说之举"。⑤ 以声教补充文教之不足，

---

① 《蒋维乔日记》第 2 册，丁未十一月二十四日，第 490 页。
② 《唱戏的大发热心》，《新白话报》第 7 期，甲辰二月朔日，第 45 页。
③ 参看阿英编《晚清戏曲小说目》，上海文艺联合出版社，1954，第 1~61 页；赵晋辑录《戊戌变法前后至辛亥革命报刊发表的戏曲剧作编年》，《戏曲研究》第 6 辑，文化艺术出版社，1982。
④ 《论四川改宣讲为演说之宜仿行》，《华字汇报》1905 年 7 月 31 日，第 5 页。
⑤ 《论演说之效果》，《中外日报》1905 年 5 月 20 日，第 1 版。

这就涉及清末对演说这一宣传形式的提倡，"宣讲演说之力，实足以辅助同文之化，激发爱国之心"。①

事实上，若再放宽一点的话，清末关于删改时宪书、改良纱灯图画、创办女报与白话报、创设公共图书馆、讲报、设立阅报所、关注贫民教育、设立劝学所、筹建半日学堂、出版画报、编辑教科书、统一语言、推广世界语、简化文字等的论述及实践，虽属比较广泛的开民智活动，但也可归入启蒙人士改造大大众阅读文化的操作范围，只是限于篇幅和主题关怀，这里就不论了。

其实，那些主张禁淫辞小说的人士，或是要新小说、改良戏曲的启蒙人士，其政治立场既有革命的，也有立宪的，更有一批混迹于上海十里洋场的文人，还有一些趋新的地方士绅、官僚、青年士子等，其间并没有清晰的楚河汉界划分，在政治、文化和社会问题上的差异不妨碍他们在启蒙和改造大众立场上的共同认知。即便他们所从事的行业与实践差别很大，间或不乏紧张与冲突，在实际的文化创作活动中又各有幽怀和关切所在，在具体的推行手段上也不尽一致——有人办阅报社，有人资助改良戏曲的编写和演出活动，有人专事创作与翻译，有人专事鼓吹和宣讲，有人则身体力行去演改良新戏……但他们在主张利用小说、戏曲文类推动对下层老百姓的教化和启蒙方面则一，同传统中国的士大夫一样都意识到这些文类对教化民众的巨大作用。像李孝悌教授所指出的："不论是知识分子，或一般的通俗文化创造者，都刻意地利用小说、戏曲，作知识转介、讯息传播、社会批判或宣传教化的工作。"②

---

① 《论今日宜以声教补文教之穷》，《中外日报》1906 年 12 月 9 日，第 1 版。不过，也有时人认为依靠演说开通民智也很难，"对下流社会的演说尤难"。铁秋：《论地方宜设演说研究会》，《国民白话日报》戊申八月廿四日，第 2 版。
② 李孝悌：《中国近代大众文化中的娱乐与启蒙——以改良戏曲为例》，收入张启雄主编《二十世纪的中国与世界》下册，中研院近代史研究所，2001，第 968 页。

对于主张改造大众阅读文化的清季启蒙人士来说，他们所据以立论的不仅是中国传统通俗小说、戏曲等文类的感染力，以及广大下层民众中蕴藏的力量，更包括欧美及日本的强国经验。早在1898年发表的《译印政治小说序》中，梁启超就非常夸张地认为：

> 在昔欧洲各国变革之始，其魁儒硕学、仁人志士，往往以其身之所经历，及胸中所怀，政治之议论，一寄之于小说。于是彼中辍学之子，黉塾之暇，手之口之，下而兵丁、而市侩、而农氓、而工匠、而车夫马卒、而妇女、而童孺，靡不手之口之。往往每一书出，而全国之议论为之一变。彼美、英、德、法、奥、意、日本，各国政界之日进，则政治小说为功最高焉。①

在1899年发表的《自由书·传播文明三利器》一文中，梁启超更是具体指出日本明治维新得力于小说之功甚大：

> 于日本维新之运有大功者，小说亦其一端也。明治十五、六年间，民权自由之声，遍满国中。于是西洋小说中言法国罗马革命之事者，陆续译出。有题为《自由》者，有题为《自由之灯》者，次第登于新报中。②

这些书写陈义甚高，充满一厢情愿式的想象。小说在列强的变革过程中究竟改变了多少人的政治观念，到底有多少人阅听了这些小说，又受到了多大的影响，这些都是充满疑问的。至于"每一书出，

---

① 收入《饮冰室合集·文集之三》第1册，第34~35页。
② 收入《饮冰室合集·专集之二》第6册，第41页。

而全国之议论为之一变"这样的论断，更是任公的故为高论。①

梁启超小说论述中的这种片面性和极端性，又被时人延续下去，其偏激程度甚或过之。② 如陶佑曾即言："自小说之名词出现，而膨胀东西剧烈之风潮，握揽古今利害之界线者，唯此小说；影响世界普通之好尚，变迁民族运动之方针者，亦唯此小说。"③ 陶此处已经将小说之作用抬高到无以复加之地步，他还进而把列强进化、大陆竞争的形势全部归结于稗官说部的力量，这显然充满了想象和误解。受到梁启超影响的蔡锷则同样极力贬斥中国旧小说，将之置于二元对立的框架中进行批评：

> 中国之小说，非佳人则才子，非狐则妖，非鬼则神，或离奇怪诞，或淫衰鄙俚。要而论之，其思想皆不出野蛮时代之范围。然而中上以下之社会，莫不为其魔力所吸引，此中国廉耻之所以扫地，而聪明才力所以不能进步也。④

蔡锷这样的想法并非个案，很多时人也有过类似见解。尽管从阅读旧小说中深深获益，但胡适当年却有这种看法："予幼嗜小说，惟家居未得新小说，惟看中国旧小说，故受害滋深。今日脑神经中种种

---

① 当时类似的论述还有很多，比如有人认为只要有讲报的人"逐日赴茶馆通衢，宣讲时事，俾里巷粗人同沾文化……此举将数千年愚民之政见，一扫而空，数千万愚民昏瞀之头脑，一震而醒，数百府厅州县拘隅之风气，一棒喝而开"。《论说报》，见《学务杂志》第4期，光绪三十二年六月二十五日，第6~7页。
② 关于梁启超的新小说思想来源及其实践，可参看夏晓虹《觉世与传世：梁启超的文学道路》中的相关论述。
③ 陶佑曾：《论小说之势力及其影响》，《游戏世界》第10期，转见陈平原、夏晓虹编《二十世纪中国小说理论资料》第1卷，第226页。
④ 奋翮生（蔡锷）：《君国民篇》，《新民丛报》第1号，光绪二十八年正月初一日，第86~87页。

劣根性皆此之由，虽竭力以新智识、新学术相挹注，不能泯尽也。"[1]
不但如此，胡适还建议其母及其二嫂禁止侄儿思聪去看小说中的
"淫书"。[2] 这样的表达同前引他事后追忆儿时对阅读小说的看法颇有
不同，对此矛盾情况，胡适研究者江勇振先生曾有精彩的分析，此处
不赘。[3]

　　时人想象中的新小说之强国作用如此，理想中的戏曲改良效果亦
不遑多让。故有人即列举诸如法国这样的国家借助戏曲改良的"史
实"，讲述法国如何在普法战争失败后"割地赔款，国势艰难，也跟
现在中国一样，打算办新政，又没有钱，想了一个法子，在巴黎京城
盖了一座戏台，由政府编成戏本，叫优人排演，登台唱戏，所演的
戏，都是德法战争的事……"，而法国男女老幼在看了这些戏曲之
后，"个个都咬牙切齿，怒目横眉，没有一个不想着雪国耻报国仇
的。仗着戏本的力量，把本国人开通过来……不上三年的功夫，法国
又照旧强起来"。[4]

　　凡此种种，均足以说明清末主张新小说与戏曲改良的启蒙人士，
一般不太在乎小说戏曲本身的艺术价值如何，看重的依然是其文以载
道的特质——对现实的影响、感化作用，借小说、戏曲来影射比附现

---

① 曹伯言整理《胡适全集》第 27 卷，1906 年 5 月 1 日日记，第 23 页。后杨树达亦
　　认为"原来我们中国人有鄙视小说的精神，这也本难怪。因为中国的小说，不是
　　海盗，就是海淫，没有好小说"。见杨树达《教育和文字》，《湖南教育月刊》第
　　1 卷第 1 号，1919 年，第 8 页。也有人认为青年所以多病，在于其喜读淫辞小说。
　　参看周逢儒《青年期之身弱多病，其原因在喜阅小说》，《绍兴医药学报》第 12
　　卷第 7 号，1922 年，第 28 ~ 29 页。
② 《致母亲》（1909 年 9 月 13 日），耿云志、欧阳哲生整理《胡适全集》第 23 卷，
　　第 14 页。
③ 参看江勇振《舍我其谁：胡适》第一部《璞玉成碧，1891 ~ 1917》，新兴出版社，
　　2011，第 32 ~ 36 页。
④ 春治先：《戏本赶紧改良》，《京话日报》第 490 号，《京话日报》第 4 册，全国图
　　书馆文献缩微复制中心，2006，第 387 ~ 388 页。

实，把其看作政治的婢女和为现实服务的工具，忽略了文学作品最重要的艺术性质，夸大了小说、戏曲等文类的社会作用。正如王国维的批评："观近数年之文学，亦不重文学自己之价值，而唯视为政治教育之手段。"王明显是在针对梁启超及其提倡的"新小说"运动，批评梁派不以文学为目的，而视之为政治手段，实际是在亵渎文学。①这恰属于王德威所谓的"自我吹嘘又自爆其短"，"当梁启超与其同辈将小说的功效与缺陷相提并论，他们其实是将传统批评家对说部的畏惧与迷醉同时推到极致……当他们一厢情愿地对未来新文学表示吹捧时，他们其实已成为自己一心想打倒的旧文学价值的最吊诡的提倡者"。②

更有甚者，在当时改良戏曲的论述中，主张欲提倡新戏，应该先改良演员的人格，"教以读书识字，并灌以普通知识，激以爱国热心，使之养成人格，不以优伶自贱"，社会也应该形成尊重演员的风气。③ 激进者如陈去病还号召青年，"明目张胆而去为歌伶"。④ 清末兴起的学校演剧之风即是响应这种倡导的体现。然而一旦涉及具体问题，我们可以发现启蒙人士对优界的歧视与偏见依然广泛存在。像上海有某学堂学生在"孔诞日"演编新剧，就有趋新媒体对此进行质疑，认为不管如何，读书人的人格都"高于戏子百倍"，"伶界人物，

---

① 《论近年之学术界》（1905 年），收入谢维扬等编《王国维全集》第 1 卷，第 123 页。不同于王国维的看法，吕思勉在 1946 年写文章指出梁启超等学者在史学上的最大功绩恰恰是其经世致用而非考据，忽略了这一方面，"未免买椟还珠"。参看《从章太炎说到康长素梁任公》，《吕思勉遗文集》上册，第 398 页。

② 王德威：《被压抑的现代性——晚清小说新论》，宋伟杰译，北京大学出版社，2005，第 33 页。

③ 《戏本改良》，《中外日报》1904 年 12 月 19 日，第 3 版；《提倡新戏须先改良优界之人格》，《通俗日报》宣统二年三月初三日，第 1 面；《尊伶篇》，《同文沪报·消闲录》光绪三十年七月初五日；等等。

④ 佩忍（陈去病）：《论戏剧之有益》，《二十世纪大舞台》第 1 期，转见阿英编《晚清文学丛钞·小说戏曲研究卷》，中华书局，1960，第 64 页。

则无论何种脚色，其人皆伍于倡隶间，而不得与身家清白之齐民齿"。① 这种自居优越地位的歧视心态通过媒体关于某些具体优伶事件的评论，也可一览无余。像比较趋新的直隶提学使卢靖因天津某优人三麻子"自出心裁，排有《自强传》全出，颇能触人爱国思想"，对其做法非常赏识，遂聘请其作为教员"排演自强新戏，以备分教各学堂学生"，并给予其优厚待遇，且"不准复以优人藐视"，但"学界中人闻之，咸啧有烦言"。② 上海《新闻报》特意发表评论对卢靖"果然以优人居宾师之位"进行指责："不图直隶提学使竟于伶人中得三麻子，聘之为学堂教员，跻之于士夫之列，夫亦可异之至矣！"文章最后还劝告卢靖，"勿以浮慕之见贼吾青年也"。③ 清末改良新戏风潮中颇有声望的王钟声，也因其戏班演戏时男女混杂居住在会馆，又因其同一学堂女教员嵇宗华有联系，该教员"跑到后台与伶人梳头"，事情被人告官查究，并被主张白话文、宣传启蒙的《正宗爱国报》获悉，该刊居然发表评论认为："钟声与嵇宗华之种种，一经讯实，杀之都不足惜。"④ 再如 1911 年 6～7 月，天津伶人元元红拐了"某绅之妾"，引起各报"大书特书，百般骂詈"。⑤ 以在启蒙大众著称的《大公报》对此亦发表了多篇评论，其中一则评论道：

> 元元红不过一下贱优伶，尚不足怪。以娼妓而妍优伶，其人格本属相当，亦不足怪。而最可怪者，显宦巨贾每喜娶娼妓为姬

---

① 《学界与伶界之比较》，《华商联合报》第 12 期，宣统元年六月三十日，第 4 页。
② 《提学使聘优伶为教员》，《广益丛报》丙午年第 22 号，"纪闻"，第 4 页。
③ 《论提学使聘优伶为教员》，《新闻报》1906 年 8 月 16 日，第 1 张。
④ 参看《杀之不足惜》，《正宗爱国报》第 1650 期，辛亥年六月廿六日，第 3 页。
⑤ 安：《社会之心理如此》，《大公报》1911 年 6 月 29 日，第 3 张。

妾，纵令出外听剧，以贻此中蕃之羞。①

从这则闲评中，我们可以察觉出评论者所流露出来的浓厚等级意识及身份优越感。而从此前各报对发生在上海的"淫伶"李春来"奸淫案"一事的报道中，我们亦可发现更多类似的苛刻评论与歧视心态。②

与启蒙人士中出现将中国旧小说极度贬斥的现象类似，一些主张改良戏曲的人亦同样有将中国传统戏曲"整体负面化"的倾向，他们攻击中国旧戏曲，认为中国旧戏"综其大要，不外寇盗神怪男女数端"。③ "海淫海盗及鬼神荒诞之事，则十有八九。"④ 还有人认"中国旧时的戏本"，"全系报应的主义"。⑤ 陈独秀甚至将中国国民的劣根性也归因于旧戏曲的影响："我们中国人这些下贱性质，那一样不是受了戏曲的教训！"⑥ 这类将旧戏曲（包括旧小说）"整体负面化"的评论，实际延续了从谭嗣同、樊锥以来激进反传统的思维方式，且表明这种"整体负面化"的心态与做法已渗透到大众文化领域，不只体现在清末民初的精英学者对中国传统学术与思想层面的批判中。

---

① 梦幻：《闲评二》，《大公报》1911 年 6 月 25 日，第 2 张第 1 版。
② 关于李春来（1855～1925）案，《中外日报》《神州日报》《时报》《时事报》《世界繁华报》《民立报》等上海报纸在 1907 年 10～11 月、1908 年 5～10 月、1910 年 8～10 月有大量相关报道与评论，这些论述几皆称李春来为"淫伶"，亦有评论称之为女界"恶魔"。《沪事评论》，《神州日报》1910 年 10 月 8 日，第 4 页。关于时人对李春来的看法，还可看看慕优生编《海上梨园杂志》卷 2，上海振聩社，1911，第 14 页。
③ 箸夫：《论开智普及之法首以改良戏本为先》，《之罘报》第 7 期，光绪三十一年四月十一日，第 3～4 页。
④ 《宜禁演剧说》，《长沙日报》1905 年 10 月 4 日，第 1 版。
⑤ 伯耀：《改良新戏系转移社会风气的妙药》，《岭南白话杂志》第 4 期，戊申正月二十九日，第 8 页。
⑥ 三爱（陈独秀）：《论戏曲》，《安徽俗话报》第 11 期，甲辰八月初一日，第 1 页。

就改造阅读论述的中心产地上海而言，存在大量剧社（茶园）借赈济之名演剧敛钱、做广告，甚至有借组织赈济之名演剧强行收钱的现象。① 另外，一些上海剧院标榜自己所演为新戏，但仅只是标榜一种新的形式，从表演技巧到过程、根本思想，仍为旧戏之还魂。如徐兆玮之言：

> 至大舞台观剧，演所谓刑律改良者，惜仍侑于习惯，如借尸还魂诸事，思想太旧，不足云改良也。剧场造法颇合，惜演法仍旧习惯，未免令观者意兴索然耳。②

还有一些所谓新戏则投观众所好，将旧戏改头换面，在广告上增加新的噱头，内容与旧戏并无大异，不过是"借公益之虚名，纵游戏之大欲"，按旧标准来看，同样可以"诲盗诲淫"。"今日沪上之所演者何剧耶？《翠屏山》《富春楼》之诲淫也，《白水滩》《四杰村》之诲盗也。"③ 还有人鱼目混珠，借"排演改良新戏"之名，"以图遮饰"，实则"演习杂戏为消遣之计"，"私设票房"。④ 无怪乎有报刊时论曾指出："实见近来大率假改良社会之名，而隐为败坏风俗之事。"⑤

再拿读者来说，虽然有诸如《月月小说》这样的刊物，明确标榜是面向社会各阶层读者办的，认为《月月小说》"官场中应看"，

---

① 参看《上海之评论》，《神州日报》1909 年 10 月 18 日，第 4 页；指严《论上海近日演剧筹费之风》，《时报》1911 年 1 月 1 日，第 1 张。
② 《徐兆玮日记》第 2 册，宣统二年三月十二日，黄山书社，2014，第 1077 页。
③ 《论沪上新流行之害人物》，《时报》1909 年 11 月 9 日，第 1 张。
④ 《南段巡警总局告示》，《大公报》1908 年 1 月 6 日，第 5 版。
⑤ 《论报馆与戏子》（《辨尊崇优伶之邪说》），《刍言报》宣统二年十一月初一日，内编第 2 版。

"维新党应看","历史家应看","实业家应看","词章家应看","妇女们应看"。① 但在实际生活中,新小说的读者往往还是有一定经济基础的读书人而非"下等人",比如郑孝胥、孙宝瑄、徐兆玮、钱玄同等人的日记中,不断有他们购阅新小说的记载。政治立场较守旧的官僚恽毓鼎,也留下一些他读新小说译作的记载,他尤喜读林纾翻译的小说。② 这些情况表明,"小说所收之结果,仍以上流社会为多"。③ 绝大多数新小说的读者实质上还是有闲、有钱的阶层,而非为生计四处奔波的一般民众。《中外日报》上也有时论感叹:

> 诸君不见新出之各小说乎?仍见之于我辈案头耳!伙计柜台上有此物乎?东洋车夫手中有此物乎?而佣媪侍婢无论也。此其弊不在彼等不读书,而实由我等之不读书,漫然而与之。④

造成这种情况的原因是多方面的,其中之一就是"不晓得社会心理缘故",⑤ 许多启蒙人士不明了下层人之生活及心理状态,乃至长期以来形成的阅读文化传统之惯性,生产出的多数新小说脱离实际、空言说教,⑥ 不符合大众欣赏口味与接受水平,"只能供文人学

---

① 报癖:《论看〈月月小说〉的益处》,《月月小说》第 2 卷第 1 期,1907 年,第 1~9 页。

② 参看史晓风整理《恽毓鼎澄斋日记》第 1 册,光绪三十二年五月十七日、六月二十三日、七月初一日,第 315、319、321 页。

③ 《小说丛话》中平子(狄楚青)语,《新小说》第 7 号,光绪二十九年七月十五日,第 167~168 页。

④ 《说小说》,《中外日报》1902 年 4 月 10 日,第 1 版。

⑤ 陆士谔:《新上海》,第 244 页。

⑥ 像当时的读者钱玄同读了"新小说之佳者"的《自由结婚》以后,认为该书虽然"笔墨颇痛快淋漓",但"议论太多,识见甚陈腐气"。杨天石主编《钱玄同日记》整理本上册,1906 年 1 月 23 日,第 18 页。

士之浏览，而普通之人不能解其文义及洞其道理"。① 这样的小说即便让士大夫读之，亦会感觉其"可厌"，乃至"惟觉其千手一律、剿袭雷同，而毫无激发感情之意趣，阅未数页，已昏昏欲睡矣!"② 像钱玄同就认为《新小说》杂志自身办得不错，但其中的连载小说《黄绣球》却"做得不佳，平淡无味"。③ 对于翻译小说，有读者也认为除了林纾所译质量尚可之外，其余"多嚼蜡无味"。④ 钱玄同也认为"直译"的翻译小说"索然无味"，"小说总以白话章回体为宜"，他称赞林纾的翻译小说能做到此点："今之能此者仅林畏庐一人耳，林能以高雅洁净之文笔达种种曲折之情，此其所以为佳也。"⑤ 依靠此类新小说自然难以达到改造阅读、启蒙大众的效果，故此，"里巷间之顽夫、稚子、妇人，依然但知《三国》《水浒》《西游记》。而能知新小说之名者，百不一二；其能称颂新小说之美者，盖罕闻也"。⑥ 无怪乎有时论指出：新小说不管是采用白话文，还是稍显艰深的文言文，"下流社会"中人都很难"晓解"：

　　诚欲改良风俗，必先从下流社会设想，必使市井负贩之夫一读了然，知其所言之为何事，然后知所劝惩，而有以收善俗化民之效。今新译之编，不啻汗牛充栋，而求其内容外观，适合此义者，千百卷中，直无一二焉! 欲持是以淘淬风俗，铸成一般高尚之国民也，岂不难哉!⑦

---

① 樊：《小说界之评论及意见》，《申报》1910年1月20日，第1张第3版。
② 新：《新小说之平议》，《汉口中西报》1909年4月23日，"新闻"，第1页。
③ 杨天石主编《钱玄同日记》整理本上册，1906年3月6日，第26页。
④ 《徐兆玮日记》第2册，宣统元年三月二十日，第970页。
⑤ 杨天石主编《钱玄同日记》整理本上册，1906年3月4日，第26页。
⑥ 樊：《小说界之评论及意见（续）》，《申报》1910年1月22日，第1张第3版。
⑦ 新：《新小说之平议》，《汉口中西报》1909年4月23日，"新闻"，第1页。

尽管小说、演戏对读者确实有潜移默化的作用，但它们仍然主要是"消遣品"、"游戏物"和"猎奇"对象，阅听者从中得到休闲和娱乐才是主要追求，"专注在'好白象''引人笑'"，① 由此受到教化和阅世知人，只是伴随效应："人之所以乐观剧者，非于此中寻道德与学问也。乐其有英雄儿女无限离奇浓郁之事，可暂移我情而已。"② 陆士谔对此也有很清醒的认识，特意在1909年出版的新小说《新上海》的《自序》中说："小说虽号开智觉民之利器，终为茶余酒后之助谈。"③

进言之，读者阅读新小说和观听改良戏剧，未必就一定欣赏或愿意接受其宣扬的启蒙理念，更多还是因为欣赏其情节或叙事，能让自己戚戚于心，从中得到慰藉与释放。一如上文所引少年胡适与那个投书给《时报》的读者之欣赏《双泪碑》、恽毓鼎之喜读林译等新小说，他们之所以喜读这些小说，仍在于其叙事感人与文笔（译笔）合乎文法。如恽毓鼎所言："两日看外国侦探小说，殊有味，足以增益智慧，文法亦佳，起伏映带，颇具匣剑帷灯之妙。"④ 再像钱玄同阅读吴趼人的言情小说《恨海》之后的感受："写情之处实为佳绝，观至终篇，令人坠泪。以吾之旧目光观之，觉其远胜西洋写情小说之专摹写恋、妒者十倍也。"⑤ 所以当时曾有戏院在进行广告宣传某改良新戏《爱国血》时，居然用"真刀真枪，当场出彩"作为噱头而

---

① 《〈星期〉"小说杂谈"选录》，转见芮和师等编《鸳鸯蝴蝶派文学资料》上册，福建人民出版社，1984，第38页。
② 《论兴学练兵作小说，其效不及演戏之速（续昨稿）》，《中外日报》1903年11月16日，第1版。
③ 陆士谔：《新上海》，第2页。
④ 史晓风整理《恽毓鼎澄斋日记》第1册，光绪三十二年五月十七日，第315页。
⑤ 杨天石主编《钱玄同日记》整理本上册，1907年2月27日，第87页。

非其"爱国"理念来吸引观众，① 由此推测观众在乎的并非新小说中的启蒙关怀与爱国说教。或许只有非常趋新和知新的孙宝瑄、黄远生、徐兆玮那样的极少部分士人，才更在意其所传达的启蒙理念与现代性关怀。

像《官场现形记》《茶花女遗事》《迦茵小传》《孽海花》，以及福尔摩斯系列等异常畅销的新小说，对很多读者来言，参照传统的禁书论述，其在"海淫海盗"方面或许一点都不会亚于《红楼梦》《水浒》等中国旧书。如《官场现形记》即被时人当作官场指南阅读，像写于 1907～1908 年的《后官场现形记》所言：

> 无奈读书的只看了（《官场现形记》）一面，当作他处世的金针，为官的秘宝，专心致志，竭力仿摹，六七年来，成就人才确实不少。所以《官场现形记》竟美其名为"官场高等教科书"，不胫而走，海内风行，洛阳纸贵。②

出版商亦在报刊上大做广告，大言不惭地声称《官场现形记》是"官场教科书"，③ "今之官场中人无不喜读此书"，并要人"不可不看""不可不学"。④ 还有人谓林译言情小说《迦茵小传》实质是"传其淫也，传其贱也，传其无耻也"。又说林译诸书"半涉于牛鬼

① 《文明新舞台广告》，《正宗爱国报》第 1791 号，辛亥年十月二十日，第 5 页，"杂俎"。
② 白眼：《后官场现形记》，收入董文成、李勤学主编《中国近代珍稀本小说》（14），春风文艺出版社，1997，第 477 页。
③ 《请读官场教科书》，《时报》1905 年 6 月 22 日，首页广告。
④ 《〈官场现形记〉初、二编售书告白》，《世界繁华报》1904 年 6 月 17 日；《读〈官场现形记〉者，看！看！看！》，《世界繁华报》1903 年 10 月 22 日。转见薛正兴主编《李伯元全集》第 5 册，江苏古籍出版社，1997，第 151～153 页。

蛇神，于社会毫无裨益"。① 民初亦有人指责晚清新小说中"最占势力"的"侦探小说、爱情小说"，"其诲淫诲盗更有甚于昔者"，特别是给读者展示了"阴谋诡计""蛇蝎其心，豺狼其行""唯利是图"等面向，即如福尔摩斯之类侦探小说，"类多据一二侦探家之事实，而铺张扬厉之，故离奇其事，以显侦探之巧，庸讵知诲盗即基于此！……爱情小说，则弊更甚……假自由名义，遂淫乱目的；窃文明虚声，忘廉耻大义……"② 后来，周作人也对清末民初这种现象表达过不满："欧洲文学的小说与中国闲书的小说，根本全不相同，译了进来，原希望可以纠正若干旧来的谬想，岂知反被旧思想同化了去，所以译了《迦茵小传》，当泰西《非烟传》《红楼梦》看；译了《鬼山狼侠传》，当泰西《虬髯客传》《七侠五义》看；将查白士书店编给小孩作文练习用的短篇故事，译成了《诗人解颐语》，当作泰西《聊斋》看。"③

前引诸例证，不但表明出版商、著译者在实际出版、写作过程中重利轻义、哗众取宠的取向；亦表明读者阅读新小说过程中存在的选择性、功利性、猎奇心态与情欲关怀等人之常情，以及文本在被阅读和接受过程中具有的开放性和复杂性。难怪即使是在新小说创作和出版蒸蒸日上之际，也有人持另类见解，认为小说只是读者消遣的娱乐品，不应担负太多艺术之外的责任："所谓风俗改良、国民进化，咸惟小说是赖。又不免誉之失当。"④

改良戏曲亦何尝不如是。19 世纪中叶的士大夫余治所编的诸多教化剧，因空言说教，内容陈腐正统，不符合老百姓的欣赏趣味，流

---

① 寅半生：《读〈迦茵小传〉两译本后》，《游戏世界》第 11 期，引文转见陈平原、夏晓虹编《二十世纪中国小说理论资料》第 1 卷，第 230 页。

② 徐章垿：《论小说与社会之关系》，《友声》第 1 期，1913 年 8 月，第 11 页。

③ 仲密（周作人）：《论黑幕》，《每周评论》第 4 号，1919 年 1 月 12 日，第 2 版。

④ 觉我：《余之小说观》，《小说林》第 9 期，戊申年正月，第 2 页。

传不广。清末的改良戏剧运动亦不免此弊，胡乱影射，每下愈况，越来越流于形式和说教，内容多刻板重复，穿新鞋走老路，贻下优孟衣冠之讥，堕入"杂乱粗野，无理取闹"一途，不若"旧排各戏曲词关目，均有情致"。① 包天笑也批评道："近日新戏剧，专事搬演，所以无味，又或加入无意识之插科打诨，则况而愈下矣。"② 所以有时论认为改良戏曲应该在改革内容上下功夫，"其道有二"：

> 一则取古忠臣孝子、节夫义妇之事迹，而以浅易明白之句调与其动止，演之舞台之上，务使老妪都解，人人歌泣，则感人必厚矣。其一则专取社会之大病，一一摹写之，如《黑籍冤魂》之作，俾观者无不动容，有所警戒，而一切迷信鬼神、提奖淫盗之剧，皆当痛加改良，以为劝惩之助。果如此，则旧剧之功用，必有转胜于新剧者。③

相比起来，改良新戏或者重说教，或者重形式，盲目照搬国外，并非演戏的正道。如恽毓鼎在观看了王钟声新剧后评论："新伶钟声演聊斋青梅事，近于演说，全无戏剧排场、情节，说白亦欠熟贯，余甚不取之。"④ 脱离了娱乐和艺术的本质，改良新戏的吸引力自然大打折扣，无怪乎时人在技术层面对"文明戏"有如此批评：

> 盖其演外国故事也，其事其人既非观者所夙知，且西服而西歌，固令人莫辨，西服而华歌，又觉其可怪，而西服而为华戏之

---

① 史晓风整理《恽毓鼎澄斋日记》第1册，光绪三十三年十月二十一日，第358页。
② 笑：《新戏曲宜以动人感情为胜》，《时报》1907年2月27日，第3张。
③ 《琐言》，《天铎报》1910年8月14日，第4版。
④ 史晓风整理《恽毓鼎澄斋日记》第2册，宣统二年十二月初三日，第516页。

台步，动作尤觉其不类。至若情节之平衍，声情之暗淡，犹其末病也。若其演吾国故事也，尤令人无欢，远不若旧戏之《文昭关》《杀妾饷士》《对刀步战》等剧，足令观者起敬。①

这导致的结果是很多人（特别是女性）依然对"改良新戏、文明新戏，全不爱听。那个园子有淫戏，那个园子多上女座。女座多，男座就不少，不是为看戏，是为看看戏的"。② 这些出自知识精英的描述或不乏夸饰之处，但就欢迎程度言，"淫戏"对于阅听者的吸引力的确远超过改良新戏。或许是意识到这个问题，清末的某些改良戏曲，为吸引观众，竟借用情色的宣传或场景，如脱衣舞或裸女表演，来聚拢人气，以宣传启蒙和革命。③ 故此，有人对新旧剧遂一起批评、等同看待，将上海"新旧"剧场"人满为患"的现象，当作腐败堕落的象征，"此商业凋敝之候，当地人士不思经营正当之商业，借以整顿市面，惟此无益有害之事是务。而一般性耽荒逸者，又趋之若鹜，亦可见习俗之崇尚虚浮矣！"④

此外，清季新小说与改良戏曲的生产者在实践中并未始终贯彻启蒙理念，他们许多的创作及改良呼吁往往流于表面。恰像王德威教授指出的，小说创作乃"空中楼阁"，可以任由作者"驰神幻想"，故此，在最终的作品呈现上，清季小说展示出一个"多音复义""众声

---

① 《说文明戏》，《中外日报》1908 年 6 月 18 日，第 1 版。

② 《妇女不可听戏》，《通俗报》（即《通俗日报》，只是自 1910 年 3 月 20 日后个别期自称为《通俗报》）（成都）宣统二年三月二十日，第 1 面。该文应该源自 1910 年 3 月 10 日天津《中外实报》，转见张天星辑录《晚清报载小说戏曲禁毁史料汇编》，北京大学出版社，2015，第 677~679 页。

③ 参看李孝悌《中国近代大众文化中的娱乐与启蒙——以改良戏曲为例》，收入张启雄主编《二十世纪的中国与世界》下册，第 984~987 页。

④ 伟：《上海市场之悲观》，《时事报》1911 年 2 月 28 日，第 1 页。

喧哗"的局面，并非仅是单一的启蒙或现代性指向。① 清季的戏曲改良运动，其效果亦半斤八两，那些打着"文明新剧"招牌的改良新戏，往往是别有意图的赶时髦，一如时论的批评：

> 非不喜欢新剧，我实恶上海之新剧，非真有心改良剧本，以促社会之进步，乃借新剧之名学两句新名词、穿两件西洋服，以混闹一场而已。②

戴季陶亦有类似批评："近来沪上伶人，每以新剧附会旧剧，故意将剧本引长，谓之改良新戏，其无意识，实堪发噱。"③

还有人指出，一些新剧为吸引观众，而将传统的神怪故事、因果报应纳入其中，其结果是更加助推了"迷信"的行为，背离了"启蒙"的关怀和"文明"的追求："见怪神者，因果报应，此下等社会之迷信也，养成此听天由命之习惯，而社会日以退化者，此迷信之结果也。近日所编新戏，每每借此等事为穿插楔子，是推其波而助之澜也。"④ 包天笑也曾提醒编演新戏的人"宜稍求高尚"，不要降低格调，否则就会与其原本的启蒙宗旨相违背，"夫戏曲之所以唤醒迷梦，固宜将各社会之状态一一描摹之，然恶俗之态、猥鄙之语，亦宜屏绝，此其影响于社会不小也"。⑤

至于多数著译者、改编者、扮演者，尽管他们是打着新小说和戏曲改良的大旗，实际是借之"为稻粱谋"，"著书与市稿者，大抵实

---

① 参看王德威《被压抑的现代性——晚清小说新论》，第 20~21 页。
② 微笑：《剧谈》，《时报》1911 年 9 月 8 日，《附刊·滑稽时报》。
③ 戴季陶：《剧评》（原刊《中外日报》1910 年 8 月 5 日），收入桑兵、黄毅、唐文权合编《戴季陶辛亥文集》上册，香港中文大学出版社，1991，第 33 页。
④ 白：《新剧之结果》，《时报》1907 年 2 月 24 日，第 3 张。
⑤ 笑：《新戏曲宜求高尚》，《时报》1907 年 2 月 25 日，第 3 张。

行拜金主义，苟焉为之"。① "盖操觚之始，视为利薮，苟成一书，售诸书贾，可博数十金，于愿已足，虽明知疵类百出，亦无暇修饰。"② 或可说，写稿的作者们毋宁更在意这些文类的符号效应及其生产后所带来的经济收入，而非其启蒙作用与长远的社会效果。正如戴季陶的批评："近世之所谓作者，非趋于名，则趋于利，其脑中何尝有文学思想在，不过欲借以博衣食住而已。以如是之人，作为文章，其无足观也，亦奚足怪！"③

总体上看，清季这些所谓新小说、改良戏曲，内容五花八门，质量参差不齐，但大多数作品粗制滥造，援引新名词追风赶时髦，或刻意用文艺为启蒙、为政治服务，"议论多而事实少"，"开口见喉咙"。新文类的实践者创作不出足以抗衡旧经典的作品；在翻译方面亦多率尔操觚之作，译品欠佳，④ 价格又贵，出版商出版的作品滥竽充数、但为利来，读者的阅读趣味自然会移向他处，启蒙关怀在此状况下自然会被边缘化与空洞化。真正优秀的且能达到启蒙效果的新小说、新戏曲，在清末文化市场上实属凤毛麟角。《月月小说》上即有文章批评此种现象道："今试问，萃新小说数十种，能有一焉如《水浒传》《三国演义》影响之大者乎？曰：无有也。萃西洋小说数十种，问有一焉能如《金瓶梅》《红楼梦》册数之众者乎？曰：无有也。"⑤ 陆士谔也在小说《新上海》中，从观众角度批评改良新戏道："最没道

---

① 天僇生：《中国历代小说史论》，《月月小说》第 1 卷第 11 号，1906 年，第 5 页。

② 寅半生：《〈小说闲评〉叙》，《游戏世界》第 1 期，转见陈平原、夏晓虹编《二十世纪中国小说理论资料》第 1 卷，第 182 页。

③ 戴季陶：《文艺小评》（原刊《中外日报》1910 年 8 月 9 日），收入桑兵、黄毅、唐文权合编《戴季陶辛亥文集》上册，第 63 页。

④ 如恽毓鼎曾批评清末新小说的译者——"今之自命新学者"，"其文笔怪僻，鄙俚不通，无论中学，即西学亦乌能窥其万一哉？"史晓风整理《恽毓鼎澄斋日记》第 1 册，光绪三十二年五月十七日，第 315 页。

⑤ 天僇生：《中国历代小说史论》，《月月小说》第 1 卷第 11 号，1906 年，第 5 页。

理就是新戏，扮演的都是外国小说上故事，牛不牛，马不马，瞧了很没趣味的。"① 《天铎报》上的评论也同样认为，一些戏曲改良人士"欲以外国人之所嗜者，强此间人而嗜之"，② 其效果自然不会乐观。进而，有人认为既然难将所有旧戏、所有旧优伶一一改良，既有的一些改良戏曲效果也不佳，仍要迎合民众之庸俗需求，且民众为看戏所费巨大，费时众多，不如干脆废止演剧，另外以官厅谕告、学堂宣讲等方式开通民智。③

清政府有意无意的掣肘，也使新小说与改良戏曲运动取得的成效愈发受限。如清学部即在宣统元年四月初十日密电驻日公使及监督，批评留日学生"以改良戏曲为名，结社演剧，不但败坏学风，而且流弊甚大"，要其"设法禁止"，并查明"为首提倡暨随从附和之学生姓名"。④ 连趋新开明的两江总督端方也鉴于南京庆昇茶园上演的启蒙新剧有干时忌之处，命"立将该园发封，谓该园演剧不遵取缔规则，又抗捐不缴，应即封禁云云"。⑤

改良戏曲运动到了清末民初，其负面效应更被放大。一些"新剧家"借用文明新戏的招牌，唯利是图，从传统小说以及当时流行的鸳鸯蝴蝶派小说中找材料，东拼西凑，哗众取宠，宣传因果报应，胡乱插科打诨，一味投合观众阅听品味，使得当时时髦的所谓文明新剧，实际"是退化的，是堕落的，是诲淫诲盗的，不但不配在世界

---

① 陆士谔：《新上海》，第 244 页。

② 《琐言》，《天铎报》1910 年 8 月 14 日，第 4 版。

③ 《宜禁演剧说》，《长沙日报》1905 年 10 月 4 日，第 1 版。

④ 总务司：《致使日大臣禁止游学生结社演剧电》，收入总务司案牍科《学部奏咨辑要续编》（原书为线装，无具体出版信息，上海辞书出版社图书馆藏。另，文海出版社曾出版此书影印本），原书无页码。有关清末地方当局压制改良戏曲运动的情况，可参看王凤霞《官方权力与民间观念的合谋——文明戏被压制之史料钩沉》，《广州大学学报》2009 年第 5 期。

⑤ 《庆昇茶园因演新剧被封》，《时报》1907 年 6 月 15 日，未标明版面。

底戏剧界里占得位置，就把初兴的新剧拿来一比，也不觉得要起'每况愈下''一蹶不振'的感想"。① 而某些新剧的演员和编者，像身体力行、为此获罪的田际云也不免过于迎合观众，以获得商业利益，结果留下"演唱新戏骗钱"之讥，为时论所挖苦：

> 田际云乃天乐园之主人，此等人之思想，不过是货卖当时。只要听戏的喜欢，上的座儿多，他就多预备这路货。②

民国初年的安徽省城芜湖也存在类似情况，曾有被革军官"集同人组织新民戏园，复借演说团，以现身说法开通民智为借口，实则为金钱主义"。③ 北京《顺天时报》也曾发表评论探究旧戏堕落、新戏失败之原因，认为根本在于"梨园子弟"及其"师者"缺乏教育和学识，又过于重利、势利：

> 其于剧学之原理本无若何之研究，为之师者，视演剧授徒为营业之一种，其目的只在攫取金钱为噉饭计耳！彼侪既无改良戏剧之思想，又乏维持旧戏之势力，专视社会风气以为转移。④

更有一些改编戏曲的文人，行为更加令人不齿，被黄远生批评为"帮闲恶少，尽作名优"。⑤ 民初小说家朱瘦菊（海上说梦人）在小

---

① 陈大悲：《中国的新剧没有迎合群众心理吗》，《曙光》第 2 卷第 3 期（无具体出版时间），第 33～34 页。参看陈光辉《改良戏剧刍言》，《复旦》第 2 期，1916 年 6 月，第 15～20 页。
② 《正宗爱国报》第 1647 号，辛亥年六月廿四日，第 4 页，"本京新闻"。
③ 《皖江近事片片》，《申报》1912 年 5 月 13 日，第 6 版。
④ 小谢：《论旧戏堕落之原因及新戏失败之真相》，《顺天时报》1915 年 5 月 4 日，第 5 版。
⑤ 黄远生：《新剧杂论》，《远生遗著》第 4 卷，第 193 页。

说《歇浦潮》中，也对所谓"新剧家"的表现，借"钱秀珍"之口揭露道："我道新剧家是何等人物？却原来聚着一班淫棍，还要夸什么开通民智、教育社会，简直是伤风败俗罢了。"① 接着，作者又特意借一妓女之口进一步挖苦"新剧家"薄情寡义，连妓女都不如，"心目中只有金钱二字"，"真所谓衣冠禽兽"。②

上述对演员或改编者的评论或许有些苛刻，然而从技术层面和观众接受效果来讲，已成时髦的改良新戏的确存在诸多问题。1912 年，曾在上海各茶园广观新剧的文学青年顾颉刚从非常专业的角度表达了对当时流行的改良新戏的不满：

> 若今之所谓新剧者，则叫嚣凌乱，一无的旨。西女口吻，作中土之詈人；战士从军，响气枪以御敌。不值一钱，言之齿冷。初观暂觉新奇，再演即催倦睡。新剧如此，诚不如勿演之为得也。若以通俗教育相责备，自非待诸真正纯粹之新剧不可。③

稍后，亦有专业剧评家质疑改良新剧家往往"徒斤斤于演外国历史剧，及晚近时事剧，舍本逐末。卒之新剧之皮毛未具，旧戏之精神全失"，其所擅长者"舞台之构造也，电灯之换光也，背景之变动也，器设之如真也，皆为物质上之所能事"。新戏真正的艺术特质和技巧完全不如旧戏，加上"新剧家所排各戏多无基本观念，故看者每苦不知其究竟，而兴味遂大减"。④ 黄远生则指责新剧"敷演悬谈，高鸣哲

① 海上说梦人：《歇浦潮》上册，上海古籍出版社，1991，第 130 页。
② 海上说梦人：《歇浦潮》上册，第 131 页。
③ 顾颉刚致叶圣陶函（1912 年 12 月），《顾颉刚书信集》，中华书局，2011，第 10 页。
④ 《啸虹轩剧谈》，《大共和日报》1913 年 6 月 16 日，附张。

理，自附雅乐，而观者思卧思呕"。① 尽管仍有观察者从积极的角度来看待戏曲改良运动，但亦不得不承认："号为改良社会之新剧家，除描绘一二社会现形外，演唱数年来，其实际之足以感化社会者。究有若何影响？此非反对新剧也。戏剧之改良社会，为一部分之教育方法，实亦普及教育之辅佐品。是故国内教育不普及，仅恃此少数人以演唱新剧谋风俗之改良，杯水车薪，岂仅无济，十寒一曝，宁易成功。"② 无怪乎五四新文化运动时期，傅斯年、胡适等知识分子又要大力提倡戏曲改良，这无疑是直接否定了清季戏曲改良运动曾经取得的部分成绩。

改良戏曲运动情况如此，新小说运动亦半斤八两。之后，为吸引心不在此的读者，著译者和出版商推出的新小说，已经越来越走上八卦、黑幕，乃至色情之路。到民国初年，中国的出版中心、文化中心上海情况尤其如此。曾有时论批评道："乃沪上近日新出版者，非嬛薄卑靡之小说，即淫媟秽亵之杂志，荡青年之心志，贻社会以祸害，而封面所绘，尤为不堪入目。""徒见其诲淫诲盗而已。"③ 不过这些出版物却大有销场，所谓"无赖少年趋之若鹜"。④ 新小说的教父梁启超触景生情感慨说："今日小说之势力，视十年前增加倍蓰什百，此事实之无能为讳者也。"梁复将此现象归咎于新小说——"何一非所谓新小说者阶之厉？循此横流，更阅数年，中国殆不陆沉焉不止也"。⑤ 梁语可谓深刻的自我解剖，亦不啻自打耳光，重归以前主张禁"淫辞小说"的正统派之腔调，然从中显示出的梁启超对小说社会作用的重视，则一以贯之，历经十数年而未改。罗家伦 1918 年发表的《今日中国之小说界》

---

① 黄远生：《新剧杂论》，《远生遗著》第 4 卷，第 193 页。
② 姚公鹤：《上海闲话》，上海古籍出版社，1989，第 122 页。
③ 肇：《呜呼！今日之小说杂志》，《大共和日报》1915 年 3 月 4 日，第 6 版。
④ 《京报之沪上出版界》，《大共和日报》1915 年 3 月 13 日，第 5 版。
⑤ 梁启超：《告小说家》，原刊《中华小说界》第 2 卷第 1 期，1915 年，收入《饮冰室合集·文集之三十二》第 4 册，第 68 页。

一文，① 也秉持小说足以感化社会的立场，对民初小说中借新小说名义而泛滥的妖魔鬼怪、黑幕、情色内容严加斥责，亦反证清末新小说运动之余绪，已大出启蒙人士本来的设想及控制范围。

小　结

综合以上可知，作为清末语境里非常流行的文化符号，新小说与改良戏曲一样是众声喧哗、多元杂陈的论述空间与开放地带，并非仅具有启蒙意义。此外，作为传播媒介的存在形式和表现方式，新小说与改良戏曲本身自然具有可操纵性、欺骗性和利益导向性。由是，新小说与改良戏曲难免成为各种思想论述、现实利益互相援引、争夺、颉颃的场域。倡导者、评论者利用其宣传启蒙、改造大众阅读文化，一些政府官员利用其塑造开明形象和网罗人才，报纸杂志利用其吸引读者、增加销量，作家与译者则利用其获得稿费和名望，戏院利用其牟取利润并建构趋新形象，医院利用其来扩大知名度，诸如此类。在这不同维度的生产和复制、展演与利用、传播和泛化过程中，新小说与改良戏曲运动逐渐蔚为大观，展现出强大的符号效力，或许在一定程度上确实促进了清季下层社会的启蒙运动。但也正是在此娱乐政治化的过程中，新小说与改良戏曲运动日益偏离了其最根本的艺术特质以及启蒙人士的规划，在不同脉络、不同阅听者那里呈现出不同甚至大相径庭的阅读价值及附加意义，最后日益变得时尚化、商业化与形式化。恰似《大公报》上刊出的一个总结：

> 小说新矣，而附会则依然如旧也，是谓新说部旧稗官；戏曲

① 《新潮》第 1 卷第 1 号，1919 年，第 106～113 页。

新矣，而俚俗则依然如旧也，是谓新剧目旧伶工；社会新矣，而现象则依然如旧也，是谓新组织旧人物。①

区区数语，实可概括清末新小说和改良戏剧运动之效果，亦为我们昭示了清季启蒙人士借此改造大众阅读文化的成效乏善可陈。

毕竟，阅读并非一个抽象或理想化的行为，阅听者有着极大的主动性。综合前文论述中有关阅听者的反应可知，尽管在吸收启蒙关怀与打造国民意识方面，清季一些读者对新小说和改良戏等文类的阅听反应，与启蒙人士改造大众阅读的规训有契合之处，可更多的还是方枘圆凿，读者在乎较多的仍是从中获得刺激、娱乐和放松，而非认同与接纳那些宏大及抽象的外在启蒙预设。在此意义上可说，文本的内容如何其实并不重要，关键在于读者是否善于读书："以新眼读旧书，旧书皆新书也，以旧眼读新书，新书亦旧书也。"② 清季的大多数阅听者，属于所谓不善读新书的人，他们不可能完全按照启蒙人士所期望的那样顺利接受外来的新文类及阅读规训，对于倡导者、译著者与出版者、改编者、评论者各方的预设及期望，他们不会也不可能照单全收——对新小说和改良戏曲的象征意义和启蒙教化方面尤为如此，他们往往是从其所熟悉的事物及角度对之进行拼凑与联系，经常是以"旧眼读新书"，所谓"无神仙鬼怪不足以成小说，无喜怒哀乐不足以成小说，无奸盗邪淫不足以成小说，无贫贱富贵不足以成小说，无忠孝节义不足以成小说"。③ 只有存在类似内容的新文类，才易得到他们的认同与欣赏。如出身缙绅之家的陈衡哲（1890～1976）回忆她在清末初读林译小说《不如归》时，也是以其所言情事类似她

---

① 梦幻：《过渡时代四》，《大公报》1911 年 8 月 17 日，第 3 张。
② 孙宝瑄：《忘山庐日记》上册，光绪二十八年四月二十八日，第 526 页。
③ 徐章垿：《论小说与社会之关系》，《友声》第 1 期，1913 年 8 月，第 10 页。

从小背诵的乐府民歌《孔雀东南飞》，才更好接受之。① 带有启蒙色彩却又缺乏此类成分的新文类就很难让他们戚戚于心，特别是当一些新小说和改良戏等新文类对读者的文化程度要求颇高之时，就像某些启蒙者的标榜——"无格致学不可以读吾新小说""无警察学不可以读吾新小说""无生理学不可以读吾新小说""无音律学不可以读吾新小说""无政治学不可以读吾新小说""无论理学不可以读吾新小说"。② 诸如此类的悬鹄，不消说一般读者望尘莫及，恐怕多数启蒙人士也只能望洋兴叹。无怪通俗易懂、平易近人的"淫辞小说"，魅力要远大于那些质量参差不齐的新小说和改良戏！

又如本章第二节所揭示的，"淫辞小说"以其描述的情事、表达的思想，同社会大众之文化消费需求、日常生活和集体想象有诸多符合之处，最为他们喜闻乐见、耳熟能详。职是之故，"淫辞小说"在当时即便被禁止阅听，而其别具一格的吸引力，使阅听者对之爱恋，愈禁愈增加其诱惑力，所谓"勃勃而莫能遏，于是多方百计以觅得之，潜访转恳以搜罗之。未得则耿耿于心胸，萦萦于梦寐；既得则茶之余、酒之后，不惜糜脑力、劳心神而探索之、研求之。至其价值之优劣、经济之低昂，固不计及也"。③ 此语虽不乏渲染、夸大之处，但从中体现的阅听者之主体性乃至此种阅读文化的顽强生命力，则是毫无疑问的。

或可说，启蒙人士从外部强加的改造阅读的论述与行动，短时期内也许会对一般阅听者造成影响，然而不可能完全改变他们长期以来

---

① 参看陈衡哲《陈衡哲早年自传》，冯进译，安徽教育出版社，2006，第91页。不过陈衡哲这个回忆不太准确，按照她的说法，她是在十四五岁（1905年前后）到上海打算就读爱国女校时购阅此书，但第一部中译《不如归》为林纾等从英文转译而来，出版于1908年，陈衡哲可能误记了购阅时间。

② 《读新小说法》，《新世界小说月报》第6、7期，转见陈平原、夏晓虹编《二十世纪中国小说理论资料》第1卷，第277～278页。

③ 陶佑曾：《论小说之势力及其影响》，《游戏世界》第10期，转见陈平原、夏晓虹编《二十世纪中国小说理论资料》第1卷，第227～228页。

形成的阅读文化及思维方式。一般而言，焦大不会爱上林黛玉，下里巴人欣赏不了也不太会乐意欣赏阳春白雪，强迫焦大与林黛玉结合、下里巴人去欣赏阳春白雪，恐怕只会造成悲剧。大众文化包括大众的阅读习惯，其形构和社会根源极为繁复深远，欲消除千数百年的积习，需要一个长期复杂的历史过程，"今拟一旦去之，其力固有所不及"。①只是启蒙精英阶层期望迅速开通、动员"下流社会"，为此追求甚或采用文化暴力、专制手段亦在所不惜——"宜用秦始皇焚书坑儒之手段，严厉以图之"。②如此强势的启蒙论述，锋芒所及，自然会造成一些蔑弃传统、粗暴贬低大众文化的现象，反而加强和加深了人们对之的不解与误解，使大众产生更多的疏离感和戒备心。事与愿违，欲速则不达，最终还会让改革与启蒙举步维艰，使本来要走向贩夫走卒、重视下层社会的开民智运动，在效果上适得其反、南辕北辙。③恰如费孝通之言："否定传统的情感。这情感固然是促进社会去改革文化的动力，但是也可以使改革的步骤混乱而阻碍了改革的效力。"④揆之近代其他国家的类似举动，也多以高开低走、无果而终告收。⑤

---

① 《论旧俗不可骤易》，《中外日报》1904年11月3日，第1版。

② 津门清醒居士：《开民智法》，《大公报》1902年7月21日，未标明版面。

③ 吊诡的是，一旦真正地服从于一般大众的需求，根据大众的意志来推行启蒙与改革，委屈迁就之，其结果势必又与启蒙的理念相悖。故陈景韩在清末即指出："改良与仍旧，二者不可并列者也。唯仍旧不良，故欲改，然改良必不能恰合社会之程度。然欲合社会之程度，必须顺社会之习惯。然我每见欲顺社会之习惯，而事事悉模仿社会之旧习者矣，虽欲改良，安得而改良哉？"参见冷《敬告改良家》，《时报》1908年2月18日，第5页。更有甚者，一些满腔热血试图改革习俗、推介文明的人，把持不住，往往还会"转为习俗所改革，将为旧社会所同化，不得不舍个人之心理，以来社会之心理"。参见榆《论改革习俗之难》，《盛京时报》光绪三十四年六月十一日，第2张。

④ 费孝通：《乡土重建》，上海观察社，1948，第151～152页。

⑤ 如在法国大革命前，启蒙哲学家的著作因为是"禁书"，只能在地下流通，老百姓却百般搜寻阅读；而1789年革命者掌握了权力后，启蒙思想家的著作已经合法化，可以公开出版发卖，新政府且大力提倡人民阅读这些书，但吊诡的是，这时阅

可以想见，清末启蒙人士利用传播媒体希望从创作新小说、改良戏曲等方面来改造民众之阅读文化，期待下层社会的民众有"礼义"和"教化"，"养人格、保国体"，"合文明之程"，[①] 其目标只是一种理想，犹如海市蜃楼，可望而不可即。这种对大众阅读文化的规训和改造，势必不了了之，效果难副所期。[②]

读大众却不愿再读这些书，他们更需要的是娱乐而非教化、私人感情的故事而非关于公共价值的理性论述。于是，新政府不得不重祭旧制度下的禁书与书报检查制度，来查禁那些通俗文学，并提倡启蒙书籍。不同的是，旧制度下的书报检查制度是由私人掌控，实行起来远非严格与彻底；但在新体制下，检查制度由中央政府控制，执行起来较迅捷有力，但效果同样不佳。有关的讨论可参看 Carla Hesse, *Publishing and Cultural Politics in Revolutionary Paris*, 1789 – 1810, Berkeley, Los Angeles and Oxford: University of California Press, 1991, pp. 240 – 244。19 世纪初英国普通读者的阅读亦朝着娱乐化的方向发展，这也引起一些评论者的担忧，担心会导致道德堕落与玩物丧志，然而阅读的娱乐化、休闲化趋势却不可逆转。Richard D. Altick, *The English Common Reader: A Social History of the Mass Reading Public*, 1800 – 1900, Columbus: Ohio State University Press, 1998, pp. 368 – 376. 19 世纪和 20 世纪早期的英国工人阶级读者，亦没有服从英国文化精英为其量身打造且展现文化霸权的阅读规训，他们在读书选择方面同样有极大主动性，特别喜欢手抄本与左翼作家的著作；即便阅读那些体现文化精英要求的书籍，他们也没有接受那些正统的阅读规训。Jonathan Rose, "Rereading The English Common Reader," in David Finkelstein and Alistair McCleery, eds., *The Book History Reader*, London and New York: Routledge, 2002, pp. 327 – 328.

① 《论中国士大夫宜注意下流社会》，《中外日报》1905 年 12 月 25 日，第 1 版。

② 金斯伯格的《奶酪和虫子》，依据教会的审判档案，对被审判者——16 世纪的一个磨坊主曼诺齐（Menocchio），及其所读的书乃至其宇宙观进行了分析，发现曼诺齐是一个复杂的、有主见的思想者，他读了大量信仰、哲学和游记方面的书，结合他本人熟知的口述传统，曼诺齐对许多问题都有不同于时流的见解，其阅读及思考后形成的信仰和宇宙观，与当时教会的正统规训相悖。Carlo Ginzburg, *The Cheese and the Worms: The Cosmos of a Sixteenth-Century Miller*, trans. by John Anne Tedeschi, London and Henley: Routledge & Kegan Paul, 1980. 前引 Martyn Lyons 的研究，也揭示了 19 世纪法国下层社会的读者，包括女性读者，亦非等待被规训和指导的消极主体，他们有属于自己的文化实践，也在积极建构自己的明显有别于精英与教会要求的阅读文化；即使他们也可能阅读属于"精英文化"的正统文本，但也是根据自己的需要和知识水平来理解和使用的，且往往脱离正统的规范。而大众一旦掌握了"阅读"，更不会轻易就范于外加的条条框框。当然，这种对正统文本的异端化解读和"挪用"，以及"过河拆桥"现象，实属一种便宜行事的"弱者的武器"，是对抗与消解外来"文化霸权"的有效策略。

第二章
"淫书"的社会史

导　言

通过第一章的讨论，我们知道像梁启超这样的清末知识精英对大众阅读文化的打造，在于努力避免传统所谓淫辞小说等的影响，试图用启蒙和现代性观念来改造大众的阅读文化，但其效果欠佳。吊诡的是，清末知识精英一方面极力反对淫辞小说等被他们视为淫书的东西，另一方面，又在制造新的"淫书"。雷同的是，这次他们同样将编译出版的这些淫书赋予启蒙和现代性的意义，将自己的著译、出版目的同卫生、种族、国家联系起来，将来自西方（包括日本）的"科学"与卫生知识当作依据，强调改良传种的重要性，借此宣扬"优生优育"和新的婚姻观、身体观，将本应是私密领域中的性问题公开化和政治化，这样的做法无疑是在公开提倡和打造一种近代中国的新式性文化。而在此建构过程中，亦体现出"卫生""强种"等概念的符号效力与社会接受程度，乃至出版、商业同政治之间的密切关系。

遗憾的是，以往探讨近代中国人优生学、种族观念的医学史或思想史著述，都没有很好利用清末文化市场上编译出版的这些主要来自日本的生殖医学书；其他研究性文化史、身体史、医疗史、卫生史、生理学史的著作也几乎没有注意到这些书。① 只有个别研究者从性学史角度予以涉及。② 直到最近，才开始有一些学者在笔者之前研究的基础上进一步讨论这些书。③ 实际上，这些生殖医学图书对于时人的身体观、种族观和生育观之建构具有重要的影响，它们积极攀附和参与了清季强种与建构民族国家的文化工程，非常值得我们关注和研究。因之，本章将探讨这些"淫书"的出版情况怎样，内容如何，译作者情况怎样，时人是如何看待与阅读这些书的。

一 强种关怀

晚清以降，中西竞争激烈，外国人关于中国人身体衰弱、种族腐

---

① 钟月岑的著作分析与比较了优生学在近代中日的发展情况和民国时期优生学的情况，但书中并没有怎么探讨优生学在晚清中国的情况，以及其与日本的关系，也完全没有注意到本章讨论的这些生殖医学书籍。参看 Yuehtsen Juliette Chung, *Struggle for National Survival*: *Eugenics in Sino-Japanese Contexts*, *1896 – 1945*, New York and London: Routledge, 2002。冯客则认为，民国时期关于性的现代性论述，不是"中国特色"与"西方化"思想的混杂产物，也不能被解释为"传统的"文化价值余存在"现代的"科学思想下的改头换面。他这里也完全忽略了晚清的情况，参看 Frank Dikötter, *Sex*, *Culture*, *and Modernity in China*: *Medical Science and the Construction of Sexual Identities in the Early Republican Period*, Honululu: University of Hawai'i Press, 1995, p. 12。另外，研究性学的刘达临的《20 世纪中国性文化》（上海三联书店，2000）、冯客的 *Sex*, *Culture*, *and Modernity in China*: *Medical Science and the Construction of Sexual Identities in the Early Republican Period* 则根本没有注意到清末书籍市场上的此类书，樊友平等主编的《中华性学观止》（广东人民出版社，1997）也没有收录此类书。
② 参看闵杰《性学禁区初破》，收入刘志琴主编《近代中国社会文化变迁录》第 2 卷，浙江人民出版社，1998，第 263 ~ 265 页；李仁渊《新式出版业与知识份子：以包天笑的早期生涯为例》，《思与言》第 43 卷第 3 期，2005 年 9 月。李仁渊的《晚清的新式传播媒体与知识分子》（稻乡出版社，2005）里亦曾涉及，但所谈内容与《新式出版业与知识份子：以包天笑的早期生涯为例》基本相同。惟以上三著志不在此，材料利用不够，所谈太过简略，也没有从商业与种族建构角度考虑。
③ 参看唐权《从"造化机论"到"培种之道"：通俗性科学在清末中国社会的传播》，《近代中国妇女史研究》第 27 期，2016 年 6 月。另外，香港学者区显峰、美国学者王弋文（Yvonne Wong）、东京大学博士生杨力等都开始关注此问题。

败的描述亦影响了中国人对于自身的见解和想象,"'支那病夫''支那劣种'殆将成为各国固有之名词。此虽外族痛诋之言,然以吾族现在之形势与天演之公例相证实,亦未见其过也"。① 又如严复之言:"中国者,固病夫也。"② 类似的"自我东方化"表述在当时趋新知识界非常盛行,反躬自省、自我批判之余,晚清知识精英如严复、康有为、谭嗣同、梁启超、唐才常等人利用舶来的西方种族知识,杂以传统知识资源中的相关见解,提倡尚武精神,来强化人们关于身体衰弱、种族衰败的现实刺激与想象,激励国人知耻而后勇,以与列强竞争。一时之间,主张强种的表达颇有论述的"嘉年华"(carnival)之势:"今中国士夫,动曰强种。"③ 如何强种以与列强竞争,成为盘旋于晚清知识界上空历久弥新的话题。④

有意思的是,在形塑近代中国人的"强种"认知和将之付诸实践的过程中,有一部分医学卫生书及其所打造的阅读文化在其中扮演了至关重要的角色,但它们的作用却未被医学史、卫生史和思想史的研究者注意与重视。如早在19世纪中叶,传教士在一些中国知识分子的帮助下就已经开始编译关于生育、性、女性身体类的医学书籍,如合信的《妇婴新说》(江苏上海仁济医馆,咸丰八年新镌)、妥玛的《妇科精蕴图说》(羊城博济医局藏版,光绪十五年新镌)、密尔的《产

① 《国民卫生学》,《湖北学生界》第 5 期,光绪二十九年五月朔日,中国国民党党史会,1968,第 671 页。
② 《原强》,收入王栻主编《严复集》第 1 册,第 13 页。
③ 孙宝瑄:《忘山庐日记》上册,光绪二十三年十一月初三日,第 147 页。
④ 其实,像这样的以达尔文主义(Darwinism)为理据的强种或种族表述,在今天看来都是缺乏"科学"依据的,甚至充满严重的种族偏见与种族歧视色彩,可在晚清却得到很多人的响应,成为当时人对抗西方列强及激励自身崛起的文化武器。或如沙培德教授所言,种族论述在建构近代中国人的认同、在对世界形成"科学"的理解方面,都发挥了重大作用。Peter Zarrow, "Liang Qichao and the Conceptualization of 'Race' in Late Qing China,"《中央研究院近代史研究所集刊》第 52 期,2006 年 6 月,第 158 页。

科》（江南制造总局，光绪二十三年版）、美汤麦斯的《妇科》等书，这些书拥有不少的读者。如陈庆年在1896年（丙申七月十五日）即读过合信所撰《妇婴新说》一书，并留下记录和评论："此书共五十七页，其论成胎之理由，子宫左右为有子管……子核内精珠感动崩裂，孕管内与男精交会，渐行入子宫，是为受胎……其说甚有理，然剖死妇而观女精珠何由，及其感动之状，殊不可解，或谓生产时子宫自有收缩之力……其理可信也。"① 之后的十一月初一日，陈庆年还翻阅过一本有类似内容的法文书籍，"略观其图，从胎元之理说起，及保身之法皆具。最奇者，有医生为人种子法，用皮小袋贮精，从落金精管射入子宫"。② 陈以好奇的眼光认为"如将全文译出，当有可观"。十一月二十二日、二十三日，陈庆年又读了妥玛《妇科精蕴图说》："此书考验子宫阴具法颇详，谓妇女各症，每由子宫起，大要有三，首贵脑筋与血脉调匀，次子宫本体安舒，三子宫本体要时时平正，毋歪曲堕落。"③ 而在徐维则辑、顾燮光补辑的1902年出版的《增版〈东西学书录〉》里，编者也收录了《胎产举要》《产科新法》《儿科撮要》《妇科精蕴图说》等传教士编译的图书。西方传教士编译出版的这些书虽然是比较纯粹的医学著作，是在技术层面上的就事论事，但也产生了一定的影响，给近代中国人提供了一些新的关于性和生育的新知识。

较之西方来华传教士编译的这些书，对近代中国人的性观念、生育文化和身体文化影响更大的，则是19世纪末20世纪初中国知识分子编译自日本的那些"尺度更大"的生殖医学书。这些书在明治初年的日本极为流行，它们针对日本国民，主张西化和强种改良，援引的资料对象以日本为主，兼及中国，将欧美作为他山之石，极大程度

---

① 陈庆年：《横山乡人日记》，第212页。上海图书馆藏。
② 陈庆年：《横山乡人日记》，第228~229页。
③ 陈庆年：《横山乡人日记》，第232~233页。

上反映了明治维新后日本国内推行的西化举措。① 正如《胎内教育》中所言，在西洋文明与武力的冲击下：

> 于是我日本之社会，状态一变，卫生上则有衣服、食物、住居之改良论，理学上则有文字改良论，摸效上则有演剧改良论。其远虑者，更恐人种湮灭于优胜劣败之战场，频倡与外人结婚、改良人种之说。②

尽管这里表达的仅是日本的情况，但日本明治维新的成功也是清末中国人追摩和想象的"标本"。像《胎内教育》这里所指陈的日本情况，在清末中国也毫无例外地再发生了。本章所要讨论的这些经常被时人目为"淫书"的生殖医学书，就是当时中国经由日本向西方学习的一个重要表现。下面我们首先从这些书在报刊上刊登的广告说起。

二　广告宣传

这些编译自日本的生殖医学图书大约自 1901 年中时开始出现在上海的文化市场上，我们通过其广告可以很容易得知。如在 1901 年 6 月 20 日的《申报》上、1901 年 6 月 25 日的《中外日报》上，"上海四马路第一楼后理文轩中外书会"曾刊出书目广告，该广告列举

---

① 有关明治时期日本此类图书出版的情况，可以参看新智社编辑局编纂《男女卫生新论》所附参考书目，新智社，1903，第 4 ~ 7 页；还可以参看赤川学「開化セクソロジーの研究」『人文科學論集 人間情報學科編』32、1998 年 2 月；赤川学『明治の「性典」を作った男謎の医学者・千叶繁を追う』筑摩書房、2014。

② 伊东琴次郎：《胎内教育》，陈毅译，广智书局印刷，光绪二十七年八月发行，第 2 页。

有诸如《各国五彩地图》《英文东文读本》及各种实学书目，还包括《太上感应篇》等善书和一些字典；最重要的，里面有关于生殖医学的书目，这也是笔者发现的最早关于此类图书的报刊广告。其中云：《生植器新书》（原文如此）一元五角，《普通妊娠论附小儿养育法》一元三角，《通俗造化机论》六角，《男女交合机论》五角，《无上之快乐》四角，《男女交合新论》五角，《男女造化机论》七角，《男女交合秘诀》五角。从上述这些书名推断，它们都应该和生殖及性有关。另外，笔者看到的最早的有内容简介的生殖医学书籍广告也刊载在《中外日报》上：

> 新译东洋原本《戒淫养身男女种子交合新论》。是书专门考验养身秘法，莫当淫词误观。读者不但益于胎产，且能延寿长生。故译成华文，半为劝世，以供众览。定价八角。托上海四马路第一楼后理文轩书会、三马路朝宗坊口日清书馆，香港，新加坡均有代售。美国法乌罗、日本神田彦太郎。①

从广告词来看，此类书大多宣称其内容在于讨论卫生学理，特别是优生原理，有利于强种与卫生事业，属于人人都应该阅读的常识性图书。如《新民丛报》第 6 号上刊出的翻译自日本的图书《胎内教育》的广告词：

> 中国古有胎教之义，但不过空谈。近世学理日明，此事乃可以实践。此书发明人身生生之理，形魂相感之说，以为进种改良之第一着。手（似应为首——引者注）为人父母者不可不家置

---

① 《中外日报》1901 年 7 月 1 日，论前广告第 2 版。

一编也。欲为一家求亢宗之子弟，不可不读此书；欲为一国养善良之国民，不可不读此书。

《大陆报》上刊载的翻译书《妊娠论》的广告词亦如是标榜：

欲组织文明之国，先制造文明之种，欲制造文明之种，先研究制造文明之种之方，此《妊娠论》一书所以不可不急公诸世也。是书主脑在妊娠，内容之发挥，不言而喻，然其特色则在考验确凿，辨精语微，较之坊间所售之《生殖器》《育儿法》诸书，殆有天渊之隔，诚青年界所必读之要籍也。夫传种一事，本动物之天职，而为人类对于社会之义务。处种竞之世界，而不强其种，能逃天演之淘汰乎？今外人骂支那人曰野蛮种，使支那人而不甘野蛮也，则他日支那文明当以是书出版之日为一大纪念。①

不只这些翻译的生殖医学书如此宣传，中国人改编自日本的生殖医学书籍亦如是。如《吾妻镜》一书的广告词所言：

是书海门大思想家杨凌霄先生所著，细讲夫妇合欢失欢之理，子女贤不肖之由，及得胎、避胎、保胎之术并养育之方。欲我黄种转弱为强，变其昏伪浮佻之气……②

---

① 《大陆报》第 1 期，光绪二十八年十一月初十日，插页广告。

② 《中外日报》1902 年 6 月 21 日，论前广告第 1 版。此《吾妻镜》非日本古代史书《吾妻镜》，有关的研究可参看拙文《另类的论述——杨翥〈吾妻镜〉简介》，发表于《近代中国妇女史研究》第 15 期，2007 年 12 月。华东师范大学唐权教授曾在拙文的基础上，重点考察了杨翥此书内容的日本来源，但他讨论该书时所用的全部中文资料都已为拙文所用（包括《吾妻镜》一书等材料，亦是笔者赠送给他的）。参看唐権「『吾妻鏡』の謎：清朝へ渡った明治の性科学」『国際日本文化研究センター』2014 年 2 月。

更进一步，我们从某些书的广告词中还可以得知书的大致内容。如 1909 年 8 月 10 日《神州日报》上"家庭必备《育儿全书》"的广告词，就把该书讨论的大概内容与适用对象做了介绍：

世俗妇人多患小产与早产，产儿又每苦疾病与夭殇，甚有分娩十余次而卒无后者，皆（不明育儿法）所致也。本书详论婚姻选择法、妊妇养生法、产妇养生法、分娩处置法、初生儿处置法、哺乳法、离乳法、人乳养法、牛乳养法、双乳养法、离乳后养法、乳妇养生法、乳母选择法、牛乳检查法、健儿保护法、精神教育法、病儿看护法，以及小儿常发诸病预防法、治疗法，无不毕载，而于我国恶习尤力加矫正，以图改良。不但为医生、医学生、女学堂、保姆学堂、产婆学堂之师生所必需，凡欲子孙繁殖者，不可不家置一编也。定价大洋六角。

这类生殖医学书为晓畅明白、吸引读者，一般都附有插图，这从其广告词中也可看出来。① 如"二十世纪新著述——《最新胎产研究书》"的广告词：

本书为留学日本医学专科毕业生郭德裕所著，就胎儿发展之起源，以迄分娩之结果，专以二十世纪之新学理说明其状况，并附图三十余幅。无微不显，无理不达。虽愚夫愚妇，亦可与知。

---

① 这类书中是否附有插图，对某些读者来说，意义颇为重大。如叶瀚即致信汪康年："承代买各书，《全体通考》最切要，但无图（见来函小注），可诧，想是图与说单行离开。失图书即不全，何以须七元之价？西书无图，便为废物，似不值得，且缓之。然请代询是否原书阙图？抑系向无图者（记前有图一本在书内，此定是不全）？如无图是原本未刊者，请照价作八五折即买之，以其中讲胎原最详，他书所无也。"见《汪康年师友书札》(3)，第 2559 页。

俾不能生育与苦于生育者得明晰其理由，以破除从来宗教上之迷信。①

除上述这些以出售为目的的图书广告外，还有个别赠送书出版，虽然这类赠书行为是在为自己的药品做广告，但客观上无疑也利于生殖医学知识的传播。如笔者在《时报》等报刊上即曾看过这样的图书广告——"《妇人卫生书》不取分文奉送"：

> 启者：敝公司此次因欲拯救女界诸病起见，日本医界泰斗医学博士绪方先生将数载经验见闻丰富妇女患病之起原、症候之变化及一切治疗法，无论何人，容易知其底蕴，编译汉文成书一册。天下有妻妾子女因病困苦之人者，不取分文奉送。倘蒙需阅此良书，请向上海河南路工部局隔壁东亚公司药书局取阅可也。如在外埠，将邮票二分封在信封内，即当奉送不误。②

当时报刊上登载的其他生殖医学书的广告还有很多，如《男女婚姻卫生学》《男女婚姻进化新论》《婚姻进化论》《普通男女交合造化机新论》《传种改良问答》《处女卫生论》《男女下体病要鉴》《男女之秘密》《小儿养育法》《育儿与卫生》《育儿全书》《育儿谈》《胎内教育》《幼儿教育法》《竹氏产婆学》《西医绘图保产理法》《生殖器新书前后编》《生殖器病秘书》《生殖器新书》《女子卫生学》《婚姻指南》《实用问答生殖器篇》《男女生殖器新论》《造化机新论》《改良男女传种秘书》等书，均有广告词刊登在报刊上。而且

---

① 《神州日报》1909 年 6 月 17 日，第 1 页。
② 《时报》1911 年 8 月 10 日，广告第 2 页。

有的书在不同报刊上所刊载的广告词还略有差异，如《中国日报》1904 年 3 月 15 日刊出"新书公告"介绍《婚姻指南》一书，这里刊出的广告词就与 1904 年 1 月 20 日《中外日报》和 1904 年 9 月 4 日《时报》等报纸上的《婚姻指南》广告词略有不同。

在当时，不仅《中外日报》，《新闻报》《新民丛报》《大陆报》《外交报》《时报》《警钟日报》《神州日报》《南方报》《申报》《民吁日报》《民立报》《时事报》《天铎报》《经世文潮》等诸多报刊上都刊载有这类书的广告，在香港出版的《中国日报》上也曾刊载一些。出现如此多的生殖医学书广告，而且往往一个广告还同时刊载在不同报刊上，可知书商很重视这些书，愿意花费大量金钱为之宣传推广。

纵览这些报刊上刊载的广告内容，可知此类书主要是来自日本的译述之作（当然其中一些著作也是日本人译自欧美），其中不乏重复、抄袭者，也有个别中国人结合有关新的生殖医学和卫生知识改编的新作。广告中一般会将书籍的著译宗旨、著译者、价格、发售商、发售地甚至大概内容等公布，以方便或诱导读者购阅。有时我们还能从广告词中看出其版次情况，如 1910 年 3 月 17 日《时报》刊登的广益书局和鸿文书局书籍广告——"最新最详之生植器卫生书四种"，其中书目均标明是多次出版——第三版《男女之研究》、第四版《生殖器之研究》、第五版《男女之秘密》、第五版《最新女子卫生学》。

这些生殖医学书主要在上海出版，除在上海比较容易购买外，内地读者可以靠邮寄的手段得到这些书，也可以直接去当地书店购买。因为当地许多书店都代销这些书，像北京的书摊上即有代售此类书的。① 再如《生殖器新书前后编》一书的广告词中所显示，该书在上海之外的销售处至少有十三个：苏州知新书室、南京明达书局、启新

---

① 参看《淫书宜禁》，《正宗爱国报》第 1119 期，宣统元年十二月初四日，第 5 页。

书局、山西机器印书局、河南时中书社、江西广智书庄、安庆藏书楼、扬州华瀛公社、常州修学社、杭州总派报处、广州圣教书楼、湖州耶稣教堂、北京有正书局。① 像开明书店在去南京、开封赶"考市"卖书时都带有生殖医学图书（详后），在两地卖书的情况也被记载和出版——《金陵卖书记》②《汴梁卖书记》③，两书后还分别附有"开明书店出版新书目录"和"开明书店新书目录"，其中也包括这类生殖医学书，不过这些书目都是在《中外日报》和《新闻报》上做过广告的书。

根据笔者看到的这些生殖医学书的广告资料，及有关书内所附此类书的广告（如《胎内教育》《婚姻指南》等书即附有此类书的广告，《金陵卖书记》《汴梁卖书记》的附录均有此类书的广告），包括当时保存下来的一些营业书目，④ 再结合《增版〈东西学书录〉》《译书经眼录》，⑤ 以及谭汝谦主编的《中国译日本书综合目录》，⑥

① 《开明书店十月份出版新书》，《中外日报》1902 年 11 月 22 日，论前广告第 2 版。
② 上海开明书店，1902。
③ 上海开明书店，1903。
④ 在周振鹤先生编的《晚清营业书目》（上海书店，2005）里，也有个别此类图书书目，如广智书局的书目里有《男女生殖器秘病书》（一角）（第 558 页），支那新书局书目里有《男女情交新论》（无定价）（第 638 页）。总体上看，《晚清营业书目》收录的此类书数量很少，这可能主要是因为所收书目只是当时上海一小部分书局的部分书目，其总量比当时刊登在报纸上的书目少很多，而且收入的书局数目也很少。据笔者初步统计，晚清上海书局至少有 400 个，它们所登图书广告更是数不胜数，且多有书之简介。如蔡元培在《增版〈东西学书录〉序》里所言："方今士气大动，争研新学，已译未印之书，存目报纸者已不可偻指数。自是以往，益将汗牛而未已。"见王韬、顾燮光等编《近代译书目》，北京图书馆出版社，2003，第 26 页。
⑤ 两目录均被收入王韬、顾燮光等编《近代译书目》。
⑥ 香港中文大学出版社，1980。本章所列举晚清出版各书，《中国译日本书综合目录》收录的很少，仅收录《男女生殖器秘病书》《男女婚姻卫生学》《处女卫生》《男女育儿新法》等寥寥几种，以后曾在民国年间再版的此类书如《造化机新论》（第 99 页）、《小儿养法》（第 180 页）也曾收录，但已注为在民国年间出版。当然，《中国译日本书综合目录》收录的部分书目笔者在广告中也没有看到。另外，《中国译日本书综合目录》把《造化机新论》归为化学门类，也值得商榷。

或能估算出清末此类编译自日本的生殖医学图书的数目。笔者推算有以下五十余种（有些可能是初版与修订版的不同，有些相仿的书名或由于不同出版商所拟定的书名不一样，见表2-1），该表可能还会有遗漏，但总体上的数量应该不会差太多。

表2-1 1901~1911年出版的生殖医学书

书名	作者或译者	出版或广告信息	定价	备注
《婚姻进化论》	瑞典鹑里平著，日本藤根常吉编译		每部两册，四角	
《婚姻进化新论》#	瑞典鹑里平著，日本藤根常吉编译，丁福同译	译书局代印，上海文明书局编，光绪癸卯（1903）三月版	一册四角	或为《婚姻进化论》的修订版
《生殖器新书》，一名《婚姻之领港》#	美霍立克著，仇光欲（即仇蓉秋——引者注）、王立才合译	嘉定日新书所，光绪二十八年三月初一日	前编，定价一元	
《生殖器新书前后编》	霍立克著，仇蓉秋、王立才合译	嘉定日新书所洋装本	定价前编一元，后编七角	与《生殖器新书》应为同一种
《男女交合新论》#	美法乌罗著，日本神田彦太郎、王立才编辑，忧亚子译	新智社1902年版	三角五分	
《男女交合秘要新论》（《男女快乐卫生法》）	美法乌罗著，忧亚子译	香港书局1906年版		与《男女交合新论》应该是同一书
《妊娠论》	渡边光次著，出洋学生编译所编译	癸卯五月再版	四角	
《传种改良问答》#	森田峻太郎著，丁福保译	商务印书馆印，光绪二十七年第一次印本	三角或二角半或二角	后还有《订正传种改良问答》一书出版
《男女婚姻卫生学》，一名《少年男女须知》*#	日本女医士松本安子著，诱民子译	横滨启智书会版	七角	

书名	作者或译者	出版或广告信息	定价	备注
《小儿养育法》*	渡边光次著,周家树译	无锡丁氏畴庐重印本	二角	
《男女育儿新法》*	日本中景龙之助著,诱民子译	启智书会本	二角六分或二角五分或一角五分	
《处女卫生》*#	美来曼波斯撒利著,日本北岛研三译,冯沛重译	广智书局洋装本,光绪二十九年正月二十五日发行	洋装每本三角五分	
《男女交合无上之快乐》			四角	或即《无上快乐》
《戒淫养身男女种子交合新论》			八角	
《日本小儿养育法》			二角	
《婚姻指南》,一名《既婚未婚男女必读》#	美国荷历著,诱民子译	横滨启智书会印,癸卯十月初一日发行	八角或九角	
《胎内教育》#	伊东琴次郎著,陈毅译	广智书局印刷,光绪二十八年七月发行	三角	
《葆精大论》#	王建善著	育材书塾排印本	五分	
《男女生殖器新论》			四角五分	
《男女之秘密》#	笔者所见版本署名为美国医学博士霍克立著,春梦楼主人译	卫生研究社发行,1922年7月订正四版	六角	此版本应为清末版的再版。此处的霍克立应该即前述之霍立克。该书在民国年间应该有多个重版本
《最新女子卫生学》#	沈福保译	上海教育图书馆印行	六角	

书名	作者或译者	出版或广告信息	定价	备注
《普通妊娠论（附小儿养育法）》			一元三角	估计是《妊娠论》和《小儿养育法》的合本
《吾妻镜》#	杨凌霄著	杭州图书公司1901年版	二角五分	
《通俗男女造化机论》	忧亚子译		七角	
《造化机新论》	日本细野顺著	商务印书馆	二角半	或即《通俗男女造化机论》
《普通男女交合造化机新论》	日本细野顺著	出洋学生编译所译	五角	或即《造化机新论》
《男女卫生新论》,一名《延寿得子法》#	新智社编辑局编纂	新智社光绪二十九年四月	精工洋装一元七角,常式洋装一元五角	
《男女下体病要鉴》*	丸山万著,金柯译	上海《国民日日报》社洋装本一册	四角五分	
《男女情交》			洋一角五分	
《男女生殖器病秘书》*	日本山崎荣三郎著,浩然生译	广智书局	二角,亦标一角五分	或即《生殖器病秘书》
《男女生殖器病秘书附图》			二角半	或即《男女生殖器病秘书》的配图版
《男女交合秘诀》			五角	
《男女之研究》		震东学社	两册洋三角	
《实用问答生殖器篇》		上海群益书社		

书名	作者或译者	出版或广告信息	定价	备注
《生殖器全书》	岸田寿雄著，朱曾善译			
《最新胎产研究书》	郭德裕著	昌明公司	八角	
《育儿全书》		新学会社	六角	
《生殖器之研究·男子之部·女子之部》			计四册，定价洋二元六角	
《育儿与卫生》	大桥又太郎著，徐勤业译		四角五分	
《改良男女传种秘书》		发明书社	每部二册，洋八角	
《生殖谭》#	渡边光远著，华文祺、丁福保译	中西医学研究会版	六角	丁氏医学丛书之一
《产科学初步》*	伊庭秀荣著，丁福保译	医书总发行所	七角	丁氏医学丛书之一
《幼儿保育法》		中国图书公司	二角五分	
《产科新法》	刘廷桢译	上海排印本		
《育儿谈》	丁福保译述	文明书局版	四角	
《竹氏产婆学》	日本竹中成宪著，丁福保译	医学书局 1908 年版	洋装六角	收入丁氏医学丛书
《子之有无法》*	田村化山郎著，丁福保译	上海医学	三角	
《生殖器病学》*	佐藤进著，李祥麟译	东京版	五角	
《胎生学》*	大泽岳太郎著，丁福保译	上海版	一元	
《妊娠生理学》*	今渊恒寿著，华文祺、丁福保译	上海版	七角	
《妇女卫生学白话》*	山根正次著，吴启、孙节译			

书名	作者或译者	出版或广告信息	定价	备注
《新篡儿科学》*	伊藤龟治郎著,丁福保译	上海医学	一元二角	
《妇人卫生书》	日本绪方著	东亚公司书药局	赠送	见《时报》1911年8月10日

注：书名后加＊表示的是《中国译日本书综合目录》已收录书；加#的表示笔者看到了该书。之所以这里称呼此类书为"生殖医学"书，是因为当时这类书，不同的人会将之归入不同的类别。依照当时人的分类法，这些书有时被归入"生理"类，有时被归入"卫生"类，有时则两者兼有，有时也被归入"全体"类或"体学"类，有时被归入"医学"类或"博物"类，有时还被归入"性学"或"教育"类。对这类书，当时没有一个大家都认可的分类标准，即使是在《增版〈东西学书录〉》及《译书经眼录》里也是如此。如《译书经眼录》即将医学、药品、方书归入"卫生学"（《近代译书目》，第567页）。考虑到行文与研究的方便，笔者将之统一归入"生殖医学"这个门类。

由表2－1可知，《婚姻进化论》（《婚姻进化新论》）、《男女交合新论》、《妊娠论》、《传种改良问答》（《订正传种改良问答》）、《胎内教育》、《男女之秘密》、《普通男女交合造化机新论》、《生殖器全书》、《育儿与卫生》、《妇人卫生书》、《竹氏产婆学》等11种书都是《中国译日本书综合目录》，包括《近百年来中译西书目录》[①] 所未收的（日本译自欧美的书、中国又翻译自日本的书也算在内）。表中其他没有列出著译者的书，也应该主要是译自日本，姑俟以后有条件时查证。

表2－1中的一些书在民国时期可能还重版过，除了《男女之秘密》外，《男女卫生新论》也可能再版过，因为根据《民国时期总书目·自然科学、医药卫生》所收书目，就有卫生研究社著的《男女

---

① 台北"中央图书馆"编《近百年来中译西书目录》，台北中华文化事业委员会，1958。

婚姻卫生宝鉴》，标为 1922 年 10 月再版，又说该书"卷首书名为
《家庭必备男女婚姻卫生宝鉴》"，根据这些情况来推测，该书很可能
就是清末《男女婚姻卫生学》的再版本。而类似介绍性及养育、卫
生等方面的书，在民国时期更是大量地出现。① 这无疑是延续了清末
以来这类书的出版热潮。

还需要指出的是，表 2-1 中的部分书目，实际上早在康有为于
戊戌变法时期写就的《日本书目志》里就出现过。康有为的《日本
书目志》首先列举的就是"生理门"书目，共三十六类三百六十六
种。② 在其中的"生理学通俗十一种"书目中，就有《造化妊娠论》
（一册，四分，价格不知道是不是按中国大洋计算的，下同）、《造化
机论》（一册，七分）、《订正增补造化机论》（一册，岩本吾一辑，
三角五分）、《通俗男女造化机论》（小本，一册，岩本吾一辑，八
分）、《通俗生殖器论》（一册，长谷川竹叶译，七角五分）、《男女
交合新论》（一册，桥爪贯一译，一角）等书目；在"卫生学三十八
种"里，还有《妇人卫生（附育儿要诀）》（一册，大井谦吉译，三
角）、《子育必携产育造化机论》（一册，浅利保正著，一角）、《男
女交合论》（一册，六分）等。其他相关书目还有"产科学"书目十
一种、"产婆学五种"、"妇人科学五种"、"小儿科学四种"、"育儿
法三种"。根据沈国威教授的研究，《日本书目志》里的分类可能是
康有为直接袭用日本书肆里卖书时的图书分类目录，再按己意划
分。③ 但不管如何，这都说明明治时期日本的生殖医学书在 19 世纪
末叶已经开始影响中国士人。

---

① 有关此类书的书目可参看北京图书馆编《民国时期总书目（1911～1949）》中
《自然科学·医药卫生》卷，书目文献出版社，1995，第 377～388 页。当然该书
目亦有不少遗漏，但大体上可反映民国时期出版的此类图书之概况。
② 姜义华、张荣华编校《康有为全集》第 3 集，第 261～524 页。
③ 参看沈国威《康有为及其〈日本书目志〉》，『或問』（WAKUMON）2003 年 5 月。

三　著译旨趣

当时书籍广告里的宣传不一定就反映着其实际内容，广告中的叙述一般都会夸大其词。清末报刊上的书籍广告同样存在这种问题。表2−1中列举的五十余种生殖医学书，大多有广告词公开刊登，结合它们的广告词与书籍内容，笔者认为这些生殖医学书的广告所打造出来的阅读意义在某种程度上误导了读者，美化了译者或作者，也夸大了书本身的效用。同样，这些书的序言也同其广告中的宣传一样，极大建构或者说抬高了著译与出版这些书的旨趣和意义，从而遮蔽了其背后的商业运作色彩以及拙劣的翻译品质。

根据前文所引如此之多、持续时间如此之长的生殖医学书籍广告来看，这五十余种书在当时书市上的流通是比较广泛的。但或许是因为其"诲淫"不登大雅之堂，收藏机构工作人员不愿意收录，许多书现在已经看不到了，经笔者多方搜求，也只看到寥寥的十几种。当然，不只此类书流传稀少，就是清末的其他译著，相比其产生时的数量，历经劫乱，保存到现在的也已无多。在笔者所看到的这些书中，只有杨鸾的《吾妻镜》一书序言简单明了，没有太多踵事增华的成分："治人之学，治心而已。治心之学，培种而已。是书专讲培种之道，惟求辞达，简而无文，读者不以其不文而弃之。"① 其余诸书序言均悬鹄甚高，作忧国忧民口吻，参照欧美及日本经验，结合中国现实，进行意义阐发与阅读文化的建构，顺理成章提醒人们关注性欲和生殖问题的重要性。以下先简要列举几种此类书的序言来说明。

---

① 杨鸾：《吾妻镜》，第1页。

先看《婚姻指南》一书的《译者自序》。该序言就宣称其译此"最有益良书"的目的，在于公诸同好，传播发源于19世纪欧美的生殖医学知识，"欲普令世中男女得知生殖器之组织、职能、作用，明其生理，知其利害"。[①] 且能为国人渐趋文明做些贡献，"今特译之以为普通教育之助"。译者"诱民子"还为生殖医学辩护道：

> 婚姻之目的，虽非尽在于交媾，然舍交媾不足以完婚姻之目的，交媾之为神圣事业也，明矣！夫文明之世，知事物之然，而不知其所以然，君子所羞也。生殖器为体中第一重要机关，自有人类以来，世世营生殖之作用，讫今日犹不知其所以然之理。19世纪之中叶，斯学始仅得发一缕之曙光，亦文明世之一惭色也。[②]

《男女之秘密》的译者"春梦楼主人"亦与"诱民子"有着类似的说明，且更为大胆和直言不讳，指出人间之世界实色情之世界，色情对于人必不可缺少，并点出译者翻译该书之"重大目的"：

> 男女秘密者，不外乎色情二字，色情二字，虽秘密而其实并非秘密。质言之，人人尽有之秘密也。盖人间之世界，实色情之世界也，如无色情，则人将绝种，又安能有此璀璨华美之社会哉！然则在此璀璨华美社会上之男女，既知色情为人生必不可少之事，则又岂可不研究之乎？当世界未开通时，皆讳言色情二字，以色情为羞耻之事，而不肯公然告人。殊不知，男女之交

① 荷历：《婚姻指南》，第1页。
② 荷历：《婚姻指南》，第1~2页。

接，初非徒为快乐主义，在重大之目的在焉。若只取快乐为主义，与禽兽虫鱼何以异乎？重大之目的何在？曰在生殖，而卫生之观念与道义之观念亦与焉！本书以生殖卫生之说明为重，存男女之正理，而以种种不卫生、不道德之弊害为切戒，俾世间男女，因本书之解释，而知男女之真面、真义务，则本书之效著矣！①

在《男女婚姻卫生学》一书起首，译者也认为，"人生第一大幸福"，"莫过于得好婚姻、生育强健宁馨之子，此实为世界中凡百乐事之大本"。②该书在内容上与《男女之秘密》非常相近。

《处女卫生》的叙言陈义甚高：

夫国之强弱，全因个人之强弱为之。个人雄则国权张，个人荼则国势瘵……彼白人之詈中国，曰病，曰睡，曰老大。是数义者，弱之代名而强之反对也。而试反观吾中国，则一国之中，压于君主之专制，一家之中，压于男子之专制，受压者相率而胶其五官，绁其四肢，儽然寄生于强权之下，且终身不知有天赋人权平等自由之公义，以谋恢复其应享之权利。积是民也，国又安得而不至于病与睡与老大也？

叙言作者杨殿玉接下来说，译者翻译该书旨在"将以保全生命权利之思想，滋液渗漉于二万万女子之脑，而后徐图恢复种种固有之权利，以铸二十世纪之新中国乎"。为此译者"不惜剖心肝、绞髓脑，日

---

① 霍克立：《男女之秘密》，第1页。
② 松本安子：《男女婚姻卫生学》，第1页。

夕谋所以脱其厄者"，以为女性"争回完全之权利也"，如果中国"二万万女子中，果人人能知此理"，"庶几中国自强之时不远矣！"①

相比于《婚姻指南》《男女之秘密》《男女婚姻卫生学》等书的译者旨趣，丁福保所撰《传种改良问答》的编者《弁言》②，则鲜明表现其批判性：

> 黄种人之劣败，种种无耻可痛，尤足悲悼。日本之稍能自立，与支那国人之全无心肝者，姑皆勿论。第论在美洲者，所谓中国街，其秽恶悉仍上海城内之风，其人皆长拖发辫，扬扬自得，全不知教育改良等事。③

接着该《弁言》又说黄种人奴才之气太重，不能自立，无法与白种人竞争。不过丁福保所翻译的《婚姻进化新论》一书仅署"无锡丁福同"译，没有译序。

《胎内教育》的译者陈毅《序》起始也做危言耸听状，使用社会进化论警告读者"弱肉强食，优胜劣败，天理哉！天理哉！"借此直接表达其书之关怀所在。该序并追溯以往中国人种之兴衰存亡史，指出当时面临的现实形势——"今日我国之弱极矣，外旅之逼甚矣！"痛陈当时中国人身体衰弱的状况及讲求生殖医学的重要性：

> 体魄者，德慧术智之母，而竞争之利器也。体已弱矣，虽有德慧术智，犹未能必其制胜也，况乎其德其智又不如人也。呜

---

① 杨殿玉：《叙言》，冯沛重译《处女卫生》，第1～2页。
② 原书《弁言》未署名，但据丁福保日记所言，该书为其编译，序言也出自其手。参看丁福保《辛丑日记》，袁家刚整理，转见《上海档案史料研究》第14辑，上海三联书店，2013，第270、284页。
③ 森田峻太郎：《传种改良问答》，第1页。

呼！黄白两种人最后之胜负，虽未可知，然而今日则我固着着失败矣！岂天之薄我耶，毋亦自陷于劣败之结果耶。且夫爱种者，动物界之公例也，种弱而强之，种劣而优之，尽我人事，制彼天行，于以光大乃祖乃父之声名，以自立于民族竞争之世界，斯真所谓天下兴亡，匹夫匹妇均有责焉者哉！若是则进种法理之研究，何可缓矣！

范熙庸在为王立才等所译《生殖器新书》所写的《叙言》中也同样在打造类似的阅读文化：

> ……体察我国之人，大抵羸弱者多，强壮者少。乃知人多之洵不足恃，而早夭之大可寒心也。夫我国人之身多羸弱，无待远征，士子年未二十，患梦遗等病者什八九，此羸弱之的证也。夫国之精华在士，士之学术在身，故欲强其国，先强其人，欲强其人，先强其身。士既羸弱如此，则宜乎外侮日多。①

范熙庸直接将中国遭遇外侮的原因归为士人身体之羸弱，而之所以身体羸弱，"由讳言男女生育之理"，② 平常人们的生育知识主要得自"闲书小说"，但其所记载"荡人心胆则有余，发明真理则不足"，"今欲救羸弱之病，而令通国之人不致入于陷阱，则男女生育之事，不可讳而不讲也明矣"。③ 按这个逻辑，范熙庸提出因为中国"无详细之书可考"，所以必须向泰西学习：

---

① 范熙庸：《叙言》，霍立克：《生殖器新书》，第1页。该叙言又见《葆精大论》附录，无页码。
② 范熙庸：《叙言》，霍立克：《生殖器新书》，第2页。
③ 范熙庸：《叙言》，霍立克：《生殖器新书》，第3页。

> 泰西医科中有专为生殖器学者，其于男女生育之理津津言之，所言之理，及疗治之法，皆经无数次之试验，而后录之。其稍有不验者，必明言其不验之故，不以诳人也。考其大益，盖有五端：一曰广嗣续，二曰少残疾，三曰救羸弱，四曰免夭折，五曰开智慧。美国医学博士霍立克所著《生殖器新书》，即其一也。中土素无此学。①

范序接着又讲述了王立才与仇蓉秋翻译此书的情况，并表扬两人具备医学基础与文字功夫，兼通中西医，使得此书翻译质量非常好，"洵足发明真理，假令流行各省，则通国之人咸晓然于男女生育之理，而不复为闲书小说所蒙，所以强种类、救羸弱、开智慧，胥于是乎赖？其有功于我国岂浅鲜哉？"②

《胎内教育》则开头即讨论教育对于国家、国民的重要性，指出"富强之术，盖在教育耳"。③ 之后该书谈胎前教育之必要："胎内教育所以重要者，在养成健康强壮而富于活动性之婴儿也。"④ 而"健全婴儿"为"国家百年之重宝也，强盛日本国之根本也"。该书还涉及胎前教育的注意事项、父母的义务、结婚前的注意事项、早婚弊害、父母遗传对于婴儿的影响、怀胎后的注意事项、产后的注意事项以及喂养婴儿的办法、如何教养等。

有意思的是，部分生殖医学书的序言还入了当时清末目录学家的法眼。如在光绪二十八年（1902），由宋树基、蔡光照、闵槻、黄熙合辑的《中外时务新书叙录》一书，⑤ 卷十就收录了《胎内教育》

---

① 范熙庸：《叙言》，霍立克：《生殖器新书》，第 3 页。
② 范熙庸：《叙言》，霍立克：《生殖器新书》，第 3~4 页。
③ 伊东琴次郎：《胎内教育》，第 1 页。
④ 伊东琴次郎：《胎内教育》，第 3 页。
⑤ 上海会文学社，1902。

的《原叙》及《译者序》，表明书目编者是认可序言作者的立场和主张的。

同样，这些目录学家对此类书的介绍也往往契合书之序言或广告中的标榜。像在《增补〈东西学书录〉》中，徐维则为《男女交合新论》一书所补的按语即是如此：

> 《男女交合新论》一册，上海日清书馆印本，（美）法乌罗著，（日本）神田彦太郎、王立才编辑，忧亚子译。首论精神之爱，中论交合之要，终论妊娠之源。其阐发制造儿女之法，可谓透辟。读此书，于强种改良之道，深为有益。[1]

顾燮光编的《译书经眼录》虽然出版时间晚在1934年，其搜集工作却早在1902年《增补〈东西学书录〉》出版前即已开始。顾燮光《自序》中亦谓延续的是《增补〈东西学书录〉》的工作，"仍踵徐书前例，著为《译书经眼录》"。[2] 由此可知，其中许多书，事实上早在清末就已经进入顾燮光视线之内。在《译书经眼录》卷五《全体学第十四》中，依照"首全体，次心理，次生理"的顺序，顾燮光即收录了《造化机新论》一卷、《妊娠论》一卷、《胎内教育》一卷、《生殖器新书前后编》二册等"全体"类图书，之后在"生理"目中，又收录了《男女育儿新法》一卷，在卷六《卫生学第十六》中，有《处女卫生》一卷，在接下来的"方书"中又举出《男女生殖器病秘书》一卷、《男女下体病要鉴》一卷，各书都加了版本介绍及内容评点，这些评点也多强调此类书的"卫生"及"强种"的意

---

[1] 王韬、顾燮光等编《近代译书目》，第233页。

[2] 《译书经眼录·自序》，王韬、顾燮光等编《近代译书目》，第401页。

义。如关于《妊娠论》的评点：

> 出洋学生编译。本书以制造妊娠为主义，详论生殖器之生理障害，以及孕胎结婚之合度，花柳病之预防，一切关于男女疾病卫生之事。凡二十三章，插图三十有九。盖传种为改良国民之基础，东西学者列为专门，固未可以诲淫之书例之也。

从顾燮光所作评点来看，其意见同当时报纸上刊载的这些书的广告词及书之序言中的标榜颇多相似，这其实也说明此类生殖医学书在序言或广告中的阅读文化打造还是体现了时代的舆情。无怪乎上述这些书的序言或广告皆陈义甚高，每每痛陈中国现状之悲惨与当下中国人身体不堪的"现实"，并为读者指出改变之道和解决之法——接受书中的科学原理、卫生知识，并效法之追随之。

当然，广告或序言中这样的自我标榜的确可以吸引读者与目录学家的眼球。像温州趋新读者张棡在看了《新民丛报》上刊载的《男女婚姻卫生学》广告后，对该书产生了兴趣，特意于日记中全文录下该广告：

> 阅《新民丛报》第二、三册。按此诸册均再版，较初印本微有删润处。且上下各告白亦删去大半，可称最精最美之报。新出《男女婚姻卫生学》，是书又名《少年男女须知》，乃为日本女医士松元安子所著，议论精深，包罗广阔，共分八卷。第一卷言男子生殖机；二卷言女子生殖机，三卷言婚姻，四卷杂论，五卷言生殖机病，六卷言妊娠，七卷言生产，八卷言养子。少年大半事业皆在于此，吾人一读之，当知应如何养身，如何结婚，如何生子，如何养育，诚渡世之宝筏也。全一册约七万言，洋装活

字，附加精细图画三十余个，每本正价七毫，外埠邮费另计。准于正月二十日出书，日本横滨山下町五十三番文经印字馆。①

张枫后来还真去购买了《男女婚姻卫生学》一书阅读，②可惜他没有记下阅读该书的详细体会。若是这些书内容没有特别之处，最终还是会失去读者的青睐。

综合笔者看到的十几种书的内容来说，大概只有《葆精大论》是一本体现男权意识与房中术的著作，其他书均提供了与传统中医关于胎教、养生等问题的不同看法。毕竟，根据"日新医学及卫生原理"③，这些书中包含着大量的新式的生殖观念与措施，符合后世新医学的内在要求与社会上的"文明"潮流，且迥然有别于传统的婚姻观、伦理观、妇女观，自然会让趋新好奇的中国人耳目一新。像《婚姻进化新论》一书即是如此。

该书分上中下三篇。上篇起始讨论婚姻制度的演变情况、一夫一妻制的推行，也涉及情欲对身体的影响、避孕之法及其对女子身体的影响，兼论人口繁殖过快的害处、近亲结婚的坏处等。书中指出婚姻制度实际与各地男女比例有关，女子数量多于男子，则可能采取一夫多妻制，反之亦然，"婚姻之制，虽有种种，要以一夫一妻为最自然"。④适当的情欲对于夫妻双方都有益，社会不应当禁止，但对于色情书籍的害处，读者还是应该警惕。该书还指出血族（近亲）结婚，不仅于道德上不允许，而且其害及于子孙：

① 《张枫日记》第 2 册，光绪二十八年四月二十八日，第 783 页。
② 《张枫日记》第 2 册，光绪二十八年八月初一日，第 813 页；第 3 册，宣统元年闰二月十三日，第 1157 页。
③ 藤根常吉编译《婚姻进化新论》，绪言，第 1 页。
④ 藤根常吉编译《婚姻进化新论》，第 22 页。

其儿童罹于腺病、精神病、肺病、畸形、白痴、聋哑等，以及体质薄弱之诸病者，比比而然，不得较出产于他族结婚者，得确认其健康也。[①]

又特别点出父母酗酒也影响到后代身心健康，提醒读者早婚有害。对于女性，堕胎也应该尽量避免，因为：

堕胎之习，不特于道德上为大罪，并甚害于卫生。人无不好生而恶死，一经痛诫，沉迷或悟。盖堕胎者，甚损其母体也，无有不受毒而得堕者也。[②]

书中还点出人口生殖过多的害处。中篇讨论男女生殖器构造、生理，以及社会调查数据包括月经、结婚年龄等。下篇主要讨论纵欲过度的危害，手淫危害，卖淫问题对社会的影响，花柳病发生的原因、表现等。其他如《婚姻指南》《传种改良问答》，包括《男女之秘密》诸书，都有类似鼓吹，有不少关于生育、情欲、婚姻、妊娠与怀胎、养育小儿方面的知识。这些都是其完全不同于过去中国的色情小说及房中书之处，自然容易吸引一些趋新的读者来购阅。

四　译者与作者

考察了书之广告、序言及大致内容这些表层的问题，我们还应进一步掌握这些书周边的情况，需要对这些书的作者或译者进行关

---

① 藤根常吉编译《婚姻进化新论》，第27页。
② 藤根常吉编译《婚姻进化新论》，第36页。

注，这对于我们了解这些书的出版经过及其背后的商业运作情况大有助益。

其实，若是对这些书的译者进行一番简单考察的话，会发现他们都曾留学日本或学习过日语，几个留下较多资料的译者或作者，如丁福保、王立才（建善）、杨蟠、"忧亚子"等，皆是如此。这自然跟清末留日之风盛行、学习日文进行日文翻译成为一种趋势有关。如李伯元在小说《文明小史》中借东洋留学生之口所揭示的，"八股不久一定要废，翻译之学一定要昌明"，但翻译人才"不要西文要东文"，可是东文翻译人才并不好找，于是一些略懂日文但"不太会说东洋话"的人也被拉来从事翻译，且翻译成本较低："东洋书是看得下的，而且价钱亦很便宜。一块洋钱翻一千字，有一个算一个……"[①]不过，李伯元这里夸大了日语翻译的难度，事实上，当时将日语翻译为中文的成本很低，如时人的批评：

> 译书之业，今日号称极盛，庞杂之弊，亦至今日而始极。学者谓译西文书不若译东文书，而译东文之易，则天下举无出其右者。学文法七日，即略有顺序，一月则游刃有余，三月则升堂入室，可以出应世矣。[②]

甚至连不懂日语的人都能进行翻译工作，正像梁启超的批评："未曾通一国之语言文字，乃至或并日本之イロハ（类似于说英语字母 abc——引者注）亦未认识，而贸贸然日从事于翻译。"[③] 通过检视

---

① 李伯元：《文明小史》，第 108 页。
② 皖江毕去谀来稿：《广译书难易辨者意》，《大陆报》第 8 期，光绪二十九年闰五月初十日，"寄书"，第 5 页。
③ 《祝震旦学院之前途》，《新民丛报》第 26 号，光绪二十九年正月二十九日，第 73 页。该文未著作者名，但据笔者考证，当出自梁启超之手。

丁福保、王建善这些译者如何翻译生殖医学书籍，我们对此可了然于胸。

以下先从丁福保（1874~1952）说起。无锡人丁福保一生经历复杂，从事过出版商、译者、医生、药商、教师等职业，还被端方委派充当过考察日本医学专员，创办过中西医学研究会及著名的医学杂志《中西医学报》等。他出生时家境不算太差，少年时曾求学于著名的江阴南菁书院，在此期间打下了较为深厚的国学功底，屡试不第后馆于无锡廉泉家。因为自小体弱多病，丁福保喜食西式补药鱼肝油等，偶尔在《中外日报》上发表抨击药商造假的文章，①1899年时还辑录了一本教导时人如何养生与讲求卫生的小书《卫生学问答》。该书后来多次再版，应该让丁福保尝到了出书赚钱的甜头。

大概是在1900年二十七岁时，受到廉泉四弟及其次侄女死于肺结核的刺激，丁福保遂开始"发愿研究肺病"，到上海追随张聿青学医。②1901年3月，丁福保又进入苏州东吴大学堂读书。③苏州求学期间，丁福保开始对《卫生学问答》进行增补，预备出该书的增补版。

1901年夏天，丁福保又到上海，计划在盛宣怀开设的上海南洋公学东文学堂读书。④当时还不懂得日文的丁福保却很敏锐地意识到日语翻译与出版的商机，编译了森田峻太郎的《传种改良问答》一

---

① 参看《告白生业》，《中外日报》1899年7月13日。该文被稍作修订后收入丁福保《医话丛存》（1910），故笔者认定该系出自丁福保之手。丁书被收入沈洪瑞、梁秀清编《中国历代名医医话大观》下册，山西科学技术出版社，1996。
② 丁福保：《畴隐居士七十自叙》，收入熊月之主编《稀见上海史志资料丛书》（3），上海书店出版社，2012，第507、573页。
③ 关于丁福保在苏州东吴大学堂的情况，可参看其《辛丑日记》，转见《上海档案史料研究》第13辑，上海三联书店，2012，第182~208页。
④ 关于南洋公学的东文学堂及上海东文学社的情况，可参看邹振环《上海东文学社与南洋公学的东文学堂》，『或問』2005年5月。

书。① 同时，丁福保编辑出版了《东文典问答》《广和文汉读法》等教人学习日语的书。稍后，丁福保又化名"丁福同"，翻译出版了《婚姻进化新论》《中等日本文典译释》等书。② 除此，丁福保还以化名编译出版了《生殖器》一书，③ 请正记书局代售该书。④ 丁福保亦曾购阅过《小儿养育法》一书，并根据初版本盗印了该书。⑤ 此后一段时间，丁福保还编译出版了其他多种书，如《支那历史问答》《生理学》《中等日本文典译释》《算学书目提要》等。总之，只要在他看来是有利可图的书，应该都会去做。

丁福保这段时间编译出版的图书，为他赚到不少钱，所以他才有能力和资本与人合伙成立与他"大有关系"的文明书局。⑥ 但在晚年的自述中，丁福保只说他所辑录编译的《卫生学问答》《东文典问答》这两本书，"销路甚广"，赚得一大笔钱——三百银元，⑦ 却讳言同样畅销的《传种改良问答》《婚姻进化新论》等书带给他的利润。至于为赚钱采取的其他手段，丁福保则缄口不语。

在东文学堂期间，丁福保曾蒙盛宣怀资助游日本，其晚年回忆时仍然对盛宣怀充满感激："余于医学稍得一二新智识，皆从日文中来。余之日文皆得于（盛）宫保设立之东文学堂，其后又资助余往

---

① 丁福保：《辛丑日记》，转见《上海档案史料研究》第 14 辑，第 270 页。
② 关于丁福保化名"丁福同"一事，可参看丁福保《畴隐居士七十自叙》，收入熊月之主编《稀见上海史志资料丛书》（3），第 589 页。不过丁福保这里自称用丁福同的名义出版了《中等日本文典译释》，并没有说也编译出版过《婚姻进化新论》。但鉴于《婚姻进化新论》的译者署名为"丁福同"，且当时的丁福保确实编译了不少这类卫生书，故可推知《婚姻进化新论》一书系出自丁福保之手。
③ 丁福保：《辛丑日记》，转见《上海档案史料研究》第 14 辑，第 269 页。
④ 丁福保：《辛丑日记》，转见《上海档案史料研究》第 14 辑，第 294 页。
⑤ 丁福保：《辛丑日记》，转见《上海档案史料研究》第 14 辑，第 269 页。
⑥ 丁福保：《辛丑日记》，转见《上海档案史料研究》第 14 辑，第 293 页。
⑦ 丁福保：《畴隐居士七十自叙》，收入熊月之主编《稀见上海史志资料丛书》（3），第 575 页。

游日本。"① 有趣的是，丁福保本来"志不在学东文"，② 所以他在编译以上提到的诸多日文书的时候，日文程度尚非常之差，编选盗印《广和文汉读法》之时，甚至尚未开始学习日文，③ 更未被东文学堂录取，④ 连《生殖器》一书的部分内容都要托人翻译。⑤ 由此我们不难想见丁福保诸译作的粗制滥造程度了，由他署名的这些译书应系他雇人翻译而成。⑥ 但聪明的丁福保长袖善舞，根据其日记可以看出，在南洋公学期间，他结交了许多学界居上位者和官场人士，如盛宣怀、端方、沈曾植等，同时尽可能搜罗友朋译稿，试图出版赚钱。他还积极联络商务印书馆、会文堂、理文轩、天章印书局、开智书室、东来书庄、广学会等书商，或卖书稿给它们，或请其代己印书或售书。此外，丁福保充分重视报刊广告的作用，将自己的译作、创作在报上连续刊登广告，大肆宣传其出版的价值与正当性，以招徕顾客。这种重视广告的做法，一直体现在丁福保后续的诸多商业活动、佛学活动和医学活动中。

清末类似丁福保这样大量编译日文书且善于做广告的译者，还包括王建善。王建善，字立才，江苏嘉定南翔人（今上海嘉定南翔），据其自述，他幼年时接受了较好的传统经典训练，十几岁时赶上中法

---

① 丁福保：《畴隐居士七十自叙》，收入熊月之主编《稀见上海史志资料丛书》（3），第497页。

② 丁福保：《辛丑日记》，转见《上海档案史料研究》第14辑，第285页。

③ 据丁福保日记，他是该年八月二十一日（1901年10月3日）才打算开始学习日文。参看丁福保《辛丑日记》，转见《上海档案史料研究》第14辑，第280页。

④ 据丁福保日记，他是该年十月十二日（1901年11月22日）才被录取。参看丁福保《辛丑日记》，转见《上海档案史料研究》第14辑，第286页。

⑤ 丁福保：《辛丑日记》，转见《上海档案史料研究》第14辑，第274页。

⑥ 后来"善投机"的丁福保又刊刻包括《四十二章经》等在内的佛经十四种，并加注释，用来赚钱，其注解实际是"买一本日本佛学大词典，雇人翻译钞撮而成。翻译之徒，又多不通，且出众手，汇合时不暇致详"。参看吕思勉《南归杂记》，转见李永圻、张耕华编撰《吕思勉先生年谱长编》上册，第231～232页。

战争，光绪三十一年时已经三十三岁，则他当出生在1870年或1871年（其堂弟王植善生于1871年）。十八岁时，王建善患上脚气病几死，求医无效，拖延至两年才逐渐康复，他决定"自行学医"，从学中医开始，后来转向西医并贬中扬西。又因为受到友人留学日本的影响，王建善开始想学习日文，计划去日本留学。依靠翻译《生殖器新书》等书的稿费，"同时又别有催之留学之动机"，王建善得以成功去日本东京留学十个月。回国后，依靠此段时间内翻译的其他书的稿费，王建善"蒙昆弟友人怂恿，许助其力所不及，遂得再达东京"。但因为日语不好，没有被理想中的千叶医学校录取，王转而去工业学校读书，遭到家人朋友反对后，从工业学校退学，请人帮忙转入金泽专门医学校，"于是始遂研究医学之初志"。由其自述，我们还可知道王建善学医两年后赶上日俄战争，则他很可能是1902年或1903年时第二次去日本学医。1906年归国后，王建善打算以信札"唤醒众人"，之后又打算出版译书来启蒙，译书出版后，王建善又开始写报刊文章宣传启蒙。①

王建善还提倡新式的传记书写方式，主张男女结婚前要"交言通信"，故此他曾在《时报》上刊登过《通信结婚法——敬告女同志》，②但其意不完全在于征婚，主要想借此征婚启事来为自己的《通信订婚法说明》一书热身，并进而靠此书结识女友。这个征婚启事据说让王建善收到一些"女性"或冒名女性的来函，不过也受到毕献廷和一留日学生"吼"的抨击与劝告。③将近两年后，王建善又在《时

---

① 以上这些直接关于王建善的个人资料，主要在他所撰写的自传性的《新体医事小说》中。参看王建善著，点睛客评《新体医事小说》，收入《医界刍言（第四编）》，《醒狮》第4期，丙午年四月初一日，第43～60页。
② 见《时报》1905年7月5日，第1张第4页。
③ 参看吼《毕献廷斥王建善》，《大陆报》第3年第11号，光绪三十一年六月二十五日，第42～43页。

报》上发布广告宣称取消该征婚启事："王立才现已订婚，前登通信订婚告白取消。"① 稍后，已经从日本归国的王建善去湖州师范学堂任教，在那里他又与监督沈毓麟发生矛盾被辞退，还惹出桃色官司，与人在《神州日报》《时报》《申报》等上海报刊上大打广告战。

再根据《通信订婚法说明》一书所附的《王立才著译各书》介绍，② 我们知道王氏从 1899 年出版《葆精大论》后，还先后从日文翻译了《生殖器新书》《并吞中国策》《生物之过去未来》《致富锦囊》等书，并写作了《初等国文教授》《国文教授进阶》《名誉死者王憨棠传》等书，这些书中大部分在清末报刊上刊有广告。除了著译书，王建善还在清末民初的报刊如《醒狮》《安徽白话报》《女学生》《上海医报》《寰球》上写过多篇谈论卫生医学常识的普及文章。这些译书与文章应该为王建善带来不少稿费，他两次去日本留学的主要花销即来源于此。通过上述资料及其他一些旁证资料，我们不难推测王建善是个很有商业头脑、喜欢标新立异的人。③

同样由王建善的自述可知，他之所以选择翻译《生殖器新书》，乃是受到庚子之变的刺激，在翻译该书时他还不懂日文：

> 此书亦余之一大纪念品也。庚子事变之际，凡稍有知识者，无不受大感动，余亦其一也，当时愤悱情状，笔难尽述，无聊之极始思研究东文，于是向上海书坊中搜觅东文书。其时上海无今日之开明，遍搜书店，仅有日人所译《生殖器新书》一册，购

① 参看《王立才现已订婚》，《时报》1907 年 4 月 19 日，论前广告。
② 参看王立才《通信订婚法说明》，日本石川县金泽商况社，1904，插页，第 1~3 页。
③ 其朋友"点睛客"则称王建善"乃酷嗜真实之人，非卖弄文采者"。参看王建善著，点睛客评《新体医事小说》，收入《医界刍言（第四编）》，《醒狮》第 4 期，丙午年四月初一日，第 65 页。张求会教授提醒我，这个"点睛客"很可能是王建善的化名，他的判断很有道理。

归阅之，见其中所列题目，皆为余所欲问，而无人置答者。欲译之，又恐东文难骤通。会有友人代觅得美国原本，且幸有仇蓉秋君允我之求，与之并日对译，约半年余始毕。自后始深信西洋医法之善。就中历史，有更趣于今所述者，姑留为他日之佳话，今不暇述。要之，此书在当时为余精力灌注之作，而今日视之，已不胜旧气扑鼻者也。①

上述王建善的追忆包括其自述，自我标榜的成分很重，② 但仍然为我们提供了不少关于他为何翻译这类生殖医学书的周边信息，以及有关的译介情况，这恰恰是既有资料中较少涉及的。

另外可以补充的是，王建善家族在清末民初的上海教育界影响很大，王本人是近代上海著名的育材书塾（今上海南洋中学前身）创办人王维泰的侄子、王植善的堂兄，民初时曾被选为上海教育会职员，也是上海寰球中国学生会的热心会员。王本人作为医生执业于上海，曾不断在《申报》等媒体上刊登行医广告。

至于《吾妻镜》一书的主要作者杨蓥的个人信息，我们通过孙宝瑄的《忘山庐日记》也能大致了解其情况。在《忘山庐日记》里，孙宝瑄记载了不少他与杨凌霄（杨蓥）的交往情况，③ 包括他阅读

① 参看王立才《通信订婚法说明》，插页，第 1 页；王建善著，点睛客评《新体医事小说》，收入《医界刍言（第四编）》，《醒狮》第 4 期，丙午年四月初一日，第 59 页。

② 如王建善在介绍其所著《名誉死者王愍棠传》一书时所说："吾家尊长去世，例有行状，实则陈陈相因，并不能宣扬吾家特色，此书亦不过行状中一革命品而已矣。俟有女同志与余通信至三次者，当以此书赠之。"参看王立才《通信订婚法说明》，插页，第 2 页。

③ 参看孙宝瑄《忘山庐日记》上册，光绪二十三年三月十六日、十八日，四月二十日；光绪二十六年十月初二日；光绪二十七年正月初八日、初九日，二月二十四日、二十七日，四月初十日，七月初九日、十二日，九月初七日、初十日，第 90、99、273、302、324、325、342、382、383、384、409、410 页等处。

《吾妻镜》后的一些感受。从《忘山庐日记》里孙宝瑄关于杨凌霄的描述，以及他们交游情况的记载，我们可以知道杨是江苏海门人；而从孙宝瑄所记载的杨凌霄的自白——"肝胆撑开頯世界，心肠煎暖冷乾坤"句中，① 我们可以推知杨是一个很热心世事的人。在1897年时，杨凌霄曾"欲在海门兴议院"，议员由官员考取，不是出自民选。② 杨还让孙宝瑄代拟论议院书，但孙认为议院制度在当时条件下并不可行，因为"乡邑中多一议员，与多一邑长一也。弄权颠倒，曲直不可禁，无益实事"。③ 杨凌霄也接受了孙宝瑄这样的观点，不再坚持在家乡开设议院。1900～1901年，杨本人还在杭州的日本学堂学习过两年日语，"凌霄在杭习东国语言文字两年矣"，杨凌霄并劝同样正在学习日语的孙宝瑄购买日本字典《言海》一书备用，因其"检字极便"。④ 杨凌霄还经常来往于上海、杭州之间，与孙宝瑄是经常往还的好友，同时他与当时浙江名士宋恕、章太炎、陈介石亦有不少交往。其中，杨凌霄可能与宋恕认识比较早，宋恕1895年日记里即有杨凌霄来访的记载，"十三日，杨凌霄来访，初见面也"。⑤ 他们见面的地点在上海东来升客栈。杨凌霄能进入孙宝瑄的交往圈，也许就得益于宋恕的引见。孙宝瑄非常推崇杨凌霄，把杨比喻为鹰，将之与章太炎、宋恕并列，"凌霄如鹰，枚叔如鹤，燕生如雁"。⑥ 孙宝瑄与杨凌霄非常投契，在互相的交谈中有许多共鸣，特别是在对男女关系的看法上。在1901年8月22日的日记里，孙宝瑄记道：

---

① 孙宝瑄：《忘山庐日记》上册，光绪二十三年十月十六日，第90页。
② 孙宝瑄：《忘山庐日记》上册，光绪二十三年十月十八日，第90页。
③ 孙宝瑄：《忘山庐日记》上册，光绪二十三年四月二十日，第99页。
④ 孙宝瑄：《忘山庐日记》上册，光绪二十七年二月二十四日，第324页。
⑤ 《乙未日记摘要》，收入胡珠生编《宋恕集》下册，中华书局，1993，第934页。
⑥ 孙宝瑄：《忘山庐日记》上册，光绪二十四年十月初二日，第273页。

九日，晴。凌霄来谈。男女交合，有肉体之爱，有精神之爱。以肉体之爱而交合者，生子必愚；以精神之爱而交合者，生子必慧。而人自择配偶，有男女为友数年而婚配者，有为友十余年而始婚配者，皆精神之爱也。凌霄云人生有三乐：一男女之乐，一山水之乐，一读书之乐。①

可惜的是，关于杨翥本人的其他信息，我们就不得而知了。

这类书的译者如丁福保、王建善等人，多是译者兼书商身份，赚钱是其主要目的，虽然他们在书的序言中不断标榜其著译目的之正当和崇高，但聪明的丁福保们还是很清楚地知道，自己是将之作为"淫书"来译介赚钱的。书之序言或广告中所谓购阅此类书能够让中国读者明白卫生强种意义之类的宣称，只是一种宣传策略或著译借口，用来吸引读者而已。否则，就不容易理解他们为什么不愿意署自己的真名，而署"丁福同""忧亚子""诱民子""浩然生""春梦楼主人"等。正如时人之讥："张海淫之道，犹饰之曰卫生；造不情之谈，而谬足谓浚智；外国无是书强称是译，是固明知其悖道而不欲自居其名也。"② 毕竟在读者眼里，他们编译撰写的这些生殖医学书充满争议，常常会面临读者两种极端评价。接下来就让我们看看有关的读者对这些书的反应情况，即所谓"接受政治"问题，这也是本研究的重中之重。

五　支持者的表态

据现有材料看，清末有不少趋新人士购阅过这类书，只是他们留

---

① 孙宝瑄：《忘山庐日记》上册，第382~383页。
② 孙毓修：《图书馆》，《教育杂志》第1年第12期，1910年，第61页。

下的记录太过简单，我们无法借此进一步了解其详细的阅读反应。如章太炎、夏曾佑等新知识分子，他们在 1899 年时即读过《生殖器新书》这样的著作。① 再据章太炎的自陈，1902 年 5 月，时在日本的他亦读过《婚姻进化论》一书，并颇有感触："鄙人亦适读《婚姻进化论》，颇有感触，然勿庸为君告也。"② 又根据蒋维乔的记载可知，他在 1903 年也读过《男女婚姻卫生学》《无上快乐》《生殖器新书》等书。③ 再如宋教仁，1905 年 1 月 19 日他在日本也购买过《婚姻进化》（应该就是《婚姻进化论》或《婚姻进化新论》）一书。④ 又如郑孝胥，他在 1906 年 10 月 25 日拜访钱念劬及其夫人单士厘时，就留给他们《育儿简谈》二册。⑤ 此处的《育儿简谈》一书，很可能就是第三章中提到的丁福保译述的《育儿谈》。

让人惊喜的是，在《忘山庐日记》里，与章太炎、夏曾佑关系密切的浙江士人孙宝瑄留下了许多他购阅这些书的记载及评论，而他之所以在男女性问题上有许多超越时流的见解，其原因也许正在于此。下面将《忘山庐日记》里有关记载摘录如下：

> 十八日（1901 年 7 月 3 日），晴。昨午于雅叙园见黄益斋，持新译书一册，曰《男女交合新论》，美人法乌罗著。询以售此书处，曰在第一楼后理文轩。余是日往购一部。⑥

随后孙宝瑄在日记里叙述他阅读《男女交合新论》后的感受：

---

① 《致夏曾佑》，马勇编《章太炎书信集》，河北人民出版社，2003，第 48 页。
② 《与吴君遂》，马勇编《章太炎书信集》，第 62 页。
③ 《蒋维乔日记》第 1 册，第 186～187、204、205、207、224 页。
④ 《我之历史》，收入陈旭麓主编《宋教仁集》下册，中华书局，1981，第 511 页。
⑤ 劳祖德整理《郑孝胥日记》第 2 册，第 1061 页。
⑥ 孙宝瑄：《忘山庐日记》上册，第 362 页。

昨夕观《男女交合新论》，美人法乌罗著。论制造子女之法，极奇。云：凡交媾结胎时，其父母偶怀一不善之念，则所生必凶恶之子。醉后媾合者，生子女为酒狂。故欲子女之聪明醇善者，必其父母之脑思心术，有过于人而后可，屡验而不爽矣。①

孙宝瑄在日记里又记载了他购买的另外一些生殖医学类书的情况：

十三日（1901 年 8 月 26 日），蚤，购得东文书数种，曰《普通妊娠法》，渡边光次著；《男女造化新论》，武藤忠夫著；《生植器》，美国佛栗智国著。②

在光绪二十八年十月三十日（1902 年 11 月 29 日）日记里，孙宝瑄记载道：

夜，观剧，忽厌倦，遂闲步至第一楼品茶。买书二种：曰《吾妻镜》，曰《男女交合无上之快乐》。《吾妻镜》，通州杨凌霄著。凌霄与余旧相识也。其论人生三乐，与余不伴而合。又谓：凡欧洲自古大人物，强半野合而生。盖野合者，必两情相遂，故其种性精良，造成之人往往不凡。我国男女禁自择配偶，其交合皆用勉强，故种性不精良，而人才罕觏。国之不振，非一原因也。《男女交合无上之快乐》，日本人著，与《交合新论》

_____

① 孙宝瑄：《忘山庐日记》上册，光绪二十七年五月二十二日，第 363 页。类似感想孙宝瑄在癸卯正月初二日（1903 年 1 月 30 日）日记里又再次表达："惟《交合新论》中所谓：当媾和时，善良之父，一念之私，遂生恶子；凶暴之父，一念慈祥，遂生善儿。"《忘山庐日记》上册，第 631~632 页。
② 孙宝瑄：《忘山庐日记》上册，第 384 页。

略同。其中有云：男子精虫，为山中之金银，女子精卵，为海底之珠玉，皆至可宝者。颇有悟境。[①]

在十二月初一日（1902 年 12 月 30 日）日记里，孙宝瑄又记载他阅读《传种改良问答》后的感受：

一日，晴。观《传种改良问答》，日本森田峻太郎著。女子所以有月经者，因泡蛋长足时，其内必回触郁激，致子宫积血，内外口俱供肿，肿极而微丝管破裂，则经水行矣。此余所未闻，记之。又云：男女生殖器，其形状虽异，其构造殆同。取男阴翻转向内，即成女阴明之形；取女阴翻转向外，即成男阴之形。[②]

在第二天的日记里，孙宝瑄又记下了他读《胎内教育》后的感想：

夜复观《胎内教育》，日本伊东琴次郎著。忘山居士曰：夫妇配合，宜由自择，欧人之风也。然与苟合有别，何也？盖当未结为夫妇之先，彼此先为朋友，必待二三年之久，互相察知性情之如何、品行之如何，以及身体之强弱、学问之优劣，无不体验周备，然后两情认许，再以父母造成之敏眼认可之，方能订盟结缡，至不易也。若夫苟合者，不过因一时之情欲，苟且而成婚姻，往往有后悔无及者。如《胎内教育》中所载，加曲那之贫

---

① 孙宝瑄：《忘山庐日记》上册，第 598 页。
② 孙宝瑄：《忘山庐日记》上册，第 611 页。

妇是矣（见本书第七叶）。是故婚姻之事，由父母压制而成者，固不可也；由两人一时之血气热情而成者，亦不可也。必半自择，半由父母，庶得中道。夫妇合性不合格，往往所举小儿多夭折，此泰西某国博士拍咸罗所考证之新理。希腊柏拉图氏曰：男女婚姻之期，男自二十五岁至三十岁，女二十岁以上，最为适宜。此与我国古制男三十而娶，女子二十而嫁正合。天下美妇，不在貌，以强健完全为第一，此语吾信之。三日……观《胎内教育》终卷。①

从上引多条记载可以看出，孙宝瑄所购阅的这些书，都是在报刊上刊出过广告的书。孙宝瑄日记里更是有不少他读《新民丛报》、《中外日报》（即其日记里的《中外报》）、《新闻报》等报的记录。可以确定，孙宝瑄购阅书籍时会受到这些报刊上刊载的广告的影响。从他读了这些生殖医学书后的评论中，我们也可以发现，孙宝瑄这样的读者应该最符合这类生殖医学书的著译及其广告词中所预设的目标人群。而潜藏在孙宝瑄阅读这些书背后的关怀，依旧是他关于中国种族问题的忧虑以及对改良传种问题的关注，期待中国人能和白种结合——"通种"，产生一个新种族，摆脱被列强轻视的"劣种"状态。像他在日记中所表露出的担心与希望：

吾始也谓黄种虽不能自立，亦不必灭亡。或与白种人媾合，另化出一种人在黄白之间者，亦未可知。今乃知其难。盖读观云《中国兴亡一问题》（该文连载于《新民丛报》第26、27、28、29、30、31期——引者注）内有云：优种人与劣种人结婚，往

---

① 孙宝瑄：《忘山庐日记》上册，第612页。

往能失优种人之性质。吾恐西人入我国后，有鉴于此，遂悬为厉禁，使黄白人不许为婚，则化种一说亦无望矣。虽然，我国人究不得全谓劣种，其聪明能力有突过西人者，或冀西人之不之禁也。①

与杭州士人孙宝瑄相比，常熟士人徐兆玮也曾有类似的阅读经历，这在其日记中多有反映。如在1901年7月16日的日记中，徐兆玮录有唐海平来函：

> 唐海平来函。并附《交合新论》一册，略云，此书销场甚旺，惟中国昧生理学关系之重，每以淫书目之。若《生殖器》之阐明真理，不涉一点虚浮，尤为医学家所必需。较此书之议论荒唐，无补实用，殆有上下床之别。复有《男女造化机论》，别树一帜，亦有可观。侄已购置两书。《造化机论》倩伟人译之，书较《生殖器》少，且汉文体。《生殖器》多和文法，且有俗语，尽一日之力不过译二千余字，一俟译就几章，当誊清呈阅也。施纪云亦有意刊行是书，将来译成后可合股刊印，计两书本约六七百元云。②

信后徐兆玮还记载道："读忧亚子《男女交合新论》一卷。"徐兆玮之所以能很方便地读到这些书，乃是因为内侄唐海平送书的关系，故此，徐兆伟在日记中才经常提及他曾阅读这类书，他读到的每本这类书都跟唐海平有关。如在1901年8月13日日记里有"是月读忧亚子

① 孙宝瑄：《忘山庐日记》上册，光绪二十九年六月二十五日，第721页。
② 《徐兆玮日记》第1册，第311页。

译《男女交合新论》一卷"的记载，① 再如稍后的 8 月 21 日日记：
"海平初四日函云，《通俗男女造化机论》已有人出洋三十元欲购入，
乞寄申宝善街新鼎盛。"② 这本《通俗男女造化机论》在送给徐兆玮
阅读之时，唐正在寻找上海的书商来出版它，大概最后是找到了出版
者，所以唐海平催促徐兆玮把译稿交还。在 8 月 24 日日记中，徐兆
玮较详细地记录了他阅读该书后收获的关于女性月经的知识："读海
平所译《通俗男女造化机论》一过，中女月经，正者四星期来一回，
其量亦各异，少自九十格朗（约五勺），多至六百格朗（约三合），
妊娠大凡四十星期，中国以月计，不如西人以星期计较准也。"③ 在 8
月 27 日，徐兆玮就寄回了《通俗男女造化机论》的译稿。④ 徐兆玮
不但自己阅读这些书，还鼓励唐海平尽快翻译出版《生殖器新书》，⑤
亦曾将唐译诸书赠送友朋、亲戚，如在他 9 月 23 日的日记里，就有
将唐译《男女交合新论》送给一个朋友"姚柳屏"的记载。⑥ 在
1902 年 5 月 23 日的日记中，徐兆玮又将"海平所译《男女交合无上
之快乐》"寄给"翰青叔"。⑦ 对于徐兆玮来说，唐海平所翻译、介
绍的这些书不仅不是淫书，还是于人有益的卫生书，非但自己要阅
读，还应该将之推荐送人。由此可见徐兆玮对这些书的认可态度。

　　类似徐兆玮，张枫在日记中也有许多购阅此类图书的记载。如在
光绪二十七年（1901）七月十九日日记中，他即记载了自己借阅这

---

　　① 《徐兆玮日记》第 1 册，第 318 页。

　　② 《徐兆玮日记》第 1 册，第 320 页。

　　③ 《徐兆玮日记》第 1 册，第 321 页。

　　④ 《徐兆玮日记》第 1 册，第 322 页。值得注意的是，在 7 月 16 日日记中，徐兆玮
　　　曾说该书系唐海平托"伟人"所译，该书很可能由唐海平和"伟人"合译。此处
　　　所说"伟人"，或即与人合作翻译《欧罗巴通史》的徐有成，系唐海平在东文学
　　　社时的同学。参看《徐兆玮日记》第 1 册，第 221 页。

　　⑤ 《徐兆玮日记》第 1 册，光绪二十七年六月初六日，第 312 页。

　　⑥ 《徐兆玮日记》第 1 册，第 327 页。

　　⑦ 《徐兆玮日记》第 1 册，第 377 页。

类书的日文原本的体会：

> 便过左仙处，再借来东洋文《男女卫生造化新机论》（"新机论"似应为"机新论"——引者注）一册、《普通妊娠论》一册。按《造化新机论》为日本医士武藤忠水（夫）著，《普通妊娠论》为日本渡边光次著。二书论男女生育之理，精辟绝伦，纤微毕具。而所绘阴阳胎孕之图，尤精妙无匹。惜字多东文，未通东语，阅之殊多隔膜耳。①

之后张枫又购买了此类书中的一些中文译本进行阅读。凡此均可见他对这些书的兴趣。

概言之，像孙宝瑄、徐兆玮、张枫等人对这些书的看法，当时可能不少。如有人曾在报上公开撰文评论《男女交合新论》道："自生殖器学发明，论者以发乎情、不必止乎礼义之交媾为女子当今之天职。"② 这些人应该最符合书籍广告及序言中所标榜的那部分目标读者。

六　反对者的批评

较之上述较为正面的读者反应，更常见的情况也许是很多读者还是把这些书当作新鲜的"淫书"来购阅与使用，因为这些书的内容的确可以"诲淫"，难怪很多士人都担心读者会将此类书视作淫书而非卫生书来读。如前引徐维则补《男女交合新论》就言："世人每作淫书视之，则大谬也。"③ 顾燮光在上引各书的按语中也再三表示"本书无纤

---

① 《张枫日记》第 2 册，第 697 页。
② 《汉口中西报》1908 年 3 月 7 日，"时评"，"新闻"，第 1 页。
③ 《增版〈东西学书录〉》，收入王韬、顾燮光等编《近代译书目》，第 233 页。

毫猥亵之谭""固未可以诲淫之书例之也""或以导淫书目之，误矣"。
这均足证明时人对此问题的担心。而这些书在报刊上所做的广告亦每
多如是言，如《男女卫生新论》的广告词中就言："现今坊间所售之
《交和论》《妊娠论》《生殖器论》诸书，不为诱惑淫奔之媒者，殆鲜
矣！"①《普通男女交合造化机新论》的广告词亦如是言之："且莫以
男女交合之名为邪书者。"②《婚姻进化新论》书中也批评这类现象：

> 盖关于生殖及色欲之文书，坊间行之者甚多，然其说不特全
> 反于道德上，且绝无日新医学之原理，徒凭虚结想，饰为背理之
> 言，以欺世人，实不过有害无益之书。③

即便是像《男女交际论》这样稍涉性内容的书，其译者张肇桐、
校订者秦毓鎏也有类似担心：

> 张君肇桐译《男女交际论》既竟，将付梓，深惧吾国顽固
> 老儒訾此书为伤风败俗，又深惧吾国浮薄少年视此书为诲淫巧
> 术，属予序之。④

---

① 《中外日报》1903 年 7 月 30 日，"论前广告"，第 2 版。
② 《新闻报》1902 年 5 月 16 日，第 1 张。
③ 藤根常吉编译《婚姻进化新论》，第 13～14 页。
④ 秦毓鎏：《后序》，收入福泽谕吉《男女交际论》，张肇桐译，秦毓鎏校，文明书
　局，1903，第 4 页。该书到民国时期还不断重版，笔者看到其 1922 年版的版权页
　上，已经有"中华民国十一年一月五版"字样，只是定价改为洋一角，分售处成
　了"中华书局"，秦毓鎏的《后序》变成了前《序》，其他内容则与 1903 年版相
　同。该书加后序共 24 页，其主旨是主张男女平等交往，提倡女权，"革男尊女卑
　之恶习，养自由独立之精神"（第 17 页），与生理学上的生殖和性稍有关系，但
　因其名有"男女"二字，且书中有涉及性之内容，易被时人认为是与《男女交
　合新论》一样的"诲淫"书。另外，《清议报》与《新民丛报》曾刊登过《男女
　交际论》的译文。

自然，上述这些人的担心并非杞人忧天，当时的确有不少人将这些生殖医学书当作"淫书"来观。如移居温州的江西趋新士人符璋在宣统元年九月廿三日的日记中即留有他购买《生殖器之研究》《男女之秘密》的记录，己未年十一月廿七日（1920 年 1 月 17 日），他还从上海书商那里购买过《身心锻炼大新法》，内中附有《生殖器强壮法》。① 而从其日记中可以发现，符璋比较关注和喜欢购买上海药房里发售的壮阳滋补类药物，乃至春药。可以看出，符璋购阅这些书，是将其作为淫书来阅读的。类似，在北京的书摊上，这类书也往往被书商和评论者当作同《金瓶梅》《灯草和尚》一样的淫书来卖。② 《江苏》杂志上也有人言："完全之卫生学书未见，若所谓《男女交际论》《男女交合新论》者，则已数见不鲜。如是，不知卫生者又将以卫生为诲淫之途矣。"③ 该作者本意是要在文章中推广卫生观念，然从其言语中，可看出他是将《男女交际论》《男女交合新论》之类书当作"诲淫"书来看的。与之有关的"诲淫"案例，我们于清末小说中可以找到不少，值得列举详述。

李伯元的《文明小史》，曾连载于光绪二十九年（1903）五月至光绪三十一年七月《绣像小说》杂志，该书中言及苏州趋新人士"姚文通"正在上海为儿子物色新学堂就读，在棋盘街逛"文萃书坊"时候，与店老板有一番交流。李伯元即借"棋盘街文萃书坊""店主人"之口对生殖医学类书籍及其译者——某些留日学生讥讽道：

---

① 《符璋日记》，宣统元年九月廿三日、1920 年 1 月 17 日，中华书局，2018，第 344、744 页。
② 参看《淫书宜禁》，《正宗爱国报》第 1119 期，宣统元年十二月初四日，第 5 页。
③ 普澄：《卫生学概论》，《江苏》第 3 期，黄帝纪元四千三百九十四年闰五月初一日（1903 年 6 月 25 日），第 80 页。

翻译之事，将来虽然一定可以盛行，但是目下还在萌芽时代，有学问的书翻了出来，恐怕人家不懂，反碍销路。现在所译的，乃是《男女交合大改良》《传种新问题》两种，每种印三千部，出版之后，又买了两家新闻纸的告白，居然一月之间，便已销去大半。现在手里译着的，乃是《种子大成》。这三部书都是教人家养儿子的法子。①

而《文明小史》最初发表的《绣像小说》上，则附有"自在山民"的评点，亦是对此现象持挖苦立场：

翻译新书，先从《男女交合》《传种》《种子》等书入手，可见若辈终日思想，不外此事。近更有专在男女下体研究者，是真愈趋愈下矣!②

接下来，小说描写"店主人"开始向姚文通介绍该店新出的两本畅销书——《男女交合大改良》《传种新问题》及一本正在翻译的《种子大成》，末了店主人劝姚文通购买几本带回老家学习：

文通先生，你有几位世兄，不妨带两部回去试验试验。说着顺手在架子上取了一本《男女交合大改良》、一本《传种新问题》，送给了姚文通。姚文通接在手中一看，全用外国装订，甚是精美。于是再三相谢。③

---

① 李伯元：《文明小史》，第108～109页。
② 《新编小说文明小史第十七回（续）》，《绣像小说》1904年第17期，第90页。
③ 李伯元：《文明小史》，第109页。

店主人的劝说显然有了效果。之后，姚文通突然接到家信，知道夫人临产，就急忙要赶回家："临走的时候，又特地到书坊里，买了几部新出的什么《传种改良新法》《育儿与卫生》等书籍，带了回去，以作指南之助，免为庸医所误。"①

讽刺小说《最新女界鬼蜮记》中也有类似刻画，作者假借"徐鹏飞"之口，说《男女新交合论》（实际影射《男女交合新论》）一书，书中插画"六七幅精图，钩深索隐，摹写逼真，一发大堪捧腹"，该书"从出版至今，海内外新旧两派一体特别欢迎，算来此书的价值，比教科书要隆重些咧。莫说别处，便是眼前租界上，几位有名望的美男秀女，那个不人手一书呢"。② 作者这里还意图讽刺当时幼稚肤浅的女学生没有多少识字能力，但见"新"就崇拜，看见《男女交合新论》这样的书也去买，却全然不懂该书讲什么，"脑部里头，舍'新'字外再没藏得点墨"。③ 从其叙述中，我们可以推知《男女交合新论》这类生殖医学书在当时的销售与流行情况。

再如讽刺小说《官场维新记》中，说及假维新的官员袁伯珍在上海生活了一段时间后，也阅读了《男女交合新论》一书："自从认得了曾颂笙，就长了许多见识，此番到了上海，会过了几个洋人，说得来一句'也斯'，又看了几部新书，连什么《男女交合新论》都领教过了，就越发开通起来。"④

以上虽是小说家言，不能全然相信，但从中仍可透视一部分趋新士人购买阅读此类生殖医学书时的情况与心态，特别是能感受到小说

---

① 李伯元：《文明小史》，第119页。引文标点略有更动。
② 蹉跎子：《最新女界鬼蜮记》第4回，收入金成浦、启明主编《私家秘藏小说百部》（80），远方出版社、内蒙古大学出版社，2001，第25页。
③ 蹉跎子：《最新女界鬼蜮记》第4回，收入金成浦、启明主编《私家秘藏小说百部》（80），第26页。
④ 佚名：《官场维新记》，古典文学出版社，1957，第22页。

作者对这些书的态度。

由上述材料可知，像孙宝瑄、徐兆玮那样将这类书作为新学理接受的，应该属于比较少的案例，绝大多数读者还是因猎奇或赶时髦将其作为"淫书"来购买或阅读。就是前引《最新女界鬼蜮记》小说里比较趋新也比较知新的"徐鹏飞"，虽然也认为类似《男女新交合论》这种书，"倘若研究起生理学来，还可当他参考书用用咧"，[①] 但从其对购买该书的他的女学生吞吞吐吐的讳言态度看，他似乎还是不认为女学生该读这种书。这种情况是由时代的"心态气候"（mental climate）所决定的，以当时普遍盛行的关于两性关系的规范以及一般人的认知程度来看，这些书在当时的环境下被大多数人当作"淫书"来对待是不可避免的，就算是民国年间的上海，这种情况也没有多大改观。此类书在销售时遇到的情况也说明了这点。

开明书店主人"公奴"（夏颂莱）于 1902 年赴金陵赶考兼卖新书，归来后写下《金陵卖书记》一书，比较详细地记录了他卖书时的一些情况。在谈及卖生理学书时曰：

> 生理学诸书以《婚姻卫生学》为最销畅。讲此等书者，其意见盖有三等，而确知其所当知之故者，盖无有也。最下者视之若淫书，一见其图，喜跃不自已，然惟恐人之见之也，故来讲必以暮夜，避师友，屏群从，伺人少时，以支身来。其择取之也，指以手，而口不敢道也。稍高者则目之为闲书，意若谓可有可无，取以销永日耳。其上也者，则视为医书，意若谓医者所当知

---

① 蹉跎子：《最新女界鬼蜮记》第 4 回，收入金成浦、启明主编《私家秘藏小说百部》（80），第 25 页。

也，然即非医者，亦不可不知。固彼所未敢信也，即非医者，亦无庸讳言，又彼所未肯许也。①

根据"公奴"这里入木三分的刻画，我们可以想见这类生殖医学书在金陵"考市"的热销场景，自然也不难想象购买此类书的读者的心态！

1903年去汴梁赶"考市"的开明书店股东王维泰甚至把此类书视为可居的奇货，将之当成压箱底书来劝诱赶考士子购买，可惜许多士子似乎不明白这些书的要领，只认为是诲淫的"游戏之作"，未免让王维泰失望。他在《汴梁卖书记》中记载道：

> 所带生理科书有《妊娠论》、《交和论》及《医科生殖器图》，颇精致。凡客来阅书数十种，尚未得要领者即速出以上书，举图示之，则皆骇笑，视为游戏之作。及告以生理科学及东西各校医科列入大学之义，则客稍庄。更有不耻下问者，或竟购之去，兼及他书。有一客指"交合"二字，以此命名，太不雅。因诘之曰：男女媾精，圣经不讳，试校雅俗如何？客首肯曰：领教，领教！②

再据蒋梦麟的回忆，当清末革命党人在上海福州路（四马路）茶馆兜售革命书籍时，也曾借卖"淫书"作为掩护。其中一位号称"野鸡大王"、名叫徐敬吾的人，"他专门贩卖革命书刊给学生，他的货色当中还包括一本《性学新论》的小册子，据他解释，那

---

① 公奴：《金陵卖书记》，第9~10页。
② 王维泰：《汴梁卖书记》，第6~7页。

只是用来吸引读者的"。① 蒋这里的回忆，其个别细节可能不太准确，如他这里提到的《性学新论》一书，很可能是当时出版的《男女交合新论》，从中看出，不管是蒋梦麟还是那位"野鸡大王"，或是在福州路茶馆里购书的学生，都是将《性学新论》作为"淫书"来看待的。安徽芜湖科学图书社关于其卖书情况的调查也证实了这点：

> 因为他们所买的书，据我们的卖书表比较起来，总不外那历史、地理、小说、卫生等书。历史、地理是科场里要用的，所以不得不买几部，预备进场的涉猎；小说是拿来消闲；至若卫生的书，不过是看见《男女交合新论》《处女卫生》《传种改良问答》那些名目，以为稀罕得很，当作淫书、春宫图看看，并不晓得卫生里实在的道理。②

上引《金陵卖书记》文也可作为这段话的佐证。

或许鲁迅在清末时也曾经读过或知道此类生殖医学书籍，因为时隔二十年后，鲁迅还在《朝花夕拾·后记》里提到过两本这样的书。事情源于鲁迅挖苦上海的书店翻印《百孝图》宣扬虚伪的旧伦理，讥笑他们擅自在"书名的前后各添了两个字：《男女百孝图全传》"，

① 蒋梦麟：《西潮·新潮》，岳麓书社，2000，第68页。关于徐敬吾卖革命书刊的情况，可参看冯自由《野鸡大王徐敬吾》，收入《革命逸史》初集，第122~123页。关于徐敬吾贩卖革命书籍被捕的情况，可参看《拘获被供之革命党》，《中外日报》1907年1月30日；《续记拘获革命党》，《中外日报》1907年1月31日；《补述徐敬吾被诱成擒情形》，《中外日报》1907年2月1日；《徐敬吾被逮始末记》，《时报》1907年2月21日。只是几文均未提及徐曾卖"淫书"。
② 科学图书社社员：《调查》，《安徽俗话报》第14期，甲辰年九月十五日，第24页。

不伦不类。鲁迅接着讽刺道：

> 至于人心，有几点确也似乎正在浇漓起来。自从《男女之秘密》《男女交合新论》出现后，上海就很有些书名喜欢用"男女"二字冠首。现在是连"以正人心而厚风俗"的《百孝图》上也加上了。这大概为因不满于《百美新咏》而教孝的"会稽俞葆真兰浦"先生所不及料的罢。①

由鲁迅之语可知，大约在 1920 年代，这类书依然在上海文化市场上不时出现。

事实上，像清末出版的《男女之秘密》《男女交合新论》之类的书，的确在民国初年的上海犹在流行。民初《大共和日报》上转载北京《亚细亚日报》上的一个报道即可作为例证：

> 昨偶至书肆检查新出之杂志，如《男女之秘密》，如《色情之男女》，如《游戏杂志》，如《绮情杂志》，专门诲淫之书报不下十余种。此外，如《消闲杂志》《恨海余闻》，其足以供认茶余酒后之浏览者，已最为雅驯矣！大概今日中国识字之人，其尤恶劣者，终日读淫书，稍进则读游戏杂志，又进则看小说、阅随笔，已为上品。最上者能为诗歌、讲酬应，则天下之能事毕矣！饱食终日，无所用心，好行小慧，言不及义，故出版界之秽乱，可叹一至于此……商人嗜利，无所不为，文士无行，无所不至。吾观于上海之文坛，而不

---

① 《朝花夕拾·后记》，《鲁迅全集》第 2 卷，第 323 页。

禁悲从中来也。①

再如《香艳杂志》上的一则记载也可证明。该记载说上海某书局仍有《男女之秘密》一书发卖。② 这时《男女交合新论》仍在出版，③ 还被改名为《男女交合秘要新论》，④ 亦曾在《申报》上刊登过广告。后来这本《男女交合新论》又被书商改名为《男女卫生新交合论》继续出版，而书商把原来作者、译者的名字一并去掉，在书最后的版权页上加上"著作者金祖馨"的字样。⑤ 笔者还曾看到过《男女之秘密》在 1922 年、1924 年的两个重印本。故此，像鲁迅这样的读者在当时完全能够看到此类书。当然，更可能的情况是，鲁迅在清末就知道或阅读过此类书，因为《男女之秘密》《男女交合新论》之类书最早是在清末的书籍市场上出现的，此类书的原本主要来自明治日本，那时 20 多岁留学日本学医的鲁迅应该是亲历其事。不过，对于学过医学的鲁迅来说，这类书与其说是生理卫生书，还不如说是"淫书"，尤其是就绝大多数人对之的购阅情况来看。

作家茅盾也在写于 1929 年的小说《虹》中提到了这类书。《虹》中写到柳遇春为了讨梅女士的欢心，知道她喜看新书，就常常买些书给梅女士：

> 凡是带着一个"新"字的书籍杂志，他都买了来；因此，
> 《卫生新论》，《棒球新法》，甚至《男女交合新论》之类，也都

---

① 《京报之沪上出版界》，《大共和日报》1915 年 3 月 13 日，第 5 版。
② 《香艳杂志》第 1 期，1914 年冬，"滑稽闺语"栏，《男女之秘密》，第 3 页。
③ 法乌罗：《男女交合新论》，忧亚子译，上海江东茂记书局，民国庚申年夏月。
④ 法乌罗：《男女交合秘要新论》，忧亚子译，王立才编辑。原书未列具体出版信息，以上译、编者来自忧亚子民国甲寅仲春为该书重版本所写之序。
⑤ 金祖馨：《男女卫生新交合论》，上海育新书局，1935 年第 3 版。

夹在《新青年》《新潮》的堆里。往往使梅女士抿着嘴笑个不住。①

茅盾这里的叙述，也可印证鲁迅前文的叙述，说明茅盾、鲁迅两人当年都知道或阅读过此类书籍，也说明这些书在民国时期的上海文化市场上仍比较盛行，几乎还是被当作"淫书"来看待的。

当然，也有不同于上述读者将这些生殖医学书当作新学理或"淫书"的观点，近代湖南著名学者叶德辉的看法就是一例。叶德辉曾编有"双梅景暗丛书"，该丛书最早出版于光绪末年，"于春宫秘戏，导人以淫"，出版后"轻薄少年争购之"。② 只是该丛书在民国初年的上海已颇不易购得，因内中所收的五种书"涉及淫亵"，"闻此间以为禁书"。③ 不过，贺葆真在北京还是为时任国务卿的徐世昌购买到一套。④ 而该丛书在五四新文化运动时期曾遭到刘半农的挖苦，刘讽刺一些实际守旧却自命为新派的"时髦教育家"将该书当作"卫生教科书"。⑤ 而据后来研究过叶德辉的学者说，在叶德辉所印过的不少书中，"以这套坏书印销最多，获利最厚，其流毒也非常深远"。⑥ 研究者是用"政治正确"心态来评价叶德辉及其所编"双梅景暗丛书"，自无足怪，但亦可看出"双梅景暗丛书"之所以销量大，正因其是被读者作为"淫书"来购买的。不过，叶德辉本人似乎并不这么认为，他在该书第一篇《新刊素女经·序》中振振有词：

① 《虹》，《茅盾全集》第 2 卷，人民文学出版社，1984，第 77 页。
② 《星庐笔记》，收入《李肖聃集》，岳麓书社，2008，第 518 页。
③ 参看《徐兆玮日记》第 3 册，1916 年 8 月 9 日，第 1673 页。
④ 参看徐雁平整理《贺葆真日记》，1915 年 11 月 4 日，凤凰出版社，2014，第 315 页。
⑤ 刘半农：《复王敬轩书》，《新青年》第 4 卷第 3 号，1918 年，第 284 页。
⑥ 杜迈之、张承宗：《叶德辉评传》，岳麓书社，1986，第 50 页。

今远西言卫生学者，皆于饮食男女之故推究隐微，译出新书如《生殖器》《男女交合新论》《婚姻卫生学》，无知之夫诧为鸿宝。殊不知中国圣帝神君之胄，此学已讲求于四千年以前，即纬书所载《孔子闲房记》一书，世虽不传，可知其学之古。又如《春秋繁露》《大戴礼》所言古人胎教之法，无非端性情、广似（应系"嗣"之误——引者注）续，以尽位育之功能。性学之精，岂后世理学迂儒所能窥其要眇？①

从叶德辉语中，我们可以知道当时这类书的流行程度及其社会影响，这些书曾被"无知之夫诧为鸿宝"。于焉也可知叶德辉认为新译的诸如《生殖器》《男女交合新论》《婚姻卫生学》等外来书，并不特别珍贵，结合中国过去的有关典籍，此类新译的学问中国实是"古已有之"——"此学已讲求于四千年以前"，时人不必数典忘祖。叶德辉这里的心态或属"西学中源"，也夸大了生殖医学在中国存在的时间长度。不过，如果结合上述这些新译、新著生殖医学书的内容，以及这些书译者的实际表现，我们发现叶德辉所言并非强词夺理。

七　梁启超的指责

较之上述对这些生殖医学书的态度，《新民丛报》上发表的一篇评论《吾妻镜》的文章，态度可就严厉多了。在这篇名为《青年之堕落》的未署名文章里，作者严厉批评《吾妻镜》道：

---

① 叶德辉：《新刊素女经·序》，收入"双梅景暗丛书"，光绪癸卯嘉平月长沙叶氏刊，海南国际新闻中心，1998，第7~8页。

顷见有恶少年某某两人著一书，题曰《吾妻镜》者。吾今为誓言于此，吾若无杀人之权则已，苟有此权，不杀著此书之人，传其首于十八省，非丈夫也。书局遍上海，新出书目告白，充牣报纸。而东西大哲之书，有关学术道德者未见一部，惟见所谓《男女交合新论》《男女婚姻指南》等书，不下数十百种。其书中岂无一二关于卫生、关于哲理者，然劝百讽一，其害人心固已不少，然犹曰其中有一二言卫生、言哲理者存也，何物枭獍，乃作此等明目张胆、诲淫诲盗之语。彼以是为言女权、以是为言平等、以是为言文明，彼岂知女权、平等、文明三字作何写法？以狗彘不食之败类，乃敢摇笔弄舌，以播其毒于血气未定诸少年之脑中，若此等人不杀何待？不杀何待？此等之人、此等之书本，何足以污《新民丛报》之片纸，然吾深恫乎近日有所谓新中国之新少年者，皆此类也。记曰：国家将亡，必有妖孽。盖有此等腐败社会，然后此等妖孽之人、妖孽之书出焉。见被发于伊川，知百年而为戎，吾安得不为中国前途恸也。吾为此评，于彼何损焉？彼之《吾妻镜》必骤多销万数千部，而彼花酒之费，又可阔数月矣。吾且恐艳羡彼二人而步其后尘者，将日出而未有已也，廉耻道丧，一至此极。国之亡也，复何慰焉？复何慰焉？①

　　这篇评论，虽然未署名，但还是被大家公认为出自梁启超之手。像梁启超的旧时好友宋恕就认为此文乃梁启超所为。但梁这里对《吾妻镜》及其作者的指责有些过分，同梁素日主张方枘圆凿："任公大骂上海新少年不留余地，于杨君《吾妻镜》，尤怒目切齿而骂

---

① 《青年之堕落》，《新民丛报》第 25 号，光绪二十九年正月十四日，第 78 ~ 79 页。

之。任公素唱思想自由、议论自由，而乃若此，难明其故！"① 再如经常阅读《新民丛报》的皮锡瑞对此处梁启超批评《吾妻镜》的言论也印象非常深刻。当皮在天津朋友"'受明'处"知道"受明"藏有《吾妻镜》一书，马上推断出，此《吾妻镜》应该是"新民以为著者可杀"的那本《吾妻镜》，"必非朝鲜（应为日本——引者注）之《吾妻镜》也"。②

暂且不论梁启超该文中极端武断、不宽容的思维方式，就以其所指陈之诸事来论，即有许多不实之处。如该文说这类书"不下数十百种"，就是夸大之词；不过若将当时出版的生理卫生书一并计算在内，这个数目的确"不下数十百种"。至于"东西大哲之书，有关学术道德者未见一部"的判断，更非平情之论。事实上，至1903年时，所谓东西大哲所著的伦理学、经济学、哲学、政治学等书，被翻译到中国的已有不少。当时甚至有人认为此类书翻译太多，与之对应的科学书反而翻译太少，"政治、国家与夫哲理之书，满街皆是，而实际科学之书则阙然，难之觏也"。③ 又如趋新书商"公奴"所言：

> 自志士东游以来，译本书如风发云举。一切学科日见进步，政法诸书尤辟浑茫，欧西巨子之学说，滔滔焉飞渡重洋，竞灌输吾同胞之意识界矣。④

清末的报纸杂志上更是不断地刊载生殖医学内容的著译书广告，即使在《新民丛报》上，也有一些这类书的广告与译著文章出现。

① 《致瑶女书》（1903年4月12日），收入胡珠生编《宋恕集》下册，第714页。
② 吴仰湘编《皮锡瑞全集》第11册，皮锡瑞1903年6月9日日记，第1651页。
③ 《译者宜辨》，《大陆报》第5期，"论说"，第10页。
④ 公奴：《金陵卖书记》，第2页。

想来作为《新民丛报》的主事者，梁启超对《新民丛报》上刊登的诸多这类书的广告和评论烂熟，对《新民丛报》支店代售诸如《婚姻指南》这类书的情况也不会一无所知，对其他日报上刊载的有关书目广告也应该经常过目，① 但梁启超却故意夸大其词，甚至是用语言暴力来凸出他对《吾妻镜》一书的深恶痛绝，与前面所提到的孙宝瑄对《吾妻镜》的态度适成鲜明对比，也与梁启超在《新民说》中关于新道德的标榜相枘凿："今世士夫谈维新者，诸事皆敢言新，惟一不敢言新道德。此由学界奴性未去，爱群爱国爱真理之心未诚也。"② 同样，该批评亦同梁启超在《新民丛报》创刊时的宗旨相矛盾，因为《新民丛报》创刊号广告即号称"持论务极公平，不偏于一党派，不为灌夫骂座之语……不为危险激烈之言"。③

吊诡的是，梁启超麾下的广智书局与《新民丛报》支店也经常出版和发售一些类似《男女卫生新论》《处女卫生》这样的生殖医学书，且梁启超所著的《康南海》一书与《吾妻镜》，长期一起在《中外日报》上做捆绑广告，梁启超可能也会略有所知——"书局遍上海，新出书目告白，充斥报纸"。既然如此，梁启超居然还在《新民丛报》上发表这篇立场偏激的反对文章，实有些自相矛盾和让人费解！④

---

① 如梁启超曾在文章中说《大陆报》："其目录遍登各日报广告中。"《丛报之进步》，《新民丛报》第 26 号，光绪二十九年正月二十九日，第 82 页。
② 中国之新民：《新民说·论公德》，《新民丛报》第 3 号，光绪二十八年二月初一日，第 6 页。
③ 《与康有为书》，丁文江、赵丰田编《梁启超年谱长编》，第 180 页。
④ 根据宋教仁的分析，梁启超在《新民丛报》中的言论，"破绽处甚多，想因自是轻人之心太过，故只求自完其说，不觉悖于理势也"。湖南省哲学社会科学研究所古代近代史研究室校注《宋教仁日记》，开国纪元四千六百零四年五月七日，湖南人民出版社，1980，第 178 页。而稍早孙宝瑄也指出过："任父《新民报》议论太多，其中失当者有之矣……"孙宝瑄：《忘山庐日记》上册，光绪二十八年七月二十七日，第 561 页。

面对梁启超的偏激批评，一署名"公人"的知情读者特意投函《新民丛报》为《吾妻镜》作者辩护，在信中详述有关情况后，认为梁启超对《吾妻镜》及其作者"彼二人"的看法有失公允，并提醒梁启超注意留学生在日本的困境及尊重言论自由，对留学生的翻译作品不能要求过高，同时要求将自己来信转给梁启超阅览及登报，以示公允：

中国今日人心道德之堕落，可叹可叹！贵报以药石之言振之，所以转移风俗者不少，诚敬诚敬！如贵报批评门中，语语值万金，何敢异言？然某更欲进一言于中国之新民，弗以某辱附学生，乃阿留学生。某知彼二人者，乃为彼二人解罪，不过曾读法理学，知有言论之自由。有所知，故欲言之耳。学生中日译数千字，以易数金，供其游学之资，若而人者，比比皆是，诚以今日游学界之困难也。彼等抛父母妻子，离故国，赤手空拳来游日本，亦可怜矣。其有不题，纠之正之，固主清议者任也。然我辈知甘苦者，必谅其苦而不言。且我国民资格卑下，言者弗讳，译书虽不佳，灌输于内地人之脑中，亦非毫无影响。某来东京一年，未译一书，诚以译书任重事艰，为此言者，明非为私，为中国之新民知苦者也。倘愿闻之，夫英雄豪杰之异人者，以其不欲等于常人耳。当其事业未成潦倒之时，其所作为，必有骇常人耳目者，败名丧检，亦所不顾，彼卢骚、毕斯马克可为之证。某非曲护其短，以为若而人者，或非无为之人欤？况今日中国之无教育，必不能比受教育完全之国民。彼著《吾妻镜》之二人，为之主者，年已三十余，生平好奇，有僻见。盖其脑质，已铸成矣。学日文日语，已三年余，非若仅读《和文汉读法》而操笔者，遍学欧美物质上学问，而无一卒业。然其制作程度，在日本高等学校上，心不可谓不热，而识不足以济之，故为事往往失当，所见往往过度，所语往往过偏。惜乎生于三十年前，无教育以济其才。若为之附者，年不过十余，其脑质之聪灵、学术之猛进，蔚然异日之大人物，我敢言之。且不徒富于思想，而兼有记臆力者也，《吾妻镜》即销数万千部，彼不得一钱。吾观中国青年，持道德心如彼者，盖鲜！非夸语也，他日出现于世界，观之可知。中国之新民誓有权杀此二人，毋乃过乎？某非党彼二人、为之讼冤，公言也，幸察之。中国之新民已往美洲，望贵报馆转寄之一览以为然，更要求登录贵报，以示至公。①

从《新民丛报》应"公人"要求将投书直接在《新民丛报》上刊出的情况看，这很可能意味着善于"以今日之我攻昨日之我"的梁本人业已意识到那篇评论里的问题，有意纠正自己之前发言的偏颇。

对梁启超更激烈、更全面的质疑来自《大陆报》。该报先后发表四篇文章来回应梁启超的《丛报之进步》与《青年之堕落》，以其人之道还治其人之身。其中一自谓为昔日梁启超熟人的"新民之旧友"讽刺梁启超为"乡愿"，"既无自知之明，又加之以嫉恨"，② 揭发梁启超之所以撰《丛报之进步》一文，③ 借点评上海和东京各杂志名义苛评《大陆报》，其目的在于"无非欲以此塞各报之销流，期贵报（指《新民丛报》）之发达"。④ 另外一人则说由于早前《大陆报》第3期《论文学与科学不可偏废》一文有不点名挖苦羞辱梁启超处：

① 公人：《与〈新民丛报〉记者书》，《新民丛报》第29号，光绪二十九年三月十四日，第103～104页。
② 新民之旧友：《与〈新民丛报〉总撰述书》，《大陆报》第6期，"寄书"，第45页。
③ 梁启超该文见《新民丛报》第26号，光绪二十九年正月二十九日，第81～83页。
④ 新民之旧友：《与〈新民丛报〉总撰述书》，《大陆报》第6期，"寄书"，第45页。

"即当世共称为通人，而彼亦自命为通人者，亦不过剽窃东籍中一二空论，庞然自豪于众。至询其根底之学，则亦盲然未有以应也。"①因是之故，梁启超以私怨报复《大陆报》。而梁启超批评《吾妻镜》及其作者，乃是因为《新民丛报》、《新民丛报》支店出版的《百美图》和广智书局出版的《男女婚姻卫生学》等书，同各报刊及《吾妻镜》等书有比较激烈的商业竞争关系：

> 盖该主笔以为自有《吾妻镜》，而吾之《百美图》不能畅销。自有《男女交合新论》等书，而吾之《男女婚姻卫生论》（该为《男女婚姻卫生学》，原文如此——引者注）必至于滞塞，于是该主笔乃不得不作乡愿，而持哲理、道德、学术等字样以期压倒人。岂知彼手制之《百美图》，宁非导淫之广告乎？彼岂知哲理、道德、学术三字作何写法？以狗彘不食之败类，乃敢摇笔弄舌，以播其毒于血气未定诸少年之脑中，而复作乡愿以自文。此等之人不杀何待？不杀何待？②

此处对梁启超的批评不可谓不激烈。有意思的是，据该文作者自承，他之所以写作这篇《〈新民丛报〉批评之批评》，乃是因为友人"忧亚子""持近出之《新民丛报》来索鄙人指摘其批评之不得当，以昭布于阅者"。③而"忧亚子"这时在从事同样的译介工作，看了梁启超对《吾妻镜》的批评后，或难免有物伤同类的感觉，所以特意请"与该报主笔（即梁启超）相接近者数年"的"新民之旧友"撰写

---

① 《敬告中国之新民》，《大陆报》第6期，"论说"，第8页。该引语又见《论文学与科学不可偏废》，《大陆报》第3期，光绪二十九年正月初十日，"论说"，第5页。
② 新民之旧友：《〈新民丛报〉批评之批评》，《大陆报》第6期，"批评"，第71～72页。
③ 新民之旧友：《〈新民丛报〉批评之批评》，《大陆报》第6期，"批评"，第69页。

回应意见。

《大陆报》上另外有一篇评论同样针对梁启超在《丛报之进步》一文中表现出来的导师心态和优越感，挖苦他"责任有余而自知尚不足"，并特意就梁启超关于《吾妻镜》一书的看法批评道：

> 即如足下之诋恶少年，笔伐口诛，亦云至矣！何至以《吾妻镜》一书而欲传其首于十八省，然此为风俗人心计，发为深恶痛疾之辞，犹可言也。彼译书不佳者，奚至科以欺骗杀人之罪？足下岂将以戊戌年之威势施之于今日之译界乎？……①

而且如果以梁启超的"杀人"标准来要求广智书局推出的译书②：

> 所出《理学钩玄》《支那开化小史》等书，其中误谬者几居其半……凡此皆足下之入室高足所为。足下苟欲实行欺骗杀人之政策，胡不援大义灭亲之例，先杀一二贵族以警其余，而顾于《新民》广告中听其铺张厉乎？③

之后，一篇署名"东京留学生今世楚狂"的文章，又继续挖苦梁启超看待《吾妻镜》等书的双重标准：

---

① 《敬告中国之新民》，《大陆报》第6期，"论说"，第8页。
② 此处乃是针对梁启超在另外一篇文章中对译界的批评而发。梁启超批评一些译者连基本的日语都不懂，"而贸贸然日从事于翻译，徒以麻沙燕石耗读者之目（原文为日——引者注）力，损读者之脑筋，虽科以欺骗杀人之罪，不为过也"。《祝震旦学院之前途》，《新民丛报》第26号，光绪二十九年正月二十九日，第73页。
③ 《敬告中国之新民》，《大陆报》第6期，"论说"，第8~9页。

彼所深恶而痛疾者，莫《吾妻镜》等书若，而广智书局、《新民丛报》支店所恃以觅大利者，非《婚姻卫生学》，即《男女生殖器病秘书》，甚且费十余年之心力，百计搜求。二十年来之名姝秀媛小影，公诸普天下情人，使少年后生旷其正务，不胜见影相思之感。①

该函最后还就梁启超针对别家杂志、别家书商、其他译者的批评感叹道："若《新民丛报》、广智书局等，固诩诩以噶苏士辈大豪杰之事业自比，② 而天下亦谬认之者也，今若此！其欺骗之工，贼害之甚，吾虽欲为当事者讳，吾安得不为天下正告之乎？"③ 另外一篇号称系读者投函的文章《论第六期〈大陆报〉》对梁启超及《新民丛报》的批评则更为激烈与全面，但其并没有针对梁启超对《吾妻镜》的批评进行反驳，这里不赘述其内容。④

《大陆报》上这些针对梁启超的批评虽然同《新民丛报》和梁启超立场相左（其中有互相竞争的因素在），但确实有其道理，抓住了梁启超言论和行为之间的矛盾，以及梁启超大肆袭用日本资源的现

---

① 东京留学生今世楚狂来稿《论广东举人梁启超书报之价值》，《大陆报》第 7 期，光绪二十九年五月初十日，"寄书"，第 1 页。该文的批评大体是准确的，梁启超当时为筹措立宪活动经费，曾指使广智书局和《新民丛报》支店出版了很多科场应用的书，以及涉及情色的所谓"卫生"书等，"借此渔利"。但科举废除后那些科考书马上没有销路，积压亏损至万元，造成书局的财政困难。参看丁文江、赵丰田编《梁启超年谱长编》，第 318 页。

② 梁启超曾撰有连载文章《匈牙利爱国者噶苏士传》，表达了其仰慕"噶苏士"的愿望："吾愿为之执鞭而忻慕者也。"该文分别见《新民丛报》第 4 号，光绪二十八年二月十五日，第 31～43 页；第 6 号，光绪二十八年三月十五日，第 25～37 页；第 7 号，光绪二十八年四月初一日，第 39～52 页。但该文几乎完全是石川安次郎所著《路易·噶苏士》的翻译本。

③ 东京留学生今世楚狂来稿《论广东举人梁启超书报之价值》，《大陆报》第 7 期，"寄书"，第 3 页。

④ 东昭昭子：《论第六期〈大陆报〉》，《大陆报》第 8 期，光绪二十九年闰五月初十日，"寄书"，第 43～46 页。

实，"非敢吹毛求疵故为攻击，实因足下于学界时评尝陈忠恕之义。仆等心佩其言，而又悲足下之能言而不能行也"。① 故理亏的梁启超对此完全没有回应，只有其属下的《时敏报》实在看不下去，才针对《大陆报》第 6 期中对梁启超连带对康有为的批评进行了辩护与回应，但激起了《大陆报》更强烈的反弹。②

不过，《大陆报》上的这些批评却被一个温州趋新读者张棡读到，张是一个喜欢阅读《新民丛报》和梁启超著作的人，当他时隔两年后看到《大陆报》上这些批评梁启超的文字后，在日记里议论道："晨阅《大陆报》一节，攻诘梁任公《丛报》书，然语皆皮毛，不足损梁氏之价值也。"③

还有别的读者如张棡一样站在维护梁启超的立场上，赞成梁启超的批评并对之做了修正。如当时的《新世界小说报》第 6、7 期（1907 年）即合刊有一文《读新小说法》，④ 认为书的内容如何不重要，关键在于读者是否会读书。对于善于读书的人而言，"《美人手》可读，即荒唐如《吾妻镜》，亦何尝不可读?"⑤ 对于不善读书的读者来说，"微特《吾妻镜》不可读，即孟德斯鸠之哲理、斯宾塞尔之学

---

① 《敬告中国之新民》，《大陆报》第 6 期，"论说"，第 9 页。

② 原《时敏报》未见，笔者是根据《大陆报》上的回应文章才知道《时敏报》曾为梁启超辩护过。参看《读〈时敏报〉》，《大陆报》第 8 期，"论说"，第 7～11 页。

③ 《张棡日记》第 2 册，光绪三十二年六月三十日，第 887 页。

④ 转见陈平原、夏晓虹编《二十世纪中国小说理论资料》第 1 卷，第 273～279 页。

⑤ 《美人手》为连载在《新民丛报》上的翻译小说，题为法国某著，译述者署名为"风仙女史"。该小说从《新民丛报》第 36 号开始连载，到第 85 号止，中间偶有几期没有刊登。《美人手》为言情侦探小说，常被归入鸳鸯蝴蝶派小说之内。后曾出单行本，"书共三册，六十一章……情节离奇，虽非小说中上乘，亦佳构也"。《叶圣陶日记》，收入《中国近代文学大系·书信日记集》（2），上海书店，1993，第 788 页。该单行本曾在《时报》刊出广告，详细介绍了该书的情况，其中说道："是书一出，不胫而走者，凡数十版，欧洲诸国争翻译之，其声价可想。"见《〈美人手〉全书出现》，《时报》1907 年 2 月 3 日，论前广告。关于《美人手》的情况，可参看蒋瑞藻《小说考证》，古典文学出版社，1957，第 455 页。

说，亦何尝可读?"对《美人手》《吾妻镜》这类书，《读新小说法》一文揭露其实质道："世非无托西籍以欺人，博花酒之浪费。连篇累牍，不外伯爵夫人、男爵夫人之头衔；倒箧倾筐，不外《男女交合》《婚姻指南》之生活。"这说法正与前引梁启超在《青年之堕落》文中的观点类似。该作者也认为此类翻译书中所谈的内容并非全无道理、全无必要，但在表述时却剑走偏锋，只及一点不及其余，实际是歪曲了西方学说的本来意义："言女权，必致一妻多夫；言平等，必致父不能有其子、子不能有其父。其崇拜则金钱而已，其敷衍则唾余而已，其希望则无赖少年、嗜淫大腹贾而已。"问题的关键是，这类书的译者不过是借"生理"或"卫生"之名，挂羊头卖狗肉，来为自己牟取利益，其目的并不是推广卫生知识和种族的强盛。梁启超这里或许正是出于这样的担心，才不惜为此愤激之言："何物恶学究，演而为才子佳人、状元伯爵，一味引火导欲、诲盗诲淫诸恶骂，唯不善读新旧小说故。"类似意思孙宝瑄在日记里也表达过，"以新眼读旧书，旧书皆新书也，以旧眼读新书，新书亦旧书也"。[1] 以《读新小说法》之文推言之，之所以梁启超对《吾妻镜》加以严词峻色，正是因为担心读者"以旧眼读新书"，不善读此类生殖医学类书，舍本逐末，造成实际上"诲淫"的结果。尽管如此，该文作者仍认为梁启超说要杀这些作者，其实不必，因为"文不能只有韩海苏潮，而不有牛鬼蛇神"。只要读者善于读书，提高自己的分辨力，这些坏人心术的作品或译作自然没有市场，梁启超如此计较《吾妻镜》的危害，正表明他其实仍然不善于读书，"仍是梁启超之不善读！仍是梁启超之不善读！"[2]

---

[1] 孙宝瑄：《忘山庐日记》上册，光绪二十八年六月二十八日，第526页。

[2] 以上引文见陈平原、夏晓虹编《二十世纪中国小说理论资料》第1卷，第273～279页。

与梁启超充满激情的批判不同的是，当时一个趋新的旗人士大夫贵林则试图从学理层面对《吾妻镜》一书进行批评。他认为该书系作者自著，但虚妄之处太多："杨君《吾妻镜》书，非译笔，乃渠自著者。立论近西人伯拉图之说，而幻妄过之。如云：宜于一女数夫，宜同姓为婚，私奔不宜禁，交合大益人等说。"为此，贵林还写了读后感寄给作者杨翥进行商榷，并收到杨翥的答辩。但贵林在致密友宋恕的信中认为杨的答辩为"妄辩"，非常可笑，"弟曾著一《书后》径致杨君，复书妄辩，谓时至大同，舍一女数夫之道，虽以孔子为君，佛耶为相，亦不能治，并引妓女多夫则不生为比例。可谓笑语之至！"贵林一度还打算将杨翥复函抄给好友宋恕一观，"弟录有底稿，暇时当再钞呈，以博一笑"。①

吸引了诸多人关注的《吾妻镜》一书的确颇多惊人之论，如公开提倡婚前性行为、婚姻自由，主张情欲解放、共夫共妻制以及一女数夫，并从自然进化论角度公开反对男权独尊，明确主张情欲存在的合法性，将人品、学问与个人的性欲、性生活区分开来，这些主张无疑是在鼓吹一种新的性道德与婚姻观，这些见解即使放在今天，亦是很激进的，遑论清末。故此，该书在出版之后招致声讨，被视为淫书，也就正常不过了。

小　结

其实，不管这些生殖医学书的著译者怎么样鼓吹其著译宗旨，怎么样去建构一种新的阅读文化，面对批评者，他们也难逃"劝百讽

---

① 该段引文均见《贵林致宋恕函（二）》，收入胡珠生编《东瓯三先生集补编》，第273 页。引文标点有所更动。

一”这样一个窘境。像中国古代的"诲淫小说"一样,其内容尽管非常淫秽,序言仍会"十九以劝诫为借口",① 毕竟,这些生殖医学书同传统的所谓色情小说、房中书等在"诲淫"方面都非常相似。无怪乎出版此类书籍会遭遇一些阻力,如一位译者的感叹:"自始译(《婚姻指南》)至今日,约有年余,其间排尽许多阻力,今仅得睹其成。"②

然而,不管时人如何看待《吾妻镜》这类生殖医学书,它们在当时的销量都非常大,商家往往"五版尚没售罄,六版早经印就"。③ 因其畅销,它们也成为盗版、翻印对象,一些缺少书源的书商为了赚钱,纷纷推出类似新书,究其实质,不过是之前出版过的这类书的翻印版、割裂版或改编版,只是将书名改变一下,书的内容次序改变一下。像《男女之秘密》一书,它其实与《生殖器新书》内容一样,只是把作者标为"美国医学博士霍克立原著"而已。即便如《婚姻指南》《男女婚姻卫生学》这类书,已经声明"书经存案,翻刻必究",号称得到日本与中国官方保护及授权,④ 但仍然无济于事,难阻被盗版。缺乏有效管控、也不自律的出版界自有其唯利是图的"潜规则",不管是谈革命的书还是"淫书","但见某书广销,即贩来出售,以期获利"。⑤ 如时人言:

　　一入坊市,则上焉者,古文诗选本、旧典说部翻刻,大雅扶

---

① 钱锺书:《管锥编》第 1 册,第 110 页。

② 荷历:《婚姻指南》,第 2 页。

③ 蹉跎子:《最新女界鬼蜮记》第 3 回,收入金成浦、启明主编《私家秘藏小说百部》(80),第 20 页。

④ 如《男女婚姻卫生学》一书在广告中即声称:"是书已由日本文部省存案,并照会中国官吏,严禁翻印,倘有擅敢翻印渔利者,定当追究也。"《男女婚姻卫生学》,《中外日报》1902 年 5 月 31 日,论前广告第 2 版。

⑤ 《志查封书店事》,《中外日报》1905 年 3 月 13 日,第 2 版。

轮，高瞻远瞩，是所谓保存国粹者；下焉则诲盗诲淫之稗说——《官场现形》《女界秘密》《新金瓶梅》《新痴婆子传》，犹不获已，更支离割裁《男女卫生》《交合》等书，改换标识，欺人攫货，窃卖淫国之续余，假借新名词以戕贼吾青年子弟，暗夺黄金可宝之光阴。嗟乎痛哉！[1]

不过，此类生殖医学的盗版书、割裂书增多并不会妨碍其畅销，客观上反倒会更加便于读者的购阅，加大其流行深度与影响力。

简言之，清末文化市场上出版的这些译自日本的生殖医学书，尽管难以逃脱"淫书"与商业操弄的嫌疑，亦难以避免被滥用的情况，但它们也鲜明体现出一种新的性文化及阅读文化之建构态势，以及翻译出版、商业与政治之间互相利用的情形。

达恩顿曾在《启蒙运动的生意》一书中指出：法国启蒙运动的《百科全书》既存在于哲学家的沉思中，也存在于出版商的投机中；正是凭借出版商的投资与长袖善舞，并依赖金钱和权力的结合，《百科全书》才成功进入法国社会，并越过法国国界，在欧洲产生极大影响，开创了一个启蒙与民族主义的时代。[2] 清末出版的这些生殖医学书在近代中国思想史上的意义，自然无法与《百科全书》对法国及欧洲的影响相提并论，但这些书亦有其重要作用和象征意义，同样是与商业运作纠缠在一起，依靠商家的包装、宣传、经销，成为时人新的知识资源与文化资本，对当时的身体观、生育观、性文化影响匪浅，开启了以后更大规模讨论的先河。或可说，清末出版的这些生殖医学书，实际上是民国时期乃至今日"新性道德""新性文化"建构

---

① 指严：《论吾国之出版自由》，《时报》1911 年 3 月 16 日，第 1 张。
② 参看达恩顿《启蒙运动的生意：〈百科全书〉出版史》，叶桐、顾杭译，三联书店，2005。

的滥觞，它们还可能奠定了以后中国性医学、生殖医学研究的基础，自然值得相关问题的研究者重视。

本章及第一章主要讨论了晚清中国的阅读文化打造问题，比较侧重对阅读品及其受众反应做社会史层面的考察。接下来的两章则要从阅读史角度关注两个西方人物在清末民初中国的接受情况，尤其关注近代中国的知识分子如何译介、使用及再生产他们，如何将之符号化并转化为自己的思想资源。

第三章
"黑格尔"的接受史

导 言

1938 年 12 月 31 日，正是全面抗战爆发后的紧张时刻，日理万机的国民政府领导人蒋介石回顾道：

> 抗战十八月，军民牺牲痛苦为自来所未有，然而毫无怨忿之意，使余铭感五中。除汪兆铭一人最近叛党暴弃外，全国上下，同仇敌忾，已充分发挥其纯正之爱国精神。今年看书不多，除《新约》全书外，又看完《土耳其革命史》、黑格尔《辩证法》，与共党密件之《党的建设》，颇有心得也。[①]

这些让蒋介石颇有心得的书即包括黑格尔的著作。在 1941 年 5 月 31 日，蒋还在日记中记载了学习黑格尔辩证法的心得：

> 黑格尔所谓矛盾之理，即中国阴阳之道，黑格尔所谓绝对存

[①] 秦孝仪主编《总统蒋公大事长编初稿》卷 4 上册，中国国民党中央委员会党史委员会，1978，第 286 页。以下蒋介石、毛泽东两个例证，由检索台北中研院汉籍电子文献库而得。

在与绝对本源，即中国太极咸具万物之理也。至其所谓绝对无穷者，即理一而分殊，亦即具众理而应万事之谓，故黑氏哲学，余最能心领神会也。①

晚年，犹未从败退大陆的沉痛中解脱的蒋介石，又将国民党的政治"组织"同黑格尔的辩证法进行联系，现身说法，在主持总理纪念周时演讲了《组织的原理和功效——并说明对黑格尔辩证法的研究要领》。② 除此之外，蒋介石在多个场合曾要求下属和国民党党员加强对辩证法的学习、研究，将其上升到生死存亡的高度，"对于辩证法之学习，为党员必修之课，若欲与共党斗争，更非注重此法不可，决不可以此法为共党所专有，而本党即不屑研究，此本党之所以被共匪击破也"。③

较之蒋介石对黑格尔辩证法的推崇与使用，中共领袖毛泽东则有过之而无不及，在延安初期暂时稳定党心、军心以后，毛就开始下苦功苦阅读马克思主义哲学系谱中的有关著作，以与留苏派争胜，包括黑格尔辩证法在内的著作即是其研读对象。毛泽东后来在多篇文章和多个场合都曾引用黑格尔及其哲学观念，且不时加以批评和发挥。④

通过上述蒋、毛两位敌对的领导人不约而同地研读和使用黑格尔辩证法的例子，我们或能对黑格尔哲学的实用性及其在近现代中国的

---

① 秦孝仪主编《总统蒋公大事长编初稿》卷4下册，第696页。
② 秦孝仪主编《总统蒋公大事长编初稿》卷10，第167页。
③ 秦孝仪主编《总统蒋公大事长编初稿》卷10，第29页。有关蒋介石阅读黑格尔著作的情况，还可参看汪朝光、王奇生、金以林《天下得失：蒋介石的人生》，山西人民出版社，2012，第297页。
④ 有关毛泽东阅读和引述黑格尔哲学的情况，可参看《辩证法唯物论（讲授提纲）》，收入竹内实编《毛泽东集》第6册，东京苍苍社，1983，第274～283页；《艾著〈哲学与生活〉摘录》和《辩证唯物论》等文，收入竹内实编《毛泽东集补卷》第5册，东京苍苍社，1983，第123、196～273页。

流行程度与影响力有所感受。不仅如此,对于近现代中国的很多知识分子来说,黑格尔是一个耳熟能详的名字,其哲学广为人们阅读和使用。而因黑格尔与马克思的思想渊源,黑格尔哲学在中国的马克思主义哲学系谱里,尤享有举足轻重的地位,一直是相关人士的必读作品。因之,他们对黑格尔及其哲学的研究成果,也层出不穷。更具指标意义的,则是延续五十年之久的《黑格尔全集》中文翻译工作,依旧在不断推进中。凡此,均可说明黑格尔哲学在中国的吸引力。故关于黑格尔哲学在近代中国的译介、传播和接受情况,自然也是一个非常值得关注的话题。

对此问题,实际上,贺麟、洪汉鼎两先生在 1970 年代末已经进行了初步梳理。[1] 他们这个研究是开山之作,影响很大,后来的研究者都以此为基础,来讨论黑格尔哲学在近代中国乃至清末中国的接受情况。[2] 除了陈启伟等先生,有的研究者甚至连他们文章中的错误也一并沿袭,没有去查对原始资料,如贺、洪文说严复的《述黑格儿

---

[1] 贺麟:《康德、黑格尔哲学在中国的传播》,收入《五十年来的中国哲学》,商务印书馆,2002,第78~129页。据当时贺麟先生的助手洪汉鼎后来说,该文主要出自他的手笔,由贺麟先生做了一些补充纠正后,以贺先生的名义发表在《中国哲学》第2辑(三联书店,1980)。后来洪汉鼎先生又改写了该文重新发表,但主要观点乃至如严复文章发表时间这样的错误,基本照旧。参看贺麟、洪汉鼎《康德黑格尔哲学东渐记——兼谈贺麟对介绍康德黑格尔哲学的回顾》,收入《西学东渐研究》第2辑,商务印书馆,2009,第1~43页。

[2] 宋祖良:《黑格尔哲学在中国的传播》,收入姜丕之、汝信编《康德、黑格尔研究》第1辑,上海人民出版社,1986,第488~493页;张桂权:《黑格尔研究九十年》,《河北学刊》1997年第2期;陈启伟:《康德、黑格尔哲学初渐中国述略》,收入湖北大学哲学研究所《德国哲学论丛》编委会编《德国哲学论丛(2000)》,中国人民大学出版社,2001,第354~362页;陈应年、陈兆福:《商务印书馆与百年来西方哲学东渐述略》,《世界哲学》2002年增刊;杨河、邓安庆:《康德黑格尔哲学在中国》,首都师范大学出版社,2004,第38~44页;熊月之:《清末哲学译介热述论》,收入北京外国语大学中国海外汉学研究中心、中国近现代新闻出版博物馆编《西学东渐与东亚近代知识的形成和交流》,上海人民出版社,2012,第14~15页;等等。

惟心论》写于 1906 年，发表在 1916 年的《寰球学生报》上，是"我国最早介绍和研究黑格尔思想的论文，在历史上是有价值的"。①实际上，严复此篇文章发表在《寰球中国学生报》1906 年第 2 期（丙午七月号）上，② 该文稍后还被《广益丛报》转载。③ 后人不察，非但沿袭贺、洪的观点，还沿袭了其错误，以至于有学者认为："直到 20 世纪 20 年代，国内仅有马君武、严复两篇论述黑格尔哲学的专文。"④

　　事实上，仅在清末，国内就有不少关于黑格尔哲学的论述，除了类似马君武文、严复文这样的报刊文章外，在时人著译的一些学案、西洋人物辞典、西洋史、西方哲学史等书中，黑格尔的名字都频频出现，对其哲学思想的认知不乏高质量之见。更有意义的是，黑格尔及其哲学，还频频被时人作为思想资源援用，足以表明在清末中国，黑格尔及其哲学已经为很多中国知识分子所熟悉了。故此，关于黑格尔哲学在清末中国的译介和传播情况，既有的研究之外，还大有拓展的空间。

　　以下笔者在前人的研究基础上，以黑格尔哲学在清末中国的传播为例，希望利用更为多元丰富的材料，不仅关注黑格尔哲学在清末中

---

① 《严复年谱》的编者同样认为《述黑格儿惟心论》一文"是我国最早介绍黑格尔哲学的文章"。参看孙应祥《严复年谱》，福建人民出版社，2003，第 284~285 页。

② 《寰球中国学生报》第 2 期，丙午七月，第 1~11 页，该文已经被收入王栻主编《严复集》，第 1 册，第 210~218 页。黄见德的《西方哲学东渐史》（人民出版社，2006）根据上海图书馆的《中国近代期刊篇目汇录》，纠正了贺、洪文这个误失，但其主要观点依旧与他们没多少区别，亦说严复此文"是我国最早介绍和研究黑格尔哲学的一篇文章，因而它在西方哲学东渐史上具有重要的历史价值"（第 255 页）。除了同贺、洪文一样使用了马君武《唯心派巨子黑智儿学说》一文外，黄先生也没有依据别的相关资料对黑格尔哲学在清末中国的接受情况进行延伸讨论。

③ 《广益丛报》第 4 年第 32 号，1907 年，第 3~6 页。此前标题中的"惟"此处变为"唯"。

④ 杨河、邓安庆：《康德黑格尔哲学在中国》，第 42 页。

国的译介情况，还关注黑格尔哲学为当时知识分子阅读、接受与使用的情形。需要说明的是，本章并不是从哲学史的角度讨论真正的黑格尔哲学为何，而是从知识社会史角度，关注黑格尔哲学在清末中国的译介和容受效果。同时本章还会以章太炎对黑格尔哲学的解释与批评为例，讨论黑格尔哲学作为思想资源为其接受和使用的情况，乃至这种做法的思想史意义。

一 译介黑格尔

中国较早介绍黑格尔哲学的文字，贺麟等先生说是马君武《新民丛报》第27号（1903年3月12日，第1～12页）上发表的《唯心派巨子黑智儿学说》及上引严复一文。其实还有更早的介绍文章，留日学生于上海创办的《大陆报》，在1902年底的第1期上即发表有《德意志六大哲学者列传·黑格尔传》一文。[①] 该文虽然没有署作者名，然而它可能是中文世界最早比较全面介绍黑格尔哲学的文字，[②] 已经被前引陈启伟先生之文注意。从该文内容看，它对黑格尔哲学的介绍并不太详细与准确，但大概讲述了黑格尔一生的主要行迹及著述目录。

当时，时人在报刊上发表的有关泰西哲学的译介并不少见，其中多有提及黑格尔之处。如《翻译世界》上翻译连载的德国人楷尔黑猛的《哲学泛论》文章，就有多处提及黑格尔（海智尔）及其客观唯心论哲学，其中有云：亚里士多德"谓概念者，非是全然，依于超绝，而实具存于个体中，唯一概念云何？同时而在多数个体。康德

---

① 见《大陆报》第1期，第5～7页。
② 此处对黑格尔的介绍，还被雷瑨辑的《各国名人事略》（砚耕山庄，光绪三十一年）全文收录，参看该书卷5，第16页。

氏出，乃唱唯名论，而海智尔复引申亚氏之说，其义始完……海智尔则以概念属实在体者，名为客观理想，属知之内者，名为主观概念"。① 之后该文又继续阐释说："……种种个体皆是普遍之现象，而此普遍者，自然存在，不关人间思惟。亚里士大德、海智尔等之见解是也……海智尔言凡具体的，皆自最高概念之所发生……"② 在接下来的连载文中，还有提及黑格尔哲学之处，如说其坚持"绝对客观论"，并和斯宾诺莎等持"一元论"说。最后作者总评认为，通过一元论主张可以窥见"海智尔学说之失"。③ 再如《新世界学报》上连载的一篇介绍英法德哲学思想的文章，也有对黑格尔（欧改鲁）哲学较为详细的介绍。文中说德国哲学繁荣是思想自由的结果，黑格尔、费希特、谢林同为德国唯心派哲学的代表，其中，黑格尔提倡"绝对之唯心论"，为康德以后"最著名而为古今所屈指者"。但自从黑格尔去世后，"其学派遂分为左中右三派，互相争辩，互相倾轧，久而其力渐衰。原其所以致衰之故，则由天然科学之进步，与夫学派内之不能贯通故也"。④ 又像传教士主办的《大同报》上，也连载有哲学译文《欧洲近百年智力之长进》，在译文第七章"德国思想家之感动"中，专门介绍了康德（坎特）、费希特（斐克退）、谢林（色令）、黑格尔（赫格勒）等德国哲学家的生平和著作，还将黑格尔同谢林的哲学观念进行了联系与阐发，指出黑格尔思想对谢林哲学的发展及其意义，只是其实际意图是借黑格尔哲学来阐释上帝的伟大：

---

① 《翻译世界》1902 年第 2 期，第 29 页。
② 《翻译世界》1902 年第 2 期，第 29～30 页。
③ 《翻译世界》1903 年第 4 期，第 50 页。
④ 杜士珍：《德国哲学思想之变迁》，《新世界学报》壬寅第 3 期，1902 年 10 月 2 日，第 51～53 页。

> 赫格勒所论上帝，在凡事之上，在凡美事之中，为确然可据者，则凡美事即为上帝真体之现形，盖自此言一出，而其理之日益明显者，固尤非一二浅识者所可几及耳！①

清末翻译出版的一些德国史著作、西洋史著作，在叙述欧陆哲学或 19 世纪文化、学术思潮时，亦经常提及黑格尔的名字。像在《德意志全史》"近世日耳曼文学之发达"一章中，起首就表彰德国哲学，尤其是康德（迦顿），又说到费希特（弗富特）、黑格尔（海革）这样的后起者。② 再如小川银次郎的《西洋史要》一书："而哲学一科，其于幽远微妙之理，亦复阐发极精，如德则有斐希脱（Fichte）、海盖耳（Hegel）、烁朋哈威尔（Schoppenhauer）、罗节（Lotze）、哈脱蒙（Haltman），英则有斯宾赛尔（Spencer），法则有克让（Cousin），诸大哲学家一时辈出。"③ 又如《十九世纪欧洲文明进化史》中所言，"自康德以新智识论划理想派之新时期以来，百余年矣！而十九世纪之理想派哲学者，未有一人能出康德之外、别开生面者也……略进一步，即大名鼎鼎如黑智儿，亦不过收康德之美果耳"。④ 收入"普通百科全书"的《西洋历史》，在谈及"19 世纪之进步"时，也有述及黑格尔（海格罗）之处，"在哲学则自十八世纪

---

① 英著作家玛克斐森原著《欧洲近百年智力之长进》，《大同报》第 10 卷第 21 期，1908 年，第 13~16 页。

② 河上清：《德意志全史》下卷第 4 编，褚嘉猷译，上海通雅书局藏版，光绪二十九年八月，第 8 页。

③ 小川银次郎：《西洋史要》，东文学社原译，金粟斋版，辛丑七月，第 31 页。小川银次郎该书还被樊柄清、萨端重译，译文基本一样："而哲学一科，其于幽远微妙之理，亦复阐发极精，如德则有斐希脱（Fichte）、海盖耳（Hegel）、烁朋哈威尔（Schoppenhauer）、罗节（Lotze）、哈脱蒙（Haltman），英则有斯宾赛尔（Spencer），法则有克让（Cousin），诸大哲学家一时辈出。"该书商务印书馆在 1914 年重版，不过译述者标上樊柄清、萨端，引文在第 53 页。

④ 日本民友社原著，田尻著《十九世纪欧洲文明进化史》，广智书局，1902，第 22 页。

末叶独乙（即德意志——引者注）有梗都（即康德——引者注）出，新开生面。后有海格罗、勒坚、斐希代……相续出，各组织哲学之一派"。① 另一本译自日文的《西国新史》，在介绍 19 世纪欧洲文化时，也明确提及包括黑格尔在内的诸德国哲学家，"至十九世纪，哲学一科，已达圆满之域。德国硕儒坎德（Kant）出，主唱认识论，斯旨益畅。自是，黑魏尔（Hegel）、哈尔多曼（Haltman）、荷宾哈尔（Schoppenhauer），继轨并作，多私淑于坎德"。② 梁焕均编译的《西洋历史》第十四章"十九世纪之文化思潮"一节中，在介绍哲学家时说："黑智儿，德人（1770～1831）。"又说："黑智儿谓自然发达之极端，即为精神，创精神哲学。"③ 《大陆报》上发表的一篇《世界文明史提纲》，在叙述各派史家观点得失时，也有提及黑格尔之处："其叙述乃依哲学主义，非就文明上而取其忠实客观者。其属黑格儿以下，所谓理想派之德意志史家，其弊尤甚。"④

　　较之上述诸西洋史著作中对黑格尔的简单提及，一本没有署译者名字的《西洋历史提要》，则对黑格尔及其哲学地位的叙述稍微详细一些："至日耳曼哲学大家黑格儿，则由无形以推至有形，而唱进化论，遑非常之势，迨有垄断日耳曼哲学界之观。"⑤ 其他一些西洋史著作，像没有署编译者之名的《万国历史》⑥，李薇仪等据日

---

① 吉国藤吉：《普通百科全书之六十六·西洋历史（二）》，东华译书社编译，上海会文学社，1903，第 44 页。
② 元良勇次郎、盐泽昌贞：《西国新史》，泰东同文局译，泰东同文局藏版，1905，第 309～310 页。
③ 梁焕均编译《西洋历史》，东京九段印刷所，1906，第 236 页。该书附录第 21 页还有黑格尔的外文名 Hegel 及日文片假名。书后且列表解释：在"哲学家"栏中说"黑智儿倡唯心论"（第 266 页）。
④ 《大陆报》第 3 期，"讲筵"，第 5 页。
⑤ 有贺长文：《西洋历史提要》，未标注译者，上海时中书局，光绪甲辰年，第 95 页。
⑥ 佚名：《万国历史》，作新译书局藏版，1902，第 221 页。

本文学家野村浩一口授、综合一些欧美世界史著作编成的《西洋史》①，在评述 19 世纪的文化或学术潮流时，都提及了德国哲学和黑格尔。

再如一些西洋史教科书，也会经常提到黑格尔。像一本《西洋历史教科书》，它在说及西方著名之人物中的"哲学者"时，也对黑格尔有简单的介绍："海格尔（Hegel），德人，综合哲学，1770～1831。"② 同样，在小川银次郎编的《中等西洋史教科书》第五编第四章"现世纪之文明"一节中，也对黑格尔（黑格勒）有简单的提及："哲学家亦益阐发幽远之原理，于德有斐的、黑格勒……"③ 再如吴渊民翻译日本坪井九马三的《中学西洋历史教科书》卷下部分"十九世纪之文明"一章中，亦曾简单提及"黑智儿之唯心说"。④ 一本打着学务大臣鉴定标记的《东西洋历史教科书》，在第五章"近世之文化"中也带了黑格尔（海格尔）一笔："哲学家则德人康德说认识论，勿乞底、海格尔、嚇太孟、蓄烹化、斯宾塞，亦各立一家说，阐明幽远之原理……"⑤

在清末时人编译撰写的一些人物传记或辞典等文类中，黑格尔及其哲学也屡屡被提及。如在《世界名人传略》中就有对黑格尔较为详细的介绍，其内容同前引《德意志六大哲学者列传·黑格尔传》相仿。⑥ 又如一本《外国地名、人名辞典》，其中也有黑格

① 李薷仪、梁柏年编《西洋史·法政丛编第十七种》，东京并木活版所印刷，1905，湖北法政编辑社发行，第 185 页。
② 英国默尔化：《西洋历史教科书》卷 2，出洋学生编辑所译述，商务印书馆，1902，第 35 页。该书 1903 年、1905 年曾再版。
③ 小川银次郎编《中等西洋史教科书》，沙曾诒译，上海文明书局，1904，第 23 页。
④ 坪井九马三：《中学西洋历史教科书》卷下，吴渊民译，上海广智书局，1904，第 119 页。
⑤ 吴葆诚编译《东西洋历史教科书》，上海文明书局，1904，第 266 页。
⑥ 英国张伯尔原本《世界名人传略》H 卷，上海山西大学堂译书院译印，1908，第 14～15 页。

尔的词条："Hegel，黑智尔，德意志之大哲学家，生于斯都德瓦，学于多滨峉，且入耶拿大学与西尔灵共研究哲学，后为哈得堡大学教授，《精神现象论》《论理学》等，其名作也（西历1770～1831）。"[1] 又如黄人所编《普通百科新大辞典》也收录有黑格尔的词条：

> 海格尔（Georg Wilhelm Friedrich Hegel，1770～1831），德国之哲学者，袭斐比德后，于1818年为柏林大学教授。初奉西林克学说，后自成一家，开海格尔派，当时哲学界为之风靡。其徒分为两派，即唱有神论者谓之海格尔右党，唱泛神论者谓之海格尔左党（司曲拉乌可等）。[2]

再如《泰西教育家略传》中亦有对黑格尔的介绍："黑智尔氏，为德意志有名之学者，生于千七百七十年，殁于千八百三十一年。初于千八百一年为佛教师，五年又为典拿大学教授，十六年为哈得堡大学教授，十八年为柏林大学教授。生平致力于哲学，发明新说，又精心德国教育，其制度改革之事多氏为之，而并重家庭与政府。尝谓家庭者，教育者之主任也。家庭与政府，即人道之教师，且为其乳母也。"[3]《新民丛报》第24号上刊出的《万国思想家年表》也对黑格尔有简单的介绍："希儿（Hegel，1770－1831），德国之大思想家。"[4] 稍后，该年表在介绍另外两个学者时也涉及黑

① 坂本健一：《外国地名、人名辞典》，宁波新学会社编译，上海新学会社发行，东京并木活版所印刷，1904，第177页。
② 黄人编《普通百科新大辞典》，上海国学扶轮社，宣统辛亥年印，午集，第11页。
③ 《泰西教育家略传》第十三"黑智尔"，收入《直隶教育杂志》丁未年第1期，光绪三十三年二月，第96页。
④ 《新民丛报》第24号，光绪二十八年十二月十五日，第118页。

格尔。首先，是在介绍比匿（Fr. Eduard Beneke, 1798 – 1854）时说："德国思想家，反对希几及黑拔（Herbart）之学说。"接着，在介绍德国哲学家埒斯（Lotze, 1817 – 1881）时又说："其学说出自希几。"①

较之上述传记或年表中对黑格尔的简单描绘或粗略提及，学案这种传统的中国学术史体裁，也被赋予了新的内容和意义。像趋新士人孙宝瑄即把西洋哲学史当作"海西之哲学案"，类似中国《宋元学案》《名儒学案》等书，"欲讲哲学者不可不知"。② 有此思维，难怪时人会照葫芦画瓢，编辑一些《泰西学案》之类的书。但像《泰西学案》这样的书，其编纂质量却让人不敢恭维，书中的《黑智儿学案》，即是直接抄录马君武发表在《新民丛报》上的《唯心派巨子黑智儿学说》。③ 同样，《万国名儒学案》亦是如此，在其第一编"哲学学案"中，也基本照搬了马君武那篇介绍黑格尔的文章，只有标题的排序略有差异。④ 有意思的是，在第二编"教育学案"中，编者又收录了《希几（黑格尔）学案》，⑤ 这里对黑格尔的译法与前面截然不同，显示编者并未在编纂体例上下功夫，这样一本书很可能是东拼西凑的牟利之作。⑥ 有意思的是，这类粗制滥造的西学书，却给时

① 《新民丛报》第 24 号，光绪二十八年十二月十五日，第 119 页。
② 孙宝瑄：《忘山庐日记》上册，光绪二十七年九月二十日，第 415 页。
③ 王阑编《泰西学案》，上海明权社，1903，第 54 ~ 62 页。
④ 楞公编《万国名儒学案》卷上，上海新学社，1907，第 128 ~ 139 页。
⑤ 楞公编《万国名儒学案》卷下，第 43 ~ 46 页。
⑥ 事实上，如《万国名儒学案》的编者所言，该学案本为编者"搜集各杂志所译载，其中尤以《新民丛报》为最多"。编者虽然在《发凡》中说"合志于此，以示不敢掠美之意"，但并没有注明各篇学案的转载来源，仅仅说部分学案来自《新民丛报》，对于来自其他报刊的，则根本未提。故此，《希几学案》应同样是转录之作，可惜笔者未考证出其来源。又如《万国名儒学案》的编者所言，"先时明权社所出版之《学案》一书，类皆《新民丛报》所未完结者，割裂舍弃，贻讥大雅"。但这样的情况，《泰西学案》的编者"江左病骥氏"在《序》中则完全未提。

人提供了便捷易得的西学读本，对于时人了解包括黑格尔哲学在内的西方哲学，很有帮助。①

在介绍其他一些德国哲学家时，也有论述经常提及黑格尔。如《大陆报》杂志上连载的《德意志六十哲学者列传》中的《寿平好儿传》（即叔本华传）和《侠特门传》，就有三处提及黑格尔。② 稍后《大陆报》上发表的《日耳曼厌世派哲学晓本忽尔（Schopenhauer）之学说》一文，也开始指出叔本华的论敌黑格尔之言如何。③ 又像在唐演易庵翻译的日本学者介绍谢林的文章中，也多有提及黑格尔（海盖儿）之处。④《教育世界》杂志上刊载的一篇介绍叔本华的文章《德国哲学大家叔本华传》中，作者将黑格尔作为叔本华的论敌来叙述，多次提及黑格尔，称叔本华"与海额尔一时并立，其讲义痛斥海氏哲学，不遗余力"。文中特别说及叔本华因自家学说不如黑格尔哲学受人重视，遂处处攻击黑格尔，"然时人方动于海额尔之说，举世靡然相推重"，加之叔本华自家受到丹麦"学士会"冷遇，

---

① 像孙宝瑄即阅读过《泰西学案》，并详细做了笔记，记述了苏格拉底、柏拉图、康德等学案的概要（孙宝瑄：《忘山庐日记》上册，光绪二十九年十月初三日，第762~764页）。而看起来政治上守旧的官僚恽毓鼎，思想上却接近新派，他读了包括梁启超著作、《新民丛报》在内的很多新书，对梁著各西儒学案都详细阅读，他还在日记中详录了读《泰西学案》中《康德学案》后的感受。恽毓鼎认为"西儒论学宗旨，与中儒不甚悬殊"，一度打算编"一中西学案合编"，且自认此举将是"不朽之盛业也"。参看史晓风整理《恽毓鼎澄斋日记》第2册，宣统元年五月初十日、光绪三十四年九月十七日，第444、400页。吴虞在民初时也阅读过《泰西学案》（他日记中写作《太西学案》），留下了不少阅读记录，并知道康德、黑格尔等"皆唯心派"。参看中国革命博物馆整理《吴虞日记》上册，四川人民出版社，1984，1912年六月初八日、八月二十日，1913年四月初十日、二十五日，第47、60、81、84页。

② 《史传：德意志六十哲学者列传：寿平好儿传·侠特门传》，《大陆报》第1期，第7~8页。

③ 《大陆报》第6期，第23页。

④ 户水宽人：《谢灵克（Schelling）哲学学说》，唐演易庵译，《学海》第1卷第1期，1908年，第104~114页；《学海》第1卷第2期，1908年，第79~89页。

"以为皆海额尔派为之也，益攻击海氏不已"。① 再如《西洋名人传记》一书，收录的诸传记应该均是从各报刊上辑录下来的相关文章，其中虽然没有黑格尔本人的传记，但在别人的传记中，却多次提到黑格尔（海额尔）。如在《德国教育学大家裴奈楷传》中，就简单提到了裴奈楷同黑格尔（海格儿）的恩怨："顾以反于海格儿之说，为海派所嫉妒，不能安于位。"② 接下来，又说"海格儿挤之尤力"，后"再归柏林大学时，则海格儿已卒"。③

当时不仅有对黑格尔及其哲学的专文介绍，《新民丛报》与《教育世界》还分别刊有黑格尔的肖像。《新民丛报》将其与17世纪荷兰哲学家斯宾诺莎并列，称为"唯心派之哲学家其二黑智儿（George W. F. Hegel)"，④ 像后又附有对黑格尔的较为详细的介绍："黑智儿，日耳曼人，生于千七百七十年，卒于千八百三十一年，为康德以后最大哲学家。任柏林大学教授者十三年，所著书有《精神现象学》《名学》《哲学韵府》《权利哲学》《历史哲学》《宗教哲学》。论者谓黑氏为十九世纪哲学之集大成者，各国政治上亦多蒙其影响，如俄国虚无党人，亦最心醉黑氏学说云。"《教育世界》上的介绍则比较简单，只称其为"德国哲学大家海格尔"。⑤

而在清末译介的欧洲社会主义、无政府主义文章中，当涉及这些主义的哲学来源时，黑格尔的名字也偶尔会出现。如《民报》上发表的一篇节译的《社会主义史大纲》即是如此："德意志之社会主

---

① 《德国哲学大家叔本华传》，《教育世界》第84号，光绪三十年八月下旬，"传记"，第3～4页。该文一般认为出自王国维之手，后被《西洋名人传记》全文收录，仅标题略有更改。但该书具体编译者、出版者等信息不详，可看出为清末出版，上海辞书出版社图书馆藏，引文在该书第1页。
② 《西洋名人传记》，第1页。
③ 《西洋名人传记》，第2页。
④ 《新民丛报》第15号，光绪二十八年八月初一日，插页。
⑤ 《教育世界》第124号，丙午第8期，插页。

义，虽云物质的，然麦喀、拉萨尔、巴枯宁，其所传社会主义之哲学，非发源于黑智儿（Hegel）、非希的（Fichte）乎？黑智儿之哲学，非于近世哲学中所谓最有精神者乎？非希的非常自谓为基督教社会主义者乎？"稍后，文章又说法国革命史"以个人自由为目的"，英国基督教社会主义者等，"则从事于教说协助同志会之利益，黑智儿、非希的、拉萨尔、麦喀氏等，则发展此理想的国家者也"。文章认为拉萨尔、麦喀等社会主义者一定程度上都受到黑格尔、费希特著作的影响，"读黑智儿及非希的之书，通其基督教的国家之哲学，惟其哲学不能容于当时之教会，遂产出拉萨尔、麦喀氏辈之物质运动者"。但是，在社会主义运动的"第一时代"，"世人只渴望个人之自由，殆不知如何而后可达其目的"，故此时，"黑智儿、非希的等""于政治上无何等之效果"。① 再如《民报》第 11 号刊登的渊实所译《虚无党小史》一文，该文译自"日本文学士烟山专太郎"所著《近世无政府主义》一书的第三章，文中说俄罗斯的革命文学也受到德国哲学家谢林、黑格尔（海格尔）的影响，译者还特意在"海格尔"后加注："Hegel（德人，一译黑智儿），1770～1831。"②

二 哲学译著中的黑格尔

较之上引对黑格尔哲学参差不齐的叙述与改编，当时一些翻译成中文的哲学专著，对黑格尔哲学的表述就专业多了、详细多了，而这样的介绍又往往是把黑格尔哲学放在西方哲学史的系谱或唯心论的系谱里进行叙述，并加入一些比较发挥。

---

① 渊实：《社会主义史大纲》，《民报》第 7 号，1906 年 9 月，中国国民党党史会，1969，"来稿"，第 4、6、7、8 页。

② 渊实译《虚无党小史》，《民报》第 11 号，1907 年 1 月，"来稿"，第 5 页。

蔡元培译自日文的德国学者科培尔所著《哲学要领》一书，第一页就引用在日本大学任教的德国人科培尔之语：近代西方哲学"皆以最近哲学大家康德、黑智尔、哈尔妥门（Hartmann）诸家之言为基本，非特惟物、惟心两派之折衷而已"。这里的"黑智尔"即黑格尔（下文译者又译为"黑格儿"）。在说及康德后之德国哲学家时，书中言"康德以后之哲学为最新哲学，若费斯德，若薛令，若黑格儿"。[1] 又言，"黑格儿之徒亦有呼康德学派为超绝唯心论者"。[2] 书中稍后又谈及"辩证法"，[3]"此近世哲学家黑格儿之所提倡者也，其法附丽于各之哲学，如不从黑格儿之哲学者，即不能从其辩证法也……"[4] 随后又说："近日最有名之辩证法，则治黑格儿哲学之方法也。黑格儿之书，其论证之用语及形式，于各哲学家中至为难解，虽德国人亦难之，然解其教义及辩证法之义，则无不迎刃而解矣！彼之辩证法所以明吾人总念之进化者也。彼以为进化生于冲突……"[5] 进而，该书进入黑格尔的"正—反—合"命题的叙述，分析了叔本华和黑格尔的论敌关系与立说差异。之后又言："凡惟神之一元论……此同一系统之缘起，自斯宾挪莎，而薛令、黑格儿、费斯德、旭宾海尔、哈脱

① 科培尔：《哲学要领》，下田次郎笔述，蔡元培译述，"哲学丛书"第1集第1编，上海商务印书馆，1903，第2页。该书初版时未署译者，民初再版时才署译者为蔡元培。陈启伟教授的《康德、黑格尔哲学初渐中国述略》一文，已注意到蔡元培所译该书。
② 科培尔：《哲学要领》，第19页。
③ 陈启伟先生认为蔡元培第一次引进了"辩证法"这个重要译名，"在德国哲学东渐史上还是值得大书一笔的"。陈启伟：《康德、黑格尔哲学初渐中国述略》，收入湖北大学哲学研究所《德国哲学论丛》编委会编《德国哲学论丛（2000）》，第362页。但"辩证法"这个译名，当时也有其他人在用，如"又用辩证法攻击反对者之论旨"（参看公猛《希腊古代哲学史概论》，《浙江潮》第7期，1903年9月11日，第20页），该译法很难确切说是蔡元培第一次引进的。
④ 科培尔：《哲学要领》，第11页。
⑤ 科培尔：《哲学要领》，第12~13页。

门，皆自列于此系统之下。"① 作者又评价道："吾人于黑格儿弟子中，见有万有神教特别之形式，所谓通人心而神自得者也。此辈弟子谓之似黑格儿学派，或谓之左侧之黑格儿学派，盖其于黑格儿学派非保守党而改革党也。"接下来，又评价黑格尔对待"理性"的见解，"近世最大之万有理性教家为黑格儿，彼有界说曰：凡实际者皆有理者也。此实危险之言，屡有误解之者，特于政治世界足为辩护罪恶之助。是以……则黑格儿之教义必于普国为最有势力之哲学也。余意黑格儿书此语时，未必如解者之拘泥，不过言理性主义必至之结果，要当以理论之例理会之"。② 最后，作者点出黑格尔哲学的反对派，转入对叔本华的讨论中，"谓世界不能有善而无恶，黑格儿之万有理性教，不足以解释之，起而与之反对者，加宾海尔（叔本华）之万有意志教是也"。③ 此外，书中提及、涉及黑格儿之处尚多，不一一赘述。

在当时翻译为中文的另外一本井上圆了的书《哲学要领》中，第 52 节专门讨论黑格尔哲学（歇杰尔氏学派）：

> 次歇杰尔氏，补舍伦氏（Schelling）说之所短，而加一层完全者也……其哲学分论理、物理、心理三种，而其论理想自体之进化者，谓之论理；论物界之进化者，谓之物理；论心界之进化者，谓之心理。观其论理之组织，先分现体、真体、理体三大段，次又分其各体为三段，第一正断，第二反断，第三合断，此其所立之次第也。盖歇氏以此次第为理想进化之规则，是为歇杰尔氏之哲学。德国哲学至此，始可谓之大成。④

---

① 科培尔：《哲学要领》，第 25 页。
② 科培尔：《哲学要领》，第 27 页。
③ 科培尔：《哲学要领》，第 28 页。
④ 井上圆了：《哲学要领·前编》，罗伯雅译，广智书局，1902 年初版，1903 年再版，第 34 页。

实际上，在第 40 节"学派"中，井上圆了就说："考近世哲学之分派传流，歇杰尔氏之哲学统合非布底、舍伦两氏而起。"又说："歇杰尔氏之一派，称绝对论。……舍伦、歇杰尔等为论理学派。"①稍后，在第 58 节"结果"中又评论道："然近世哲学之始祖者，倍根、笛卡儿两氏，其用原理已互相反，后之学者，或宗此说取一边，或择彼论，或欲立二者之中，而结合两边，遂生近世哲学之进步……非布底氏因之独取主观，舍伦氏对主观而立客观，歇杰尔统一之，而开完全之组织……"②接着，又在第 59 节批评说："古来之哲学，欲保持论理之中庸，犹不免僻于一边者，比比皆是……韩图氏偏于主观，里度氏（Reid）偏于常识，歇杰尔氏偏于理想……诸家各有一僻，未见有中正之论，后来除此弊而开中正完全之新组织者，果在何地而起乎？余于东洋望之不置也。"③

王学来翻译的井上圆了的《哲学原理》一书，与《哲学要领》内容并不一样。该书也有多处提及黑格尔，亦将黑格尔放在欧洲的哲学史系谱中进行叙述，说大陆哲学：

> 自法国笛卡尔氏一出，开独断学派，而荷兰哲学者斯拼挪莎（Spinoza）继之，唱为一元论……自唯心论（Idealism，原文为 Idealiem——引者注）进而为唯物论（Materialism），使哲学界别开一生面。其学派相传为夫依希得（Fichte）之主义论，蒐林古（Schelling）之绝待论，希格尔（Hegel）之理想论，理想既达于极点，而反对系统之论起矣……统观以上诸家学说，类皆深切著明，与人智识不鲜。如康德之唱道德……希格尔之研究论理……

① 井上圆了：《哲学要领·前编》，第 26、27 页。
② 井上圆了：《哲学要领·前编》，第 36 页。
③ 井上圆了：《哲学要领·前编》，第 37 页。

皆有左右社会之能力。①

稍后，书中又说："哈特曼（Hartmann）统合希格尔、琐朋哈乌尔（即叔本华——引者注）两学说，而成为一家。"② 最后该书则提到各派哲学家之影响，指出黑格尔哲学对英国影响比较大，"至近世，则德国专尚斯宾塞之实验学派，英国则专尚希格尔（德人）之理想学派，哲学之兴，正未有艾也"。③ 在该书附录《泰西哲学家年表》中的德意志哲学家栏，亦有对黑格尔的简单介绍："希格尔（Hegel），尝为柏林大学教习，著有哲学全书十八册，1770 年生，1831 年卒。"④

在王国维翻译的《哲学概论》中有对黑格尔哲学更详细的叙述。该书亦将黑格尔放在德国哲学的系谱中讨论，"汗德以后之诸学者，虽各本自己之学说，而立特异之定义，至其真意，则别不加新。兹揭其重要者如次：海额尔（自 1771～1831），曰哲学者，理念之学也，论理学（第一哲学）者，绝对的理念之学也"。⑤ 该书对黑格尔辩证法的记述尤其详细，而用"正—反—合"翻译黑格尔辩证法，一直到现在都为学界所接受和采用：

所谓辩证法者，主指海额尔所采之方法，今欲论之，不可不窥海氏之说。海额尔之辩证法，与其哲学学说有亲密之关系，不

① 井上圆了：《哲学原理》，闽县王学来译，1903，第 37～38 页。
② 井上圆了：《哲学原理》，第 38 页。
③ 井上圆了：《哲学原理》，第 39 页。
④ 井上圆了：《哲学原理》，第 51 页。
⑤ 桑木严翼：《哲学概论》第 1 册，王国维等译，教育世界社，1902，第 12 页。马叙伦曾有专文介绍桑木严翼的哲学。参看马叙伦《桑木氏哲学概论》，《新世界学报》癸卯第 4 期，1903 年 3 月，第 1～7 页。该文未完，续期未见。

易理会之，今暂述其大要。海氏谓事物经三段之次序而发达，今有一物，欲使之发达，不可不先移之于他状态，即经非旧状态，亦非新状态之矛盾之境界，然后可移于新状态，例如卵之为雏，必先经——非卵非雏之域，然后得为雏，由如此之矛盾，而进行者也，此第一状态，谓之正。第二状态谓之反，第三之状态谓之合，合又生反，由此而又生新合，如此而成无限发达之行列……

综合之，如此世界之事物，常经三段之次序而发达，则解释之方法，亦不可不从此自然之行程，而用正反合之三段。故一切事物得由正反合之关系说明之，谓之辩证法……以上所述之辩证法，必非自海额尔始，斐希台及希哀林既使用之。即汗德之学说中，此倾向最著，于其他古代之哲学者中，亦得发见之。然与以辩证法之名，最完全使用之，而作粲然一大系统之哲学者，则海额尔也。[①]

在"认识论之沿革"一节中又说："汗德之后，斐希台于其知识论中，又论认识之问题，其说终及形而上学，希哀林、海额尔等亦然，及晚近海额尔之哲学失势，学者翕然，谓当返于汗德……"[②] 书中还讨论了"客观的观念论"，"此说于古代则柏拉图，近世则海额尔，已稍表其萌芽。……海额尔以理念之发展为实在界之发达之根本原理，理念由正反合之辩证的行程而发展，实在界之发展，亦从此次序。由此观之，则彼盖视客观的观念与实在界为一物也，然此论多混入形而上学〈的〉之思想，不得称之为纯粹的认识论"。[③] 另外，书中其他部分也有多处提及黑格尔，如第47、48页讨论纯理论与经验论时提及黑格尔，在第2册第60、67、81、84等页亦多次提及。

---

① 桑木严翼：《哲学概论》第1册，第35～36页。
② 桑木严翼：《哲学概论》第1册，第44页。
③ 桑木严翼：《哲学概论》第1册，第64页。

不过，因为急功近利和译介者学识等条件所限，当时引进翻译的哲学史作存在不少质量问题，[①] 有关西方哲学家的一些译介亦存在很大误差，[②] 可这并没有妨碍时人对于西方哲学的学习与接受热情。就黑格尔哲学而论，在 1904 年以前，日本哲学界有关黑格尔哲学的译介与研究情况，[③] 虽然不少，但也存在"翻译术语不准确，还没有系统地阅读原著"等问题，且直到 1905 年，才开始有学者去翻译黑格尔的原著。[④] 饶是如此，日本哲学史著作对黑格尔哲学各个环节与概念的译介，在被译为中文后，与今日我们熟知的黑格尔学说差别并不是很大，一些核心概念的译名如辩证法、正反合等甚至延续到当下还在被用。

概言之，以上这些著作中关于黑格尔的表述虽然主要代表了日本哲学界对西方哲学及黑格尔哲学的认识，但王国维转译的不尽忠实于原著的中文，一定程度上也代表了清末最熟悉西方哲学的那些知识分子的理解与接受水准。而随着出版商对这类著作的翻译、出

---

① 如蔡元培自谓："子民在青岛不及三月，由日文译德国科培氏《哲学要领》一册，售稿商务印书馆。其时无参考书，又心绪不宁，所译人名多诘屈。而一时笔误，竟以空间为宙，时间为宇。常欲于再版时修正之。"见蔡元培《传略》（上），收入高平叔编《蔡元培全集》第 3 册，中华书局，1984，第 324 页。

② 如王国维即批评《新民丛报》上刊载的《汗德哲学》一文（实际是指梁启超的《近世第一大哲康德之学说》，《新民丛报》第 25、26 号连载），"其纰缪十且八九也"。参看王国维《论近年之学术界》（1905 年），收入谢维扬等编《王国维全集》第 1 卷，第 123 页。梁启超后来自己也反思他在清末介绍新学时，"多模糊影响笼统之论，甚者纯然错误"。参看《清代学术概论》，收入朱维铮校注《梁启超论清学史二种》，复旦大学出版社，1985，第 73 页。关于梁启超的《近世第一大哲康德之学说》的日本来源及梁本人与康德思想的关系、王国维等人对之的批评，可参看黄克武《梁启超与康德》，《近代中国的思潮与人物》，九州出版社，2013，第 239～273 页。

③ 日本成城大学的陈力卫教授告诉我，从 1880 年代开始，日本的诸如《国民之友》《女学杂志》《女学世界》《太阳》《哲学杂志》等杂志和西洋哲学史著作中，便有了众多对黑格尔及其哲学的译介、评述。关于日本学界研究黑格尔的情况，可参看山口诚一《日本黑格尔研究一百年》，张桂权译，《哲学动态》1997 年第 9 期。

④ 山口诚一：《日本黑格尔研究一百年》，《哲学动态》1997 年第 9 期，第 41 页。

版、宣传及推销，以及类似孙宝瑄①、蒋维乔②、刘师培③、宋教仁④这样的精英读者对这些译自欧美特别是日本的哲学专著的购买、阅读和传播，后来像梁漱溟（1893～1988）⑤、张申府（1893～1986）⑥这样更年轻的读者也逐渐受到影响。

三　援用黑格尔

且不说笔者没有查阅到的那些介绍黑格尔的材料，仅本章前几节这些文献中所呈现出的对黑格尔及其哲学的描述，就为数甚夥了，其中不少虽系翻译文献——主要是译自日本的西洋哲学文献（马君武一文也应是如此），它们对黑格尔哲学的介绍程度也参差不齐，或简

---

① 孙宝瑄在日记中说："新译《哲学要领》，日本井上圆了著也，谓讲求各种事物之原理，皆名曰哲学……"（《忘山庐日记》上册，光绪二十九年八月二十七日，第744页）

② 蒋维乔在日记里曾记录了他对蔡元培所译《哲学要领》的评价，说该书"眉目不十分清晰，读者难了然无遗憾"。《蒋维乔日记》第2册，乙巳年十月初十日，第93页。之后蒋维乔还阅读了井上圆了《哲学要领》一书，并在乙巳年十一月初六日的日记中评价该书："条理毕举，门径秩然，从事哲学者最好入门之书也。"参看《蒋维乔日记》第2册，第102页。蒋维乔还读过李奇若的《哲学论纲》一书，并评价该书："书中大旨皆主张造物主造人，反对进化家言。盖偏于宗教者也。"参看《蒋维乔日记》第2册，乙巳年十一月初九日，第103页。

③ 刘师培曾引用井上圆了之言同戴震思想对比，"日本井上圆了云：唯心论者由物心两象，总由一心而起。然物封心而可知，心封物而可知，二者缺一亦不能存。心能知物，物因心而被知"。见刘师培《东原学案序》，收入徐亮工编校《中国近三百年学术史论》，上海古籍出版社，2006，第242页。

④ 宋教仁曾阅读过井上圆了的《哲学要领》一书，还做了详细的笔记。参看《宋教仁日记》，开国纪元四千六百零四年八月二十二日、二十四日、二十六日，第214~218页。

⑤ "我以自十几岁爱好哲学，很早读到蔡先生的《哲学要领》一类著作……"梁漱溟：《纪念蔡元培先生》（1942年3月），《我的努力与反省》，漓江出版社，1987，第327页。

⑥ 张申府自谓"我自觉的学哲学是在我十六岁的时候，那时候我读的书有《哲学要领》、《一年有半》和相当于西洋哲学史的《泰西学案》，以及《天演论》《新民丛报》等"。《哲学与哲学家》，《张申府文集》（2），河北人民出版社，2005，第443页。

单，或复杂，或一笔带过，甚至存在不少误读，但不同程度上都给读者提供了黑格尔及其哲学的大致情形，包括其行迹、著述与主要的哲学贡献。对于时人阅读和进一步接受黑格尔哲学，它们无疑都起着一定的桥梁作用，构成了时人阅读和运用黑格尔哲学的知识基础与思想资源。我们通过以下一些具体的例证，或可更深刻了解清末知识分子对黑格尔及其哲学的理解和使用（包括误用情况），这也许最能体现黑格尔及其哲学影响的广度、为当时中国人所接受的程度，以及黑格尔哲学在清末中国被译介和传播的思想史意义。

在晚清新思潮包括西方哲学、德国哲学乃至黑格尔哲学经由日本传入中国的过程中，梁启超及《新民丛报》发挥了重要作用。如梁启超在《地理与文明之关系》一文中就曾引用黑格尔（德儒黑革）在《历史哲学》中的观点来为地理决定论寻找依据："德儒黑革曰水性使人通，山性使人塞，水势使人合，山性使人离。诚哉是言！"[①]稍后，梁启超又在《宗教家与哲学家之长短得失》一文中明确说："哲学亦有两大派，曰唯物派，曰唯心派。唯物派只能造出学问，唯心派时亦能造出人物。故拿破仑、俾士麦皆笃好斯宾诺莎之书，受其感化者不少焉。而俄罗斯虚无党人亦崇拜黑智儿学说，等于日用饮食。夫斯、黑二子之书，皆未尝言政治、言事功也，而其感染人若此。"[②]1905 年初，在讲述俄罗斯革命之肇因于文学时，梁启超又谈到黑格尔，

---

① 中国之新民：《地理与文明之关系》，《新民丛报》第 1 号，光绪二十八年正月初一日，第 52 页。

② 中国之新民：《宗教家与哲学家之长短得失》，《新民丛报》第 19 号，光绪二十八年十月初一日，"宗教"，第 3 页。当时连载于 1902～1903 年《新小说》杂志上的《东欧女豪杰》，在描写虚无党人的书架时，即特意举出黑格尔的《权利哲学》、卢梭的《民约论》等书，并说这些书被人熟读的"表皮也破了，纸色也黑了"，借此暗示它们与虚无党人的思想关联，这或许也反映了梁启超该论的影响。参看岭南羽衣女士《东欧女豪杰》，收入阿英编《晚清文学丛钞·小说一卷》，中华书局，1960，第 94 页。

说俄罗斯革命运动第一期，其文学受到黑格尔派唯心论哲学的影响，"比圭黎（德国大哲，或译黑智儿）派之唯心哲学输入，思潮又为之一变。一八三〇年间，此种哲理殆弥漫全国"。① 在梁启超看来，俄罗斯"民党"及之后的"虚无党"皆从黑格尔这里撷取思想来源。

在别的文章中，梁启超也曾捎带提及黑格尔。如在介绍康德学说的影响时，梁启超就说："其在近世，则远承倍根、笛卡尔两统而去其弊……下开黑格儿、黑拔特二派而发其华。二派一主唯心论，一反对唯心论，皆自谓祖述康德。"② 稍后，梁启超在《新民说·论私德》中亦提及黑格尔，将他同苏格拉底等四人之书并列作为"泰西之学说"的代表：

> 今欲以一新道德易国民，必非徒以区区泰西之学说所能为力也，即尽读梭格拉底、柏拉图、康德、黑智儿之书，谓其有"新道德学"也则可，谓其有"新道德"也则不可。何也？道德者行也，而非言也……③

在1905年编选的《德育鉴》一书中，梁启超针对王阳明的"知行合一"论加按语进行阐释，其中也明确提及黑格尔，并认为他同王阳明一样主张知行合一："泰西古代之梭格拉第，近世之康德、比圭黎（或译作黑智儿），皆以知行合一为教，与阳明桴鼓相应，若合

---

① 中国之新民：《俄罗斯革命之影响》，《新民丛报》第61号，光绪三十年十二月十五日，"时局"，第3页。

② 中国之新民：《近世第一大哲康德之学说》，《新民丛报》第25号，光绪二十九年正月十四日，第5页。该段话还被孙宝瑄摘录进日记。参看孙宝瑄《忘山庐日记》上册，光绪二十九年三月十二日，第663页。

③ 中国之新民：《新民说·论私德》，《新民丛报》第40、41号合刊，光绪二十九年九月十日，光绪三十年正月初一日补印出版，"论说"，第3~4页。

符契。陆子所谓'东海西海，有圣人出焉，此心同也，此理同也'，岂不然哉？此义真是单刀直入，一棒一条痕，一掴一掌血，使伪善者无一缝可以躲闪。"① 另外，民国以后，梁启超论述中亦偶有提及黑格尔之处，② 因与本书主题关系不大，暂且不提。

通过上述例证可以看出梁启超对黑格尔观点引述之广泛，但不同引用处的黑格尔译名并不一致，说明梁启超接受的黑格尔阅读蓝本主要来自不同的二手日文文献，这使得他对黑格尔的理解与使用不可避免地要受到日本思想资源的影响。故此，类似梁启超在国家观念上同伯伦知理的思想关系，③ 梁启超新史学的思想来源跟黑格尔的关系，特别是同黑格尔所著《历史哲学》的关系，亦是值得深入讨论的"理论旅行"（Traveling Theory）话题。④ 只是既有研究比较多注意到他与日本学者尤其是浮田和民的思想渊源，⑤ 而不太关注同黑格尔的思想渊源，唯邬国义教授在文章中曾简单提及；日本学者石川祯浩则注意到梁启超《地理与文明之关系》一文直接来自浮田和民的《史学通论》，而浮田和民有关地理与环境关系的讨论却是改编自黑格尔的《历史哲学》。⑥ 实际上，浮田和民在书中频频征引黑格

① 梁启超：《德育鉴·知本三》，《饮冰室合集·专集之二十六》第 7 册，第 38 页。
② 参看梁启超《菲斯的人生天职论述评》，《饮冰室合集·文集之三十二》第 4 册，第 70 页。
③ 参看巴斯蒂（Marianne Bastid）《中国近代国家观念溯源——关于伯伦知理〈国家论〉的翻译》，《近代史研究》1997 年第 4 期。
④ 关于"理论旅行"，是萨义德（Edward Said）提出的重要跨文化传播话题，有关的论述可看爱德华·W. 萨义德《旅行中的理论》，收入《世界·文本·批评家》，李自修译，三联书店，2009，第 400~432 页。
⑤ 参看蒋俊《梁启超早期史学思想与浮田和民的史学通论》，《文史哲》1993 年第 5 期；王晴佳《中国近代"新史学"的日本背景》，《台大历史学报》第 32 期，2003 年 12 月；邬国义《梁启超新史学思想探源》，《历史的碎片》一集，上海人民出版社，2016，第 259~310 页；等等。
⑥ 参看石川祯浩《梁启超与明治时期日本的地理学研究》，《中国近代历史的表与里》，袁广泉译，北京大学出版社，2015，第 133 页。

尔，同其进行对话，这样的做法应该会影响到梁启超进一步去阅读关于黑格尔思想的日文研究成果或黑格尔原著的日译本。① 石川祯浩这里只是简单提及梁启超与黑格尔的思想联系，并没有过多展开。至于梁启超如何经由浮田和民等人的著作去研读、理解和使用黑格尔，仍需要更深入的讨论，这可能要等待熟悉明治日本时期哲学史和思想史的研究者了。

较梁启超等人在《新民丛报》上的哲学译介活动时间稍晚的王国维，也在《教育世界》杂志上发表了很多对西方哲学家及其学说的介绍，这些文字多被收入 1905 年出版的《静庵文集》。② 其中，王国维对康德、叔本华与尼采哲学等都很感兴趣，他尤喜欢叔本华哲学。也许是受到叔本华对黑格尔哲学持批评态度的影响，王国维没有写过关于黑格尔哲学的介绍或"像赞"。饶是如此，王国维对黑格尔哲学还是比较了解的，因为在他翻译的《哲学概论》中，就有对黑格尔哲学非常详细的介绍。此外，他在几篇写于 1904 年的文章中亦不断提到黑格尔（海额尔）。像《论性》一文，王国维就将张载《正蒙·太和篇》中的言论同黑格尔的辩证法相比附，"此即海额尔之辩证法，所谓由正生反，由反生合者也"。③ 在《释理》一文中，王国

---

① 黄克武曾对梁启超初居日本时所读的与康德有关的书进行了研究，借此展示了梁启超撰写《近世第一大哲康德之学说》的可能思想来源，而这些书无疑应该也是梁启超接受黑格尔哲学的部分思想来源。可参看黄克武《梁启超与康德》，《近代中国的思潮与人物》，第 247～261 页。

② 蒋维乔于 1906 年夏天（丙午六月初九日）读了《静庵文集》后，受到王国维对严复评价的影响，在六月十三日的日记里记载道："王于哲学研究颇深，集中文字皆发挥哲学之理，非以文字鸣者也。我国学界中无有能融贯中西哲理而自著一书者，如侯官严氏之译著，不过功利论及进化论之哲学，非纯正哲学。余于西文既未能通，而企慕哲理则夙具是志。今阅王氏之书，得略慰饥渴也已。"蒋维乔甚至读其书想见王国维其人，特意在六月十四日去教育世界社拜访王，但不遇，"适北征"。见《蒋维乔日记》第 2 册，第 231～233 页。

③ 王国维：《论性》（1904 年），收入谢维扬等编《王国维全集》第 1 卷，第 12 页。

维则讨论了黑格尔、谢林（希哀林）同康德（汗德）、叔本华关于"理性"的看法，认为谢林和黑格尔过于夸大理性作用，以此衬托康德对于理性看法的恰当和叔本华对康德的继承与超越，"汗德以通常所谓理性者谓之悟性，而与理性以特别意义……而汗德以后之哲学家，遂以理性为吾人超感觉之能力……特如希哀林、海额尔之徒，乘云驭风而组织理性之系统，然于吾人之知力中果有此能力否……至叔本华出，始严立悟性与理性之区别"。[1]

王国维在介绍叔本华的文章中，亦多次提及黑格尔（海额尔）。如在介绍叔本华的哲学和教育学说时，王国维说"海额尔派之左右翼"亦曾由自己的哲学系统出发"创立自己之教育学"。之后王国维还多次提到叔本华对黑格尔的批评，并明确指出黑格尔、谢林学说如海市蜃楼，不如叔本华哲学值得深入研究，"特如希哀林、海额尔之徒，专以概念为哲学上唯一之材料，而不复求之于直观，故其所说，非不庄严宏丽，然如蜃楼海市，非吾人所可驻足者也……叔氏之哲学则不然"。[2] 后来，王国维在写于1906年的《书辜氏汤生英译〈中庸〉书后》一文中，亦简单提及"海格尔（Hegel）之'idea'"。[3]

不像梁启超、王国维主要依靠日文研读和译介西方哲学，分别被梁启超与蔡元培誉为"哲学初祖"和"五十年来介绍西洋哲学第一人"的严复，[4] 则更多借助英文文献来学习和宣传西学。他那篇

---

① 王国维：《释理》（1904年），收入谢维扬等编《王国维全集》第1卷，第23页。

② 王国维：《叔本华之哲学及其教育学说》（1904年），收入谢维扬等编《王国维全集》第1卷，第34~53页。

③ 《书辜氏汤生英译〈中庸〉书后》（1907年），收入谢维扬等编《王国维全集》第14卷，第73页。

④ 梁启超在诗中曾称赞严复为"哲学初祖天演严"。见梁启超《广诗中八贤歌》，《新民丛报》第3号，光绪二十八年二月初一日，第97页。蔡元培后来则说："五十年来，介绍西洋哲学的，要推侯官严复为第一。"见蔡元培《五十年来中国之哲学》，收入申报馆编《最近之五十年——申报馆五十周年纪念》第2编，上海书店，1987，第1页。

介绍黑格尔唯心论的专文，就是从英文译述而来，而非其自撰。[①]
不止有这样的专文介绍，严复早先私下在跟朋友的通信中也提到黑
格尔，该信解释了他只能翻译英文的苦衷，同时批评了学界对来
自日本西学的崇拜现象，主张应该去学习真正的西学，而不应假
手日本：

> 顾欲仆多择德人名著译之，以饷国民。第仆于法文已浅，
> 于德语尤非所谙。间读汗德、黑格尔辈哲学及葛特论著、伯
> 伦知理政治诸书，类皆英、美译本，颇闻硕学者言，谓其书
> 不逮原文甚远……颇怪近世人争趋东学，往往入者主之，则
> 以谓实胜西学。通商大埠广告所列，大抵皆从东文来。夫以
> 华人而从东文求西学，谓之慰情胜无，犹有说也；至谓胜其
> 原本之睹，此何异睹西子于图画，而以为美于真形者乎？俗
> 说之悖常如此矣![②]

严复在此将黑格尔与康德并举，作为德国哲学家的代表。在出版的译
著《穆勒名学》中，严复也在按语中两次提到黑格尔（希格尔）：

> 昔者德儒希格尔亦以不知此义，遂谓太极、庇音既称统冒

---

① 根据黄克武教授的提示，严复该文乃是编译自《黑格尔的心灵哲学》一书。据笔
者所查，该书德文版 1830 年出版，英文版 1845 年出版，1894 年再版，参看 Georg
Wilhelm Friedrich Hegel and Ludwig Boumann, *Hegel's Philosophy of Mind*：*Being Part
Three of the 'Encyclopedia of the Philosophical Sciences'*，trans. by William Wallace and
Arnold V. Miller, Oxford：Clarendon Press, 1971。
② 《与曹典球书》（1904 年 2 月 4 日），收入王栻主编《严复集》第 3 册，第 567 页。
另外，根据后人 Li Qiang 的发现，严复曾批注过康德《纯粹理性批判》的英译本，
今该手批本保存在南京大学图书馆。转见黄克武《梁启超与康德》，《近代中国的
思潮与人物》，第 240 页注释 1。

万物，自不应有一切形相德感，至使有著不浑；如无一切形相德感，则太极、庇音，理同无物。以统摄群有之名为等于无，文义违反至于如此，此其弊正与培因等耳。复案《易》言太极无极，为陆子静所不知，政亦为此。朱子谓非言无极无以明体，非言太极无以达用，其说似胜。虽然，仆往尝谓理至见极，必将不可思议。故诸家之说皆不可轻非，而希格尔之言尤为精妙。①

严复多次征引黑格尔及其哲学，甚至不惜写专文介绍，在某种程度上，这些情况或表明他本人对于黑格尔哲学是比较熟悉与看重的。当然从中可以看出，严复也存有与黑格尔哲学的其他日语译介者竞争之意。

除了严复这类留学过欧美的人，可以依靠直接阅读介绍西方哲学及哲学家的英文作品或原著并进行诠释和使用，绝大多数读者可能还是需要依据翻译作品或日语著作，来阅读和接受西方哲学等新思潮。像晚清桐城派文学家吴汝纶就是如此。吴也喜好西学，对严复的翻译工作赞许有加，不仅如此，他还身体力行，广泛阅读西学书籍，他的日记中就有很多对西学书籍的记载。如他在阅读东文学社教习西山荣久所译《新学讲义》时，就做了很多摘录，在对近代德国哲学史的摘录中，尤有推崇黑格尔之处："韩图（即康德）精于哲学、伦理学，德国学术始盛，其后斐钿贴氏（即费希特）、挟龄孤氏（即谢林）、黑该耳氏（即黑格尔）、穴骈毫野耳氏（即叔本华）、黑尔把耳拖氏（即费尔巴哈）接踵而起，而黑该耳尤绝伦……故言哲学者推

---

① 王栻主编《严复集》第 4 册，第 1039～1040 页。

德国称首云。"①

　　清末浙江名士孙宝瑄亦自恨"不通西文"，不能亲读西方哲学家的著作，②但他经常购阅新书新报，亦曾详细读过西洋哲学史类书籍及梁启超在《新民丛报》上的西方哲学家介绍。孙宝瑄在日记中做过很多的摘录与评论。如他在评论哲学的两大派别之对立和消长时，直接将唯心论同人权的兴起联系起来：

> 哲学家有唯心唯物二大派。唯物之学胜，则以物主持世界矣。唯心之学胜，则以心主持世界矣。心物二学，相持至今，不能相破也。余谓心物二者，交相需也。然心可以胜物，物不可以胜心。何也？物胜心则天权胜，心胜物则人权胜。今日者，扶人权而抑天权时也。唯物学大行，其弊必至。天有权而人无权，世界将退化矣。③

　　从这样不乏误解但结合现实的评论中，我们明显可以感受出孙宝瑄对唯心论的热衷，以及他推崇唯心论的现实意义——"扶人权而抑天权时也"。稍后在 1903 年 7 月 30 日（六月初七日）日记中，孙宝瑄还明确表达了对黑格尔哲学的认识，尤其是对黑格尔辩证法的看法：

> 西儒黑智儿与瑞林格（即谢林）同时以哲学名。瑞氏之学务与康特、费息特相反对，黑氏则以论理救正之，而自标新义。黑氏之宗旨，以为主观与客观无差别，心思与事物亦无差

①　宋开玉整理《桐城吴先生日记》（上），河北教育出版社，1999，第 449 页。
②　孙宝瑄：《忘山庐日记》上册，光绪二十九年三月十二日，第 663 页。
③　孙宝瑄：《忘山庐日记》上册，第 334 页。

别。有一名言曰，物即非物，二者为一。又有一根论曰：相反者常相同，如有与无相反也，然物不能自有，借人思想而后知其有；亦不能自无，借人之思想而后知其无。无论有与无，皆现于人思想中，故有与无无差别也。又有名言曰：凡物莫不相异而相同之故，即在于是。此诚哲学之美论，永不可驳者。要之，黑智儿，怀疑派也。无所谓心，无所谓物；物即是心，心即是物。

孙宝瑄上述记载应系他对马君武发表在《新民丛报》上的《唯心派巨子黑智儿学说》一文的摘录，[①] 只是孙自己不能确定黑格尔的辩证法思想是否恰当，但他觉得值得记载，"忘山曰：其说之是否不敢决，姑存一种学说录之"。稍后，孙宝瑄还征引黑格尔之言，并明确表示认同，"黑智云：身体之老为衰颓，理想之老为成熟。不易之名言也"。[②] 除了孙宝瑄，亦有人对黑格尔的辩证法感兴趣，《江苏》杂志发表过一篇连载的长文《哲学概论》，其中以图式方式点出了黑格尔的辩证法（有存和有对）及其各环节，并说"此德国大哲学家黑智儿之有存即有对之说也"。[③]

蒋观云（智由）在《平等说与中国旧伦理之冲突》一文中也多次引用黑格尔，甚至其文章开篇即引用黑格尔的"理念论"和伦理观，将其作为欧美平等说的基础，"自海盖尔（亦作黑智儿、比圭离）之言伦理也，本于其哲学所定形而上之理，以世界为一大精神之发现，而个人者，不过此一大精神中之小部分。个人精神之发达，

---

① 参看马君武《唯心派巨子黑智儿学说》，《新民丛报》第 27 号，光绪二十九年二月初十日，第 3 ~ 11 页。
② 以上引文均见孙宝瑄《忘山庐日记》上册，光绪二十九年六月初七日，第 713 页。
③ 侯生：《哲学概论》，《江苏》第 6 期，黄帝纪元四千三百九十四年八月初一日发行（1903 年 9 月 21 日），第 50 页。

无非为一大精神发达之阶段"，蒋观云认为如果依照"海盖尔氏之说，则世界万有，实为平等，一如视有差别实则并无差别"。接着蒋认为"自近世纪以来，欧洲之伦理学说，皆有自部分进于全体之势"，其中唯有海盖尔"理念论"以"形而上学为根底，以为凡世界之现象，无非宇宙之理性，而以个个之进化为一大理性"，至于"全体之进化者，则海盖尔之说，实居其最"，"凡社会主义、世界主义以平等为道德之根据者，皆可由海盖尔之说演绎而处者"。蒋观云这里也认为黑格尔哲学深深影响了俄罗斯的虚无党人，"俄国虚无党多受海盖尔哲学之影响"。①

年轻时的周树人（鲁迅）亦应了解黑格尔的"理念论"，他发表在 1908 年 8 月《河南》杂志上的文章《文化偏至论》，即明确提及黑格尔的名字及其对理念作用的推崇，"然尔时所要求之人格，有甚异于前者。往所理想，在知见情操，两皆调整，若主智一派，则在聪明睿智，能移客观之大世界于主观之中者。如是思惟，迨黑该尔（F. Hegel）出，而达其极"。②

在当时的报刊中，黑格尔的名字也屡屡被提及。如《申报》上有文章在讨论 19 世纪泰西文明时说："于学术也，则有德之梅爱尔，倡势力不减说，英之达尔文著《进化论》；而理学一科，如德则曰非黑代（即费希特），曰海喀耳（即黑格尔），曰希进呵爱尔（即叔本华）……诸大家一时辈出……"③《国民日日报》上亦曾发表有专文讨论唯心派哲学，文中明确说："西人之言哲学者，分唯物、唯心二派。唯心派者斯宾诺莎、黑智儿创之，与唯物派并峙。

---

① 观云：《平等说与中国旧伦理之冲突》，《新民丛报》第 3 卷第 22 期（原第 70 号），光绪三十一年十一月十五日，第 13～14 页。
② 《文化偏至论》，《鲁迅全集》第 1 卷，第 56 页。
③ 《泰西十九世文明述略》，《申报》1901 年 1 月 31 日，第 1 版。

今者格致兴矣，物理明矣，唯心派之说愈衰，而唯物派之势愈升矣！虽然，唯心之派，亦非无足采者也。"[1] 文中并指出唯心哲学的六大功用："化一执之见也""有自尊之念也""大可有为之志也""发明自由之理也""发明平等之义也""发明解脱之义也"。最后，作者将王阳明学说视为与黑格尔相似之唯心论，借鉴王学促进日本维新的经验，期待"吾国之学者，发明王阳明之学说，而不废物教之宗，则唯心学派之兴，吾知可计日而待矣！"[2]《游学译编》上则有一篇改编的翻译文章，尽管改编者有些误解黑格尔精神自由的意义，但仍然颂扬黑格尔对于自由的倡导：

> 种族之所以进步，人类之所以统一，必视其自由思想程度之高下以为之衡。其程度高者，其进步之期望必愈速，其统一之希望必愈盛；其程度劣弱者，其进步之期限必愈迟钝，其统一之希望必愈堕落，至于凌夷衰微，亡种绝国，不可振救。其原因莫不由是。德国哲学巨子黑智儿者，倡历史哲学，以自由思想之发达为历史之目的，以讨究自由思想之发达为历史哲学之奥窔。信乎其为鸿议也！[3]

与之类似，《浙江潮》上也有文章阐述黑格尔学说的政治价值，不过作者"支那子"是从法律角度来征引黑格尔关于"权利"的定义："权利者，乃人民之意思，为法律所认许者也。此说亦倡之于德

---

[1] 《欧洲哲学之思潮·〈国民日日报〉论唯心派》，转见《经世文潮》1904 年第 8 期，第 18 页。

[2] 《欧洲哲学之思潮·〈国民日日报〉论唯心派》，转见《经世文潮》1904 年第 8 期，第 19 页。

[3] 《自由生国生产日略述》，《游学译编》第 1 期，光绪二十八年十月十五日，"历史"栏。

之哲学派黑智儿氏，法律家亦从而附和之。"①《外交报》第 55 期上也有人在评析"嚇铁尔之国际公法"时提及黑格尔对之的影响，说其书"虽以法规惯例为主，然大率释以哲理，而实渊源于黑智儿之哲学。研究公法者，所当熟读也"。②《南方报》上发表的一篇白话文《尊孔论》，将黑格尔当作时人崇拜的西方思想家代表，批评"那些谈新学的""拿着什么苏格拉底、拍拉图、亚里斯多得、笛卡儿、康德、边沁、黑格儿、斯宾塞尔、达尔文、赫胥黎，看得那些人崇拜不了"，数典忘祖，"最新欧化"，"至于以孔教为诟病"。③

类似这样援引黑格尔及其学说的趋新人士还有不少。如有人认为黑格尔等 18 世纪末 19 世纪初的德国哲学家，为后来普鲁士统一、德国振兴提供了思想资源："19 世纪初年，普国为法国所破，斯时有夫伊迭（即费希特）、些林克（即谢林）、海凯尔（即黑格尔）等大唱理想说，以鼓舞普国人心，欲使其向高尚之域。普国之有今日，职是故也。"④ 徐念慈在为《小说林》杂志撰写的《缘起》中，也明确提及了黑格尔的美学观念：

> 则所为小说者，殆合理想美学、感情美学，而居其最上乘者乎？试以美学最发达之德意志征之，黑猲尔氏（Hegel, 1770 – 1831）于美学，持绝对观念论者也。其言曰："艺术之圆满者，其第一义，为醇化于自然。"简言之，即满足吾人之美的欲望，

① 支那子：《法律上人民之自由权》，《浙江潮》第 10 期，癸卯十月二十日，"学术"，第 2 页。
② 见《公法诸书评论》，《外交报》第 55 期，1903 年 9 月 6 日，第 9 页。转见张元济主编《外交报汇编》第 16 册，国家图书馆出版社，2009，第 197 页。
③ 《尊孔论》，《南方报》1907 年 1 月 24 日，"新闻"，第 3 页。
④ 《论哲学及于社会之影响》，《大陆报》第 3 年第 11 号，第 13 ~ 14 页。

而使无遗憾也。①

　　此外，时人对黑格尔的唯心论比较熟悉，非常推崇。该作者在文章中认为，如果读者不善于读书和理解，即使是达尔文的进化论与黑格尔的唯心论，也不是什么正宗的学术，"达尔文天演之祖，黑智尔唯心之宗，何学术哉？"②《江宁学务杂志》上亦有作者在文章中提及黑格尔，表明该作者对黑格尔哲学的重要性也有相当的认识："……使全国四万万人皆转为贫瘠冻馁，交迫死亡相继，则其黠悍者必且铤而走险，妄逞揭竿，大乱一作，不可收拾矣。至于是时，虽有孟德斯鸠之法理，倍根、黑智儿之哲学，其能遏铦利之凶锋，泄郁积之毒愤乎？"③《神州日报》上也有文章提到黑格尔，该文作者同梁启超一样，将之视为俄国虚无党的理论来源：

　　　　吾国国民所以无爱国心者，正坐于缺乏宗教心耳！且夫欧洲无路德新教之改革，必不能成克林威尔之丰功；日本无吉田之讲王学、月照之参禅机，必不能生维新之人物；俄国无巴枯宁、黑格尔之惟心论神及国，必不能成民意党之活动。是国家思想者，固宗教思想之新产儿也。④

　　像前引《泰西教育家略传》《希几学案》一样，还有人把黑格尔当成一个教育家，表彰其教育思想："实者，何也？改治之本而救亡之枢也……而教育一途为尤甚。且夫黑格尔，西人言教育者之山斗

---

① 觉我（徐念慈）：《小说林缘起》，《小说林》第 1 期，光绪三十三年正月，第 1 页。
② 《读新小说法》，《新世界小说月报》第 6、7 期，1907 年，转见陈平原、夏晓虹编《二十世纪中国小说理论资料》第 1 卷，第 276 页。
③ 《论科学教育》，《江宁学务杂志》庚戌年第 4 册，"论说"，第 3 页。
④ 《论宗教心与爱国心之关系》，《神州日报》1907 年 9 月 23 日，第 1 页。

也，然黑氏所自立之学校，则律学生至严，课程至密，是黑格尔固以求实为教育之宗旨也。"①《江苏》上也有人把黑格尔当作教育家，将之与苏格拉底、柏拉图、洛克、斯宾塞等并列为提倡"国民教育之学说"者，称许他们"类能溯源寻流，推波助澜，卓然自成一家"。②

以上这些对黑格尔的各种各样引述和使用，虽然比较零散，难成系统，且不乏误解，也并不为研究黑格尔的哲学史家注意，可它们的存在，却在知识社会史上具有非常重要的意义，不同程度上都表明黑格尔及其哲学作为思想资源在清末中国的流通情况，以及其比较深刻地介入当时中国知识界、思想界的状况。

四 章太炎与黑格尔

1920 年代初，在为纪念《申报》创刊五十周年所写的《五十年来之中国哲学》一文中，蔡元培反躬自省道："最近五十年，虽然渐渐输入欧洲的哲学，但是还没有独创的哲学。所以严格的讲起来，'五十年来之中国哲学'一语，实在不能成立。现在只能讲讲这五十年中，中国人与哲学的关系，可分为西洋哲学的介绍与古代哲学的整理两方面。"③ 蔡元培这里是在以西方的"哲学"体系标准立论，述说最近五十年来之中国哲学其实就是中国人对西洋哲学的译介情况，这大体没错。可若以在地立场看，蔡元培之语大有可商榷之处，尤其忽略了近代以来中国知识分子在西方哲学译介过程中的主体性与翻译政治的作用，以及他们在阅读、接受和使用过程中对原本的再创造与

① 《姜堰务实小学堂序》，《申报》1906 年 9 月 13 日，第 2 版。
② 海门季新益：《泰西教育之开幕者阿里士多德之学说》，《江苏》第 2 期，光绪二十九年四月廿八日，"教育"，第 2 页。
③ 见蔡元培《五十年来中国之哲学》，收入申报馆编《最近之五十年——申报馆五十周年纪念》第 2 编，第 1 页。

再转化，这些可能是西方哲学东渐过程中最具意义和最该详细阐述的内容。接下来，笔者再以章太炎为例，从阅读史角度进一步说明之。

清末时，章太炎非常关注西方哲学，上海出狱、东渡日本后的时间，是章太炎思想最活跃的时期。他一方面大量吸取西方思想、佛学、印度哲学，一方面又将这些思想同中国传统思想进行融会贯通，如王汎森教授所言，他"既反对毫无保留地吸取西学，却又对传统重新加以塑造"。① 这期间，章太炎尤好阅读日本翻译的西方哲学著作。如他在后来的回忆中所言："既出狱，东走日本，尽瘁光复之业。鞅掌余闲，旁览彼土所译希腊、德意志哲人之书。"② 宋教仁1906年7月6日日记中的记载也为我们提供了一段形象的旁证，表明当时的章太炎对学习哲学的热衷程度："晤章枚叔，枚叔于前月去（出）沪狱，特来掌理《民报》者。与余一见面时，甫通姓名，即谈及哲学研究之法，询余以日本现出之哲学书以何为最？余以素未研究，不知门径对之，盖孤负其意不小矣。复谈良久。"③ 其后，宋教仁也开始购阅一些诸如《哲学泛论》《哲学纲要》《哲学要领》《哲学真难》之类的中日文哲学书，甚至一度打算研究东西洋哲学，不知他这样的选择是否同受到章太炎的刺激有关。可以确知的是，几个月后，宋教仁也开始同章太炎谈哲学，并能在某些问题上说服章太炎了。④

---

① 王汎森：《章太炎的思想》，上海人民出版社，2012，第11页。
② 章太炎：《菿汉微言》，收入汤志钧编《章太炎政论选集》（下），中华书局，1977，第734页。
③ 《宋教仁日记》，开国纪元四千六百零四年七月六日，第200页。
④ 据宋教仁日记1906年12月6日的日记记载："晚餐后，与章枚叔谈最久，谈及哲学，枚叔甚主张精神万能之说，以为万事万物，皆本无者，自我心之一念以为有之，始乃有之矣。所谓物质的，亦不过此一念中以为有此物质，始乃有之耳。余以'惟我'之理质之，并言此我非内体之我，即所谓此之一念也云云。枚叔亦以为然。"见《宋教仁日记》，第307页。

在日本期间苦读西方哲学著作的收获，非常明显地反映在章太炎这时期的著述中，如章太炎《民报》上发表的文章，"以新知附益旧学"，① 经常提及康德、柏拉图、斯宾诺莎、莱布尼茨、卢梭、叔本华等诸多西方哲学家，对黑格尔的学说更是多次引述。② 如早在1905年10月于狱中致黄宗仰的信中，章太炎就特意将一些德国哲学家同佛教思想进行了联系对比，"此黑忌尔（即黑格尔）所谓有无一致也……陆野尔（即叔本华）亦深诋黑忌尔说，二家皆自谓惟识一元，然已不能不流于二元矣！"③

19世纪末以后，严复译述的《天演论》传播开来，加之梁启超的转述引介，社会进化论学说开始广泛流行于中国，"嗣是以后，'达尔文''斯宾塞'之名，腾于众人之口；'物竞天择'之语，见于通俗之文"。④ 除章太炎等极少数人外，当时绝大多数趋新知识分子都毫无保留地接受了这种学说，而无视或忽略了其中蕴含的残酷性与片面性。在1906年9月5日《民报》上发表的《俱分进化论》这篇名文中，章太炎又对社会进化论学说进行了抨击。该文起首即言：

> 近世言进化论者，盖昉于海格尔氏。虽无进化之明文，而所谓世界之发展，即理性之发展者，进化之说，已萌芽其间矣！达尔文、斯宾塞尔辈应用其说，一举生物现象为证，一举社会现象为证。⑤

---

① 《清代学术概论》，收入朱维铮校注《梁启超论清学史二种》，第73页。
② 参看姜义华《章太炎评传》，南京大学出版社，2002，第377~378页。
③ 《与黄宗仰》，马勇编《章太炎书信集》，第78页。
④ 王国维：《论近年之学界》（1905年），收入谢维扬等编《王国维全集》第1卷，第122页。
⑤ 《俱分进化论》，收入《章太炎全集》（四），上海人民出版社，1985，第386页。

章太炎这里误把黑格尔当作社会进化论的首倡者，①认为其"虽无进化之明文"，但所主张的理性之发展的观点乃是一种进化论主张，其"终局目的"，在"必达于尽美醇善之区，而进化论始成"。随后章太炎又说："当海格尔始倡'发展论'时，索宾霍尔（即叔本华）已与相抗……"归根结底，章太炎认为不能一概言之，目进化论之说为非。章太炎承认进化的事实，但对黑格尔等所谓的"若云进化终极，必能达于尽美醇善之区"这样的线性社会进化论观点，则不以为然，认为其错在过于强调"善"的一方、"乐"的一方，没有看到事物的两面性与进化的相反相承，善恶皆在进化，苦乐亦同在进化：

> 彼不悟进化之所以为进化者，非由一方直进，而必由双方并进，专举一方，惟言知识进化可尔。若以道德言，则善亦进化，恶亦进化；若以生计言，则乐亦进化，苦亦进化。双方并进，如影之随形，如罔两之逐影，非有他也。

借此"俱分进化"主张，章太炎表明了他对现代性与社会进化论的警惕和担忧——现代性与进化论并不一定会带来福祉，反有可能招致苦难。②

---

① 章太炎这个误读，或许是受到了严复等人的影响，如严复即认为黑格尔"已开斯宾塞天演学之先声"，"故其言化也，往往为近世天演家之嚆矢"。《述黑格儿惟心论》，王栻主编《严复集》第 1 册，第 216、217 页。另外，像前引有贺长文的《西洋历史提要》一书中，也认为黑格尔"唱进化论"。而读过一些日本哲学书的徐兆玮也认为无政府主义者巴枯宁关于人自动物进化的言论，"盖胚胎于海格尔之精神进化记、达尔文之物质的进化论"。参看《徐兆玮日记》第 2 册，光绪三十三年十二月十一日，第 826 页。

② 可参看汪荣祖《章太炎对现代性的迎拒与文化多元思想的表达》，《中央研究院近代史研究所集刊》第 41 期，2003 年 9 月；王汎森《章太炎的思想》，第 104～111 页。

稍后，在 1908 年 7 月 10 日《民报》上发表的《四惑论》一文中，章太炎借"布鲁东氏"之说又对黑格尔著名的所谓"存在即合理"、国家至上这样忽略个体的观点进行了批评。他认为"布鲁东氏"这样的逻辑，会压制个人自由与权利，"是故一切强权，无不合理。凡所以调和争竞者，实唯强权之力"，这就会造成"尊奖强权"、社会不公，使强梁者得其自由，而剥夺了弱势群体的自由，这实际是为帝国主义的侵略行为张目。而"布鲁东氏"这样的论点乃来自黑格尔：

> 原其立论，实本于海格尔氏，以力代神，以论理代实在，采色有殊，而质地无改。既使万物皆归于力，故持论至极，必将尊奖强权矣。名为使人自由，其实一切不得自由。后此变其说者，不欲尊奖强权矣？然不以强者抑制弱者，而张大社会以抑制个人，仍使百姓千名，互相牵掣，亦由海格尔之学说使然。名为使人自由，其实一切不得自由也。[①]

不仅如此，章太炎还将黑格尔"存在即合理"的观点同庄子的观念进行了比较，认为这两种学说名同实异。黑格尔的观点太具有功利性与目的性色彩，忽略了"人心不同，难为齐概"这样的事实，"若夫庄生之言曰：'无物不然，无物不可。'与海格尔所谓'事事皆合理，物物皆善美'者，词义相同。然一以为人心不同，难为齐概；而一以为终局目的，借此为经历之途，则根柢又绝远矣！"[②]

在《五无论》中，章太炎亦批评了黑格尔的历史发展目的论主

---

① 《四惑论》，《章太炎全集》（四），第 445 页。
② 《四惑论》，《章太炎全集》（四），第 449 页。

张，认为这样太容易削足适履，只选择对自己有利的方面，无视历史的开放性和复杂性，"或窃海格尔说，有无成义，以为宇宙之目的在成，故惟合其目的者为是"。①

另外，章太炎还在《建立宗教论》中简单提到黑格尔，表彰他的学说对"建立宗教之实"的贡献："万有皆神之说，未成宗教，而有建立宗教之实。自曼布轮息、斯比诺沙、海格尔辈积世修整，渐可惬心。然近世泛神教之立说亦可有可议者。"②

之后，章太炎又一度将黑格尔引用为海羯尔，对其"正—反—合"或"肯定—否定—否定之否定"模式的辩证法进行了讨论。如在1910年写成的《国故论衡·辨性下》中，章太炎从佛教的观点否定黑格尔与笛卡尔的思想，"海羯尔以有无成为万物本，笛尔（笛卡尔）以数名为实体，此皆无体之名"。③ 在同年写成的《齐物论释》中，他又将黑格尔的辩证法同庄子主张进行对比，"若海羯尔有无成之说，执着空言，不可附合庄氏"。④ 接下来，章太炎又运用中国传统思想对"有""无""成"这样的概念进行了解读和发挥。

曾有研究者批评章太炎等人对黑格尔哲学的理解存在不少误读。⑤ 这可能有些苛责了。不管章太炎所接受的黑格尔哲学，是来自马君武、严复等的译介，还是取材于日本所译的哲学著作，都不同程度上同黑格尔原初的思想有所偏离。因之，从哲学史的角度以后见之明讲，就算章太炎对黑格尔的理解的确存在误读（这里暂不说是否存在对某个哲学家或哲学思想完全"正确"或"准确"的理

---

① 《五无论》，《章太炎全集》（四），第 439 ~ 440 页。
② 《建立宗教论》，《章太炎全集》（四），第 410 页。
③ 章太炎：《国故论衡》，上海古籍出版社，2003，"辨性下"，第 143 页。
④ 《齐物论释》，《章太炎全集》（六），上海人民出版社，1986，第 24 页。
⑤ 参看陈启伟《康德、黑格尔哲学初渐中国述略》，收入湖北大学哲学研究所《德国哲学论丛》编委会编《德国哲学论丛（2000）》，第 360 ~ 362 页。

解，今天的我们对黑格尔哲学就能不误解吗——尤其是在依赖翻译文本的基础上），其咎也不在章一人。但是，若从阅读史的角度讲，章太炎对黑格尔的诠释却另有意义，所谓"作者未必然，读者何必不然"，阅读是读者努力寻求意义的参与过程，读者经常会从阅读中读出作者和文本自身所含意义之外的东西，从而获得超越文本的收获。就清末语境下章太炎对黑格尔的诠释来言，章太炎显然并非在刻意地误读或误解，乃是他基于自己对佛教思想、印度哲学、庄子学说的掌握，以及对社会进化论的警惕，结合中国现实与自己的社会关怀，取其所需，在自己的知识体系中将黑格尔哲学作为一种思想资源，对之进行新的诠释和使用，进而发展出非常深刻的"俱分进化论"思想。章太炎这样的做法并非孤立的个案，同时代的日本学者，也有人从佛学角度来理解与诠释黑格尔。①

简而言之，由日本渠道得来的黑格尔哲学，可能还包括经由严复、马君武等人重新解读过的黑格尔哲学，在经过章太炎一番加工、改造后，自然已大非黑格尔哲学的原貌（原貌本就难求），而是融合或者混杂了老庄学说、佛学、无政府主义、社会进化论、日本因素、西方哲学等思想。然而，这种融合与混杂，实际上正反映了章太炎是在以"六经注我"的态度，借黑格尔哲学等思想资源，来阐发自己的政治主张与现实关怀。② 最重要的是，从思想史角度来讲，这种融合与批判，并没有因为章太炎对黑格尔的误读而减弱其学术价值和历

---

① 山口诚一：《日本黑格研究一百年》，《哲学动态》1997年第9期，第41页。
② 周昌龙也在对严复、鲁迅、胡适、周作人等当时文化界主要人物的研究中，发现这些知识分子将目光转向西方理念，"是经充分辩证思考后所呈现的结果"，"他们从传统资源中酝酿制问题意识，再借用西方理念与方法解决。由于意识关怀的不同，所借用的西方理念就不必然是原貌式完整的，而常常是经过了中国式的选择、改造"。参看周昌龙《新思潮与传统》，百花洲文艺出版社，2004，第2页。吴展良在对严复的研究中，亦发现了类似现象，参看吴展良《中国现代学人的学术性格与思维方式论集》，五南图书公司，2000，第1～163页。

史意义，反倒充分展示了西学东渐过程中普遍存在的"在地化"情形，即新学进入近代中国后，为适应在地的思想语境及实际需求，必须经过不同程度的弯曲和变异，"非与我中国固有之思想相化"，才能更好发挥效力。①

转而言之，黑格尔的一些哲学主张，本身也的确容易导致误解和招来批评。如他在《法哲学原理》中的名论："凡是合乎理性的东西都是现实的，凡是现实的东西都是合乎理性的。"② 即便到现在，还是很容易被不少人误解为黑格尔主张"存在即合理"。再如黑格尔以下这些观点："世界历史无非是'自由'意识的进展，这一种进展是我们必须在它的必然性中加以认识的。"③ "凡是不符合这计划的，都是消极的、毫无价值的存在。"④ "世界历史是理性各环节光从精神的自由的概念中引出的必然发展，从而也是精神的自我意识和自由的必然发展，从而也是精神的自我意识和自由的必然发展。"⑤ "'理性'统治了世界，也同样统治了世界历史。"⑥ 黑格尔又言："世界历史的

---

① 吊诡的是，一旦真正地服从于在地的需求，并委屈迁就之，其结果势必又与其一开始的原则相悖，形成非驴非马的现象，失去其效力和锐气。故此，陈寅恪在《冯友兰中国哲学史下册审查报告》中评价佛教输入中国时指出："是以佛教学说，能于吾国思想史上，发生重大久远之影响者，皆经国人吸收改造之过程。其忠实输入不改本来面目者，若玄奘唯识之学，虽震动一时之人心，而卒归于消沉歇绝。"进一步，陈先生又总结与提示道："窃疑中国自今日以后，即使能忠实输入北美或东欧之思想，其结局当亦等于玄奘唯识之学，在吾国思想史上，既不能居最高之地位，且亦终归于歇绝者。其真能于思想上自成系统、有所创获者，必须一方面吸收输入外来之学说，一方面不忘本来民族之地位。此二种相反而适相成之态度，乃道教之真精神、新儒家之旧途径，而二千年吾民族与他民族思想接触史之所昭示者也。"以上两处引文见《冯友兰中国哲学史下册审查报告》，《陈寅恪集·金明馆丛稿二编》，三联书店，2001，第283、284~285页。
② 黑格尔：《法哲学原理》，范扬等译，商务印书馆，1979，第11页。
③ 黑格尔：《历史哲学》，王造时译，三联书店，1956，第57页。
④ 黑格尔：《历史哲学》，第76页。
⑤ 黑格尔：《法哲学原理》，第352页。
⑥ 黑格尔：《历史哲学》，第64页。

每一个阶段，都保持着世界精神的理念的那个必然环节，而那个环节就在它的那个阶段获得它的绝对权利，至于生活在那个环节中的民族则获得幸运与光荣，其事业则获得成功。"① "这个民族在世界历史的这个时期就是统治的民族"，"它具有绝对权利成为世界历史目前发展阶段的担当者"。② "文明的民族可以把那些在国家的实体性环节方面是落后的民族看作野蛮人。文明民族意识到野蛮民族所具有的权利与自己的是不相等的。"③ 诸如此类的论断，其实质是主张世界历史为从低阶向高阶发展的过程，乃是理性的展开与自由意识逐渐发展的历史，先获得发展的民族国家具有优先性和优越性，可以对所谓野蛮民族进行处置。此类见解被章太炎那样的读者理解为蕴含着社会进化论、宿命论和目的论色彩，包括追捧强力至上、鼓吹帝国主义的内容，都属正常。进而言之，按照一些理论家的看法，误读本就是文化传播和理论旅行过程中的必然现象，不消说当时中国人对西学的总体认识程度不高，尤其是在几乎没有中译外文原典的西方哲学领域，出现一些偏差自是正常不过，时至今日，亦难以避免。

概言之，虽然章太炎的中国传统学问根基深厚，对佛教哲学也用力很深，但当时他能与其他传统学者区别开来，以庄子"齐物论"为基础，建立自己独特的思想体系，很大程度上，在于章太炎对包括黑格尔哲学在内的西方哲学、西方思想的研读与批判。尽管其中不乏误解和误用，但也难以掩盖一个植根于中国本土文化的大思想家的戛戛独造之处，以及他在对东西新学进行批判性吸收与发挥过程中的主体性。

---

① 黑格尔：《法哲学原理》，第 353 页。
② 黑格尔：《法哲学原理》，第 354 页。
③ 黑格尔：《法哲学原理》，第 355～356 页。

小　结

在清末中国，同其他西方新学思潮一样，哲学（在当时其实就是指西方哲学）引起众多趋新知识分子的注意与尊崇。[1] 所谓欧洲各种学术，"样样都有个专门之学，其间最注重的是个哲学"。[2] 趋新名士孙宝瑄即认为哲学的作用非常之大："哲学如黄金，得之者有操纵万物之权。""哲学于万种学问皆有密切之关系，明哲学则万种学之原理皆通，宜其为诸学之政府也。"[3] 更有人认为欧洲的"进化"皆源于哲学家的驱动："欧洲政治人群之进化，何一非斯宾塞、达尔文之精神鼓荡而驱使者乎？蒸汽电气之日益发达，何一非哲学家为其先锋、科学家为其后劲……"[4] 亦有人通过考察泰西历史，认为进化论亦属哲学之一类，哲学对社会的影响非常之大："哲学之于社会，其影响决不下宗教也。""夫哲学者，亦从人生之要求而起者也，其指导一世之力，历历可知。苟欲移易一世之好尚，以力图社会之进步，其不可不致意于斯学乎？"[5] 在他们看来泰西哲学的作用非常之大，

---

[1]　有关清末西方哲学的译介情况，可参看熊月之《清末哲学译介热述论》，收入北京外国语大学中国海外汉学研究中心、中国近现代新闻出版博物馆编《西学东渐与东亚近代知识的形成和交流》，第 3～25 页。关于近代中国知识分子对"哲学"的理解与定位，可参看钟少华《清末中国人对于"哲学"的追求》，《出取集：钟少华文存》，中国国际广播出版社，1998，第 223～260 页；欧阳哲生《中国近代学人对哲学的理解》，《中国哲学史》2006 年第 4 期；桑兵《近代"中国哲学"发源》，收入狭间直树、石川祯浩编《近代东亚翻译概念的发生与传播》，社会科学文献出版社，2015，第 173～197 页。前三文内容有不少共同关注点，如都根据一些精英论述进行讨论，把"哲学"的含义及意义缩小与淡化。

[2]　佚名：《官场维新记》，第 8 页。

[3]　孙宝瑄：《忘山庐日记》下册，第 899 页。

[4]　张继煦：《湖北学生界·叙论》，《湖北学生界》第 1 期，光绪癸卯正月，第 6 页。

[5]　《论哲学及于社会之影响》，《大陆报》第 3 年第 11 号，"学术"，第 6 页。

值得中国人好好学习研究。

因之，当时的一些知识分子特别希望能从泰西哲学中找到列强学术发达的秘密、振兴中国的药方："泰西学者，前如卢梭、孟德斯鸠，后如赫格（此'赫格'很可能也是'黑格尔'在当时的另一译名——引者注）、斯宾塞，皆以哲学巨子，蔚学术之大观，阐社会之真理。"① 有了这样的社会需要与接受基础，泰西哲学自然而然具有了"权势"效应，依赖新式媒介传播开来，甚至在一些人眼里，大有后来居上、取孔子学说而代之之势："中国礼教，出自孔子，仗着他的道德，厘正风俗、规范人心，数千年来，有如一日。但是近来那些谈新学的，渐渐偏了些，拿着什么苏格拉底、柏拉图、亚里斯多得、笛卡儿、康德、边沁、黑格儿、斯宾塞尔、达尔文、赫胥黎，看得那些人崇拜不了…… 有些醉心欧化，甚而至于以孔教为诟病……"② 风气所趋，一些官员、旗人与士大夫亦攀附与迎合这样的潮流，像浙江学政所出考题中，即有"西国诸哲学家源流得失考问"这样的问题。③ 身在浙江的趋新旗人贵林也自谓，"弟近日以考求哲学为主，不拘阅何种书，皆择要摘录，以为他日因缘渡人之敲门砖"。④ 其好友宋恕则谓自己专长为"最精古今中外哲学"。⑤ 宋恕好友浙江名士孙宝瑄则认为自己所治学问为哲学："余平素治各种学问，皆深究其原理，则余所治实哲学也。"⑥ 更有守旧人士，号称自己已经非常了解泰西哲学，有资格对这些新学说进行点评，不想却

① 《湖北发起史学会启》，《神州日报》1908 年 11 月 8 日，第 4 页。
② 《尊孔论》，《南方报》1907 年 1 月 24 日，"新闻"，第 3 页。
③ 《浙学观风》，《申报》1902 年 6 月 17 日，第 2 版。
④ 《贵林致宋恕函（二）》，收入胡珠生编《东瓯三先生集补编》，第 273 页。
⑤ 《履历与专长》，收入胡珠生编《宋恕集》上册，第 417 页。
⑥ 孙宝瑄：《忘山庐日记》上册，光绪二十九年八月二十七日，第 744 页。

闹了大笑话。① 或可说，黑格尔哲学能在清末中国被广为译述和接受，本身就是泰西哲学在中国广泛流行的一个表征和结果。

面对此番鼓吹泰西哲学的时髦，身在国外流亡的康有为却写文章批评时人数典忘祖，夸大了哲学的作用，误判了欧人强国之原因。如他在 1904 年的一篇文章中对中西思想家的学说进行了对比发挥，也把黑格尔等西方哲学家作为批评对象：

> （欧洲）至倍根、笛卡尔出，始黜古而渐放光明。然即上而索格底、伯拉图、亚里士多图，近而康德、黑智儿，等等，所发明之心理人道，则一披宋元明学案，而积牍充栋，人人皆是矣……

借此，康有为发掘出中国思想的价值和意义，指出西方不过是"物质"发达而已，至于"心理人道"这类"虚学"仍是中国高明。时人"以为欧美致强之本，在其哲学精深，在其革命自由"系错误认识。康有为说他以在欧亚十一国游历的经验证明"中国之病弱非有他也，在不讲物质之学而已"，相反欧人（康有为这里将美国放进了欧洲）强大的原因"非其哲学之为之也，又非其民权自由致之也，以物质之力为之也"。② 进而康有为又论证，即便是在欧洲"群雄"中，"其国之物质最进者"英国最强，比较之下，"德法之哲理新学

---

① 时论曾有记载："日前广东优生萧日炎以所著《新学正宗》呈请代奏，并请审定，准予板权。现经学部批示云：'该生因见近日学堂习气嚣张，故撰《新学正宗》一书，借申激励。乃批阅一过，诚有如来禀所谓词虽鄙俚意实忠诚者。该生自称甲午以后，遍览西儒哲学群言，而书中《新学术》篇误以"泰斗"两字为外国人名，与"贝根并称为今西哲学家"，引用尚欠精细；至卷首所录恭颂列圣诗歌，措语尤多冒昧，所请各节，碍难照准。'云云。"参看《呈审教科书之荒谬》，《南方报》1906 年 9 月 12 日，"新闻"，第 2 页。

② 以上引文均见《物质救国论》，收入姜义华、张荣华编校《康有为全集》第 8 集，第 63、71 页。

何减于英？"康有为这里还具体指出德法将其"哲理大家"如康德、黑格尔、福禄特尔（即伏尔泰）、孟德斯鸠、卢梭等人的学说落实后，也远远比不上英国，"则以英国最讲物质之学、植产之义故也"。① 明显，康有为这样的批评是在针对当时的哲学热及"自由""革命"等新名词盛行的情况，当然这也是在提醒热衷于宣扬西学和新学的弟子梁启超及其主编的《新民丛报》，一定程度上亦体现了康有为扭转世风、学风的努力。

的确，在这样一个哲学热与西学热中，很多人学无所守，只是在追赶风气，将之看作趋新的符号和身份的象征，盲从与攀附，并非真正对新学和泰西哲学本身感兴趣。如时人之讽刺："新学少年，闻泰西哲学，则尊奉倾倒，争欲问津；闻中国宋明理学，则诋为陈腐，若鄙夷不屑用功者，真井蛙枋鹖之见也。"② 无怪乎，在康有为这些人看来，哲学就是"自由平等民权之说"的渊薮，有害无益且无用，亦与中国古来之学术不相容，亦非解决当下中国病情的良药，是该"弃绝"的"邪说"。③ 传教士主办的《汇报》也发表有这样的评论，劝告读者虽然哲学书"善本甚多"，但一些西方哲学"名家尚无译本"，"近来日人所译多系罗索（即卢梭）、刚爵（或即康德）等乱真之书，参以平权自由诸谬论，不可为法"。④ 有类似看法的张之洞更是双管齐下，认为哲学是乱源，学生不应该学习，不仅在下属的学堂中发布命令"不可讲泰西哲学"，⑤ 还在由他牵头制定的分科大学

---

① 《物质救国论》，收入姜义华、张荣华编校《康有为全集》第8集，第73页。
② 史晓风整理《恽毓鼎澄斋日记》第1册，光绪三十四年四月二十一日，第382页。
③ 《物质救国论·序》，收入姜义华、张荣华编校《康有为全集》第8集，第63页。
④ 参看《汇报》第466号（1903年4月8日），收入桑兵主编《近代报刊汇览·汇报》第6册，广东教育出版社，2012，第130页。
⑤ 参看刘望龄编著《辛亥首义与时论思潮详录》，华中师范大学出版社，2011，第132页。

章程中，只设置经学、文学两科，特意不设"哲学"。为此，王国维专门著文同张之洞商榷，为"哲学"解惑与辩护，表示自由平等此类学说"于哲学中不占重要之位置"，那些倡言自由、平等、革命的人，多不是出自哲学上的深入研究，而是道听途说、耳食肤受，害怕者不必由此对"哲学"产生误会，因噎废食。且"哲学"为中国固有之学，中国当下非常有必要研究中西哲学，中国的经学、文学之发达，离不开"哲学"之发达，"哲学"在新的学堂体制下应该有容身之地。① 而在孙宝瑄看来，哲学同样并非无用，士人在乱世尤其要讲求哲学（即孙宝瑄此处所谓的"理学"）："惟理学可以不借王家之力，闭户而专修，群居而深潭，权在我也。且世愈乱，其学人愈不得不求其所以然之故，而名理愈出。是故哲学之盛，每在国家衰亡之时。今乃以国家衰亡归咎于哲学，抑何其不查之甚耶！"②

　　非常明显的是，除了哲学本身具有实用价值外，当时很多宣传者和接受者，包括张之洞、康有为那样的反对者，亦是从工具主义与现实政治角度来接受包括黑格尔哲学在内的"泰西哲学"，故他们会赋予这些学说过多的道德价值和政治意涵，将泰西哲学同国家兴衰治乱建立联系，而不太关注这样的赋予是否牵强附会，以及这种做法造成的误读程度与实际效果。如他们会将黑格尔同自由主义、虚无党人对接，同人权兴起联系；会将王阳明等中国传统思想家同黑格尔比附。严复则将黑格尔学说同老子、张载比附。诸如此类，在在反映着当时的学风和价值取向。

---

① 《哲学辨惑》（1903 年），收入谢维扬等编《王国维全集》第 14 卷，第 6～9 页。另参看《教育偶感四则》（1904 年），收入谢维扬等编《王国维全集》第 1 卷，第 137～138 页；《奏定经学科大学文学科大学章程书后》（1906 年），收入谢维扬等编《王国维全集》第 14 卷，第 32～40 页。
② 孙宝瑄：《忘山庐日记》上册，光绪二十八年三月二十六日，第 511 页。

自然，此类行为同样引起王国维的批评。他认为如此功利主义做法对中国思想界的真正影响不大，一如他在评论清末思想界状况时言："此等杂志，本不知学问为何物，而但有政治上之目的，虽时有学术上之议论，不但剽窃灭列而已。"① 即便是像严复这样有影响的翻译家，王国维认为也不例外：

> 顾严氏所奉者，英吉利之功利论及进化论之哲学耳，其兴味之所存，不存于纯粹哲学，而存于哲学之各分科，如经济、社会等学，其所最好者也。故严氏之学风，非哲学的，而宁科学的也。此其所以不能感动吾国之思想界者也。②

可以看出，上述王国维的主张颇有哲学经典论色彩，对严复的翻译工作也有求全责备之意，说他"稍有哲学兴味"，且只以"余力及之"。③

以今日之见看，王国维有些低估严复、梁启超等人的译介工作在近代中国思想史和文化史上的意义。严复们之所以能在近代中国思想史上占有重要地位，一定程度上并不在于他们很忠实与很学术地引介了东西方新学，而是他们结合中国现实，从经世致用角度对这些新学进行了重新阅读、诠释和使用，由此才对中国社会造成巨大的影响。就如梁启超后来所揭示的："平心论之，以二十年前思想界之闭塞萎靡，非用此种卤莽疏阔手段，不能烈山泽以辟新局。"④

---

① 《论近年之学术界》（1905 年），收入谢维扬等编《王国维全集》第 1 卷，第 123 页。
② 《论近年之学术界》（1905 年），收入谢维扬等编《王国维全集》第 1 卷，第 122 页。
③ 《论近年之学术界》（1905 年），收入谢维扬等编《王国维全集》第 1 卷，第 124 页。
④ 《清代学术概论》，收入朱维铮校注《梁启超论清学史二种》，第 73 页。

然而，王国维这样的批评和主张是他研读哲学的经验总结，也是他当时学术理想的体现。像他在《论近年之学术界》中的夫子自道："欲学术之发达，必视学术为目的，而不视为手段而后可。"随后又说："学术之所争，只有是非真伪之别耳。于是非真伪之别外，而以国家、人种、宗教之见杂之，则以学术为一手段，而非以为一目的也。未有不视学术为一目的而能发达者。学术之发达，存于其独立而已。"①　而章太炎1906年在《与王鹤鸣书》中亦明确指出："学者将以实事求是，有用与否，固不暇计。""学者在辨名实，知情伪，虽致用不足尚，虽无用不足卑。"②　为学术而学术，在实践中虽然难以做到，但作为一种超越性的追求，是非常有意义的。正是持这样的信仰和追求，当时章太炎同王国维才能深入研读包括西方哲学在内的各种著述。③

　　综上所述，我们可知，在清末中国，黑格尔哲学已经引起很多精英知识分子的注意，有了非常多的译介者和受众，绝非仅仅局限于以前研究者所指出的那样。而包括黑格尔哲学在内的西方哲学，经过清末中国知识分子不乏功利主义和误解式的译介、阅读、批评和使用，业已化身为近代中国"知识仓库"（潘光哲语）中便捷有用的思想资源，进一步传播开来产生影响。专业之外，后来且引起诸如蒋介石和毛泽东这些政治领导人的重视与援用。

---

① 《论近年之学术界》（1905年），收入谢维扬等编《王国维全集》第1卷，第123、125页。
② 《与王鹤鸣书》，《章太炎全集》（四），第151页。
③ 有趣的是，1911年后，昔日的先行者章太炎、王国维，其学术路径却发生了转移。章太炎花更多时间投身于政治，晚年更是以阐扬中国文化为己任，力抗新学、新说。王国维则在民初旅居日本几年后闭口不谈哲学，转而肆力于经史考据之学（参看袁英光、刘寅生编《王国维年谱长编》，天津人民出版社，1996，第73～74页）。章、王的学术取向、政治立场和人生理想虽然大相径庭，但在对待西方哲学的态度上，这时的他们却是格外的一致，都舍弃了昔日他们为之大注心力的西方哲学。但这已是后话，超出了本章的论述范围。

第四章

"古腾堡"的接受史

导 言

在本书第三章关于"黑格尔"在清末中国的讨论中,我们比较偏重作为思想资源的黑格尔对当时知识分子的作用,而本章对古腾堡①在近代中国接受史的考察,则比较强调历史书写与民族主义对大众历史记忆塑造的影响。较之黑格尔在清末中国的接受情况,古腾堡在近代中国的接受情况展现出更为明显的以我为主和古为今用色彩。以下我们先从一本书说起。

芮哲非(Christopher A. Reed)的《古腾堡在上海:中国的印刷资本主义,1876~1937》(*Gutenberg in Shanghai: Chinese Print Capitalism, 1876 - 1937*)② 是一本研究中国近代出版史的著作,有许多新的"发现"和论点。他在书中指出,虽然在 19 世纪的上海,古腾堡印刷术

---

① 关于古腾堡,有多个中文译法,为讨论的方便起见,本章行文一律采用"古腾堡"译名。惟征引的原文与此不同者,均采用原文译法。

② Vancouver, Toronto: University of British Columbia Press, 2004. 还可参看 Christopher A. Reed, "Gutenberg and Modern Chinese Print Culture: the State of the Discipline Ⅱ," *Book History*, Vol. 10 (2007), pp. 291 - 315。芮书中的硬伤颇多,近代印刷史研究专家苏精先生也在复旦的一次讲演(2013 年 5 月 16 日)中指出:他只看了该书部分内容,就发现不少于 30 处的硬伤,建议读者一定要慎引该书。有关该书第一章一个非常严重的硬伤,可参看苏精《19 世纪在华传教士与印刷出版》,《出版博物馆》2013 年第 4 期。

即被引进使用，但是发明者古腾堡（Johann Gutenberg，德文拼法为 Johann，英文中经常被拼为 John，其全名为 Johannes Gensfleisch zur Laden zum Gutenberg）本人的名字在中国却不彰显，直到 1920 年代，上海的读者才开始注意古腾堡。之前中国一些著名的辞典里则没有收录古腾堡的名字，之后古腾堡才开始在中国印刷史著作中频频出现，但这同彰显中国在世界印刷史上的关键地位连在一起。古腾堡的形象不断因时而变，但中国的叙述中往往强调其印刷术的中国渊源。芮哲非认为此种情形正反映了美国学者卡特（Thomas Francis Carter，1882－1925）的《中国印刷术的发明及其向西方的传播》一书的影响。[1] 芮哲非认为，该书在 1925 年出版后，因其表彰中国印刷术的悠久历史和对世界印刷史的巨大贡献，迅速影响了一批中国学者，进而影响了近代以降的中国印刷史书写。中国人通过卡特的研究，才"第一次认识到古腾堡的重要性"。[2] 芮哲非这里的观点有不少问题，不但

---

[1] Thomas Francis Carter, *The Invention of Printing in China and Its Spread Westward*, New York：Columbia University Press, 1925. 该书英文版曾在 1931 年再版，1957 年经富路德（L. Carrington Goodrich）修订再版，本章所用本为该书 1931 年本。其中文摘译本为《中国印刷术源流史》，刘麟生译，长沙商务印书馆，1938。关于该书，最早向达先生想全部译出，他先节译部分内容，发表在《图书馆学季刊》（第 1 卷第 4 期，1926 年，第 597 ~ 608 页；第 2 卷第 2 期，1928 年，第 247 ~ 263 页；第 5 卷第 3 ~ 4 期，1931 年，第 367 ~ 392 页；第 6 卷第 1 期，1932 年，第 87 ~ 109 页；第 6 卷第 4 期，1932 年，第 503 ~ 518 页）和《北平北海图书馆月刊》（第 2 卷第 2 号，1929 年，第 103 ~ 117 页）。后来刘麟生先生节译该书，由商务印书馆出版，且出版前曾在 1936 年、1937 年的《商务印书馆出版周刊》上连载。1957 年商务印书馆又重新影印了刘麟生节译的该书。另外，吴泽炎先生在刘译基础上重新翻译了此书，译名为《中国印刷术的发明和它的西传》，由商务印书馆在 1957 年出版（1991 年重印）；《出版史料》1988 年第 1 期曾选登了吴译第二编第六章内容（第 105 ~ 108 页）。关于该书作者卡特，他在 1906 年到中国学习汉文，后致力于中国印刷史研究，1924 年任哥伦比亚大学中国文化系主任，翌年病逝。有关卡特的简要情况，参看《作者卡特小传》，卡特：《中国印刷源流史》，刘麟生译，商务印书馆，1957，第 1 ~ 6 页。

[2] Christopher A. Reed, *Gutenberg in Shanghai：Chinese Print Capitalism, 1876 - 1937*, pp. 12 - 16.

夸大了卡特著作的影响，还忽略了古腾堡在清末民初已经被中国人认知与接受的情况，以及传教士和日本因素对中国人认知古腾堡的影响。

事实上，古腾堡这个符号在近代中国的呈现有一个复杂的过程，其晚清时已经被广泛认知，并体现在时人的历史书写中，特别是关于西洋史和印刷史的书写中。卡特的影响是很后来的事情——主要是芮哲非只看受到卡特影响的几个研究中国印刷史学者的著作，才会时有惊人之论。

众所周知，古腾堡印刷术的发明对欧洲乃至后来整个世界的影响巨大。① 甚至有西方学者认为：

> 古腾堡的发明构成了现代历史、科学、大众文学和民族国家出现的基础，以及任何可以被我们称之为现代性的基础。②

古腾堡印刷术传入中国之后，对近代中国的影响自然是不言而喻，晚清以来的很多文类，尤其是历史教科书、印刷史论述，都会提及古腾堡的贡献。而将古腾堡印刷术的渊源回溯到中国的做法，由来已久，并不始自 20 世纪 20 年代和美国学者卡特的著作。

下面笔者以近代中国人编译撰写的西洋史、印刷史著述为主要考

---

① 对欧洲印刷术起源问题的讨论，可参看 Pierce Butler, *The Origin of Printing in Europe*, Chicago: University of Chicago Press, 1960。关于古腾堡的生平事迹，存在诸多模糊难辨之处，较好的参考为 Albert Kapr, *Johann Gutenberg: The Man and His Invention*, trans. by Douglas Martin, Aldershot: Scholar Press, 1996; John Man, *Gutenberg: How One Man Remade the World with Words*, New York: John Wiley & Sons, 2002。关于古腾堡印刷术的传播及影响，可参看 S. H. Steinberg, *Five Hundred Years of Printing*, London: The British Library & Oak Knoll Press, 1996。西方关于古腾堡的研究史，可参看 Albert Kapr, *John Gutenberg: The Man and His Invention*, pp. 285 – 290.

② John Man, *Gutenberg: How One Man Remade the World with Words*, p. 2.

察对象，分析这些文类如何表述古腾堡印刷术及其与中国印刷术的关系，又如何将之体现在历史书写中，进而改变和形塑了中国印刷史的书写乃至近代中国关于印刷术的集体记忆。但本章主旨并非考量古腾堡印刷技术在中国的具体应用情况或对中国的实际影响，而是重点讨论古腾堡这个符号在近代中国历史书写中的再现、接受和使用，以及近代中国的知识分子通过对古腾堡、对中国及欧洲印刷史的书写、联系和对比，为中国找到在过去与现代世界中的位置，并借此表明中国一直以来对世界全球化进程的参与和影响——它应该进一步拥抱印刷资本主义与追求由此派生的现代性。

本章从分析发源于晚清的三种历史书写模式展开：第一种是那些就古腾堡印刷术来谈，没有将中国印刷术视为其源头的历史叙述；第二种是那些将古腾堡印刷术与中国印刷术进行比较的叙述；第三种是那些将古腾堡印刷术与中国印刷术进行联系、追溯到中国源头的历史书写。这三种书写模式都认识到古腾堡发明的意义，它们的存在也表明古腾堡及其印刷术在清末以来的中国就为人熟知。但在近代中国的特殊语境中，三种书写模式并非平行发展。第一种叙述模式因其就事论事，不能很好因应民族历史叙述的需要，越来越少为大家采用；后两种书写模式因其暗示与建构了中国印刷术与古腾堡印刷术的关系，更切合现实的需要，从而逐渐合流，影响所及，成为最为人们熟知与接受的关于印刷史的书写方式。

一　古腾堡的西方形象

在向中国人介绍古腾堡印刷术的过程中，传教士有先导之功，多位传教士都做出了自己的贡献。如在来华传教士主编的推广西学的杂志《中西闻见录》中，就有明确提及古腾堡（固丁普）的论述：

> 泰西以活字版印书，由德国固丁普者，于明景泰间创作。法
> 用铅合俺的摩尼（亦铅属）铸字，盖他物热则涨、冷则缩，独
> 此物冷而能涨，俟冷则涨满模中，用能字画清晰，可经数年，绝
> 不模糊。若或损坏朽旧，则重化之入模，便成新版。其印书之法
> 以机压之，勿论大小长短，一压即成……①

可以说，该文的介绍相当准确，它详细说明了古腾堡印刷术的方法，
特别是其活字构成及压印特征，这也是古腾堡活字区别于毕昇活字的
关键所在，而且文后还附有"新造印书机"的图片。

另外，传教士范约翰（John Marshall Willoughby Farnham）主持
的刊物《小孩月报》中也有文章提及古腾堡印刷术，其中还说及该
发明对人们阅读的影响：

> 照录圣会史记，一四四〇年，在日耳曼国，有一位人，名姑
> 嫡补约翰，新造出印书之法，初用木板，后用铜板，所以读书比
> 以前最容易。不止读书的人得有此书，连众人也可以得查考，因
> 此读书的人比从前加多。②

稍后，在范约翰主持的《画图新报》上也发表有文章介绍活字版
的情况，内中明确提及古腾堡的生平，还戏剧化地叙述了古腾堡印刷

---

① 《印书新机并图》，《中西闻见录》第 17 号，1873 年 12 月，原刊无页码。据傅兰
雅说，辑自《中西闻见录》的《印书机器图说》是该文的改编本。参看《印书机
器图说》，《格致汇编》1876 年春季号，第 3~4 页。
② 《西国印书考》，《小孩月报》第 5 年第 5 卷，1879 年，第 2 页。

术发明的一些情况，包括之后与同业"福司脱约翰"的合作及争端：

> 中国刷印书籍，崇尚刻板，而于活字板，惟武英殿有之，名曰聚珍板，然不知始于何时。现在各口岸之新闻纸馆，皆用铅字活板，取其便而速，即印书亦可用之。然而其源，则从西字之法而来也。西国刷印，不止新闻纸，即于书籍，无论大小，俱用活字，式样极多，真草亦不一，印成较木板格外明晰，人皆乐用之。考其制字之源，则创于哥丁布。哥丁布名约翰，于一千四百年生于日耳曼国之门此城，生平喜尚新法。彼时西国印字，亦用刻板，哥丁布思欲更改之而未得。一日游行郊外，将小刀偶划树皮，镌成一字，于是而思得刻木摆字之法（见第二图），乃与其同业者商议，欲改新法（时在一四三六年）。有同业之人起而嫉之，讼于官，三年后复开印字馆，纯用活字（见第三图）。至一四五〇年，与一名福司脱约翰，合伴同做活板，历五年。讵福司脱约翰顿起不良，诬告哥丁布，而尽夺其所有。哥丁布抱恨，至一四六八年而终……自有活字以来，无国不读书，且无人不读书矣。其功用如此。[①]

谢卫楼（Devello Zelotos Sheffield）在《万国通鉴》中也介绍了古腾堡印刷术及其发明的意义：

> 耶稣后一千三四百年，欧罗巴各国多有人创做奇巧妙物，参思格致之理，所以各国事体振兴，与前大不相侔矣！有以大利人法非欧周伊阿者，创造指南针……至一千四百四十年，有人制造

---

① 《活字板源流（附图）》，《画图新报》第 4 卷第 6 期，1883 年，第 112 页。

火药，枪炮由兴，对垒交锋，胜于刀剑。有革滩布革约翰者，创造印书妙法，先用木板，次用铅板。按以前之书籍，全是抄本，是以价值昂贵，富家方可购买，寒士即不能读书识字矣。嗣后印书法出，各处皆有书籍，而工省价廉，人人可获，文字学业，由此蔚然兴起也。①

传教士丁韪良（Willian A. P. Martin）在其德国之行的游记中也记载了去拜访古腾堡故乡美因茨的情况，其中亦特意表述了古腾堡（顾汀浦）创制活版印刷术的意义：

抵面兹城，规模宏大……西国印书之法，自彼开始。明代天顺间，有德人顾汀浦者，以铅锡铸成字母二十五种（即活字板），试行刷印。按以前书籍经卷，悉赖钞写，故此法一出，各国称便，购者不但价廉，字亦真切，因而文教大启，学校逐渐加多，而民之茅塞顿开矣！是以城中设石像，以志其功。②

有意思的是，丁韪良在稍后《西国相师之道》的论述中，曾清楚提出欧美来自中国的几种技术，"至西国取法中华，其可恃而有据者"，如司南（定南针）、炼丹药各术（化学）、火药、蚕桑、造瓷器、种茶，还包括"抢才之典"——考试等，但这里并没有说活版印刷术也是来自中国，反而明确说欧洲内部各国互相学习对方长技，才使之迅速推广，"于邻邦之奇技异能，必多方而采访，如活板印书

① 谢卫楼：《万国通鉴》卷4，光绪八年刻本，"西方近世代通鉴上"，第1页。
② 丁韪良：《西学考略》卷上，贵荣、时雨化译，同文馆聚珍版，总理衙门印，光绪癸未（1883）孟夏，第30～31页。

之法，出自德国，不数年，已遍传于欧洲矣！"[1] 明显，丁韪良意在借此论证清廷学习西方、西法的必要性与合理性。艾约瑟（Joseph Edkins）在回顾欧洲印刷史的时候，也提到了古腾堡的贡献：

> 当中国元世祖时，有威尼斯城商人波罗来华，后返国时，带有板印朱字钞票数纸，而传说其印之之法。后越百年，乃有人依式仿制，是欧洲肇有印板之始。初印有叶子戏，并下跋有数语之诸图画，如取新、旧约书中故事作画，而下注数语，刊板印传也。未及，而以金质物铸成之活字盛行，是盖德国之古典伯与富斯德二人所创制。计至前明弘治年间，泰西各国大小城内，其以活字印书者共二百余处。初活字皆诸印书人自铸，嗣乃别有专铸活字之工。近复出有制印书板之新法……[2]

另外，傅兰雅在其所编"格致须知"的《地志须知》中说及德国情况时，也言德国人"且善工作，欧罗巴之造火药、时辰钟表、活板印书等法，皆此国创始也"。[3] 傅兰雅这里明确说是德国人发明了活版印刷术，只是他并没有点出到底是谁发明的。

传教士及其周围的中国知识分子，依托杂志和一些西学书对欧洲印刷术的介绍，不同程度上影响阅读其作品的中国人，尽管目前还缺少足够的材料来揭示这种影响的程度与深度，但他们率先将"古腾堡"引介到中国的努力与贡献，却不应为我们所忽视。

清廷派往西欧各国的使节所记日记，描写的多是西洋情事，其中

---

① 丁韪良：《西国相师之道》，《西学考略》卷下，第 52～54 页。
② 艾约瑟：《西学略述》卷 9，总税务司署，光绪丙午仲冬（约 1886），"刊印书籍"，第 116～118 页。
③ 傅兰雅：《地志须知》，光绪八年新镌。

也有对古腾堡的记载，尽管略显简单。像郭嵩焘在光绪三年（1877）七月参观了伦敦"塞尔里布来申会"后，了解了英国活字印刷术的情况及其来源，在日记中明确认为古腾堡为活字版的发明者："活字板创自日耳曼人古登伯尔克，英国用其法印书，则自达尔斯登始也……"① 随同参观的张德彝在日记中则记到"南堪兴坦印书处"参观，其中他对古腾堡的叙述较郭嵩焘为多："夫铅字板，经德人顾汀浦创于西历一千四百五十年（即明景泰元年），今南堪兴坦印书处犹悬其画像，以志所始焉。"② 郭嵩焘的部下李凤苞随后奉命出使德国，于光绪四年十月二十一日（1878 年 11 月 15 日），受邀访问柏林德国国家图书馆，参观了珍本库及古腾堡所印《圣经》："次到大书厅，排列古时写本，以玻璃匣函之。有希腊古书，以楷书字母连贯，而无段落；有始为聚珍板之古登白克所印第一书，亦羊皮为之；回部之哥仑经，写作八边形式。"③ 除了郭嵩焘的出使日记遭"奉旨毁板"，其他使臣的驻外日记，包括李凤苞的日记，都要奉旨公开出版，俾便士林阅读。果不其然，李凤苞日记中的这个记载就为稍后的文廷式阅读、引用。文廷式还特别引录了李凤苞参观珍本库的记载："唯日记又云：'有希腊古书，以楷书字母连贯，而无段落；有始为聚珍板之古登白克所印第一书，亦羊皮为之；回部之哥仑经，写作八边形式。'"④ 可惜的是，文廷式对此并没有多加发挥。

　　较之郭嵩焘、张德彝、李凤苞日记中的叙述，薛福成的出使日记里则有更为详细的记载和评论："中国刻板印书，在西人前五百

---

① 郭嵩焘：《伦敦与巴黎日记》，三联书店，1998，第 108 页。
② 张德彝：《随使英俄记》，湖南人民出版社，1986，第 443～444 页。
③ 李凤苞：《使德日记》，文海出版社，1968，第 74 页。
④ 文廷式：《纯常子枝语》卷 12，《文芸阁（廷式）先生全集》，文海出版社，1975，第 627 页。

余年矣。西人印书，喜用活板。创其制者，德人瞿登倍也。"稍后，薛福成还仔细记录了古腾堡印刷术的方法及其流传情况，并议论道："华书刻板，在西人前五百余年。惟西人初创，遽用活板；而中国则始用镌板，后用活板。活板起于宋，大约在西历千一百年。活板之字，宋人用泥，明人用木，国初有用铜铅，逼肖西法，只印机为西人独倡，迩来中国亦多用之。大抵木板与活板，各有利弊，不相掩也。"①

清末留日学生创办的杂志中，亦有明确提及古腾堡的文章。像《游学译编》第三册"余录"中的《世界中重要器械发明者及其年代表》一文，在说到"活版术"时，说是"金斯委基"在明正统三年（1438）发明的。② 此处的"金斯委基"大概就是古腾堡原姓（Gensfleisch）的别译。《江苏》杂志"说苑"栏目则有人明确把古腾堡列入"世界伟人"序列，将其归入"创作者、发见者及慈善家"类别第一位，并附以古腾堡的外文原名：

领登盘（Gutenberg），日耳曼人，生一千四百年，卒一千四百六十八年，创制活字及（似应为"机"——引者注）印刷。初次刊书，约一千四百五十七部，世界用以丰裕，然自以困终。③

在清末中国翻译出版的人名辞典、西方历史书籍中，古腾堡的名

① 蔡少卿整理《薛福成日记》（下），光绪十七年十二月二十日，吉林文史出版社，2004，第681页。
② 《世界中重要器械发明者及其年代表》，《游学译编》第3册，光绪二十八年十二月十五日，"余录"，第5页。该文还被完整收入《政艺通报》中，关于"活版术"的叙述一仍其旧。参看《世界中重要器械发明者及其年代表》，《政艺通报》第2年第23号，1904年，第24页。
③ 《世界伟人之次序照录如左》，《江苏》第11、12合期，黄帝纪元四千三百九十五年三月廿八日印刷，"说苑"，第35页，总第191页。

字也频频出现，其发明的印刷术频受表彰。① 让我们先看看一些人名辞典和百科全书中对古腾堡的表述。如翻译自日本的《外国地名、人名辞典》在介绍 Gutenberg 时，翻译为"俄兴保"，词条中解释为"德意志印刷家，生于绵斯，初以磨宝石镜为职。至西纪一四五〇年，始发明一种活版术（西纪一四〇〇至一四六八）"。② 较之上述表述的简单和含糊，稍后出版的译自英文的《世界名人传略》记载相对详细："革坦布·周安纳（Gutenberg Johann，生一三九七年，卒一四六八年），德人。据其国人之说，则氏实为印书之创始家，初为机械匠，旋其友弗司德助以资，遂共营印刷所于本邑美恩斯。既而福（弗）与氏因经济上之龃龉，致相决裂，氏乃与他友复开一印刷所。顾考革坦布以前已有印刷法，惟尚未尽善耳! 或谓创于荷兰人柯司德，确否不敢必也。"③ 而黄人所编《普通百科新大辞典》中对古腾堡的介绍也比较简单：

① 也有一些西洋史、世界史教科书或人名辞典中没有相关内容，如本多浅治郎的《高等教科参考通用·西洋历史》（百城书舍译，东京三光堂印刷所印刷，上海商务印书馆发行，宣统元年六月十五日初版，1915 年 1 月 15 日改订 4 版，该书清末版名为《高等西洋史教科书》，由所谓熊晏刘林四君所译，见该书《例言》第 2 页）、金兆梓编的《新中学教科书初级·世界史》（上海中华书局，1924 年 8 月初版）和周传儒编的《新撰初级中学教科书·世界史》（上海商务印书馆，1925 年 2 月初版，1929 年 5 月 18 版），在讨论欧洲文艺复兴时，未对古腾堡印刷术及其作用置一词。晚清时甚至还有论述认为金属活字版为韩国人之最先发明："活字板之制，乃初出于高丽者。日本曾用泥土为之，惟高丽始用贱金类为之，以其较坚固。彼所为之法妥帖若是，彼时所铸成之书板，间有至今未稍亏损。每书板之造法，系依作桥拱之理……"《论高丽从来自造之物》，《知新报》第 95 册，光绪二十五年七月初一日，"亚洲"，第 5～6 页。
② 坂本健一：《外国地名、人名辞典》，第 169 页。该书曾在 1904 年底到 1905 年初的《中外日报》上大做广告，还曾被宋教仁购阅（《宋教仁日记》，开国纪元四千六百零二年二月六日，第 35 页）。不过，坂本该书之前可能还被觉民编译社以《最新外国地名、人名字典》之名出版过中译本，因为《中外日报》上刊登过其广告。参看《最新外国地名、人名字典》，《中外日报》1902 年 12 月 25 日，论前广告。可惜笔者没有找到该译本。
③ 英国张伯尔原本《世界名人传略》G 卷，第 55 页。

古登盘（Johann Gutenberg）：日耳曼之玛音资人，为发明活字版者。一四五〇年，从金工伯乌司独借资本金，而设活版工场，越数年亏折不能偿，以工场作抵，后得他人资助，更营前业，未有成效而死。其所印刷拉丁语圣书，今尚存。[1]

在该书稍后的"活字"词条中，也有谈及古腾堡，但同样简单：

一字雕为一方，可随意集合刷印。其集合之版曰活字版。初以木制或铜制。今日所通用之制造铅字，系一四五〇年德国人古登盘所发明，字之大小由一至八，共分八号字体，中西文皆备。[2]

以上辞典中对古腾堡的提及或介绍虽然比较简单，但也似乎说明古腾堡及其发明已经为当时编译辞典的中国人注意与重视。

接下来我们再看看清末某些西洋史尤其是译自日文的西洋史书中的叙述。这些书中的相关表述往往将古腾堡放在中世纪末期或近代早期来讲，多将其置于文艺复兴的章节中。像湘潭人梁焕均所编的《西洋历史》，即有对古腾堡发明的简略叙述，并将其视为文艺复兴的肇因之一："一四三六年，德人俄兴保发明活版术，智识交换渐易，遂促学术之振兴。"[3] 其他一些译自日文的西洋史书中的叙述则较为详细，如章师濂等译日本木寺柳次郎的《西洋历史》一书，在该书"中世史"第三章"文运之复兴"中，即突出强调古腾堡（约翰古丁勃尔希）活字印刷术发明对于书籍生产的意义：

---

① 黄人编《普通百科新大辞典》丑集，第7页。
② 黄人编《普通百科新大辞典》巳集，第73页。
③ 梁焕均编《西洋历史》，第58页。

活版术之发明，乃助学问复兴之大势之一原因也。先是十五世纪以前，仅行木版，一四四〇年时，麦因的人约翰古丁勃尔希始以矿属制活字，厥后赛福爱尔复改良之，于是学者易于得书籍焉。①

类似表述亦见之于其他译自日本的西洋史著作中，像吴宗煦、吴傅绥译补的日人著作《世界史要》即是如此："印刷术当一四五〇年之顷，为独逸之门志之约翰固丁白耳（《欧罗巴通史》作戈町白耳）所发明，因是学问思想之传播极广……而民智日开矣。"② 同时期译自日本天野为之助的《万国通史》，则是将古腾堡（架田巴）置于"近世史"的框架中，只是说其技术发明时间稍晚：

开后世之隆运，究其更嬗之机尤有力者，一曰火药之利用也……一曰印版之畅行也。一四五六年，面滋之架田巴者，始制活字印版之术，省写录之劳，书籍之数顿增，而价直益减，其扩充智识所以能速达者，印版之功为多云。③

当时翻译自日本人所编的《西洋史年表》中，也有对古腾堡印刷术简单但不很准确的表述："一四三八（英宗正统三年），德意志人俄典保，用木制活字，发明印刷。"④

我们再看当时西洋史教科书中的表述。沙曾诒译的小川银次郎编《中等西洋史教科书》，其卷二第四篇第四章"文运复兴"中，就有

① 木寺柳次郎：《新译西洋历史》，章师濂等译，光绪壬寅六月初次印行，第20页。
② 雨谷羔太郎、坂田厚胤：《世界史要》，吴宗煦、吴傅绥译补，上海开明书店，1903，第90页。
③ 天野为之助：《万国通史》，吴启孙译，上海文明书局，1903，第75～76页。
④ 深泽镰吉：《西洋史年表》上册，徐宗鉴译，东京宏文馆，丁未年正月初版，第57页。

相关对古腾堡（约翰各甸伯尔厄）的表述：

> 当时义大利诸市，与海外交通，群荟希腊之学者，学希腊语，研究独列米、黑颇格腊迪、越加德之撰著；又学拉丁语，颂希塞洛、惠基罗之文字。一时如璞拉科蒲加勳，俱卓卓可传，学者群奉为山斗。其力攻古文学者，则有休马尼特，声价甚重。休马尼特及古名人之文字，于一四三六年，经绵斯人约翰各甸伯尔厄发明活字版之法，而流传愈广，其后诸经典均得以活版印刷之，风行殆遍海内。[1]

此处表述古腾堡发明活版印刷术的年代虽然与前引文略有出入（确实也存在这样的争议），[2] 但作者（或译者）对其作用还是相当重视，亦注意到古腾堡印刷术对于书籍散布、文化传播的影响。再如吴渊民翻译日本坪井九马三的《中学西洋历史教科书》卷下部分中，也有对古腾堡（俄典保）简单的提及，说"一四三八年，俄典保兴活字"。[3]

中国人自己编的西洋史教科书多有对古腾堡的相似表述，大多肯定古腾堡发明之于欧洲文艺复兴和知识生产的意义。如吴葆诚编译的《东西洋历史教科书》，在该书西洋之部中古史部分的第二章"文运复兴"中，是这样表述古腾堡的发明：

> 同时，与古学俱发明者，为活版印书法，戈登堡约翰始创于

---

① 小川银次郎编《中等西洋史教科书》，第 15 页。
② 古腾堡印刷术的出现时间存在多个说法，学者一般认为是在 1440～1444 年。参看 Albert Kapr, *Johann Gutenberg: The Man and His Invention*, pp. 98 – 99。
③ 坪井九马三：《中学西洋历史教科书》卷下，第 2 页。

美行斯地方后，发明木制活字法，以代抄写。嗣后，圣书、古书与哲学、科学家议论，皆印于布或棉纸上。印刷既便，通行全欧。全欧文学之盛，实肇于此。①

一本编者宣称是"汇辑英美日本各种西史融合而成"的西洋史教科书，则比较详细地描述了古腾堡的发明及其示范作用：

> 十五世纪中，名人辈出，民智大启，然非有创造印刷术者不为功。始造印刷术者，居来因河畔，逸其姓氏。其术初颇粗劣，人皆不便，迭经改良，稍适于用。其改良之法，厥有两端，一镌刻字模，二新制本册，其倡于何人，今虽不能确指，而据陈迹以考之，则似至戈丁保者，日耳曼梅尼士人，操印刷业，患旧法不适于用，改为活版，由是印刷之法始精，欧洲各国竞相则效。②

众所周知，无论是体裁、形式与内容，还是个别的表述，清末国人编写的教科书都受到日本等外来因素的影响，许多教科书直接袭自日本，下面将引到的秦瑞阶译编之书可能就是如此。无怪乎该书对古腾堡的表述同前引小川银次郎一书相仿：

> 此时代亦称学问复兴之时代，而当时之领袖则实为卑忒拉考、濮加希二人，由是学术日盛，踰亚耳魄而北，全欧诸国始传

---

① 吴葆诚编译《东西洋历史教科书》，第 185 页。
② 《最新中学教科书·西洋历史》，上海商务印书馆，1906 年第 3 版，第 1、188 页。该书无具体编者信息，"凡例"第 2 页署有"光绪三十一年乙巳六月"字样，出版者、出版时间、版次等信息俱以英文标识。该书后来重版，署名傅岳棻编，内容未变，此处引文亦未变。参看傅岳棻编《西洋历史教科书》，上海商务印书馆，1911，第 188 页。

布殆遍。当时学者之缺憾，莫若图书不足。纪元千四百三十六年，日耳曼有各匈伯尔厄者，始创活版印刷书籍。自是其法大传，得书之易，倍于前日，而学问之进步愈速。①

除此之外，晚清翻译出版的其他西洋史著作也多有提及古腾堡之处，亦是将其放在文艺复兴的脉络中作为德国人看待，对其发明持非常肯定和欢迎的态度。像译自日本的《欧罗巴通史》在"文运之复活"一章中即说：

> 同时智识亦发达，发明必需之活字版。从来书籍，每苦誊写，金不便之，其费亦甚多。德国马尹支人戈町白耳于第十五世纪之初，创活字版。②

再如东华译书社编译的《普通百科全书之六十六·西洋历史》，在该书"中世史"第12章"文运复兴"中也说：

> 如一欲普及古文学，势必以古文洽入众人之手为要，欲收其效，则依从来所行之摹写方法，终底不免未能充分。有此必要，始于一四五〇年，绵都人瓜盾跋古发明活版术。二欲发扬古代之文化，来美术之振兴……③

长谷川诚也著的《欧洲历史揽要》卷2第12章第1节"发明新

---

① 秦瑞阶译编《普通西洋历史教科书》，上海文明书局，1907，第64页。
② 箕作元八、峰岸米造合纂《欧罗巴通史》，徐有成、胡景伊、唐人杰合译，东亚译书会印，1901，第64页。上海辞书出版社图书馆藏有铃林长民印的此书。
③ 吉国藤吉：《普通百科全书之六十六·西洋历史》（一），第33页。

法"中，则将古腾堡印刷术同罗盘、火药发明并列："第十五世纪之时，智识最为发达，一为德国戈町白耳所创活字版以印书；二为磁石，即罗盘针，航海者得此，能远赴各处，不致迷道；三为火药，得之于印度，其源实出于东洋也。"① 再如清末出版的《万国演义》在卷35"活版印书之始"中，以通俗的说评书故事的形式花很长篇幅描绘欧洲印刷术的发明经过及其意义：

> 十五世纪中，日耳曼国中却出了一个教会的劲敌，这人就叫做革炭布革，他费了十二年的功夫，创成一种印书的方法。在他新创这法的时候，原也无甚紧要，不过想用这个简便的方法，省却那些抄胥的劳费，并且印书既易，出版必多，从中可以多获财利。他的思想原只如此……把从前一本书的工夫，便可印出数千本来……书价较廉……就是不识字的人，也易于学习……因此，印书一法，便于全世界上生出无穷的关系来了。革炭布革创了这法，便传与一个弟子叫做阜司德……②

其他一些士人编译的西学入门书中，亦不乏提及古腾堡（古天堡）之处，像张一澧编的《新学界门径》在为"活版术"做注释时，说"德人古天堡，千四百三十六年"。③ 从中可以看出，该词条意在说活版术系德国人"古天堡"在1436年发明的。

另外一些编译自日本的西方历史或教育史书中，虽然没有直接提及古腾堡的名字，但都肯定了文艺复兴时期欧洲发明活版印刷术的贡

---

① 长谷川诚也：《欧洲历史揽要》，长水敬业学社译，光绪壬寅孟夏敬业学社译印，第14页。

② 沈惟贤编《万国演义》卷35，上贤斋藏版，上海作新社制印，1903，第84~86页。

③ 该书具体出版信息不详，应为清末版，上海图书馆藏，第7页。

献，如河上清著、褚嘉猷译的《德意志全史》，在其第 2 编 "中世史" 第 7 节 "文学复兴" 中云：

> 直至十五世纪，始为有名文学复兴之时期，于是久已消沉之希腊、罗甸文学，至此再烂粲其光，而各种学艺咸隆隆然，有旭日东上之势。加之十五世纪中叶，有刷印机器之发明，以资学艺之传播。文运益勃兴而不可遏已。[①]

又像《泰西民族文明史》中的叙述同样如此，其不提具体的发明人，只提活字印刷术起源于荷兰，后逐渐得到改良，到 1454 年开始用此方法 "印圣书"，后来流行，对于知识普及、打破 "宗教家" 的学问垄断，意义匪浅。[②] 再如一本译自日本的《西洋历史提要》提到 "新器之发明"，"影响于社会之变动" 较大者，包括 "火药、活版、罗针盘" 等，欧洲 "借火药而军法战略为之一变，封建制度因之衰微；借磁石而航海通商之事，生莫大之助；借活版而人得贱价读书，于人智之发达，大有影响。借亚美利亚及印度航路，而地平之说变为地圆"。[③] 又如一个日本人写的连载文章《西洋教育史》中，也说及欧洲文艺复兴时 "印刷术之影响"，说新兴的思想技术，"此新学艺，因印刷术之起，速得其发展之道，即独意志印刷业者，为其学艺热所惹（原文如此——引者注）"。[④] 而另外一本西洋史教科书中虽没有提及古腾堡名字，但明确提出了 "古学复兴时代" 的 "三大发明" 说法："又得弹药之用以张武备，推磁针之用以明航路，捷印刷

---

① 河上清：《德意志全史》上卷第 2 编，第 65 页。
② 法国赛奴巴原著，日本野泽武之助日译，沈是中等中译《泰西民族文明史》，上海商务印书馆，1903，第 38 页。
③ 有贺长文：《西洋历史提要》，第 44 页。
④ 三屋恕子恒：《西洋教育史》，《闽报》宣统元年正月十九日，第 5 版。

之法以广文事。历史上称为三大发明。"①

此种对古腾堡印刷术及其作用的表述与书写模式，亦延续到民国初年的历史叙述中，最明显的体现自然还是在西洋史教科书中。像傅运森的《共和国教科书·西洋史》在叙述"文学复兴"时说道：

> 欧洲书籍向用羊皮纸写之，其价极昂。自文学复兴，学子日增，需书日亟，适德意志人约翰哥丁（John Gutenberg）于西元一四五〇年（民国前四百六十二年明景帝时）发明活版术，且意大利又先发明制造洋纸之法，于是书借得以广播，于文化之进步，大有功也。②

张相所编的西洋史教科书亦在"文艺复兴"节云："古学复兴之时，印刷术尚焉。一四三八年，德人哥丁白格创作活字木板，后更以法士脱、昔弗尔二人之协力，加以改良，于是有金属制之活字矣。而同时利用麻布或棉絮，以制纸之法亦发明，故书籍流传，文明蔚起焉。"③
又如多次重版的李泰棻《新著世界史》是这样表述古腾堡及其发明的：

> 纪元千四百三十八年，德人约翰哥丁（John Gutenberg）创活字木版，后有法士脱（Faust）及昔弗尔（Schoeffer）之研究，遂有铅字；而同时用麻布或棉絮造纸之法亦发明，故书籍流传渐远，文艺复兴大得其助。④

---

① 赵懿年编《中等历史教科书东西洋之部》，上海作新社 1909 年印刷，上海科学会编译部发行，第 65 页。
② 傅运森：《共和国教科书·西洋史》上卷，上海商务印书馆，1913，第 57 页。
③ 张相编《新制西洋史教本》上卷，上海中华书局，1914，第 48 页。
④ 李泰棻：《新著世界史》，上海商务印书馆，1922 年初版，1926 年第 10 版，第 85 页。

接着让我们再看看当时中国学者编著的一些西洋史或世界史著作中的有关叙述。蒋方震的名著《欧洲文艺复兴史》号称中国第一部研究欧洲文艺复兴的专著，初版于 1921 年的该书亦有对古腾堡发明印刷术情况的简短描述："印刷，发明于德人古登堡（Gutenberg）……则于知识之传播生大影响。"① 同样在 1920 年代多次重版、有着很大影响的陈衡哲所著《西洋史》，在"文艺复兴"章专门讨论"智识工具的进步"，说欧洲印刷术的发明，对于文化向民众的普及，功莫大焉，"乃是近世民权运动的一个根本原因"。"谁是印刷术的发明者？这个问句的答语，至今仍是历史上的一个疑团。但是我们大都承认荷兰人加斯脱（Coster），乃是第一个完成此术之人，德人哥登堡（Gutenberg），却又是第一个以此术施诸实行之人……"②

刘叔琴改编自日本上田茂树的《民众世界史要》也云：欧洲"自从十世纪以后，发生了不少的发见和发明……尤其是火药、磁石、活版底三大发明，在历史上的影响更大……至于活版底发明，不单使古代的文明有机会复兴，而且促进了近代文明底大发展。假使在我们现代的社会里，除去了新闻杂志，以及一切的活版机械，将成一个怎样的世界？只在这一点上想一想，对于十五世纪活版术底创始者加腾堡（Johann Gutenberg）底功劳，可以'思过半矣'"。③ 之后，该书写模式在刘叔琴和陈登原一起编著的《开明世界史教本》中，略有更改，但实质并无变化，"一四四五年德人哥登堡（Gutenberg）

---

① 蒋方震：《欧洲文艺复兴史》，1921 年初版，1933 年印行国难后第 1 版，出版者不详，第 6 页。

② 陈衡哲：《西洋史》下册，上海商务印书馆，1929 年第 4 版，第 38～39 页。

③ 刘叔琴编译《民众世界史要》，上海开明书店，1928，第 74～75 页。该书此处表述同日本上田茂树《世界史要》中的相关表述完全一样，刘没有删改。参看上田茂树《世界史要》，刘叔琴译，上海开明书店，1940 年第 4 版，第 78～79 页。这说明刘及之后的合作者陈登原都认同这样的提法。

的发明木版活字，一四五〇年浮斯德（Faust）的发明金属活字，更使文明的传播格外迅速……"①

我们再看一下余协中的《西洋通史》，该书中卷数次提到欧洲印刷术的发明及其意义，还非常审慎地表示：

> 印刷机的试用，最初当在一四五〇年左右，有的说是加藤柏格（Gutenberg）在莱茵河畔墨恩斯城试用的，有的说是柯斯特（Coster）在荷兰试用的。人文学家得着这种发明的助力不少，他们的作品借此得传到其他欧洲各国，读书的人由此可以加多，因为书籍的印行既易，流传自易较广。从前人借听演讲而求学问，此时可大部分依赖课本以求知识。②

同样，民国年间编译的一些西方学者所著的世界历史著作、新闻学著作，以及个别通俗历史文学读物中，③ 对古登堡印刷术的表述亦大致类似，多将其放在文艺复兴的框架中，强调该发明对于知识普及、社会进步的作用，乃是开辟了一个知识普及的新时代。

另外，这时编译出版的一些西洋名人传记在涉及古腾堡时也有类似表述。如于熙俭编译的《世界名人小传》除了有"加腾堡"（Johann Gutenberg）的简单介绍，还说他是"活字印刷的始祖"。他印的第一部活字书是《圣经》，但他本人没有经商的才干，后来财产被"佛斯特（Johann Faust）"拿去抵债了。④

---

① 刘叔琴、陈登原编著《开明世界史教本》，上海开明书店，1931，第 80 ~ 81 页。
② 余协中：《西洋通史》卷中，上海世界书局，1935，第 241 ~ 242 页。
③ 参看约翰玛西《世界文学的故事》，胡仲持译，《申报》1928 年 2 月 12 日，《申报》本埠增刊，第 26 版。
④ Nisenson & Parker：《世界名人小传》，于熙俭编译，上海青年协会书局，1936，第 38 页。

民国时出版的傅运森译补自日文的《泰西事物起原》一书中叙述活版术时亦简单说及古腾堡："至用金属为活版，创于德人古丁培耳比，事在西历一四三六年（明正统元年丙辰，日本永享八年）。"① 接下来又讲到"古丁培耳比"的活版发明大大降低了书籍的价格，有利于知识的普及。

在这一时期有关古腾堡的表述中，笔者认为最值得注意的，也是那时水准最高的，当属 1920 年发表的一篇翻译文章——《活字发明史》。② 该文开始即介入西方关于活字发明者与发明地的争议：

> 活字之发明地，向来有二争点：一为德意志之门芝市（Meinz），一为荷兰之哈连姆（Harrlem）。住门芝市者为约翰戈登白格（Johann Gensfleisch Gutenberg），住哈连姆者为洛伦斯克斯太（Laurens Coster）。自古以来，两者之间争论纷纭，莫衷一是。一八三九年，有秦朴莱其人者，发行一种印刷辞典，曾搜集当时各家之争论，其内有一百零九人采戈登白格说，二十四人固守克斯太说。至此，活字发明之争论，乃告一段落。主张戈登白格之说者，遂确实不可移动。换言之，自一四五〇年至一四五五年之间，戈登白格已在德国之门芝，实行活版印刷。然而反对方面则谓克斯太于一四三〇年之顷，早已行活版印刷，兹将两派纷争之要点述于下……

随后该文叙述西方有关争议的具体情况、有关学者的研究，指出

---

① 涩江保：《泰西事物起原》卷 2，傅运森译补，上海中华书局，1926，第 10 页。该书清末即有文明书局译本，曾被开明书店的书商王维泰当作"法律"书运往开封销售。此傅译本应该是文明本基础上的增订本。

② 味虁：《活字发明史》，《出版界》第 56 号，1920 年 8 月，第 2~4 页；第 57 号，1920 年 9 月，第 2~5 页。

"克斯太"发明活版的记载不足为据，有关的研究不值采信。该文还详细介绍了古腾堡的生平、发明活版的证据、其后的命运、留下的印刷实物。最后作者又歌颂古腾堡的发明，"全世界之人类，无不蒙活版术之大恩惠者"。这样全面周到的对古腾堡及其发明的译介（尽管稍有疏漏，如 Haarrlem 少写一 a——引者注）诚属难得，但并非唯一，当时还存在其他类似对古腾堡发明进行考辨的文章，如《印书术进化小史》中亦云：

> 活字印刷术为梅尼士（Mainz）人古典拜（Gutenberg），或云系海莱（Haarrlem）人古斯德（Laurens Janszoon Coster）所发明，二者莫衷一是。然欧洲印刷术类多传自梅尼士，故有云古斯德之知用活字印刷，或先于古典拜，惟其术未能如古典拜之较为实用，且合于科学原理。信是，则印刷术发明人之头衔，吾人乃不得不归之古典拜。其时则为一四四〇至一四五〇年中，至其中之某一年，亦难确切指出……①

以上这样对古腾堡和欧洲印刷术的认知及叙述模式，亦被读者接受与复制。像少年邹韬奋 1914 年 7 月在南洋公学即以活版印刷术与人群进化为题撰写国文作文，几乎复制了上述关于古腾堡印刷术的知识。文章阐述了古腾堡对于书籍传布与文化进步的影响，但邹韬奋也提出古腾堡活版印刷术的出现导致"异说朋兴，卮言日出"的情况：

---

① 参看《印书术进化小史》，《出版界》第 75 号，1926 年 8 月，第 35～36 页。第 76 号亦有该文，笔者未能见到，但从第 75 号文中可推出，未见部分应是讲 15 世纪之后活版印刷术的传播情况。

知活版之兴，育兴俄吞堡之惠我后人也厚矣哉！说者谓西国自活版兴，人群文化之进步虽速，然而异说朋兴，厄言日出，亦此活版之易所致也。呜呼，岂其是欤？①

再如民国初年持续时间颇长，在教育界影响力甚大的一个杂志《京师教育报》就刊登了"孟世杰"的一篇文章，文中说："欧洲中世纪迷信神权，人类无思想之自由，学术乏创造之能力，文艺之不振也久矣！迨十五世纪之末叶，火药、罗盘、活版相继发明，物理化学之原理渐明于是，实科之研究渐盛，中世纪幼稚人心既开……"② 尽管孟世杰对三大发明——火药、罗盘、活版产生的时间有误述，然而由此也可看出，他对三大发明所持有的欢迎心态，且未否认欧洲对这三大发明的"版权"，也未牵扯到中国问题上。专业的学术杂志《图书馆学季刊》在1926年6月刊载了一则报道，记载德国古腾堡博物院成立二十五周年的情况，其中也云"Gutenberg 为印书术发明者"。③

类似例证所在多有，故可断言，尽管古腾堡的名字在近代中国的部分辞典里并没有"及时"出现，但在较辞典有着更多正统性，或许也有更多读者的西洋史教科书中，以及更具时效性的报刊等通俗文类中，乃至在个别百科全书性质的译著中，古腾堡的名字早已频频出现。

通过上述足够用来管中窥豹的引述，可以说明古腾堡这个人物、古腾堡印刷术的发明及其意义，在清末民初已经为中国人熟悉和接受，这种熟悉与接受还进一步体现在近代中国人再次"发明"古腾

---

① 《西国自活版兴而人群之进化以速论》，收入中国韬奋基金会韬奋著作编辑部编《韬奋全集》第1卷，上海人民出版社，1995，第9~10页。
② 孟世杰：《论近世纪以来英德法美教育学说之变迁及其特色》，《京师教育报》第16期，1915年5月15日，"撰述"，第2页。
③ 《古登堡博物院》，《图书馆学季刊》第1卷第2期，1926年，第368页。

堡的意义上，体现在通过对印刷史的描述为中国寻找地位上。凡此，均证明 1920 年代之前的中国人，对古腾堡及其印刷术发明的情况和意义，并不缺乏了解。

二 中西印刷术对比

几乎与上述表述同时产生（甚至更早），但略有不同的书写模式也发轫于晚清，同样延续到民初时期。这种书写模式主要是将欧洲印刷术或古腾堡印刷术同中国印刷术，特别是毕昇的活字版发明进行对比，一方面表彰中国印刷术的辉煌历史及其早于欧洲的情况，为中国在历史中和当下寻求位置；另一方面，也会在对比中结合现实进行一些反省，呼吁拥抱这样一个印刷现代化事业。值得注意的是，这种书写模式并未将中国印刷术视为古腾堡印刷术或欧洲印刷术的导源。

笔者所见最早将中西印刷技术进行对比的论述，是来华传教士米怜（William Milne）在 1820 年代的记载。米怜认识到了中国印刷术历史的悠久，"印刷术至少于 9 世纪末已存在于中国"，还从方便易于操作的角度肯定了中国木版印刷的价值。根据既往的印刷经验，米怜详细列举了其与西方印刷术相比的缺点与优点，承认"铜活字的印刷效果要比木活字好，但是其美感不及制作精良的雕版印刷"。难得的是，米怜提醒道："必须从在中国的中国人使用的观点来看中国的印刷方式，而不是在海外极端不便的情势下使用中国式的印刷。"①

---

① 米怜：《新教在华传教前十年回顾》，北京外国语大学中国海外汉学研究中心翻译组译，大象出版社，2008，第 103 ~ 121 页，特别是第 110 ~ 113 页。有关米怜的讨论，还可参看周绍明《书籍的社会史》，何朝晖译，北京大学出版社，2009，第 12 ~ 22 页。

还有一些类似比较。如广东礼贤会教友王谦如写的《活字版考》一文说当他在香港看到西人活字印刷之利时，遂反思道：

> 明前西人尚无梓刊之法，只缮写耳！……中叶后始识镌刷，精益求精，不百年别创活字，利及寰区。考书契，华人为最古，雕镂亦华人为最先，则活字之法，亦先于西人。沈括《梦溪笔谈》载：庆历中，有布衣毕昇者始为活版……①

从上述比较中，我们可推知作者是了解欧洲活字印刷术的发明情况的，即便他没有明确说出是欧洲何人发明了活字印刷术。

《申报》上亦有文章将中国木版印刷同西方金属活字印刷技术进行对比，推崇西方铅字与机器印刷，认为中国自五代冯道以后，木版印刷虽然流行，"然中国以木刊字，恐易于缺残。今西人以铅铸字，似更难于朽坏。中国之刷印，尚借人工，西人之刷印，则用机器。以机器代人工，则一人可敌十人之力……近日上海、香港等处中西诸人，以此法刷印书籍者，实属不少。其功加倍，其费减半，而且成事较易，收效较速，岂非大有益世之举哉？"②

相较起来，《申报》上另外一则对活字版进行中西比较的报道，则明确提到古腾堡，还列出了其生平、中西活字印刷术发明的详细时间等信息：

> 活字板之法，始于宋庆历中，布衣毕昇为活板，以胶泥烧

---

① 广东礼贤会教友王谦如：《活字版考》，《教会新报》第 162 卷，1871 年，台湾华文书局影印本《教会新报》（四），第 1582~1583 页。

② 《铅字印书宜用机器论》，《申报》1873 年 12 月 13 日，第 1 页；另参看《论铅字》，《申报》1874 年 8 月 5 日，第 1 页。

成……欧洲之有木板，始于明初时。始刻木板以印纸牌……永乐二十一年，又以木板镌刻图画……嗣后，作者精益求精，骎骎日上，刻印历代事迹全图，旁缀以字。刻字肇端，于此后分，每字母为活板，不必逐版镌刻，而数十百种之书，悉可取给。始造此者，为谷敦保，生于明永乐元年，世居每纳士。正统四年设局于斯达四巴，初印腊顶字新、旧约，印于羊革，至今犹存贮普鲁士书库，谷以是得不朽名……然则中国活字之行，始于宋；西国活字之行，始于明，相去几二百年。中华为文学渊薮，实开泰西之先声。顾中国刻板盛行，而活字一法行之者少……①

这是笔者目前能找到的最早提及古腾堡的中文文献。作者最后在文章结尾处还感慨："今闻中国总理衙门亦至香港购买活板及各种印字机器……活字之法，中国先于西国，而至今日反向西国购买，不亦奇欤？此无他，中国人士不以此为留意也。"②

传教士主办的杂志《益闻录》上，也发表了一篇中国人写的对中西印刷术进行详细对比的文章，文中还比较详细地介绍了古腾堡发明的具体技术、传播情况，乃至中国印刷术的由来，亦对中西印刷术的发展前景进行了预测：

尝读西史，知欧洲行印书之法在中国后甚远，创制者名瞿登培瞿，德人。其始行于灵纳城，继行于斯德辣步城，又其继日耳

---

① 此文无标题，见《申报》1872 年 5 月 27 日，第 4 页。
② 后来，《申报》上又发表了一篇《西国印书考》，与该文颇有内容类似之处，或曾参考该文。它比较详细地论述了中西印刷术的发展情况，并进行了对比，说毕昇最先发明活字印书法，"实开泰西之先"，"谷敦保"则大大改进了欧洲活字印书术。文章又述及古腾堡之后的遭遇特别是和"弗思特"的官司等事。参看《西国印书考》，《申报》1888 年 9 月 23 日，第 1 版。

曼各方，争相仿效，不胫而驰……自是愈传愈广，天下皆是。考最先用者，亦不出明朝之上，屈指及今，不过四百余年……按瞿之法，铸铅为短条，约半寸许……此西法之大略……中国刻书，由来尤久，《五代会要》言后唐长兴三年，即西历九三三年，命太子宾客马缟等充详勘九经官，于诸选人中召能书者写，付匠雕刻，每日五纸……华人刻板在西人前五百余年，惟西人初创，遽用活板，而中国始用镌板，后用活板。活板起于宋，大约在西历千一百年，活板之字，宋人用泥，明人用木，国初又用铜铅，逼肖西法，只印机为西人独倡，中国未有用者。窃思木板与活板均有利弊，木板恒存，随时可印，此木板之利也。然雕镌甚缓，一人日刻百余字，既成，叠积大堆，盈室充栋，工价之巨，动辄数百金，寒儒著作虽佳，每以付匠无资，虚掷半生心血，此木板之弊也。活板既印既散，别排书籍，故一印总千百部，费楮颇繁，费财亦夥。幸而购买者多，获利固是倍蓰，不幸而顾问无人，本利俱无所出，此活板之弊也。然排字奇速，匠人众则日成数卷，且经费廉而书价减，贫民寒士，均得家置数编，用增识见，此活板之利也。综已（以）上利弊以观，西法之便，犹十倍于木板，想不百年之后，各省通传，而故板将束之高阁矣！[①]

再看金葆稕译述的日本前田安治氏原编《万国历史地理试验问题会案》一书在"近世史"编中的"近代文学之复兴其颠末若何"节中的叙述：

自印刷术之发明，说者谓万般之美艺，皆因此而保存，非独

① 《论西法印书》，《益闻录》第 946 期，1890 年 3 月 15 日，第 110 页。

文学之进步巳也。其说确为适当，而印刷术之起原，各挟一说，反无以折衷之。岂印刷之术，可以存录种种之事物，而印刷之缘起，转毫无记述乎。此亦历史之一奇案也。夫版刻之术，上古之支那人、加耳特亚人巳早知之。而欧洲活版之术，实始于纪元一四三八年，日耳曼人有孟志约翰格吞伯者，始发明之。其后一四五○年，又有土渴飞尔及覆司特二人，加以改良，而印刷雕刻之术，迄今日而愈臻美备巳。然则省誊写之劳，增书册之数，凡教法改革之进步，官府制典之完成，所以扩张人民智识，岂无自而然耶？[①]

类似表述亦见于清末支那翻译会社出版的《万国史纲》：

吾人知当时之智识普及，盖在于活版术之发明，是实有以助学问之复兴焉！版刻之术，上古支那人、加耳特亚人既早知之，欧洲活版之术，则纪元千四百三十八年，日耳曼人孟志（Mentz）、约翰格吞伯（John Gutenberg）才发明之耳！其后千四百五十年，有土渴飞尔（Schoefel）及覆司特（Faust）二人加以改良，此新技术之影响于文明发达上者，固不可不述也。[②]

当时翻译为中文的另外一本元良勇次郎与人合著的《西国新史》，亦有对古腾堡相仿的表述和看法：

---

① 日本前田安治氏原编《万国历史地理试验问题会案》上编，金葆穉译述，经亨颐校正，甲辰十月初十印刷，东京翔鸾社，第66页。
② 元良勇次郎、家永丰吉：《再版万国史纲》，邵希雍译，谢无量作序，上海支那翻译会社，1903，第142页。后来，商务印书馆在光绪二十九年和三十二年四次重版此译本，书中个别字词略有改变。见元良勇次郎、家永丰吉《万国史纲》，邵希雍译，1906年第4版，第145页。

然当时欧洲社会学术之所以发明，智识之所以普及者，书版刊印之力也。千四百三十八年，日耳曼人克颠背尔克（John Gutenberg）始发明刊印之术，至千四百五十年，西噎弗尔（Schoefel）及弗亚宇斯多（Faust）复加改良。此术有裨于文明发达，固不待言也。①

上引三处的表述词句大略相同，显系同源。但值得注意的是，三处叙述并未将欧洲活版印刷术的源头回溯到中国，只是相较起来，欧洲发明活字印刷术不如"上古支那人、加耳特亚人"之早，亦未刻意区分和强调雕版和活版之间的差异，然而从中可看出古腾堡发明的社会意义，展现出一种追慕的心理。

　　《大公报》上也有论述认为虽然中国开化时间早于西方，很早就有三大发明，但不敌西方的后来居上：

　　　　中国的开化最早，声明文物在各国以先。西洋近来的格物化学，一天精过一天，到底定南针、火药、印板这三样东西，中国创作的狠早，谁也都知道。②

　　在清末《大陆报》上，有一篇连载两期专门讨论欧洲印刷术起源及传播的文章。该文开篇就说"活版术为文明之母"，那么发明此术的人是谁？该文认为是日耳曼人洛连地那。接着，作者论证洛连地那虽发明活版印刷术，但视为秘宝，后由约翰格丁堡等三人得其法，共同经营改进，遂研究发明出"用金属制造活字之法"，此三人也成

---

①　元良勇次郎、盐泽昌贞：《西国新史》，第177页。
②　《附件·爱国论》，《大公报》1903年6月9日，第3版。

为"活版之发明者"。但该文旋即认为中国宋代的毕昇也曾发明活字法，可惜其活字不是用金属而是用胶泥。该文这里虽然没有继续将欧洲活版与毕昇活版对比下去，没有认为欧洲活版与中国活版存在关系，但认为"征之古史"，毕昇似乎为最早的活版发明者。① 清末留日学生创办的《新译界》杂志也发表有简单的论述说"智识以交换而愈增"，其依据之一就是"中国之罗针盘（原文如此——引者注）、活字版传达西方"。② 这里虽然并没有明确指出是谁发明了活字版，但明显是将中国活字印刷术视为西方的源头。

再如陕西味经官书局出版的《西洋历史教科书》，在其第 2 编第 21 章"民智之开"中曰：

> 火药，中国、印度于纪元前四百年已有用弹药者，欧洲则于第十五世纪，军器中始用弹药。磁石，中国古代有指南车，欧洲自十二世纪后稍有知其用者，至十五世纪航海之业大兴，其用始广。印刷，十五世纪以前有用木版者，至一四三六年，曼剌人戈顿堡约翰发明用五金制版，印刷文字。又有斯赤拉堡人斯曲夫修正其法，印刷之法而后大备。③

文中点出中国等地更早使用火药和磁石，但没有将包括印刷术在内的三大发明同中国联系起来。

---

① 《欧洲活版印刷术之起原及沿革》，《大陆报》第 3 年第 3 号，光绪三十一年二月二十五日，"杂录"，第 1 页。
② 《新译界发刊词》，《新译界》第 1 号，光绪三十二年十月初一日，第 31 页。
③ 《西洋历史教科书》，函一，作（编）者、出版时间均不详，陕西味经官书局，第 78 页。有意思的是，二十多年后，该书包括此处的表述又被留英学者李季谷（1895～1968）的《西洋史纲》全部改编袭用，参看李季谷《西洋史纲》，上海世界书局，1935，第 130～131 页。

《泰西名人传》也收录有古腾堡传，其中说印书法创自中国，但活字版却为中国所无，其实际发明人为德人"居登伯"：

> 居登伯，系德人，明惠帝二年生于德国大城马阳斯，死于明宪宗四年。始创活字板，尝至法国特尔斯波尔城寻印书法，乃别出心裁，创活字板。按：西人皆谓印书之法创自中国，独活字板为中国所无，实始于居登伯。或云始于荷人。然大众皆谓创于居登伯也。①

这时还有人追溯造纸术与印刷术的源头，认为中国最早发明了造纸术、雕版印刷术，活字版也是毕昇先发明的，可惜其法不便，"不甚通行"。但是，"吾国刷印事业已大进步之时，西洋各国还没有梦想到"，"直至一四五〇年，方有德国人格登堡，创出活字印刷法来，其时已是我国明朝时候了"。接着，该文还对古腾堡的家境及应用活字印刷术的情况进行了简略描绘。②

接着，我们再浏览一下民国初年的类似叙述。先看民初一个国文教科书中的言说，"自毕昇发明活版之后，至明英宗之世，而活版之法始行于欧洲，创之者，西班牙人约翰也。盖距毕昇时已五百余年矣！"作者还承认"自宋以来，刻板之风盛行，而活字则用之者殊少"。分析其原因有二：一是字体不美观，二是再版、三版"又费缀

---

① 徐心镜增订《增补泰西列代名人传》卷4（该书第1页又写作《泰西名人传》，目录写作《增补泰西名人传》），上海徐汇报馆原本，上海鸿宝斋石印，1903，第1页。

② 《世界怪物之发明及其进步》，《少年》第9册，上海商务印书馆，辛亥年九月初一日，第7～15页。

集"。① 此处表述除将欧洲发明印刷术的约翰·古腾堡误作西班牙人外，其余基本无问题，重点在强调中国发明活版早于欧洲五百年，没有认为欧洲活版印刷术发明系得之于中国。

之后，亦有西洋史教科书这样表述中西差距。像傅运森在前引1913 年出版的西洋史教科书中还只是陈述古腾堡的发明，但这时已经有所改变，开始将欧洲同中国进行一些对比，"公元一四五〇年，明景泰帝时，德国人约翰哥敦堡（John Gutenberg）发明活字版法。在其前三十余年，意大利人始用烂麻布造纸。按中国发明活字版在北宋时，造纸在后汉时，概比欧洲早得多"。② 常乃惪《西洋文化简史》中的叙述则比较含蓄：

> 雕版印刷的方法发明于我国，当唐末五代之际（约西历十世纪时），有毕昇发明活字版印刷法，但这些发明都仅于中国。当十二三世纪时，我国的印刷业已经大兴，西欧尚在手抄的时代，所以文化不易普及。直到十五世纪初年，雕版印刷术始出现于欧洲。一四五〇年左右，莱因河流域始应用活字的印刷，普通认为系日耳曼人格廷根（Gutenberg）所发明，这种发明正值文艺复兴运动在高潮之际，所以不久便普及于全欧了。制纸的方法也是发明于我国，九世纪时输入阿剌伯，十三世纪时又从阿剌伯输入到欧洲。此外，如罗盘针、火药等物，也于十三世纪以后由我国输入西欧，对于欧洲文化的复兴影响也很大。③

---

① 庄俞、沈颐编《教育部审定共和国教科书·新国文》第 5 册，上海商务印书馆，1912 年初版，1916 年第 85 版，第 24 页。
② 傅运森编《现代初中教科书·世界史》上册，上海商务印书馆，1925 年初版，1929 年第 7 版，第 48 页。
③ 常乃惪：《西洋文化简史》，上海中华书局，1934，第 104~105 页。

常乃惪这里虽然认为造纸术、罗盘针和火药系欧洲得自中国，但没有明确说古腾堡印刷术也来自中国。前引金兆梓在 1924 年编的《新中学教科书初级·世界史》一书还未提及欧洲印刷术，但他在 1940 年代出版的西洋史教科书中就增加了这方面的内容："我国在十一世纪已发明的活字印刷术，他们直要到十五世纪中叶才由德人哥敦堡发明。不过自从这一下发明后，利用了由我国学得的造纸法，印刷事业于是大盛。"①

还有文章从《梦溪笔谈》中的记载谈起，讲毕昇的活字发明，稍后以按语的形式将其与欧洲比较，并征引欧美印刷史家的研究成果：

> 案欧洲始创活字版者，为德国哥腾堡氏（Gutenberg, Born about 1400, Died in 1468），氏本姓 Gansfleisch，后随其母改今姓，一四五〇年与其友 Mentzm 人 Faust 氏印一书曰 Catholieon，即用其自制木刻活字版所印者……欧洲发明活字版，确有历史可考者，乃一四五四年，而我国则一〇四四年……相去凡四百余年云。②

贺少穆的《活字印刷术的发明》一文主要讲毕昇及王桢发明的活字印刷法，顺便也进行了中西对比："活字印刷术的发明，在欧洲乃是十五世纪的事，但在中国，那是远在十一世纪的初叶。那个时候，民间有一位无名下士，名叫毕昇，把胶泥烧成瓦字……"③ 陈昌蔚的《印刷术》一文在回顾印刷术的历史时，非常简单，只进行了一些比较，说之前手抄不方便：

---

① 金兆梓：《教育部审定新编高中外国史》中册，上海中华书局，1946，第 121 ~ 122 页。
② 陶然：《中国活字版考》，《国学专刊》第 1 卷第 1 期，1926 年，第 45 ~ 46 页。
③ 贺少穆：《活字印刷术的发明》，《开明》第 1 卷第 1 号，1929 年，第 191 页。

至宋朝毕昇，才发明活体，用泥版印刷，可惜以后未能尽量发展。西方到了十五世纪，因系文艺复兴时代，遂骤然唤起印刷物的需要。当时印刷方法缺点极多，谷腾堡氏（J. Hamn Gutenberg）乃起而研究，使用以铅的合金为主剂的活字印刷方法……①

被译为中文的日本学者高桑驹吉的《中国文化史》在详述中国古代的印刷史之后，也简单将其与欧洲印刷史进行了对比："在欧罗巴，则十五世纪之初，哈尔兰（Haarlem）人珂司忒尔（Lawrens Jansson Coster）才发明木板的印刻，然而还没有至于印刷书籍。迨一四三六年，曼慈（Mainz）人约翰古田伯儿（Johann Gutenberg）才发明金属的活字。自是至一四五〇年，活字印刷始兴……故其后于中国木板印刻之发明者约八百年，活字印刷之发明者约四百年。"②

后来，也有新闻学著作认为印刷术的发明以中国为最早："及至西洋活字术发明以后，而更应用于机器印刷，使印刷技术的进步一日千里，自十五世纪德人哥登堡发明活字铜模，而于十六世纪传遍全欧……"尽管书中认为中国的雕版印刷术在14、15世纪时传入欧洲，但并没有明确指出毕昇活字印刷术也传入了欧洲，只是说"至于中国活字印刷术，在宋庆历年间（西历一〇四一至一〇四八年）毕昇即已发明，而欧洲活字印刷术，在一四五〇年哥登堡（Gutenberg）才开始试验，虽然他后来发明了金属活字印刷，但是已较中国落后四百年了"。③

---

① 陈昌蔚：《印刷术》，《商务印书馆出版周刊》第 75 号，1934 年，第 23～24 页。
② 高桑驹吉：《中国文化史》，李继煌译述，上海商务印书馆，1926，第 307 页。
③ 田玉振：《新闻学新编》，重庆新闻出版社，1944，第 107～108 页。

《申报》上也发表了文章《活字版原始》。① 稍后，《申报》代表王伯衡在檀香山万国报界大会上发表演说，亦言"中国之利用活版，虽早于德国戈登柏（Gutenberg）之发明活版印刷五百年，然其报纸之进步则甚迟"。② 之后，《申报》上还有感情更为强烈的类似比较，说毕昇发明活字早于"每纳士"的"谷登保"，"中国活字之兴，先于外国几二百年（原文如此——引者注），区区纸版之发明，犹为仿自外人，苟力求进步，何遽不相及若是耶?"③《大公报》上亦有类似比较，某作者在德国观看了"世界报纸博览会"后，发现"中央有'顾腾伯'像，为活版印刷发明者"，遂发出对比思考的感慨：

> 顾腾伯活版印刷所模型，此处有人着古衣冠，表演当时工作情形。按我国毕昇，在宋庆历中，以活字印刷书籍，早顾腾伯五百年。惜往昔轻视艺术，致湮没而弗彰。④

亦有人据《梦溪笔谈》上的介绍重述毕昇活字印刷术的发明情况，文章最后感叹："毕昇之制，与今日活字印刷原理全同，惜无继起者发扬而光大之耳!"⑤ 还有人从同样角度认为毕昇固然是早于古腾堡四百多年的发明者，但他的发明并未像古腾堡的发明一样被推广，最终没有竞争过木版印刷术和西方印刷术，之所以如此，是因为社会和政府没有给予足够的重视和支持。由是，作者表露出他的真实想法："这也就充分说明我国科学为什么不振的

---

① 《活字版原始》，《申报》1917 年 10 月 28 日，第 17 版。
② 王伯衡：《中国与报纸》，《申报》1921 年 10 月 16 日，第 22 版。
③ 参看夔笙《天春楼脞语》，《申报》1926 年 8 月 15 日，第 17 版。
④ 《纪世界报纸博览会》，《大公报》1928 年 6 月 13 日，第 3 版。
⑤ 知：《宋毕昇之活字版》，《东方文化》第 1 卷第 5 期，1942 年，第 28 页。

原因了。"① 对比和惋惜背后隐藏的强烈民族主义情感和追求印刷现代化的心理，已经呼之欲出！

由中西对比而产生的自豪和自我激励感情，势必不会止于表彰中国印刷术的辉煌和毕昇活字发明的悠久上面。事实也表明，蕴含着这样的自豪感情与奋发心理的人不可能安于其位，不可能不进行一些联想和延伸。饶是如此，时人还是承认中国的木版印刷、雕版印刷技术积习相沿，并不如后来居上的古腾堡印刷术高明。像在前引国文教科书中，作者就感叹"我国创制活版，历时千年，不知改良，旧法相沿，迄今不便。近虽急起模仿，而机械之属，又多不能自造，不亦愧乎？"② 1933 年，当德国印刷博览会在北平举行时，《大公报》上发表了一篇评论，追溯了德国印刷术的历史，认为"欧洲活字印刷术，滥觞于德国历史，相沿进步未已"，相较起来，中国虽然是更早发明活字印刷术的国家，却大不如人：

> 尝考我国印刷术，肇始于李唐，发达于五代，至两宋而后，号称极盛。庆历中，毕昇之活字，前夫古腾堡（Johannes Gutenberg）者凡四百年。而我国插图书、五彩套印书，早于欧洲者又若干百年，至今传世诸本，其精美者，直是艺术珍品，以视欧洲名作，并无多让。至于纸之发明，盛于纪元后、二世纪之初，其后千余载，欧洲如展转得其术，与罗盘、火药、印刷共称四大发明，为近世泰西文明展一新页。而印刷发明最早之东方古国，至今反声光日堕，以视其先人，且有不逮，宁不大可哀乎？此所以有现代德国印刷展览会之举，国人览此，庶几足以发思古

---

① 王愚：《毕昇——活字版印刷术的发明者》，《人物杂志》第 2 年第 2 期，1947 年，第 58~59 页。
② 庄俞、沈颐编《教育部审定共和国教科书·新国文》第 5 册，第 25 页。

人之幽情，启愤悱于未来耳！①

与之类似，稍后一个叫沈子复的学者也感慨道："跟欧洲一比，中国的印刷术要先发明四五百年之多，然而可惜的是，中国人保守成了习惯，不能悉心改革，因此到 20 世纪的初叶，还有专门以缮录书本为行业的。而最早用铅字印刷的华文书，也还是英国人替我们印的！"②

转而言之，关于中国印刷术的第一手记载非常之少，留下的实物也不多见："宋元时代的版片和刻印工具都已无存，甚至明清时代的活字也很少见，尤其铜活字更是消失殆尽。"③ 故此，难有确切的证据说明古腾堡印刷术确实来自中国，这也导致一些西方印刷史书写者极力撇清古腾堡印刷术同中国活版发明的关系。④ 当然也有个别中国学者持同样见解，认为活字版的发明虽然最早来自中国，毕昇的泥版活字是后来"活字的滥觞"，但它并没有普及，"现在世界各国所用的活字，是以铅的合金为主而制成的，于一四四五年为德人谷腾堡（J. Hann Gutenbery）所发明的。这是印刷工具的一大改革，在人类文化史上贡献很大"。⑤

---

① 《德国现代印刷将在平展览，北平图书馆与中德文化协会合办》，《大公报》1933年 11 月 16 日，第 4 版。
② 沈子复：《印刷术的故事》，上海永祥印书馆 1945 年初版，1947 年再版，第18 页。
③ 《钱存训博士序》，张秀民《中国印刷史》，韩琦增订本，浙江古籍出版社，2006，第 2 页。
④ 像 1958 年出版的西方印刷史经典著作《印刷书的诞生》一书，即认为："我们都知道，造纸术是中国人的发明，故欧洲人发现印刷方法，中国人亦有间接功劳。除此之外，迄今的研究结果显示，中国对欧洲的印刷发展并无其他贡献。然而，中国人懂得用活字来印刷，比谷登堡早了将近五百年，却是事实。"此处论述出自法国国家图书馆的汉学家"圭娜尔女士"（Roberte Guignard），见费夫贺、马尔坦《印刷书的诞生》，李鸿志译，广西师范大学出版社，2006，第 48 ~ 49 页。
⑤ 吴铁声、朱胜愉编译《广告学》，中华书局，1946，第 141 页。

z

第四章 "古腾堡"的接受史 *275*

虽然存在这样的刻意撇清的论点，但古腾堡印刷术的确可以同中国扯上关系，这就给中国史家努力建构两者关系提供了依据。① 历史最肯与人方便，只要愿意找，总会发现有利于自己的证据。历史事实本身的暧昧不明，实物与文献不足征，恰好留给了后世足够多的阐释和附会空间，乃至争议。这就给以下要谈的第三种书写模式提供了用武之地。

三　发明古腾堡

综合第一、第二部分所述，清末民初编译、书写的这些西洋历史书及有关文类，虽然一般都称道古腾堡印刷术的贡献，将古腾堡印刷术和中国印刷术进行对比，但并没有将古腾堡印刷术的源头定于中国，尽管个别人曾将火药、罗盘这两大发明归于中国。然而，这样的历史书写模式并没有一以贯之，特别是在 1920 年代末期以后，知识精英的救亡意识加强，爱国必先知史，民族主义关怀日益强烈地渗透进近代中国的历史书写中，以民族国家为核心的历史叙述模式逐渐一枝独秀、所向披靡，其他历史叙述模式退避三舍、隐而不彰，甚至湮

① 就算是来后著名印刷史学者张秀民教授的成名作《中国印刷术的发明及其影响》，以及近五十年之后修订而成的《中国印刷史》，对于中国印刷术特别是活版印刷术向欧洲的传播，仍不得不承认"现在尚未发现更可信的物证与文献"，只能更多利用西方学者关于欧洲印刷术可能来自中国的论述与猜测。参看张秀民《中国印刷术的发明及其影响》，人民出版社，1958，第 180～184 页；张秀民《中国印刷史》，第 703～708 页。研究中国印刷史的另外一位学者钱存训教授也认为，说古腾堡印刷术发端于中国，"迄今虽未能提出确凿无疑的证据，但却已有了具有说服力的旁证"，表明欧洲印刷术的起源和中国有密切的联系。见钱存训《中国纸和印刷文化史》，郑如斯编订，广西师范大学出版社，2004，第 292～297 页。潘吉星的论证同样不出此范围，参看潘吉星《论中国印刷术在欧洲的传播》，《传统文化与现代化》1996 年第 4 期；潘吉星《从元大都到美因茨——谷腾堡技术活动的中国背景》，《中国科技史料》1998 年第 3 期；潘吉星《中国古代四大发明——源流、外传及世界影响》，中国科学技术大学出版社，2002，第 435～444 页。

没无闻。① 这种情况亦展现在关于中国印刷术与古腾堡印刷术关系的历史书写上，凸显中国印刷术发明的西传欧洲及其重要性的历史叙述，正得其所哉。②

这种书写模式的出现自然并非一个全新的"发明"，亦可回溯到清末的历史书写中，且同日本有一定关系，其中蕴含着浓厚的近代化关怀和西学中源论色彩。③ 如在两个日本人合著的《支那文明史》中，其第 9 章"支那之应用欧洲印刷术"，开始即述说中国采用欧洲活字印刷情况，接着追溯源流：

> 就金属版及活字始用之时代，则条利安以为至支那人知活字之一种者，在纪元后一〇四九年以前，云美耶路斯为金属版之始被使用者，已在十六世纪间。陶器制之活字，相传为纪元后一二七八年，南宋帝昺之治世间所使用者。时适麦儿苦巴鲁（即马可·波罗——引者注）在支那之际也。据条利安之研究，则恐

① 有关的讨论，可参看 Prasenjit Duara, *Rescuing History from the Nation: Questioning Narratives of Modern China*, Chicago: University of Chicago Press, 1995。

② 但这并不意味着上述印刷史书写模式就完全消失，实际上，在 1930 年代以后，仍然有不少学者在延续此种书写，如张曼陀所著的《中国制纸与印刷沿革考》（收入《〈循环日报〉六十周年纪念特刊》，循环日报社，1932，第 80 页）就是如此。该文回溯中国造纸业与印刷术之源流，及造纸、印刷方法的改变，没有将西方印刷术归于受中国影响。徐瑞祥和陈锡祺合编的《外国史纲要》（镇江新苏印书馆，1937，第 52 页）则是直接陈述古腾堡之发明："1438 年，德人哥德堡（John Gutenberg）改制金属活字。"黎民的《纪念世界两大印刷功臣》（《新闻学报》第 1 卷第 4～5 期，1940 年，第 29 页）更是直接称古腾堡（约翰·郭敦鲍）为"活字印刷术发明人"，他发明的金属铸字印刷法"在印刷史上是伟大的创造，直至数百年后的今日，仍然沿用这个印刷方法"。根本不提中国活版发明情况。只是相比下文要讲到的它的对手方，这种书写模式日益势单力孤，对后来中国的印刷史书写和集体记忆打造，影响不大。

③ 关于清末的西学中源论，参看全汉昇《清末的西学源出中国说》，《岭南学报》第 4 卷第 2 期，1935 年；孙广德《晚清传统与西化的争论》，台湾商务印书馆，1982，第 67～80 页。

此发明在二百年前，欧洲之发明以前。创作近世活字之第一人，乃独乙（即德意志、德国——引者注）之发明家古丁倍儿也。若《梦溪笔谈》所记之活字，与近世使用者果为同一，则麦儿苦巴鲁当凤自支那输入之于欧洲，欧洲之印刷工宜早用完全之印刷法也。然条利安所谓支那活字者，非如欧洲近世之活字……然则欧洲近代之活字，不可云先支那而发见。而所谓活字之一种之活版，固早为支那所使用者矣！

该书还旁征博引诸多欧洲记载和研究，论证明清之际欧洲活字进入中国情形，谴责"支那"应用活字版印刷术一直不积极，只推崇木版印刷。其"全由支那人守旧之习惯，使彼等禁相采用，排斥外国文明输入故也"。① 此处的中文翻译尽管佶屈聱牙，啰唆含糊，但亦可看出其核心意思是中国活字印刷发明早于欧洲，通过马可·波罗的渠道，又传到欧洲，古腾堡在此基础上又发展出新活字，这不同于中国宋代发明的活字。该书还对中国不积极推行印刷现代化的行为进行了谴责。

还有一些日本人写的西洋史著作，虽然没有直接提及古腾堡的名字，但都提到了文艺复兴时期欧洲的活字印刷术发明及其意义。像影响梁启超甚大的浮田和民在《西史通释》中就如此叙述："而印字术发明，活字排版业起，尤为文学间伟绩，遂蔓延于四方。印字术及制

---

① 白河次郎、国府种德：《支那文明史》，竞化书局译，澄衷蒙学堂印刷，上海竞化书局发行，1903，第 182 ~ 187 页。当时还有《支那文明史》一个节译本在中国出版，即东新译社印的《中国文明发达史》。该书此处的表述与上引文差不多，但节译得简明扼要。见东新译社印《中国文明发达史》，黑风氏译补，翔鸾社印刷，东京东新译社发行，纪元二千四百五十五年四月二十四日发行，第 130 ~ 131 页。此处纪年似为孔子纪年法，但明显不是以通常的孔子生年（公元前 551 年）为起点的纪年法。究竟以何年为始，待考。

纸法共自支那传来，第十五世纪之半，遂以金属字型印文书字（一四五〇）。"[1] 书之最后又说，所以会有中世史之终结与近世史之开端，"此世运之所以成者，即中世末期三种发明之影响。三种发明者何？一为罗盘斜……二为火器……三为活字版……此三发明者，皆由东方播迁西土，其影响所及……尤有大者矣！"[2]

与之类似，在广智书局出版的《世界近世史》中，该书第一编"近世之发端"中第一章"新地之发见及两洋之交通"也有这样的表述：

中世之末，欧洲所发明之大事有三，一曰火药，二曰印刷，三曰罗盘。然此三者，实本于中国，而流入于欧洲者也。就印刷一事言之，唐时既有版本（时即十世纪），即活版亦起于明中叶，其后传至欧洲。其制日巧，其用日广，遂一变社会之精神，驯至近世之盛运……印刷之法既行，则无抄写之劳，一人之思想可通于千万人，一部之稿本可化为千万部。从前之奇书珍本，一发而播诸天下，其裨益于人智进步，岂少也哉！如文学复兴，实赖印刷术之发明也。[3]

且不论此处"活版亦起于明中叶"的说法是否恰当，非常值得我们注意的是，此处的表述不但将欧洲人所谓的三大发明导源

---

① 浮田和民：《西史通释》，吴启孙译，上海文明书局，1903，第407页。

② 浮田和民：《西史通释》，第411页。

③ 松平康国：《世界近世史》上册，梁启勋译述，饮冰室主人按语，上海广智书局，1903，第1页。该书也有作新社译本（作新社图书局，1902年初版，1903年再版），只是未署原作者、译者之名。另外，该书之前商务印书馆也出版过另外一版本，译述者为"中国国民丛书社"，1902年初版。后两书译文较梁译稍微完整。但三书此处译文大略相似。

于中国，更是明确将西方活版印刷术的使用归因于中国印刷术向西方的传播。该书亦在第二章"学问复兴"中，专门强调印刷术之于欧洲学术的意义："至十六世纪，希腊、罗马之文物，粲然复放其光芒，加以印刷之术日赴精巧，学者欲购典籍，不若前此之艰难。"①

值得注意的是，该段论述后还有梁启超所加按语（并未见有研究梁启超的学者注意该书按语为梁启超所加）：

> 案近世言西学者，每以为西国之所以强，全在于工艺。观是可以废然返矣！夫工艺之影响于国运者，孰有过于此三者乎？而顾皆出于中国，中国本有之而不能食其利也。如彼西人剿窃之，而神其用也。……彼希腊之学术、罗马之法律、亚剌伯之科学，皆近世欧人所取之，以致富强者也。而彼数国者，今皆黯然矣！②

类似观点，梁启超在多处都有流露。③ 如在 1902 年《新民丛报》上发表的《地理与文明之关系》一文中，梁启超就指出：

---

① 松平康国：《世界近世史》上册，第 7 页。该书译者梁启勋在别处也重申过这样的论述，接续了梁启超在《地理与文明之关系》中的论点："中世以还，以十字军之影响，彼阿剌伯、蒙古两种，为欧亚两文明之媒介。西人受罗盘、火药、制纸、印书诸文明技术于我中国，融化而运用之，哥仑布士遂以发见新大陆（即美洲）……"参看梁启勋《论太平洋海权及中国前途》，《新民丛报》第 26 号，光绪二十九年正月二十九日，"地理"，第 50 页。

② 松平康国：《世界近世史》上册，第 1 页。

③ 参看梁启超《论学术之势力左右世界》（原载《新民丛报》第 1 号）、《格致学沿革考略》（原载《新民丛报》第 10、14 号）、《生计学学说沿革小史》（原载《新民丛报》第 7、9、13 号），分别收入《饮冰室文集》之六、十一、十二，见《饮冰室合集》第 1、2 册。

于近世欧洲文明进步最有大功者，曰罗盘针，借以航海觅地；曰火器，借以强兵卫国；曰印书术，借以流通思想，开广民智。而此三者，皆非欧洲人所能自发明，彼实学之于阿剌伯，而阿剌伯人又学之于我中国者也。[①]

梁启超这里的发挥，固然有"礼失而求诸野"和西学中源思维的影响，但实际已经开启了后来中国印刷史与通史书写中的一个重要面向，即强调及建构三大发明——火药、印刷、罗盘——均是来自中国的民族主义式历史叙述。三大发明对欧洲和后来世界的功劳越大，也就意味着中国的贡献越大。中国在近代的"落后"只因不善于使用祖先的遗产，没有积极追求印刷现代化，致使"西人""剽窃之，而神其用"。

或许是受到日本学者的影响，更可能是受到梁启超的影响，国内亦出现不少类似的论述。如《湖南官报》即转载了梁启超的《格致学沿革考略》一文："其时，中国文明三利器（一曰火药，二曰罗盘针，三曰印书术）亦已由阿剌伯人之手达于欧西，用兵、航海、读书之法皆辟一新境，其机固自不可遏矣！"[②] 再如《正宗爱国报》上也有人发表文章《三大事发明》，专门讨论"三大发明"的起

---

① 中国之新民：《地理与文明之关系》，《新民丛报》第 2 号，光绪二十八年正月十五日，第 55 页。一如梁启超的新史学思想主要来自日本，此处观点也应是梁启超在浮田和民《史学通论》基础上阐发的。有关浮田和民的观点，可参看邬国义编校《〈史学通论〉四种》，华东师范大学出版社，2007，第 83、144、198、254 页。
② 《格致学沿革考略·再续前稿》，《湖南官报》第 195 号，第 24 页。原文未署原作者梁启超名字。后来《湖南官报》上还转载过来自"东报"的论述，强调"开化三大件"的重要性，但没有明说这"三大件"源自中国："所谓近世开化之要件者，分之为四：一曰铁，二曰炸药，三曰蒸汽，四曰电气是也。上古之世，以火药、磁石及印刷术三种为有形之要件，名之曰开化之三大件。由此三者，文化遂日造乎其极。"《东报论近世开化之四大要件》，《湖南官报》第 438 号，第 43 页。

源、使用和意义问题。① 在该篇文章起始，作者就说"欧洲要紧的利器，有三件大事，全是我们中国的发明，第一是火药，第二就说印版，还有一件就说海船上罗盘"。"不想三大发明，居然出在华人之手，苦在千百年后，始终不晓得改良。"实际上，该文并没有说中国这"三大发明"是如何西传的，只是以出现时间先后来断定。在谈论印刷时，该文亦没有明确提及毕昇、古腾堡等人，仅仅说中国的"印版的书籍，兴在唐朝的末世，正当欧洲十世纪，至今足有千年"。文章最后还总结"三大发明"在中国未能正确利用推广之原因，"要说中国发明的，未定单只三件，苦在既无专利，又无官家保护，总能兴些个美术，也就淹没不闻了"。"况且我国的素习，除了念书作文，其余的事情，全都不算学问……至于制造的一门，如何敢邀青睐呀？"

较之梁启超等人的叙述，其师康有为 1904 年在瑞典游历的眼见为实更有针对性。他目睹古腾堡印刷品的遗物，兴发了思古幽情，进行一番比较之后，推论出古腾堡印刷术或得之于中国："游藏书楼……有机印字之第一本，出日耳曼之矍顿伯，在一千四百五十七年，我国出于宋世，则远在我国之后，疑马可·波罗得之我国，或十字军辗转传于阿剌伯也。"②

很明显，这类表述和叙述建构，有意无意忽略或无视了此"三大发明"的西方语境，乃至促成三大发明发挥效力的社会条件，后来者在援引卡特著作、英国哲学家培根及更大的符号权威马克思的相关表述时，有更为露骨的断章取义表述（详后）。

不过，在以上这样的联系和对比中，虽存在不少为中国后来技不

---

① 皆斫：《三大事发明》，连载于《正宗爱国报》第 583 期，戊申六月十四日，第 1～2 页；《正宗爱国报》第 584 期，戊申六月十五日，第 1～2 页。
② 姜义华、张荣华编校《康有为全集》第 7 集，第 483 页。

如人、未积极改进和推广应用这些发明而惋惜的情绪，但同样明显流露出为中国早于欧洲创造"三大发明"而自豪、自我奋发的心态。如印刷术等三大发明起源于中国，后来才传到西方，并改变了整个世界这样的历史认知，居然成为一个菲律宾华侨小学生激发读者民族主义、积极追求现代性和全球化的历史资源与文化武器：

> 我国人所发明之火药、指南针、印刷术等，由元时传入欧洲，加以改良，不过五百余载，遂成今日灿烂之世界。今我国若不急自奋厉，研究科学，以求制造之进步，焉能存于世界耶？①

一个小学生有这样的民族主义表述，尽管难脱"命题作文"的樊篱，以及"为赋新词强说愁"的色彩，但其中展现的他对三大发明的历史认知，则显示出这种历史书写模式的莫大吸引力与应用前景。小学生有这样的认知自然离不开知识分子、教科书或外来文类的教化与训导，如后来一个儿童杂志也这样宣传："印刷术在中国隋时才发明，最初是用木板雕刻成的，可是木板刻的，不能够精细，都是很粗笨。到元朝，印刷术传到欧洲，外国人就将笨重的木板，改良做活字版……"②

此类叙述，到了1920年代中晚期以后，比比皆是，这种强调中国处于世界早期全球化进程中的原发位置和领先角色，认为古腾堡技术来自中国的书写模式，非常明显地表现在中国出版的西洋史、印刷

---

① 小吕宋华侨中西学校高等小学一年级生吴善星：《论今世制造之进步》，《菲律宾华侨教育丛刊》第1期，1917年6月1日，"学校成绩"，第5页。
② 程静娴：《印刷术》，《儿童世界》第16卷第1期，1925年，第34~40页。引文在第35页。

史著作，乃至其他一些文类中。这种表现某种程度上也表明了卡特著作的影响。像报学史家戈公振即根据卡特著作认为"印刷为我国传入欧洲技术之一"。[1] 印刷史学者贺圣鼐也根据美国学者卡特、英国学者戴文博（Cyril Davenport）对于中国印刷术西传史的研究，认为"元时吾国印刷术精而又盛，加以当时蒙古势跨欧亚，于是随指南针、火药及造纸法，西渐欧洲"。[2]

接下来，我们再看看何炳松编的《外国史》中的有关描述："自从指南针、透镜和火药等由东方传入或由欧洲人自己发明之后，欧洲人的习惯因此大变……自从中国的印刷术由回教徒传入欧洲之后，欧洲人乃能在短时期中产出多数同样的书本……到十三世纪以后，中国人所发明的造纸术亦由回教徒传进欧洲……"[3] 陈衡哲在《欧洲文艺复兴小史》第 5 章"智识工具的进步"中也说：印刷术的发明对欧洲文艺复兴时期的智识进步"最占重要"，"乃是近世民权运动的一个根本原因"。她随即自问自答：

> 谁是印刷术的发明者？这个问句的答语，至今仍是历史上的一个疑团。因为若欲溯本穷源……中国的木版印刷，也是近世印刷术的一个模范。此术曾由阿拉伯人传入欧洲，到了十五世纪时，北欧地方便有人根据了这个板术，从事于活版的试验，但膺这个发明的荣誉的，却是荷兰人科斯忒（Coster）。德人加腾堡

---

① 戈公振：《中国报学史》，上海商务印书馆，1927，上海书店"民国丛书"影印本第 2 编第 49 种，第 247 页。参看 Christopher A. Reed, *Gutenberg in Shanghai: Chinese Print Capitalism, 1876 – 1937*, p. 13。

② 贺圣鼐：《中国印刷术沿革史》，《东方杂志》第 25 卷第 18 号，1928 年，第 64 页。

③ 何炳松编《外国史》上册，上海商务印书馆，1929 年初版，1932 年国难后第 7 版，第 258 页。

（Gutenberg），乃是第一个以此术施诸实行之人。而第一本用活版印出的重要书籍，却是一四五四年出版的《圣经》。自此以后，活版印刷所的建设，便如雨后的春笋，蓬起勃发……①

对比前引陈衡哲在《西洋史》中的有关论述，我们可发现她在短短几年中的改变：在书中新增加了欧洲印刷术与中国印刷术关系的论述，并说此术乃经由阿拉伯人传入欧洲。

张国仁著的《世界文化史大纲》中则专立一节讨论"中国二大发明之流入西欧"，认为"中世纪的西方，虽说黑暗，亦尚非毫无发明，不过其所发明，远不若我国所发明者伟大而切要"。除了论述指南针和火药经阿拉伯人传到欧洲的情况，张国仁重点叙述的是中国印刷术的发明及其输入欧洲的影响。在欧洲还沉浸在中世纪时，"我国已有了印刷术的萌芽，即雕版是也"。"我国印刷术之流入欧洲，则在十五世纪初叶，最早之欧洲木刻文字，则始于一四二三年，相传哈兰姆（Haarlem）人考斯特（Lareens Janson Coster）为木版印刻的发明家，其实系仿造，并非发明，后于我国毕昇之发明约四百年。初时仅有刻字，尚未印刷书籍。至一四三六年，马因（Mainz）人葛登堡（Johann Gutenberg）始发明金属的活字，至一四五〇年而印刷术始呈活跃气象。"②

比起清末民初中国历史教科书对印刷术发明书写的忽视，这时关于中国史的一些教科书开始涉及此问题。如傅纬平编著的教科书《本国史》就是如此。书中特立一章"中国文化之西渐"，认为所谓欧洲中古末期的三大发明——罗盘、火药、印刷术，"都起原于中

---

① 陈衡哲：《欧洲文艺复兴小史》，上海商务印书馆，1930，第42页。
② 张国仁：《世界文化史大纲》，上海民智书局，1931，上海书店"民国丛书"影印本第1编第40种，第458页。

国，大约自宋代传入西域或南洋，再由波斯阿拉伯人展转传到欧洲去的"。① 接着书中又详细叙述道："北宋仁宗时，毕昇又发明活版，其法……"随后，作者总结说："欧洲中古末的三大发明，显然是中国文化的西渐所影响。因为他们所自称的发明，都在中国已经盛行之后。"② 在该句话的注释中，作者依据《世界大事年表》说："一四三八年（明英宗时），德人哥登堡（Gutenberg）始发明活字版……皆远在中国发明之后。"③

较之史家对中国印刷术的赞扬和肯定，文学家鲁迅从反讽与批判的角度，表达了他对"三大发明"西传欧洲的认知，只是他没有明确点出古腾堡的名字："中国古人所发明，而现在用以做爆竹和看风水的火药和指南针，传到欧洲，他们就应用在枪炮和航海上，给本师吃了许多亏。还有一件小公案，因为没有害，倒几乎忘却了，那便是木刻。虽然还没有十分的确证，但欧洲的木刻，已经很有几个人都说是从中国学去的，其时是十四世纪初，即一三二〇年顷。那先驱者，大约是印着极粗的木版图画的纸牌；这类纸牌，我们至今在乡下还可看见。然而这博徒的道具，却走进欧洲大陆，成了他们文明的利器的印刷术的祖师了。"④ 通过鲁迅"纸牌"云云之言，我们可推知卡特等人关于中国印刷史的研究成果，这时已经在中国传播开来，引起了像鲁迅这样的知识分子的关注。

类似以上三大发明均是中国原创而后西传的历史认知和叙述模式，亦体现在身处日据时期台湾的文士连横的书写中。他在1920年代的讲演稿中分析，西洋强盛原因在于"科学之进步"，然后连

---

① 傅纬平编著《本国史》第2册（新课程标准适用）第15版，上海商务印书馆，1933，第273页。
② 傅纬平编著《本国史》第2册（新课程标准适用）第15版，第276、278页。
③ 傅纬平编著《本国史》第2册（新课程标准适用）第15版，第278页。
④ 《〈近代木刻选集〉小引》（1929），《鲁迅全集》第7卷，第319页。

横以"东洋科学"同"西洋科学"对接，认为所谓西方的一些"经典"发现，举凡声光化电、天文地理、计算、制造、飞行、进化论、火药等，中国古人早已发现。最后，连横还特意标举造纸印刷说明之：

> 古者读书之士，书必自写。削竹为简，长尺二寸。其后改用缣素。然质贵费重，寒畯难求。及汉蔡伦造纸，书籍赖之，而读书者犹须自写（《东坡读书记》谓《史记》《汉书》皆系自写。宋时尚然，则今笃学之士，亦以自写为功）。至唐，乃创印刷之术。宋代又为聚珍之版（即活版）。书籍流传，以是而广。西洋人士以印刷与火药、罗盘谓为东来三大文明，非虚语也。①

另外，在《印版考》一文中，连横复说雕版印刷在隋代就有，宋代开始有活版印刷。文末他感叹："海通以来，欧洲输入印书机器，用铅制字，则今之活版也。夫活版之术固非欧人发明，而由中国传授也。元初，欧人从军来此，遂取印版与火药、罗经而归，称为东来三大文明。夫无火药则不足以整军开矿，无罗经则不足以航海略地，而无印版则思想闭塞，学术停滞，不能人人读书。故欧洲今日之文明，其受福于此者不少。昧者不察，乃以印版之术为欧人所发明，是亦不揣其本也。"②

不仅如此，还有人将这"三大发明"的出现时间提早，名称稍改，像"祖祐"的《中国人的三大发明》一文就说："我们中国人在科学上，有三大发明：第一件是'指南针'，第二件是'印刷术'，

---

① 连横：《东西洋科学考》，《雅堂文集》卷1，台湾大通书局，1964，第16~23页。
② 连横：《印版考》，《雅堂文集》卷1，第23~24页。

第三件是'火药'。"其中，发明"指南针"的是"黄帝"，后来周公改进，又制造出"指南车"，经高丽传到日本，再由日本传到荷兰等欧洲国家，"他的用途，渐渐扩大"；而"发明火药的人，说是汉武帝"；"发明""印刷术"则早在唐朝，"到了宋朝，有个毕昇，创造胶泥活字版……它传到西方的顺序，也和'指南针'一样"。[①]

正是有了上述对古腾堡或欧洲印刷术来源的各种记载、认知及使用，加上卡特《中国印刷术的发明和它的西传》等相关著作的影响，我们对香冰在《科学的中国》杂志上发表的《中国印刷术与谷登堡》一文，[②] 就不会如芮哲非教授一样感到如获至宝并大加引用。事实上，该文顶多算是对古腾堡本人及其印刷术的一个较详细介绍而已，其水准未及较早发表的《活字版印刷术的发明之研究》一文，[③] 也难比前引的《活字发明史》。香文的主调无非是：

> 印刷术为我国大有造于现代文明四大发明之一，谷登堡之以始创西方活版印刷术见称者，其所发明，吾人十一世纪即已肇其权舆（尚视谷氏早出四百年）。谷氏虽不必径传东方印刷之衣钵，然后者所施于前者的影响与暗示，必深切而有力，斯无可疑者也。[④]

相比起来，无署名的《活字版印刷术的发明之研究》功力和识见显然要高于香文，以及芮哲非教授引用的《艺文印刷月刊》上那

① 祖祐：《中国人的三大发明》，《民众教育周刊》1931 年第 1 期，第 24～27 页。
② 《科学的中国》第 4 卷第 5 期，1934 年，第 187～190 页。
③ 《中国新书月报》第 1 卷第 2 号，1931 年，第 27～30 页。
④ 香冰：《中国印刷术与谷登堡》，《科学的中国》第 4 卷第 5 期，1934 年，第 187 页。

篇翻译文章《印刷术讲座》。① 《活字版印刷术的发明之研究》先考察古腾堡的生平及发明，复援引西方学者的研究，分析古腾堡究竟是不是活字印刷术的发明者。接着该文又引用沈括等人记载，来追溯毕昇及其之前的活字印刷术，并结合宋元时代的中外交通情况，推出"活字印刷术发明者之王冠"应该属于五代末年、北宋初期在毕昇之前的中国人。

实际上，就学术质量而言，较之这篇《活字版印刷术的发明之研究》，还有一篇苏士清写的内容更全面的长文值得注意。② 该文先述说写作缘起，由于印刷术在人类生活中功莫大焉，"惟我国由于种种关系，未能与列国并驾齐驱，甘居人后，殊堪愧惜"，又因为"抗战军兴，国势日上"，政府也鼓励印刷事业、培植印刷人才，于是写作该文。文章开始详谈中国印刷术的起源和演进，以及明代后中国印刷术的保守落后，导致清代出现"外国印刷术输入我国，印刷界翻然革新"。随后，文章具体描述日本和西洋各国印刷术的起源与演进，其中重点是叙述西洋印刷术的源头和发展，甚至还追溯到古埃及、古希腊时代。作者说，西洋印刷术到 15 世纪，"尚无大成就"，"东洋尚较西洋为进步"，但随着 13 世纪马可·波罗返回欧洲，加上这时中西交通的便利，中国的木版印刷术传到欧洲，但不敷需要，也不胜其烦，西洋人开始思考改进，遂在 1440 年，有德国人"古典贝尔德"发明金属活字版印刷方法。该发明对人类文化进步贡献"至为巨大"，其发明晚于毕昇四百余年，也较完善。

---

① 白木译《印刷术讲座》，《艺文印刷月刊》第 2 卷 1、2、3 期，1939 年，该文译自日文，只在第二、第三部分简略提到古腾堡的发明基础、中国来源及其生平、发明的技术情况。

② 苏士清：《印刷发展史概述》，《造纸印刷季刊》第 1 卷第 1 期，1941 年，第 17 ~ 32 页。

再让我们看看中国全面抗战时期，日本扶植下的傀儡政权如华北临时政府、汪精卫政府，他们的历史教科书是如何表述古腾堡印刷术及其与中国关系的。其中一本是"教育总署编审会"编的《初中本国史》：

> 现在世界上所用的罗盘、火药、印刷三种利器，都由汉人首先发明，逐渐传入欧洲去的……至欧人活字印刷的记述，最早却在十二世纪，至十五世纪才逐渐风行，大约也在这时候，因东西交通的频繁，由阿剌伯人的媒介而西传的。[①]

所谓南京"教育部编审委员会"编的《国定教科书·高小历史》则对中国的活字版发明描述得相对详细：

> 隋唐以来，佛教发达，民间信仰佛教的，多从事于雕刻佛经，以广传布，是为中国印刷术之起源……到了宋仁宗时，有个布衣，名叫毕昇的，又发明了一种活字版印刷术……这还是公元十一世纪的事。在欧洲却要到十五世纪，才有这样活字版印刷术。

稍后书中强调说"现在世界上用的罗盘、火药、印刷术三种利器，都是我汉人所发明，逐渐传至西方去的"。最后补充道：

> 十三世纪时，元朝跨着欧亚两洲建国，这三种利器，或由亚拉伯人，或由蒙古人的媒介，相继传入欧洲。欧洲人以后就利用罗盘来航海；并且对于用火药做大炮的方法，也尽力加以改良；

---

① "教育总署编审会"编《初中本国史》第2册，北平新民印书馆，1939，第91~92页。

印刷术尤其是促进近世欧洲文明的利器。欧洲人都以为由中古欧洲转到近世欧洲，是全靠了这三大发明的西传。[①]

面向更高年级学生的历史教科书中相关表述差别不大："印刷术起源于隋唐，毕昇最早发明活字印刷术。""至欧人活字印刷的记述，最早却在十二世纪，至十五世纪才逐渐风行，大约也在这时候，因东西交通的频繁，由阿剌伯人的媒介而西传的。"[②]

可以看出，虽然政权的立场或"性质"不同，但其赖以维系的合法性却有相似之处，其中之一是自居为中国文化的继承人和捍卫者。故此，上述三处对印刷术的表述同前引"正统"国民政府时期西洋史中的相关表述，基本没有差别（当然这或许同两伪政府忙于内政、外交、军事，无力关注教育文化有关，故在教科书等具体操作上，大致沿用了以前的叙述），都要借历史书写凸显民族荣光来维持和强化自己政权的合法性。将毕昇视为活字印刷术的发明者，并把古腾堡印刷术发明的起源归于中国，在大多数情况下，这是知识分子、"合作者"的自觉行为，我们不能推定为政治力量的蓄意指使，但在实质上，恰好昭示和反映了民初以降各个政权对历史及民族主义符号的利用与实践，乃至近代中国知识分子通过历史书写为中国在过去和当时的世界上寻找位置的努力。

简言之，通过上述举例，我们可以明白，芮哲非强调的所谓近代中国知识分子受到卡特著作极大的影响，不过是晚清以来此种叙述趋势的一个表现而已。另外，芮哲非教授只以辞典为对象来讨论古腾堡

---

① "教育部编审委员会"编《国定教科书·高小历史》第 2 册，上海华中印书局，1940 年初版，1943 年第 6 版，第 24 ~ 25、35、36 页。

② "教育部编审委员会"编《国定教科书·初中本国史》第 2 册，上海华中印书局，1943 年第 5 版，第 65、84 页。

在近代中国的接受情况，也完全忽略了卡特之前诸多关于古腾堡的中文书写。实际上，后起的卡特于当时中国之所以重要，成为学者争相引述的权威论断——"究心国故及宝爱先民之荣誉者，自当取卡脱氏（即卡特——引者注）原书读之"，[①] 这的确是基于他对中国印刷史的精到研究，但时人恐怕亦看重卡特作为一个欧美学者而称颂中国发明这一行为本身所具有的象征意义和示范作用。[②]

四　中国印刷术与古腾堡

需要注意的是，这时，一种新的理论指导下的印刷史书写模式开始出现，有文章已经试图从马克思主义史学的观点来分析中国印刷术与古腾堡的关系，尽管得出的结论与前述第三种模式没有多少差别。该文先从原始社会、封建社会、资本主义社会对印刷术的不同需要说起，谈中国印刷术的历史，重点是毕昇的活字印刷术，然后话锋一转，"近代西洋文明进步，一切的机械、用品，精益求精，印刷术也灵便无比，跟着帝国主义侵入中国，遂亦为中国社会应用！但这里我们不要认为西洋的印刷术侵入中国，而是我们故物拿到西洋改良以（一）下，又唱完璧了呢！"之后，该文讲述中国印刷术与西洋的接触，认为虽然没有确切的实物证据，表明晚于中国四百多年的古腾堡（作者写作"古田伯尔"，误拼为 Gurenbery——引者注），其金属活字发明来自中国，但考虑到"中国历史光荣之一页"的蒙古帝国西征胜绩，由此带来中西交往便利、互通有无的现象日多等事实，"所

①　戴闻达（J. J. L. Duyvendak）：《中国印刷术发明述略》，张荫麟译，《学衡》第58期，1926年10月，第1～11页。引文在第1页，为编者所加按语。该译文又见《东北文化月报》第6卷第4号，1927年，第55～63页。

②　参看邓嗣禹《中国印刷术之发明及其西传》，《图书评论》1934年第11期，第56页。

以西洋印刷术是中国传给予的，已是信而有征的事了！且可断言其接触时期是在蒙古西征以后，西历一千三百年的年间！"[1]

之后，随着苏联对中国影响的日大，一些苏联史家对印刷史做的诠释也被译介进来。两个苏联学者写的《活字印刷之祖：中国》即被时人翻译为中文。该文先追溯中国印刷术的历史，尤其是描述毕昇发明活字的情况，在没有利用既有研究成果和举出有说服力的证据之前，就斩钉截铁地得出以下结论：

> 因此可以确切地断定，具有转移欧洲入新时代的一切基本技术的发明：如航海术之基础的罗盘针，军事技术之基础的大炮、榴弹及火药，新时代技术重要基础的煤工业，以及最后，一切近代文化与产业技术之基础的印刷技术，特别是活版印刷技术和造纸工业——都发生于东方国家（实是指中国——引者注），在其浸透入西欧以前达好几世纪。西欧只在拜占庭崩溃以后，始渐接触利用和改善这些基本技术。这种从东方国家借用的本质，在我们这一时代有特别指出的重要性，因为法西斯党徒的理论，仿佛文化和技术的发明，只是白种人的天赋优越性。现在由于关于格登堡为第一个活字印刷家的神话的消灭，同时也粉碎了创设这种法西斯（理论）的野心。活字印刷技术撇清了所有伟大技术发明的宿命论，而正是因为是从东方国家借用这种技术，才使半野蛮的欧洲踏进新时代的进境。[2]

这种对印刷史和中国理直气壮的定位，以及对所谓种族优越论的谴

---

① 十二班五年级呼东荘：《中国对于世界文明之伟大贡献——印刷术》，《期刊》第 3 期，1934 年 8 月 15 日，第 78～81 页。《期刊》系河北省立大名师范学校编印的杂志。

② B. Vakman, A. Samoylo：《活字印刷之祖：中国》，拱朝译，《科学画报》第 12 卷第 1 期，1945 年，第 24～28 页。引文在第 28 页。该文还被新创刊的上海《文选》杂志转载，见《文选》创刊号，1946 年 1 月 1 日，第 34～40 页。

责，并将其贴上法西斯的标签，自然会为中国人乐见与接受。①

相比马克思主义史学书写模式的盖棺论定，西方专业的印刷史、书籍史、传播史著作则多会提到包括中国、朝鲜在内的东方印刷术对西方可能的影响，以及中国最早发明活字印刷术的情况，② 大多认为古腾堡印刷术得益于多种因素的出现，同东方印刷术可能会有某种关系，但这些不足以减弱其独创性和优先性。鉴于古腾堡印刷术的两个特色——字模和压印机——都是中国方法中所没有的，说古腾堡印刷术来自中国，多半只是一种后见之明的建构，缺乏确切的证据。尤其是考虑到古腾堡活字印刷术的发明基础是西方的字母文字体系，木版与雕版印刷并不适合拉丁字母，毕昇的活字方法缺乏实用性及美观性，在之后并没有被普遍采用和商业化。宋代以后，中国长时间流行的依然为木版印刷，反倒是朝鲜较多采用了活字印刷术。③

---

① 后来亦有酷爱中国的法国学者安田朴（Rene Etiemble, 1909－2002）重复了这样的论调，认为欧洲人声称古腾堡发明了活字印刷术，乃是"欧洲中心论欺骗行为的代表作"，欧洲人否认中国和朝鲜对于印刷术的贡献，是"由于自命不凡的大国沙文主义"，"这仅仅是一种种族主义的证明，或者是又多了一种这样的证据"。而安田朴的主要依据就是卡特等人的中国印刷史研究成果，他还为卡特等人著作被西方学界无视感到遗憾。安田朴：《中国文化西传欧洲史》，耿升译，商务印书馆，2000，第21～34页。

② 如传播学研究者波兹曼（Nell Postman）就认同中国人和朝鲜人"在谷登堡之前就发明了活字印刷术"这样的观点。参看波兹曼《童年的消逝》，吴燕莛译，广西师范大学出版社，2010，第186页。

③ Albert Kapr, *Johann Gutenberg: The Man and His Invention*, pp. 109－122; John Man, *Gutenberg: How One Man Remade the World with Words*, pp. 114－115；卡特：《中国印刷术的发明和它的西传》，吴泽炎译，商务印书馆，1991，第179、182～187页。又见 Thomas Francis Carter, *The Invention of Printing in China and Its Spread Westward*, pp. 155－156, 159－167。潘吉星、周启荣等人曾对西方学者这样的看法提出了质疑，参看潘吉星《论中国印刷术在欧洲的传播》，《传统文化与现代化》1996年第4期；Kai-wing Chow, "Re-inventing Gutenberg: Woodblock and Movable Type Printing in Europe and China," in Sabrina Alcorn Baron, Eric N. Lindquist, and Eleanor F. Shevlin, eds., *Agent of Change: Print Culture Studies after Elizabeth L. Eisenstein*, Amherst, M. A. & Washington, D. C.: University of Massachusetts Press, 2007, pp. 174－175。

因之：

虽然中国人发明了活字版，但是西方传统上仍视德国缅茵兹市（Mainz）的古腾堡为印刷术的创始人。至于他是否受到中国排字技术或韩国金属字粒的影响，一些历史学家仍有争议。不过，不论如何，一四四〇年代这位金银匠成功地引进印刷术，迅速带动了整个欧洲的印刷革命。①

实际上，就算是最为中国学者所乐引的卡特的大作，也没有明确判定古腾堡印刷术直接来自中国。卡特只是列举了古腾堡印刷术有可能受到中国影响的情况，以及该发明在欧洲出现的社会条件与技术基础。他在书中还专门强调：

我们不可认为以上所提及的人物（指包括毕昇等人在内的中国与朝鲜的活字发明者与使用者——引者注），都一定就是欧洲印刷发明者的直系祖先；特别是后面三位发明和改善活字的人，似乎属于旁支，他们和欧洲印刷发明者的关系，与其说是祖先，不如说是堂兄弟。

之后，卡特又非常明确地指出：

在远东的胶泥活字、木活字、铜活字和欧洲的印刷发明之间，究竟有没有直接的关联，这是一个很难置答的问题，但就现

---

① Stuart Allan：《新闻文化：报纸、广播、电视如何制造真相?》，陈雅玫译，书林出版有限公司，2006，第9页。

有的证据来说，答复是否定的。毕昇的活字始终未曾广为流行，到元代与欧洲发生密切接触以前，几乎完全为人置于脑后。使用木活字时，正是和欧洲的接触最频繁的时候，但关于贸易路线中断以后和欧洲开始印刷活动以前这一百年的情形，真相不明。

即便受到中国印刷术影响的朝鲜，在15世纪初叶率先发明字模，用金属活字大量印书，也不能证明古腾堡印刷术来源于此。"迄今并无表明两者有关系的证据"，因为，"就我们所知，在那个半世纪内，欧洲和远东几乎全无交通可言"。随后，卡特又审慎地总结：

> 不过现在要斩钉截铁地说中国、朝鲜的活字印刷与欧洲的活字印刷没有直接的关系，还嫌过早。另一方面，现在还没有发现足以明白证实两者有关的证据，在我们掌握正面或反面的证据以前，我们必须排除成见，不作定论。[①]

荷兰学者戴闻达在书评中，对卡特的研究及中国印刷术也有很多表彰与赞美，但他最后同卡特一样承认，"欧洲印刷术果传自东方耶？曰今尚无确实不移之证据"。[②] 当时翻译为中文的美国学者卡尔登·海士（Carlton J. H. Hages）和汤姆·蒙（Parker Thomas Moon）合著《中古世界史》亦认为，尽管印刷术最早发明于中国，并传播到日本和朝鲜，且有一定可能会传到欧洲，"十四世纪，时在远东的欧洲旅客和商人当然会看到或听到印刷的书籍"，但"印刷的技术是

---

① 以上引文均见卡特《中国印刷术的发明和它的西传》，第 204～205 页；又见 Thomas Francis Carter, *The Invention of Printing in China and Its Spread Westward*, pp. 182–184。

② 戴闻达：《中国印刷术发明述略》，《学衡》第 58 期，1926 年 10 月，第 10 页。

否由亚洲传到欧洲，还没有确实的证据，西欧好像独立地发明了印刷术"。然后，该书又长篇描述欧洲活字发明的条件和大致情形，其中在谈及古腾堡时说：

> 印刷术的发明者，由应用印板至制成活字——印刷术真正的发明——实际的过渡时期的历史不得而知。有一般人说第一个制造和使用活字的欧洲人，是一位科斯忒（Lourens Coster），荷兰哈连姆（Haarlem）人。然而，我们实在只能知道，约在一四五〇年时，有一人名叫谷腾堡（John Gutenberg），在德国的马因斯（Mainz）城内一间印刷店里应用活字，也只能知道这个新技术的最初为人所知的出品是教皇的"免罪证"及一册《圣经》的译本，都是谷腾堡于一四五四年在马因斯所印的。[①]

中国学者亦有持类似见解的。陈叔谅（陈训慈）在《西洋通史》里写道："欧洲十五世纪印刷之发明，其所得于中国者如何？尚待详加考订。"陈书认为古腾堡"始用活版印书（一四五〇）"，到 15 世纪末，"罗马有印刷局，十六世纪时则流行于欧洲各国"。[②] 有国语教科书亦持类似立场，"中国的印刷术发明得很早"，唐时就已经发明，北宋毕昇又发明活版，之后"渐渐传到外国如日本、高丽"。"至于西洋印刷术，同中国的关系，虽不十分明确，然而大致可以说，西洋

---

① 卡尔登·海士、汤姆·蒙：《中古世界史》，第 374 页。该书后来又被再译再版，有关表述基本相同，参看 Carlton J. H. Hages, Parker Thomas Moon and John W. Wayland《世界史》，邱祖谋译，上海书店，1947，第 318～319 页。

② 陈叔谅编《西洋通史》卷下，第 38 页。该书上海图书馆收藏，手工刻印本，无具体出版信息，似为 1920 年代出版的，参考书目有陈衡哲、蒋方震诸书。陈书在 1926 年时已为柳诒徵在《中国文化史》中征引，见《学衡》第 58 期，1926 年 10 月，第 27～28 页；又见柳诒徵《中国文化史》，东方出版中心，1996，第 499 页。《中国文化史》最初连载在《学衡》杂志上，后才结集成书出版。

的印刷术是受到中国的影响的。"① 稍后的沈子复参考了卡特著作，他同样认为欧洲印刷术的发明一定受到中国的影响，但具体传播媒介、途径及结果尚不清楚。②

然而，卡特等人的谨慎和保留态度并没有发挥多大的作用，他这本著作还是被当作论证古腾堡印刷术滥觞于中国③，或受中国活字印刷术启发的权威论著，广为中国学者举出和有意无意地误引。同样情况亦见于中国学者对培根、马克思关于"三大发明"论述的歪曲解释与使用。17世纪的英国哲学家培根在《新工具》中曾言，印刷、火药和磁石"这三种发明已经在世界范围内把事物的全部面貌和情况都改变了：第一种是在学术方面，第二种是在战事方面，第三种是在航行方面；并由此又引起难以数计的变化来：竟至任何教派、任何帝国、任何星辰对人类事务的影响都无过于这些机械性的发现了"。④革命家马克思则更是豪迈地指出：

> 火药、指南针、印刷术——这是预告资产阶级社会到来的三大发明。火药把骑士阶层炸得粉碎，指南针打开了世界市场并建立了殖民地，而印刷术则变成了新教的工具，总的来说变

---

① 《中国印刷术的发明》（《新时代国语教科书·高级小学用第三册》），《华语月刊》第22期，1932年，第32~33页。

② 沈子复：《印刷术的故事》，第27~33页。

③ 爱屋及乌，连卡特夫人在檀香山依据卡特著作的发言，都会被中国记者注意与特别报道——《印刷术是中国人发明的》："活动印刷术""并非谷丁堡氏为首发明"，"印刷术原始于中国"。最后，记者复加按语加以补充说明："按谷堡乃德国人，生于1397年，卒于1468年，世人认谷氏为活动印刷法之发明家。"参看《印刷术是中国人发明的》，《华侨周报》1932年第17期，第37页。

④ 培根：《新工具》，许宝骙译，商务印书馆，1984，第103页。培根的这段论述很可能在清末就已传入日本和中国，松平康国《世界近世史》中的"三大发明"表述及以后类似"三大发明、四大发明"的说法，或来源于此。芮哲非教授也持这样的看法，不过他依据的是1920和1930年代的一些证据。参看 Christopher A. Reed, *Gutenberg in Shanghai: Chinese Print Capitalism, 1876–1937*, p. 300, 注释44。

成科学复兴的手段，变成对精神发展创造必要前提的最强大的杠杆。①

　　培根与马克思的这两段话，为1949年后的印刷史学者、文化史学者及历史教科书编者经常征引，作为论证中国三大或四大发明重要性和影响力的权威证据。

　　事实上，不管是培根还是马克思，都未把这三大发明的专利权归于中国人，甚至前后文都是在谈欧洲的科学技术，根本未提中国，更未把这三大发明与中国建立联系。从其论述理路推断，他们显然认为是欧洲人发明了这三大技术。但这两段话的很多征引者，尤其是印刷史、科技史的书写者，都歪曲了培根和马克思的本意，将这三大发明之前加上定语"中国"或者说由中国传播到欧洲的，甚至武断地举引为培根和马克思认为中国的这三大发明如何如何。② 更有个别学者声称："中外学者多年来的潜心研究业已证明，对世界史有如此重要意义的上述四项伟大发明都完成于中世纪时期的中国。"③ 就此而言，芮哲非教授对卡特著作影响的看法确有所见，然而，考虑到更为详细

---

① 马克思：《经济学手稿》，《马克思恩格斯全集》第47卷，人民出版社，1979，第427页。

② 如研究中国印刷史的权威学者张秀民先生在《中国印刷史·自序》中，开篇即引用培根之言："印刷术、火药、指南针，被西人称为我国的三大发明。英国弗兰西斯·培根在17世纪曾说：'这三种发明……'"（张秀民：《中国印刷史》，第7页）又如郁龙余在《中国文化开放、进取的性格》中所言："在元代，中国的造纸、印刷、指南针、火药等四大发明，先后传到了西方，对欧洲文艺复兴和近代文明的出现，起到了巨大的催促、推动作用。马克思说：'火药、指南针、印刷术……'"（收入汤一介主编《中国文化与中国哲学》，三联书店，1990，第348页）再如一些科学史著作中的论述："马克思在谈到中国的三大发明（将造纸归到印刷术了）对欧洲的影响时说……"（丁士章等：《简明物理学史》，山西人民出版社，1988，第204页）

③ 潘吉星：《论中国印刷术在欧洲的传播》，《传统文化与现代化》1996年第4期，第67页。

和复杂的古腾堡在近代中国的接受史与传播史，他的论点和论据仍然需要详细的补充和完善。

论及于此，可以深入思索的是，我们没有看到某些辞典或文类收录或表述某人和某词，是否就能认为如古腾堡这样的符号没有为中国人认知和理解？该如何看待辞典或字典等文类具有的文化权力及权威性？是谁赋予了它们能够代表集体认知的霸权？事实上，古腾堡这个符号在近代中国的接受与传播，卡特之书在近代中国的被阅读和使用，包括卡特该书对西方印刷史学者的影响，乃至字典、辞典背后的时效性、文化政治与商业操作等因素，都值得更为深入的讨论。芮哲非教授的有关论述只是开了个头，提出了问题，也暴露了更多的问题。[1] 更多细致的探讨，犹待来者。

同样，我们可以进一步追问和反躬自省的是，是否某个发明或某个创新早，不同时空的后来者的类似发现就一定来源于此？先发现的是否就具有道德上的优越感与智识上的先进性？有没有可能存在多个相对独立的起源？可能存在的影响是否就意味着肯定有的影响？我们应该关注发明者还是关注发明促成的社会效果和制度安排？印刷术在东西方所起的作用究竟有何差异？这种作用又如何被历史书写呈现与延续？

小　结

以上三种模式的历史书写，自晚清发轫，再加上后来异军突起但

---

① 像傅运森编的《新字典》（商务印书馆，1912），其中没有收录古腾堡的名字，但他稍后编写的《共和国教科书·西洋史》（商务印书馆，1913）则提到古腾堡的发明，芮哲非教授并没有注意到这种情况。参看 Christopher A. Reed, *Gutenberg in Shanghai: Chinese Print Capitalism, 1876–1937*, pp. 12, 300。

可以被归入第三种模式的马克思主义书写，它们之间、内部也一直不乏方枘圆凿、牵强武断、简单片面之处。然而，其在为人们认识和接受的过程中却殊途同归。悲情和光荣交织的第三种模式的书写，逐渐融会了第二种，遮蔽了第一种，拥有了最大的合法性，慢慢成为一种主导的认知与思维方式。毕昇是活字印刷术的最初发明者，古腾堡印刷术来自中国，中国三大发明经由马可·波罗、阿拉伯人或蒙古人西传到欧洲，这样的认知逐渐在坊间盛行，某种程度上也成为激励中国人奋发图强、追求现代性与增加民族自豪感的思想武器，迄今不绝："考印刷之术，肇自我国，隋唐间已有之。""综而言之，则我国发明最早，而今则一无进步。印刷术固如是，他亦何独不然？……虽然，同胞，同胞，能永此落伍，而不自强乎？自强之法，在乎努力科学……"[1] "要使（印刷技术）落后的中国走上科学化的大道，这是我们当前的责任。"[2]

因此，近代中国的印刷史书写者往往以昔日的辉煌反衬今日的落寞，通过感叹中国后来不如西洋来表现民族主义心理，激发国人自励和努力：

> 印刷术的没落，关系民族文化、国家盛衰至巨，实不应默然视之……"印刷是进步之母"，想要文化兴起、国家富强、科学昌明、工业发达，不能不着重印刷术啊![3]

一些知识分子更是对中国近代的印刷术反由西洋传入的情况，感

---

① 阎慎修：《印刷术之沿革》，《南开双周》第3卷第6期，1929年，第41~44页。
② 沈子复：《印刷术的故事》，第65页。
③ 李常旭：《印刷术与文化》，《西北实业月刊》第1卷第3期，1946年，第48~49页。

到"十二分的羞耻和警惕，中国是发明印刷术的国家，但是今日的中国印刷术落后到如此地步……我国印刷界的人士，应当如何的急起直追，恢复我们中国固有的荣誉呢?"①

相似言论在当时的印刷史书写中可经常见到，其意图均是希望给予读者刺激和鼓励，发扬光大中国固有的印刷文明。像张秀民之所以立志研究中国印刷史，即因有耻于卡特代中国人写中国印刷史，以及他要亲自为中国光辉、悠久的印刷术作史扬名的想法。② 这种民族主义情怀的书写诉求，非常明显地体现在近年来中国学者大力捍卫活字印刷术的中国发明权的论述中。③ 其实，之前刘麟生所译卡特的《中国印刷术源流史》，能在 1957 年被原封不动地影印出版；吴泽炎重译的《中国印刷术的发明和它的西传》，于 1957 年 12 月由商务印书馆不嫌重复地出版；张秀民的《中国印刷术的发明及其影响》在 1958年 2 月由人民出版社出版，再加上当时英国学者李约瑟（Joseph Terence Montgomery Needham，1900 – 1995）为包括印刷术在内的中国科技成就大力背书，④ 都反映或配合了当时中国的意识形态与新的国家政权建构的需要。如时人之言:

> 卡特和张秀民的书，给了我很多知识。不仅雕版印刷术是中国人所发明，而且活字印刷术也是中国人所发明。中国人已经利

---

① 刘龙光:《中国印刷术的沿革（下）》，《艺文印刷月刊》第 1 卷第 2 期，1937 年，第 7 页。

② 参看《李希泌先生序》，收入张秀民《中国印刷史》，第 5 页；张秀民《自序》，《中国印刷史》，第 8 页。

③ 参看肖东发《印刷术发明权的论争并未止息》，中国印刷及设备器材工作协会、中国印刷年鉴社编《中国印刷年鉴（2003）》，中国印刷年鉴社，2003，第 352 ~356 页。

④ 有关李约瑟的情况，可参看潘吉星《李约瑟的生平及其贡献》，《自然科学史研究》1995 年第 3 期；还可参看赛门·温契斯特（Simon Winchester）《爱上中国的人——李约瑟传》，潘震泽译，时报文化出版企业股份有限公司，2010。

用造纸术和印刷术大量印书的时候，欧洲各国仅能用笔在羊皮上抄写《圣经》。从明朝开始，中国的科学技术才逐步落后于欧洲。读了这些书，可以提高中华民族的自豪感、自信心和使命感，激发起发愤图强的雄心壮志。这些书是很好的进行爱国主义教育的教材。①

有了这样迫切的内在关怀与现实需要，张秀民、潘吉星等许多学者在研究中国印刷史时，不可避免地出现诸多误读、错判史料，以及特意拔高自身、故意忽略外方证据的情况。②

综合上述内容可知，在很多情况下，与其说历史书写特别是历史教科书中的叙述，为单纯的史事记载或存真记录，毋宁说它们是文化工程与载道工具。正如伯克之言："知识的选择、组织和陈述不是中立和无价值观念的过程。相反地，它是由经济和社会及政治制度所支持的一个世界观的表现。"③ 对于历经磨难、忧世伤生的绝大多数近现代中国知识分子来说，历史书写经常是有大义存焉的叙述政治，不但可以让人们从过去的历史中汲取光彩和奋发图强的思想资源，还可以通过一系列的编排组织与书写，让中国找到在过去及当今世界的位置，获得自信和复兴的希望。

换言之，在某些情况下，此类行为或可被视为一种对抗和挪用西方霸权的"弱者的武器"，④ 它有着强烈的现实关怀与实用性、有效

---

① 王益：《总序——重视印刷史的研究和学习》，上海新四军历史研究会印刷印钞分会编《中国印刷史料选辑·雕版印刷源流》，印刷工业出版社，1990，第3页。

② 对中国印刷术发明和应用情况的考辨，以及对中国古代印刷书写中的民族主义取向的批评，可参看辛德勇教授的《中国印刷史研究》（三联书店，2016）一书。

③ 彼得·柏克：《知识社会史：从古腾堡到狄德罗》，贾士蘅译，麦田出版，2003，第289页。

④ 可参看詹姆斯·C. 斯科特《弱者的武器》，郑广怀等译，译林出版社，2007。

性，广为人们接受和运用。像在近代持久激烈的中西医论争中，包括印刷术在内的所谓中国三大发明流传到欧洲的故事，就成为一些人捍卫中医合法性的引例：

> 中国之所以发生中国的医学，和西洋之所以发生西洋的医学，全然有其不同的地方环境和物质条件在。从历史上看，中国所有而西洋所无的学术，不只是医学，指南针而西洋何尝自有？首先有的乃是中国，却不因为中国独有而腾笑万邦，转是万邦从中国学习了去，用在航行上，占取最主要的地位。印刷术西洋何尝自有？首先有的乃是中国，却不因为中国独有而腾笑万邦，转是万邦从中国学习了去，用在文化上，占取最主要的地位。火药西洋何尝自有？首先有的乃是中国，并不因为中国独有而腾笑万邦，转是万邦从中国学习了去，用在作战上，占取最主要的地位。整个的西洋文明都导源于中国，并不腾笑万邦，为什么轮到了医学，会要腾笑万邦呢？①

此处的论述自然难逃"西学中源"论的窠臼，但显然，这样的论述意图不再是像晚清那样为方便学习西学寻找借口，以减少保守派的压力，而是为了维护中医的合法性，不得不从历史中寻找论证的资源，展现的是时人面对外来文化霸权强大压力时的焦虑，乃至感情上的一种尴尬认同——弘扬中国过去的辉煌和影响，却又被迫承认现在中国的江河日下与技不如人。为改变这种情形，他们希望通过"记忆政治"（memory politics）的操作，重温或建构国

---

① 张忍庵：《医学之空间性及其新旧观》，苏州《国医杂志》第 3 期，1934 年，第 15 页。

史上的荣光，表彰中国历史上的原创发明，发挥史学经世的作用，来唤醒民族的自信心，振兴民族精神，去建设一个新的中国。或可说，他们不是在发掘历史中的真实，而是在阐释被他们想象为"真实"的历史，在诠释中同时进行自我反省、自我建构和自我认同，乃至希望将之付诸实践。对他们来讲，历史真实与诠释标准、价值判断不可分割，历史知识不只是对"真实"的再发现，亦是对现实世界所做的再诠释和重新规划。故此，阐发历史的真实并非这些学者的终极目标，最重要的标靶，乃是阐发出来的这种"真实"，能否经世致用，能否对当时的社会实践有意义。如著名学者陈垣的"夫子自道"："史贵求真，然有时不必过泥。凡事足以伤民族之感情，失国家之体统者，不载不失为真也。"① 陈垣后来还补充道："凡问题足以伤民族之感情者，不研究不以为陋。如氏族之辩、土客之争、汉回问题种种，研究出来，于民族无补而有损者，置之可也。"②

确实，如某些理论家所揭示的，历史书写不是中性和透明的，而是充满意识形态与道德判断的，是对一定脉络下知识与权力互动的描述。它制约着我们表现过去"真实"的效果，亦即历史的"真实"必须仰赖书写来呈现，无法外在于历史书写的模式和策略。对于中国印刷史和古腾堡的叙述和诠释自然不会例外。实际上，古腾堡是谁，他发明的是木版活字或是金属活字，到底是不是他发明了活版印刷术，什么时间发明了此印刷术，活版印刷术的真实技术情况如何，与木版、雕版印刷作用有哪些不同，造成的影响与中国印

---

① 《通鉴胡注表微》，收入刘乃和编《中国现代学术经典·陈垣卷》，河北教育出版社，1996，第689页。
② 《陈垣致陈乐素函》，收入陈智超编注《陈垣来往书信集》，上海古籍出版社，1990，第697页。

刷术有何差异①，这些问题虽然重要，且不断有人涉及与考掘，然而这并不是大多数人的真正书写意图。相较起来，许多人真正在意与追求的，乃是获得论述和参与的权力，将古腾堡和欧洲印刷史同中国印刷史接榫，替中国印刷术尤其是毕昇的活字版发明找到位置，阐发其现实意义，进而为中国在过去和当时的世界中找到位置，为学习西方的印刷现代化和中国应该参与全球化进程找到立足点——中国发明的印刷术（或三大发明）既然能使欧洲走出中世纪的黑暗，自然也能引导中国走上现代化之路。如在 1919 年写成的《建国方略·实业计划》中，孙中山就基于印刷术对知识普及、社会文明进步的重要性，特意将印刷工业作为工业现代化设想中的一个方面，加以高度强调：

> 此项工业为以知识供给人民，是为近世社会一种需要，人类非此无由进步。一切人类大事皆以印刷纪述之，一切人类知识以印刷蓄积之，故此为文明一大因子……中国民族虽为发明印刷术者，而印刷工业之发达，反甚迟缓。吾所定国际发展计划，亦须兼及印刷工业。②

---

① 钱存训教授曾反复指出，因社会和文化背景的不同，加上政治、经济、地理等条件的制约，印刷术在东西方社会产生的作用尽管存在很多相似之处，但也存在极大差别。"在降低成本、增加生产和知识普及方面，可能作用相似，但有程度的差别。至于对社会、思想上的变革和印刷术本身的发展方面，东西方所产生的影响和作用，可能背道而驰。"《钱存训博士序》，收入张秀民《中国印刷史》，第 3 页。更详细的讨论见钱存训《中国纸和印刷文化史》，第 349～360 页。

② 孙中山：《建国方略》，上海太平洋书店，1926，第 197 页。孙中山这里的呼吁后来受到一些知识分子的热切回应，参看黄鸿铨《中国印刷界应有之使命》，《艺文印刷月刊》第 1 卷第 8 期，1937 年，第 56 页；石显儒、苏士清《我国印刷与造纸工业前途展望》，《造纸印刷季刊》第 1 卷第 3 期，1944 年，第 30 页；黄惠《从国父遗教研究印刷工业的重要性（"印刷工业与文化"征文第一名节刊）》，《文化先锋》1947 年第 6～7 期，第 18～20 页。

可以看出，从一般知识分子，到影响大局的政治领袖，在中国社会实现印刷现代化均是他们关注和追求的目标，其原因之一则为他们将中国当作印刷术的最早发明者。

职是之故，近代中国的印刷史书写者，后来不但果断抛弃了就古腾堡谈古腾堡、谈欧洲的历史书写模式，还迅速延续与深化了对中国印刷史和欧洲印刷史进行比较联系的书写模式，他们希望通过回溯或重构"真实的"中国印刷术发展史，辅以合适的叙述策略——以时间差距来弥补空间错位、以历史中介的传播可能表征实际达到的传播效果——孜孜以求古腾堡印刷术同中国活版发明的相似性及继承性，刻画或暗示两者之间的继承关系。通过揭示印刷术对于欧洲近代社会的巨大作用，从而凸显中国发明的伟大和应该继续追求印刷现代化的必要性。这其实是一种现代性视野下的"'价值'优先下的'事实'重建"，[①] 也是具有浓厚民族主义色彩的"自豪政治学"（pride politics）的运用，恰巧呼应了后现代论者所谓的"历史（历史书写）是人们或民族产生他们认同的方式"的口号。[②] 正是在如此长期不断的生产、复制与传播、接受过程中，包括印刷术在内的四大发明被塑造为今日中国人的集体记忆。

吊诡的是，当近代中国的印刷史书写者在积极建构古腾堡印刷术同中国的关系、急于追求印刷现代化之时，不恰好正是在参与另外一种古腾堡神话的打造和复制么？因为潜藏在这样的建构和追求下的前提，就是在去脉络的情况下，以线性的历史观及化约论思维，简单对比中西印刷术，将古腾堡印刷术的作用抽象化，大而化之地认为中国的木版印刷技术不如古腾堡的活版印刷技术，所以其无力促成中国的

---

① 参看王东杰《"价值"优先下的"事实"重建：清季民初新史家寻找中国历史"进化"的努力》，《近代史研究》2012 年第 3 期。

② Keith Jenkins, *Re-thinking History*, London and New York：Routledge, 2003, p. 44.

印刷现代化，从而严重忽视和大大低估了木版印刷技术在中国与近代欧洲所起的巨大作用及导致的社会效果，无形中也夸大了古腾堡印刷术的意义。

暂且不管欧洲一直存在的关于古腾堡是否的确为活版印刷术最初的发明者、何时发明这样的争议，实际上，西方历史书写中的古腾堡神话亦可被视为一种后设叙述（meta-narrative）与被发明的传统。或像周启荣教授提醒的，初期的古腾堡印刷术具有很多缺点，非常耗费铜和劳动力，即便是古腾堡印刷术被大规模运用后的近代欧洲，木版印刷也大量存在，其广为印刷商所采用。因为木版印刷在很多情况下，尤其在插图、图像、美术品印制等方面，都远比古腾堡印刷术和后起的照相版方便、实用，且更具美感。[①] 直到 19 世纪以后相关的技术进一步革新之时，木版印刷技术始逐渐淡出欧洲乃至世界印刷舞台，古腾堡印刷术才所向披靡。饶是如此，就像晚清教会杂志《格致益闻汇报》的一个读者的疑问：

> 石印、铅板书籍，藏之年久，字迹率多模糊。仆取书箧中旧本，实有销退者。中国木板则无此弊。当用何法刷印而得不变耶？

面对这一既是技术又是文化的问题，《格致益闻汇报》的编者也做出了一个聪明的回答。其并没有直接回应各种印刷方式的优劣，而是为铅印和石印技术进行了辩护：

---

① 参看 P. G. 译《印刷术之梗概》，《进德季刊》1922 年第 1 期，第 5～8 页；Kai-wing Chow, "Re-inventing Gutenberg: Woodblock and Movable Type Printing in Europe and China," in Sabrina Alcorn Baron, Eric N. Lindquist, and Eleanor F. Shevlin, eds., *Agent of Change: Print Culture Studies after Elizabeth L. Eisenstein*, pp. 169-192。

无论笔誊、木板、石印，皆须纸墨两佳，乃字迹历久不灭。今各书坊石印、铅板纸墨多不精良，以致数年之后，字迹模糊，无足怪也。藏书须择干燥地，又以汞绿二防虫蛀，则万卷楼头无忧浸患矣！[①]

进而言之，与活字印刷术相比，木版印刷除了方便便宜之外，如钱玄同当年指出的，在印刷比较冷僻的中文字时，铅字模中多无其字，"强使刻之，率大小不一，字体位置不匀，且点画之间，多有舛误"，所以木版印刷仍然有其优势："若欲认真刻书，木版既不可必得，则求其次，石印可也。盖如今印刷局所言之字，多就一般时下文章所通用者，且字体一遵《康熙字典》，俗讹之体，杂出其间。"[②]

饶是如此，正如王汎森教授指出的，我们对印刷术在传统中国所起的正面作用也不能估计过高，在近世中国其实还存在诸多反印刷和主张焚书的论述，但这些声音"从来未被正面讨论过"。而处于印刷时代的我们也有意无意地以今天的眼光放大了印刷文本在明清中国社会的普及程度与流行程度，不但夸大了印刷文本所导致的社会影响，也无形中贬低了抄本及那些反印刷言论的作用。[③]

最后，一如法国文化史家罗杰·夏蒂埃（Roger Chartier）在对法国大革命同启蒙书籍之关系的探索中所指陈的：

在一定意义上，是大革命"造就"了书籍，而非相反。正是法国大革命赋予了某些特定书籍"先见之明"与"可昭法式"

---

① 《答问》，《格致益闻汇报》1898 年 10 月 12 日，收入《近代报刊汇览·汇报》第 1 册，广东教育出版社，2012，第 262 页。

② 杨天石主编《钱玄同日记》整理本上册，1908 年 5 月 7 日，第 130～131 页。

③ 参看王汎森《近世中国焚书或反印刷言论的若干断想》，《古今论衡》第 25 期，2013 年 11 月。

的意义，在事情发生之后人们又将其精心结撰，追认为大革命的源头。①

由此，我们是否也应该追问：是古腾堡印刷术引发了欧洲的现代化，还是欧洲的现代化造就了古腾堡印刷术，抑或二者互相作用呢？

① Roger Chartier, *The Cultural Origins of the French Revolution*, trans. by Lydia G. Cochrane, Cambridge: Polity Press, 1999, p. 89.

第五章
世界语的接受史

导　言

本书第三章、第四章分别关注了两个西方人物在近代中国的接受史，本章则要关注一种来自"西方"的语言——世界语在中国的接受史。

世界语在 1887 年由波兰籍犹太人眼科医生石门和夫（后来常翻译为柴门霍夫）（Ludwik Zamenhof）创制，一度被作为弱者的文化武器与大同愿景的寄托，引来不少的研习者和追随者。[①] 自 20 世纪初世界语被推介到中国以后，不少近代中国知识分子对其青睐有加，许多知识精英都身体力行，参与提倡与推广世界语（或万国新语）的行动，其中尤以无政府主义者最为积极。

---

① 关于世界语运动从早期到二战后的发展情况，以及其竞争者（Volapük and Ido）的情况，可参看瑞士世界语学者普里瓦《世界语史》，张闳凡译，知识出版社，1983；Peter Glover Forster, *The Esperanto Movement*, New York：Mouton Publishers, 1982；Roberto Garvia, *Esperanto and Its Rivals：The Struggle For An International Language*, Philadelphia：University of Pennsylvania Press, 2015。不过三书说的均是世界语及其竞争者在当时欧美的情况，忽视了同时期日本与中国的世界语运动。后两本书得自季剑青教授文章的提示，参看季剑青《语言方案、历史意识与新文化的形成——清末民初语言改革运动中的世界语》，《现代中文学刊》2017 年第 1 期，第 91 页。

关于世界语在近现代中国的传播情况，既有研究很多，^① 但有关它在清末中国的被接受情况，以及刘师培等无政府主义者与世界语的关系，现有研究仍显薄弱，除了个别学者有所涉及之外，^② 诸多研究刘师培的学者——他们主要研究刘师培的学术思想或政治主张——都不太关注刘师培在近代中国世界语运动中扮演的导路者的角色，只有两位日本学者从思想史角度注意到刘师培的世界语论述，然而所论非常简单。^③ 而个别研究刘师培语言观的学者，竟也全然不关注刘师培的世界语论述。同样，讨论近代中国人世界观念形塑和想象的著作，较多是从族群建构、地理认知、政治认同或文化书写的层面进行探讨，较少涉及世界语。直到最近，笔者才看到有学者从世界语角度来

---

① 对世界语运动在近现代中国传播情况的专题研究，主要有侯志平撰写和主编的四本书。四本书简单概括，内容有所重复，且着重民国以后尤其是中共支持下的世界语运动发展情况，对清末的情况只是一带而过，且几乎未提及《新世纪》杂志与章太炎，但这四本书还是为我们提供了不少认识上的方便。参看侯志平《世界语运动在中国》（中国世界语出版社，1985）、侯志平主编《世界语在中国一百年》（中国世界语出版社，1999）、侯志平主编《中国世界语运动简史》（新星出版社，2004）、侯志平《中国世界语史钩沉》（首都师范大学出版社，2015）。周质平教授在三篇文章（《春梦了无痕——近代中国的世界语运动》《语言的乌托邦——从世界语到废灭汉字》《巴金遗愿未了》）中，也对吴稚晖、章太炎、巴金等人的世界语论述及五四之后的世界语运动有过检视和反思。参看周质平《现代人物与文化反思》，九州出版社，2013，第239～269页。西方也有学者对世界语在近现代中国（主要是民国初年以后）与明治以来日本的传播情况做过简单研究，还特别关注了1949年后中国政府与世界语的关系，并重点分析了中国政府关注世界语的原因。参看 Gerald Chan, "China and the Esperanto Movement," *The Australian Journal of Chinese Affairs*, No. 15, 1986, pp. 1 – 18; Ulrich Lins, "Esperanto as Language and Idea in China and Japan," *Language Problems & Language Planning*, Vol. 32, No. 1, 2008, pp. 47 – 60。

② 参看罗志田《清季围绕万国新语的思想论争》，《近代史研究》2001年第4期；林义强「『万国』と『新』の意味を問いかける：清末国学におけるエスペラント（万国新語）論」『东洋文化研究所纪要』147号、2005年3月；孟庆澍《无政府主义与五四新文化——围绕〈新青年〉同人所作的考察》，河南大学出版社，2006，第67～120页；等等。

③ 参看嵯峨隆『近代中国の革命幻影——刘师培の思想と生涯』研文出版、1996、145～150页；安井伸介《中国无政府主义的思想基础》，五南图书公司，2013，第148～151页。

讨论清末民初的"世界"观念，但对刘师培的世界语论述只是点到为止，并未多做发挥。①

因此，笔者接下来就以刘师培为中心进行论述，兼及章太炎、钱玄同对世界语的看法以及他们与刘师培的私人关系。笔者主要通过刘师培有关世界语的论述，来揭示其世界语认知背后的语言关怀与世界主义想象，借此对清末民初的世界语运动进行一番检讨，进而梳理该运动如何从一个民间自发运动发展成一个政府主导的运动。

一　刘师培初倡世界语

在清季，语言文字的重要性逐渐为知识分子所认可，而围绕怎么改革文字及是否采用万国新语（即世界语）等问题，当时思想界有很多的论争。李石曾、吴稚晖等无政府主义者主张废弃中文，改用万国新语，章太炎则极力反对废弃汉字中文。论争各方虽有许多分歧，但大体上他们对于当时中国应该改革国语、"讲求世界新学"和学习西方语言均没有异议。②

事实上，在对待世界语方面，章太炎、刘师培的态度都有一个变化过程，有主动因应形势的立场改变，也有被论敌逼迫出来的表态；有属于章刘之间的惺惺相惜，亦有两人之间的暗中较劲。以下就先从刘师培政治立场的转变说起，重点围绕刘师培与章太炎的关系展开。

---

① 参看余露《清季民初世界语运动中的"世界"观念》，《学术研究》2015 年第 3 期。

② 参看罗志田《清季围绕万国新语的思想论争》，《近代史研究》2001 年第 4 期；罗志田《抵制东瀛文体：清季围绕语言文字的思想论争》，《历史研究》2001 年第 6 期；彭春凌《以"一返方言"抵抗"汉字统一"与"万国新语"——章太炎关于语言文字问题的论争（1906~1911）》，《近代史研究》2008 年第 2 期；王东杰《从文字变起：中西学战中的清季切音字运动》，《中山大学学报》2009 年第 1 期；等等。

1907 年下半年，已经开始信仰社会主义和无政府主义的刘师培，不再满足于只讲反满、"不计民生之疾苦，不求根本之革命"的做法。① 他在政治立场与文化取向上已经日显激进，主张颠覆清朝后在中国实行无政府主义。尽管其私人关系及在对待中国传统学术的立场上仍然同章太炎接近，不过在接纳所谓万国新语和无政府主义的问题上，政治态度日趋激烈的刘师培明显更偏向《新世纪》杂志和吴稚晖，这通过日后他一系列关于世界语的论述即可得知。②

明治维新后，日本知识界掀起学习外语的热潮，一些知识分子在 1880 年代末期开始注意世界语，丘浅次郎在 1891 年最早开始学习世界语。之后，如吉野作造、樋口勘治郎、中目觉、安孙子贞次郎、浅田荣次等日本激进知识分子都对研习世界语产生了兴趣，一些无政府主义者和社会主义者如长谷川二叶亭、田川大吉、堺利彦、大杉荣等对世界语尤其热衷，其中大杉荣对后来者学习世界语的影响最大。1906 年，横须贺与东京世界语协会相继成立。6 月，世界语协会还在神田青年馆召开了第一次大会，多位世界语学习者发表了演讲，大会还决定在日本各地设立"支部"或"分会"。8 月，协会的机关刊物《日本世界语》创办，并发行了第 1 卷第 1 号，从 10 月起每月发行一期，借以宣传推广世界语。之后，大阪、横滨、京都等地也纷纷成立了世界语协会支部。村木达三、长谷川辰之助、丸山顺太郎、加藤节

---

① 参看汪公权《社会主义讲习会第一次开会纪事》（原载《天义报》第 6 卷，1907 年 9 月 1 日），转见万仕国编著《刘师培年谱》，第 110 页。另参看杨天石主编《钱玄同日记》整理本上册，1907 年 9 月 15 日，第 105 页。

② 关于刘师培和无政府主义的关系，参看 Peter Zarrow, *Anarchism and Chinese Political Culture*, New York: Columbia University Press, 1990, pp. 32 - 45；蒋俊、李兴芝《中国近代的无政府主义思潮》，山东人民出版社，1991，第 42 ~ 71 页；王汎森《反西化的西方主义与反传统的传统主义——刘师培与"社会主义讲习会"》，收入《中国近代思想与学术的系谱》，河北教育出版社，2001，第 19 ~ 219 页；等等。但各著均未谈及刘师培提倡世界语的情况。

等人也相继编写出版了一批世界语教材和介绍性书籍。① 在这样的集体努力下，左翼色彩甚为浓厚的世界语运动在日本声势颇为浩大，一度吸引了不少学习者，其中就包括时在日本留学的一些中国知识分子。②

受到日本激进知识分子倡导世界语的影响，一定程度上也可能受到吴稚晖等人创办的《新世纪》杂志的影响，③ 人在东京的刘师培至少从 1907 年下半年就已经开始学习世界语（即"万国新语"，Esperanto）了，所以他才能在 1908 年 3 月出版的《天义报》上发表《ESPERANTO 词例通释》一文，④ 公开鼓吹世界语之意义。在这篇文章中，刘师培认为自古至今，世界上只有两种争端："一由生计而生，一由感情而起。"由于生计造成的争端是"财产不平均"，由于感情造成的争端，其原因在于"语言不统一"。要解决这两个争端，有两个办法："一为平均财产，一为统一语言。欲平均财产，必推行共产制度；欲统一语言，必采用 Esperanto 之文。"可以看出，刘师培之所以推崇世界语，重视其作用，是由于他受到了社会主义和无政府

① 关于世界语在明治末期日本的情况，可参看日本エスペラント運動 50 周年記念行事委員会編『日本エスペラント運動史料第 1（1906～1926）』日本エスペラント運動 50 周年記念行事委員会、1956、3～20 頁；大島義夫・宮本正男『反体制エスペラント運動史』三省堂、1987、3～15、366 頁；初芝武美『日本エスペラント運動史』日本エスペラント学会、1998、14～30 頁。

② 根据景梅九的回忆，他 1906 年前后在日本时即受到日本无政府主义者和社会主义者的影响，开始相信无政府主义，参加社会主义讲习会，接受幸德秋水等日本社会主义者的政治主张，并向大杉荣学习世界语。参看景梅九《罪案》，京津书局，1924，第 69～78 页。

③ 根据钱玄同日记记载，刘师培演讲时曾引用过其在《新世纪》上发表的文章；在与钱玄同谈话时，刘师培也"甚以《新世纪》为是"。参看杨天石主编《钱玄同日记》整理本上册，1908 年 3 月 8 日、7 月 1 日，第 121、134 页。

④ 刘师培：《ESPERANTO 词例通释》，原载《天义报》第 16～19 卷合册（1908 年 3 月），转见万仕国辑《刘申叔遗书补遗》下册，第 1010 页。该文又连载于《神州日报》1908 年 9 月 8 日、9 日、10 日、12 日，均在第 4 页，文章标题为《〈词例通释〉总序》，文尾有"申叔识"。

主义的影响，认识到财产的不平等是矛盾的起源，冀图借平均财产和统一语言的方法来解决"世界争端"。在刘师培看来，中国境内的争端也是由各地的语言隔阂与语言差异造成的，"语言统一，则竞争自息。此非惟一国为然，即推至世界，又何独弗然也？"刘师培这里将因为语言导致的人类矛盾夸大，又将语言的作用无限放大，希望借语言的统一解决复杂的社会问题。而这个所谓统一的语言即"人为之文字"——世界语。"欲期世界之统一，不得不统一言文。欲期言文之统一，又不得不创人为之文字。所谓人为之文字者，即 Esperanto 是也。"

在刘师培看来，世界语不仅是解决世界统一的法宝，还是类似于中国官话的语言，"其作用与中国官话等"。中国人如要学习外国语言文字，"必首习 Esperanto"，学习世界语比仅学习任何一种外国语言文字为优，因为未来的世界，世界语"必为世界普行之语"，这从当时世界语正在各地迅速受到欢迎的情况即可推知。而世界语大受欢迎，是因为其构造简单、文法简明，所以能在二十年间"推行几遍于世界"。加之世界语的构造法"恒与中国之文字相符"，故此也"适宜于中国人民"，让中国人肄习起来"至为便易"。假如中国人要学习外国语言文字，一定要学习世界语，学成之后收益很大：

盖欧美各国，团体林立。每一团体必有 Esperanto 文所刊之报。虽下至速记、写真各业，莫不皆然。至于新译各书，则哲学（如康德诸人之著述）、文学（如荷士比、杜尔斯德及波兰 Prus、法国 Vallienne 之书）、科学（以医学为尤众）、历史之属，以及诗歌、韵文，凡欧美人士称为名著者，均有刊行之本。近则新刊各书，岁增数倍。是学成之后，不患无可阅之书报也。

即便不以读西文书报、增广学识为目的，而以留学和游历为目的，懂得世界语亦可为学习者提供方便："欧洲各国，凡商店、旅馆，其招待之员均通 Esperanto，入其国境，即未悉其本国语言，若谙悉 Esperanto，其所应用与通其本国语言者相同（日本人之游历欧洲者，或仅通英、德之文，不谙法语，然身至法国即改操 Esperanto 语，于社会交际至为利便）。"随着世界语的日益流行，学习者之收获就会更多，"听收之效亦愈巨"，比起那些仅仅懂得一两国文字的人，收效也更为明显。

进一步，刘师培认为，英、法、俄、德各国文字繁杂难学，学习者需要花费多年苦功才能见效。相比起来，世界语只需"记悉语言数千则，明晰文法十余条"，有大约一年工夫，便"于会话、译书、通信、作文，均可从事"。中国人学习世界语的难度与学习日本语相当，可所得收益，比熟悉欧美数国文字的好处还要大，"其便利略与肄习日本语相同，而所收之益，则较通欧美数国文字者为尤巨"。所以，世界语在未来有着光明的发展前景。①

对刘师培来讲，世界语就是中国迅速融入世界、学习西方的终南捷径，通过它可以收事半功倍之效，还可由它"期世界之统一"，实现世界主义的梦想。② 不过刘师培也认识到，学习世界语虽然有诸多

---

① 类似刘师培这样对世界语未来充分肯定及对其文法简单易学的看法和想象，在钱玄同那里也有："余谓近日 Esperanto 日盛，闻去秋在英国 Cambridge 城开大会时（丁未阳八月），其已译出各书，如科学、工艺、文法、航海诸书，均有编成者，而以专门字典大多。看此情形，新语通行之日，知必不远。以后中国小孩，授以普通科学时，吾谓定以新语授之。缘汉文定名，触处皆非，如谈化学，其尤甚也。若以英、德、法、日本诸文者授之，则学文法既须费时日，而又不免起崇拜强权以为文明之劣根性（如近日上海各学堂是也）。何如以 Esperanto 之世界语书之文法简易者授之乎（窃谓自小学始，除国文外，必兼有新语，与国文同视）？"杨天石主编《钱玄同日记》整理本上册，1908 年 2 月 7 日，第 114 页。
② 刘师培、何震创办的《天义报》，其出版广告即标榜该刊宗旨是"实行世界主义"。参看《衡报》第 2 号，1908 年 5 月 8 日，原刊未标注页码。

好处，但眼下的中国还不能如吴稚晖所主张那样废除中国的语言文字，"然当今之世，骤废绝中国语言文字，代以 Esperanto，亦属甚难"。由于外在条件并不具备，各专门学堂、学校无法开设世界语课，中国也非常缺乏世界语教师和教材，故不能一蹴而就。对此困难，刘师培并不沮丧，"以竭力传布为天职"，并提出改变的对策与应付诸的行动：

> 吾等对此问题计有二策。一则开设传习所于东京，延日人为讲师，并由上海同志开班教授，以为养成教师之豫备。一则编辑字典、文法书及读本，字典一书系用汉、Es、英三本合璧式；读本一书系按学级编定，已由同志编辑，不日告成；而文法之书，名曰《Esperanto 词例通释》，则由鄙人编纂，以备中国人士之研究。①

二　刘章分歧

虽然并未如刘师培这般激进，但当时跟刘师培住在一起的章太炎也赞成无政府主义的某些观念，②认为中国人应该学习西方语言，亦参加过几次刘师培、张继、汪公权等一干无政府主义者发起的社会主

---

① 刘师培：《ESPERANTO 词例通释》，原载《天义报》第 16 ~ 19 卷合册（1908 年 3 月），转见万仕国辑《刘申叔遗书补遗》下册，第 1015 页。

② 关于章太炎与无政府主义的关系，既有讨论已经很多，可参看李润苍《论章太炎》，四川人民出版社，1985，第 195 ~ 199、222 ~ 247 页；Peter Zarrow, *Anarchism and Chinese Political Culture*, pp. 48 – 52；姚刚《思想冲突中的抉择——试论章太炎对无政府主义的接纳》，《中山大学研究生学刊》1994 年第 1 期；朱浩《章太炎之"无政府主义"》，《逢甲人文社会学报》第 29 期，2014 年 12 月；等等。

义讲习会，还曾在聚会中发表过演讲。① 对于汪公权提议请大杉荣来教授世界语，以及自己的学生钱玄同学习世界语，章太炎也不阻止，只是由于极度鄙视吴稚晖的人品，加上对无政府主义者主张废除汉文、由世界语取而代之的主张不满，章太炎才同世界语倡导者渐行渐远。

然而直到 1908 年 2 月中旬，刘师培从国内返回东京以后，章太炎和刘师培、何震夫妇的私人关系才开始恶化，尽管双方还曾共同参加社会主义讲习会。此时与两人皆有密切关系的钱玄同曾记日记，正好为我们了解这一时期章刘矛盾的逐渐激化提供了第一手的旁证，组织世界语讲习班就是肇因之一。

1907 年 12 月，与刘师培一起组织和参加东京社会主义讲习会的汪公权、张继等人已经开始计划学习世界语。② 在 1908 年 1 月 12 日的社会主义讲习会中，章太炎演讲结束后，汪公权当众提议邀请日本无政府主义者大杉荣来讲授世界语，③ 在场的钱玄同非常高兴，也打

---

① 1908 年 1 月 12 日的社会主义讲习会第九次集会时，章太炎到场发表演说讲《齐物论》，认为"平等必难做到，惟各任自然，不相强迫，斯为得之"，又认为"天下无极端之真自由，亦无极端之真不自由"。杨天石主编《钱玄同日记》整理本上册，第 111～112 页。当时在场的听众还有朱希祖留下此日日记，不过他的记载非常简单，只叙述了一日本人演讲政治与革命问题事，并没有记载章太炎的演讲及其他情况。参看《朱希祖日记》上册，1908 年 1 月 12 日，中华书局，2012，第 44 页。

② 参看万仕国编著《刘师培年谱》，第 127 页。

③ 关于大杉荣所参与的刘师培等发起的社会主义讲习会和世界语活动，以及他对清末民初中国无政府主义者和社会主义者的影响，参看大岛义夫·宫本正男『反体制エスペラント運動史』19～24 页；富田昇《社会主义讲习会与亚洲和亲会——明治末期日中知识界人士的交流》，张哲译，收入《国外中国近代史研究》第 22 辑，中国社会科学出版社，1993，第 230～252 页；嵯峨隆《近代日中社会主义交流之经验——以大杉荣为例》，收入中国社会科学院近代史研究所编《近代中国与世界——第二届近代中国与世界学术讨论会论文集》第 2 卷，社会科学文献出版社，2005，第 40～53 页。

算学习世界语："盖余学此蓄志久矣，恨无机耳，今有之，不亦快哉！"① 为了学习世界语，钱玄同后来还特地借来大杉荣的世界语讲义参考。② 只是邀请大杉荣来讲授世界语一事未曾落实，拖延至1908年3月22日的社会主义讲习会（此次讲习会开始改名为无政府主义气息极浓的"齐民社"）聚会结束时才得解决，刘师培提议重新开办世界语学习班，邀请刚刚出狱的大杉荣来授课。③ 据钱玄同日记3月29日记载，在该日，聘请大杉荣教授世界语一事尘埃落定，授课地点在刘师培新搬住处曲町，"大约每星期五时（土曜无课），分两班，一用英文书教授，一用日文书教授"。④

3月31日，钱玄同去找刘师培商量世界语教授事，得知已经有十几人报名，而章太炎此时正在同刘师培、何震夫妇闹矛盾，打算从刘师培住处迁出。⑤ 4月3日，章太炎搬至民报社，4月4日开办国学讲习会，准备收徒讲习国学，隐然有与刘师培的世界语讲习班相争胜之意。夹于中间的钱玄同则开始担心国学讲习会的开讲时间同他参加世界语讲习班的时间有冲突。⑥

---

① 杨天石主编《钱玄同日记》整理本上册，第111~112页。
② 杨天石主编《钱玄同日记》整理本上册，1908年2月17日，第116页。
③ 杨天石主编《钱玄同日记》整理本上册，第123页。朱希祖日记亦记载此次讲习会是在3月22日举行。《朱希祖日记》上册，第58页。万仕国先生编著《刘师培年谱》将此次讲习会系为3月20日，或为笔误。参看万仕国编著《刘师培年谱》，第149页。
④ 杨天石主编《钱玄同日记》整理本上册，第124页。
⑤ 杨天石主编《钱玄同日记》整理本上册，第124页。关于章太炎此次搬离之原因，钱玄同当时有记载和分析，认为章太炎是为张继鸣不平才与汪公权发生口角，愤而迁居。刘师培外甥梅鹤孙认为系何震嫌弃章太炎不讲卫生。但根据刘师培后来致黄兴信所言，刘章之绝交跟章太炎久住刘师培租屋却没有负担房费、饭费有关，不过，这很可能是刘师培为章太炎搬离所找的借口。参看杨天石主编《钱玄同日记》整理本上册，1908年4月15日，第127页；梅鹤孙《青溪旧屋仪征刘氏五世小记》，上海古籍出版社，2004，第37页；刘师培《致黄兴书》，万仕国辑《刘申叔遗书补遗》下册，第1294页。
⑥ 杨天石主编《钱玄同日记》整理本上册，1908年4月4日，第125页。

1908 年 4 月 6 日下午，刘师培夫妇同钱玄同等人在刘师培住处开始跟随大杉荣一起学习世界语。大杉荣当时发表了世界语讲习班开办演说词，陈述他教授世界语的方法，以及学习世界语的难度与好处。演讲最后，大杉荣还对在场听众提出自己的希望：

> 诸君习此语者，大抵均抱革命主义，故鄙人教授此语，专期诸君于学成之后，读世界革命之书，考世界革命之事实，以与世界民党相晤对。[①]

参加讲习班，也是钱玄同第一次学习世界语。[②] 当天的有关情况，钱玄同日记有比较详细的记载，正可与《衡报》所载大杉荣的演讲内容相互参证：

> 午后至申叔处，今日为世界语教授开始日。今日且不教，先由大杉荣演说，学世界语亦非甚易之事。大约谙英文者三月小成，半年大成；不谙者半年小成，期年大成云。改定时间为每星期月、水、金三日之五时半至六时半。甲班（谙英文者）月、水、金，四至五半。乙班（未谙英文）用课本为……世界语练习乙班。余在乙班。惟水曜日时间与国学讲习会又有冲突，因至神田董修武处商议。伊言此水曜日只可照旧，后当再与同人酌之。未知能改期否，若必不能，则吾决计上国学班，赖世界语班矣。盖此次请太炎讲小学、文学，大非易事，以后难再，真是时哉不可失。二者比较，世界语究非难得之事，况又有仲权等去上

---

① 《大杉荣君世界语 Esperanto 开办演说词（节录）》，《衡报》第 2 号，1908 年 5 月 8 日，未标版面与页码。

② 杨天石主编《钱玄同日记》整理本下册，1934 年 3 月 2 日，第 995 页。

班，竟可借抄矣。①

从这里的记载可以看出，钱玄同对世界语虽然很感兴趣，也非常想跟刘师培学习，但认为跟章太炎学习的机会更为难得，比较之下，钱玄同还是决定优先考虑去听章太炎讲国学。4 月 10 日，因为星期三世界语课同章太炎的国学讲习会时间有冲突，"二者既不可得兼"，与刘师培有世交之谊②的钱玄同决定舍弃世界语而"取国学"，为此专门致函汪公权和刘师培，表示不再去学习世界语。③ 这样的选择无疑又会让汪公权、刘师培增加对章太炎的不满。

大约在 1908 年 4 月中旬，汪公权与刘师培、何震夫妇放出章太炎将要放弃《民报》笔政出家为僧的消息，并致信《二六新闻》《申报》等报纸让其刊发。敏感的《申报》驻东京记者立即在《申报》上发布了这则消息：

> 主持《民报》社之章炳麟，现已延请南京某僧来东受戒，决意出家，《民报》事从此绝不顾问。章自谓被捕七次，坐狱三年，身世茫茫，正不知如何结果，大有废然自返之意，党中人颇愤恨之。④

---

① 杨天石主编《钱玄同日记》整理本上册，第 125 页。引文标点及原文中世界语标记处有所更改。
② 关于刘师培和钱玄同的世交之谊，参看《〈刘申叔先生遗书〉序》，收入《钱玄同文集》第 4 卷，中国人民大学出版社，1999，第 327 页。
③ 杨天石主编《钱玄同日记》整理本上册，第 126 页。
④ 《东京通信·章太炎出家》，《申报》1908 年 4 月 14 日，第 2 张第 4 版。关于此谣言，钱玄同当时曾有记载和分析，认为系章太炎得罪汪公权，汪遂造其谣："在民报社见《万朝报》，有一节言太炎辞革命事而为僧侣，且与张之洞之侦探通情云云，事必汪公权所为。"钱玄同感叹汪公权"是真小人之尤"，"人之无良，一至于此，殊为可恨！"杨天石主编《钱玄同日记》整理本上册，1908 年 4 月 15 日，第 127 页。

但该传言及有关报道马上被章太炎得知，他立即致信《申报》等发布辟谣声明，表明自己不会离开《民报》，暂时也无法出家为僧。《申报》随即发布了章太炎的辩诬声明，该声明直斥汪公权为刘章矛盾的症结所在：

> 前信纪章炳麟决意作僧，不闻世事。刻得章致通信社辨明书略云：近日党派纷争，宪党已微，女子复仇党又思乘机而起，彼辈宗旨虽与吾党无大差池，而志在揽权，其心极隐。《二六新闻》前登程家柽事，本属虚诬，其意并不在程家柽，欲因此以倾覆《民报》。故中有《天义报》《民报》优劣一段事。《二六新闻》明著送稿者为刘光汉，使吾辈知其语所由来。刘君本非险诈之徒，惟帐下养卒陈（原文如此，当为"汪"——引者注）公权者，本一势幻小人，以借贷诈编为务。刘君素无主张，一时听其谗言，遂至两家构衅，诚可浩叹！闻彼辈亦曾送稿贵同人，言鄙人种种灰心事。其意只欲取而代之耳。鄙人近仍在《民报》办事，拟重新整顿一番。至于削发为僧，本与此事绝无关系，月照尚可作尊王攘夷事，况我辈耶？若谓从此入山，摈弃世事，则今日并无山可入也。一切谗言，愿勿听纳。此问近安。章炳麟白。[1]

但刘师培夫妇等并不愿就此罢手，仍希望让章太炎声名狼藉。为此何震又专门写密函给章之论敌吴稚晖，向其通风报信，并提供有关的五封信，构陷章太炎与清廷地方大员暗通款曲。[2] 何震在信中火上

---

① 《东京通信·章炳麟仍办〈民报〉》，《申报》1908 年 4 月 21 日，第 2 张第 4 版。该信仍未被章太炎的研究者和文集编辑者发现使用。

② 《章炳麟与刘光汉及何震书五封》，转见《吴稚晖全集》卷 8，九州出版社，2013，第 313~316 页。

浇油，特别说"东方无知之革命派受其（章太炎）影响，亦排斥无政府主义及世界语"。① 随后刘师培夫妇又伪造《炳麟启事》等文件，希望造出既成事实，逼迫章太炎脱离民报社，不问政治，出家为僧。② 刘师培与何震二人对章太炎所施的暗招让章太炎非常被动，连与章太炎、刘师培同为友人的蔡元培也感觉刘师培如此做法"太不留余地"，"枚叔末路如此，可叹可怜！"③

在两造矛盾日见激化过程中，双方的朋友曾做过调解努力。据钱玄同 1908 年 4 月 24 日日记可知，汪东（寄生）、刘揆一（林生）等得知章刘交恶，想代为说和，章太炎自己亦"颇愿"同刘师培言归于好，就托刘揆一带信给刘师培表达和好之意。④ 刘师培也有意与章太炎重归于好——"本无不可"。⑤ 但对刘师培影响力甚大的何震与汪公权"坚执不可调停"，"申叔内受制于房闱，外被弄于厮养，默默无言，事遂不果"。钱玄同由此感叹道："噫！立宪党与革命党应该冲突者也，而谈排满者与谈无政府者乃或起冲突，而其故又极小，不过为银钱事，使外人闻而解体。可叹！可叹！"⑥

意识到拜托周边朋友缓和同刘师培关系的努力无果，章太炎又在

① 《何震与吴稚晖书》（1908 年 4 月 21 日），万仕国辑《刘申叔遗书补遗》下册，第 1019 页。关于何震揭发章太炎一事，可参看杨天石《何震揭发章太炎》，《近代史研究》1994 年第 2 期。
② 汤志钧编《章太炎年谱长编》增订本上册，中华书局，2013，第 152 页。
③ 《复吴敬恒函》（1908 年 6 月下旬），收入高平叔编《蔡元培全集》第 1 册，第 406 页。
④ 杨天石主编《钱玄同日记》整理本上册，第 129 页。
⑤ 刘师培事后在致黄兴信中却说他不接受友人调停，还打算与章太炎对簿公堂，只是由于延请律师费用过高才作罢，这可能是刘师培在刘章彻底决裂后的说辞。刘师培：《致黄兴书》，收入万仕国辑《刘申叔遗书补遗》下册，第 1294 页。
⑥ 杨天石主编《钱玄同日记》整理本上册，第 129 页。当事人之一的汪东对章刘矛盾却另有看法，认为是由章太炎看破何震、汪公权两人奸情，但警告刘师培的方式不当引起的，"阴规戒之，遂有微言"。之后何、汪两人在刘师培面前"交相谗构"章太炎，刘章两人关系遂破裂。随之汪公权又假借刘师培名义向两江总督端方告密，让刘师培骑虎难下，不得不投奔端方。"义生"也认为章刘矛盾的症结

1908 年 6 月 1 日致信孙诒让，希望他以前辈长者身份调解两人矛盾，规劝刘师培，"弗争意气，勉治经学"，不要听信汪公权谗言，"弃好崇仇"，要与章太炎一起"勠力支持残局"。[①] 可惜孙诒让未及看到章氏来信即已去世，章刘矛盾之后亦日趋尖锐，终至不可收拾。

　　然而章太炎始终顾念刘师培为同道中人，"深爱其学"，体谅他"少年气盛"，希望两人能恢复旧谊，不愿意公开指名批评刘师培。所以他在这时写出的《驳中国用万国新语说》一文（后来该文在《民报》上发表[②]）中，并未公开提及刘师培名字，而是将火力全部集中在《新世纪》杂志和吴稚晖那里，批评吴稚晖等人在《新世纪》上倡导世界语的言论，太过激进，"好尚奇觚，震慑于白人侈大之言"，认为从技术到现实层面，世界语都根本无法在中国推行。虽然章文没有道及刘师培名字，但某种意义上也算是对正热心提倡世界语的刘师培的规劝，以及对刘师培稍前发表的《ESPERANTO 词例通释》的间接回应。如章太炎在文章中说，中国各地的确方言多且差异大，假如真的要"以万国新语易汉语，视以汉语南北互输，孰难孰易？今各省语虽小异，其根柢固大同。若为便俗致用计者，习效官音，虑非难事"。故此，学习"万国新语"远不如学习中国官话为

<hr>

在于章太炎窥破汪公权、何震奸情，警告刘师培"帷下养卒"，遂被两人挑拨离间。参看汪东《章太炎讲庄子》，《寄庵随笔》，上海书店，1987，第 6 页；汪东《刘师培传》，《汪旭初先生遗集》，文海出版社，1973，第 385 页；汪东《同盟会和〈民报〉片断回忆》，收入中国人民政治协商会议全国委员会文史资料研究委员会编《辛亥革命回忆录》第 6 册，文史资料出版社，1981，第 29 ~ 30 页；义生《民报社毒茶记》，《申报》1942 年 12 月 26 日，第 2 张第 6 版。

①　章太炎：《与孙仲容书》，见刘师培《仪征刘申叔遗书》第 1 册，第 55 ~ 56 页。关于这段时间的章、刘矛盾情况，还可参看汤志钧编《章太炎年谱长编》增订本上册，第 151 ~ 152 页。

②　章太炎：《驳中国用万国新语说》，《民报》第 21 号，1908 年 6 月 10 日，第 49 ~ 72 页。

易。世界语只是对欧洲人来说学习起来比较容易，"欧洲诸族，由于同原语无大差违，习之自为径易"，因其"本以欧洲为准，取其最普通易晓者糅合以成一种，于他洲未有所取也"。

《驳中国用万国新语说》一文刚撰好时，章太炎曾交给钱玄同观看，钱认为该文"中多精义"，将《新世纪》杂志上刊登的《万国新语之进步》一文"驳尽"。① 稍后，钱玄同又看到《新世纪》第40号上发表的《编造中国新语凡例》的文章，受到章太炎影响的他忍不住在日记中挖苦道："《新世纪》四十号到，愈出愈奇。前拟用万国新语代汉语，已觉想入非非，今夏有创中国新语者，其编造之字身、句身，以知字能识万国新语为目的，此等可笑之事，太炎谓其发疯，诚然。"② 为了扩大该文影响，章太炎曾让钱玄同将之印刷为单行本，由钱玄同、朱希祖分送各人，③ 还在《国粹学报》重新将之发表。④

在同期《民报》杂志上，章太炎还特意刊出《博征海内方言告白》，⑤ 暗中亦在批评无政府主义者和世界语论者"文言一致""遏绝方言"的作法，指出要重视方言的作用，"果欲方言合一，当先博考方言，寻其语根，得其本字，然后编为典语，旁行通国，斯为得之"。

---

① 杨天石主编《钱玄同日记》整理本上册，1908 年 4 月 22 日，第 128 页。
② 杨天石主编《钱玄同日记》整理本上册，1908 年 4 月 29 日，第 130 页。钱玄同后来回忆当时他对于吴稚晖和《新世纪》杂志的看法是"反对的很多"，独对于其"用秽亵字样丑诋满廷，却增加了我对于满廷轻蔑鄙夷之心不少"；而对于"国故"，"比太炎先生还要顽固得多"，不但要"光复旧物"，还要复古，"愈古愈好"，"凡是汉族的都是好的"。参看《三十年来我对于满清的态度的变迁》，收入《钱玄同文集》第 2 卷，第 113 ~ 114 页。
③ 杨天石主编《钱玄同日记》整理本上册，1908 年 4 月 22 日、23 日，第 128 页；《朱希祖日记》上册，1903 年 6 月 8 日，第 74 页。
④ 该文连载于《国粹学报》第 41 期（1908 年 5 月 19 日）、第 42 期（1908 年 6 月 18 日）。
⑤ 见《民报》第 21 号，1908 年 6 月 10 日，插页广告。

三　坐言起行

就在章刘交恶、章太炎批评世界语之际，刘师培不为所动，依旧在积极鼓吹和推广世界语。① 他先在自己主编的《衡报》第 1 号上发表《本社启事》广告，表示世界语学校开班：

> 世界语班由日本大杉荣君教授。现拟于甲、乙两班外，或另开新班。留学日京诸君，如有立志愿学者，乞阅本号所载《简章》，并速向本报通信所报名。又大杉君由外国语言学校毕业，尤通法语，拟为中国人开法文班。留学日京诸君，如有愿学者，亦乞本报通信所报名。②

之后，在第 4 号《衡报》上，刘师培又刊出《世界语夏期讲习会开班广告》，宣传讲习会的具体开办情况，请有意者报名："本社为世界语班扩张计，又以教授九十小时可得其大要，以为阅一切书报基础，特于西历七月一日起开夏期讲习班，至八月十五日止，每日由大杉荣先生授课二小时。由午后六时起至八时止。入学金五十钱，授业料三圆，杂费不取。如有欲学者，乞至曲町区饭田町六丁目二十一

---

① 这时刘师培同样没有放弃宣传无政府主义。根据徐兆玮记载，刘师培在 1908 年 5 月 27 日曾在东京神田锦辉馆演说，"旁听约四百人。刘以《广长舌》演述无政府党宗旨，推波助澜，层出不穷。党人皆环坐怒目，鼓掌如雷。当时雨容如墨，窗牖失辉，阴森景象，如入小说虚无党巢窟中，而人人倾耳，无逃席者，其魔力信不可思议哉！"参看《徐兆玮日记》第 2 册，光绪三十四年四月二十九日，第 866 页。

② 《本社启事》，原载《衡报》第 1 号，1908 年 4 月 28 日，收入万仕国辑《刘申叔遗书补遗》下册，第 1035 页。

本社通信所报名。"①

这时，日本一些世界语倡导者暨社会主义者、无政府主义者正在积极地从事自由民权运动（主要是一些无政府主义活动和社会主义活动），引起日本政府的警惕，遂开始对境内的无政府主义、社会主义和世界语运动进行监控和镇压，最终导致 6 月 22 日的"赤旗事件"，多名日本无政府主义者因从事相关政治活动被捕，受到株连的一些世界语协会支部也被迫解散，无政府主义运动与世界语运动在日本开始步入低谷。②

在"赤旗事件"中，激进的世界语授课教师大杉荣被日本警察再度抓进监狱。③ 世界语夏期讲习班面临缺乏授课教师的窘境，钱玄同遂致信刘师培表达关切之意。6 月 26 日刘师培去监狱看望了大杉荣，并通过大杉荣另外找到了授课教师。6 月 27 日，刘师培回信给钱玄同讲述有关情况，并表示："世界语夏期讲习班仍旧开设，已由大杉荣荐人自代。如贵友之中，有欲肄习此语者，仍可于日内报名。"④ 钱玄同本想借此机会仍参加夏期讲习班，就于 7 月 1 日去刘师培住处报名："因申叔处又将开世界语班（夏期），自（阳历）本月一日起，至八月十五日止，每日晚间六至八时教授，颇愿习，因往其处。"到了之后，钱玄同始得知已经报名的人"都将考校课"，需要等待四五天后才能开班上课。这次与刘师培的交谈情况，钱玄同有以下记载："与申叔讲时事，伊总主张进步说，因甚以《新世纪》

---

① 《世界语夏期讲习会开班广告》，收入万仕国辑《刘申叔遗书补遗》下册，第 1094 页。
② 有关情况，参看初芝武美『日本エスペラント運動史』24～27 页。
③ 有关情况，可参看《记日本无政府党抵抗警察及入狱事》，原载《衡报》第 7 号，1908 年 6 月 28 日，收入万仕国辑《刘申叔遗书补遗》下册，第 1171～1172 页。
④ 参看刘师培《戊申答钱玄同》，《仪征刘申叔遗书》第 12 册，第 5121 页；杨天石主编《钱玄同日记》整理本上册，第 134 页。

为是。又谓世界语言必可统一云云。"从此记载可见刘师培当时提倡世界语之坚决和对世界语前景的看好程度，以及其立场跟《新世纪》所推崇的无政府主义之接近程度。不过深受乃师对吴稚晖及《新世纪》看法影响的钱玄同认为刘师培虽然顽固相信无政府主义和世界语，但比吴稚晖等人贬低中国旧学的立场仍高明很多："果哉其难化也！然不斥旧学，贤于吴朓诸人究远矣！"①

之后，此次世界语夏期讲习班又推迟了开学时间。根据《衡报》第8号（1908年7月8日）上的广告可知，因为大杉荣于6月22日入狱，需要另外请人授课，讲习班不得已改期："已另延千布利雄君为教师，定于本月十五日开班。章程仍与昔同，惟教授之期，延至九月十日（或十五）。凡有志愿学者，均乞报名。"② 而钱玄同之后似乎没有加入这个续开的班学习世界语，他的世界语知识仍是来自之前大杉荣所授。据其后来的回忆：

> 我先要声明：到现在为止，我还未曾学会世界语。说起世界上有 Esperanto 这一种语言和文字，我却知道得不算很迟，1906年我在日本，就见过关于世界语的读本等等。1907年，吴稚晖、李石曾、褚民谊诸先生在巴黎办《新世纪》周刊，大大地鼓吹世界语，我那时看了，觉得心痒难熬，恨不得立刻就学会它。1908年，刘申叔先生在日，举请了大杉荣先生来讲授世界语，

---

① 杨天石主编《钱玄同日记》整理本上册，1908年7月1日，第134页。万仕国先生认为讲习班在7月1日如期开学，8月15日结束，应为误。万仕国编著《刘师培年谱》，第159、160页。徐兆玮在日本时也读过《天义报》《新世纪》杂志，并记录下了自己的阅读感受，颇有与钱玄同相似之处：《新世纪》"内地所禁阅者也，鼓吹无政府主义，文笔尚不及《天义》之雅驯，议论尤偏畸，不值一笑"。《徐兆玮日记》第2册，光绪三十四年正月初五日，第837页。

② 《本社重要广告》，收入万仕国辑《刘申叔遗书补遗》下册，第1199页。

我赶紧去学，学了一星期光景，总算认得了二十八个字母。后来
为了某种事件，我不愿与申叔见面；因此，世界语也就没有继续
学下去。①

钱玄同这里所言的"某种事件"，系为刘师培讳，当是 1908 年秋在
《民报》社集会时发生的"毒茶事件"，该事件针对章太炎（也有当
事的日本无政府主义者竹内善朔回忆说，该次投毒事件是针对支持章
太炎的宋教仁），嫌疑人被认定是与刘师培夫妇关系亲密的汪公权，
而刘师培夫妇也背上了指使者的嫌疑。② 由此，钱玄同遂同刘师培彻
底决裂，不再与刘见面，学习世界语的事情也就此中辍。所以在钱玄
同该时期的日记中，对此班及钱学习世界语的情况未有任何记载，也
未见有任何他再访问刘师培的记录。③

这期间，刘师培除了忙于筹办世界语讲习班，还撰写有关文章积
极宣传世界语，《劝同志肄习世界新语》《世界新语 Esperantisto 发达
记》就是其中的两篇。前文主要是为了劝说同志学习世界语而作
（初衷或在于规劝钱玄同），讲述世界语的重要性和其目前在世界上

① 《〈世界语名著〉选》，收入《钱玄同文集》第 2 卷，第 66～67 页。
② 曼华：《同盟会时代民报始末记》，收入中国史学会主编《中国近代史资料丛刊·
辛亥革命》第 2 册，上海人民出版社，1981，第 446～447 页；义生：《民报社毒
茶记》，《申报》1942 年 12 月 26 日，第 2 张第 6 版；竹内善朔：《本世纪初日中
两国革命运动的交流》，曲直等译，《国外中国近代史研究》第 2 辑，中国社会科
学出版社，1981，第 355～356 页；汪东：《同盟会和〈民报〉片断回忆》，《辛亥
革命回忆录》第 6 册，第 29～30 页。
③ 钱玄同晚年为刘师培文集写序时说：1907 年 4 月 22 日在日本章太炎那里认识刘师
培，直到 1908 年秋冬间刘师培从日本归国，双方一直相过从。参看《〈刘申叔
先生遗书〉序》，收入《钱玄同文集》第 4 卷，第 327 页；杨天石主编《钱玄同
日记》整理本上册，1907 年 4 月 22 日，第 94 页。但在 1909 年 9 月 21 日与友人
提及刘师培时，钱玄同已经对其学问和为人持批评态度了（杨天石主编《钱玄同
日记》整理本上册，第 176 页），此后又多次批评刘师培的研究，特别说"刘氏
好作伪"（1910 年 1 月 8 日日记），又回忆起当年自己对刘师培的恨意："申叔昔
年背亲，即致惑于艳妻、宵人，当时恨不手刃其人。"（1912 年 11 月 5 日日记）

的流行程度，包括中国人学习世界语的好处；① 后文主要讲述世界语的创立情况，以及世界语在当时欧美各国的发展情况与未来前景。②

在 1908 年 8 月 8 日发表的《衡书三篇》一文中，刘师培亦间接回应了章太炎对世界语的责难。在讨论"国学问题"时，刘师培认为现在出现了国学澌灭、"国粹将堕"的情况，原因有三：过于功利地去讲求"致用"；"惕强"——胡乱比附西籍与新说； "民贫"——贫富差距过大，儒生迫于饥寒无暇讲求学问。有这样三个问题存在，刘师培认为即便是开办国学保存会，也无关痛痒；即便是招集生徒讲学，也无济于事，"亦仅空名"。这话明显是在批评章太炎在东京开办国学讲习会一事。刘师培认为中国国粹存亡的关键在于实行"共财"，"视共产无政府之实行与否而已"。③ 刘师培在文章中还回应了《新世纪》杂志和章太炎有关《驳中国用万国新语说》的争论，认为"东方学术之长"不能"尽弃"，"况象形文字，足备社会学家所参考，非东方所克私。惜篆、楷体行，寝失其真。宜取许书篆籀之文，切以 Esperanto 之音，并取 Esperanto 之文，加以解释，使世界人民均克援中国形象文字，穷其造字之义，以考社会之起源。此则学术之有益于世者也。区田之制，亦宜转译，使良法美意，普行于世。此非为私其国粹计也，实为众民之利益计耳！若于应用科学以及 Esperanto 之文，则又人人所当共习者矣！"可以看出，刘师培这里实际是融合了吴稚晖等无政府主义者和章太炎这两种对立的关于中国文字及世界语的看法，提出一种折中方案，既保存了国粹，发扬了中国

---

① 原载《衡报》第 1 号，1908 年 4 月 28 日，收入万仕国辑《刘申叔遗书补遗》下册，第 1033～1034 页。
② 原载《衡报》第 6 号，1908 年 6 月 18 日，收入万仕国辑《刘申叔遗书补遗》下册，第 1135～1138 页。
③ 刘师培：《衡书三篇》，原载《衡报》第 10 号，1908 年 8 月 8 日，收入万仕国辑《刘申叔遗书补遗》下册，第 1203 页。

文字对于世界的价值，又推行了世界语，照顾了"众民之利益"。紧接着，刘师培又补充说："以他国文字拟以中国字音，此事甚难，以中国多有音无字之文也。若 Esperanto 为拼音文字，无论何字之音，均可切成。况中国文字，其可贵悉在字型。若师他国字母法，则六书精诣堕地矣！今也存中国之字形，切以 Esperanto 字音，即中国文字，其有象物音以定字音者（如雀、鸦、羊、牛、木、水是）。外人观之，亦易明了。惟所拟之音，当据古音，不可据现今普通官话或各省方言也。"① 如果中国文字能与世界语进行有效结合，中国文字就能获得新生。进一步，这时正热衷于西方社会学的刘师培又在《论中土文字有益于世界》一文中阐释道，"中土文字"的价值"惟在字形"，其最大效用在于可以证明西方的社会学，"此则中土学术之有益于世者也"。中国文字将来想要生存下去，只有依靠"字形"，"字形足以行远之由，则以顾形思义，可以穷原始社会之形，足备社会学家所撷摘，非东方所克私"。② 如果想推广"中土文字之用"，则同样要与世界语相结合。他这里其实是重申了《衡书三篇》一文中的看法，并无太多新意：

> 莫若取《说文》一书，译以 Esperanto（即中国人所谓世界语）之文。其译述之例，则首列篆文之形，或并列古文籀文二体，切以 Esperanto 之音，拟以 Esperanto 相当之义，并用彼之文

---

① 刘师培：《衡书三篇》，原载《衡报》第 10 号，1908 年 8 月 8 日，收入万仕国辑《刘申叔遗书补遗》下册，第 1204～1205 页。

② 刘师培：《论中土文字有益于世》，原载《国粹学报》第 46 期，1908 年 10 月 14 日，收入《仪征刘申叔遗书》第 10 册，第 4375～4377 页。惟文章名字被改为《论中土文字有益于世界》。周质平先生引用该文时误将其作为刘师培 1905 年发表的作品。参看周质平《春梦了无痕——近代中国的世界语运动》，《现代人物与文化反思》，第 246 页。

详加解释，使世界人民均克援中土篆籀之文，穷其造字之形义，以考社会之起源。此亦世界学术进步之一端也。①

1908 年 11 月初，在《衡报》被日本政府查禁后，刘师培回国。②返回上海后，他马上遍告同人回国经过，表示要在上海秘密复刊《衡报》，"并设世界新语事务所，以为通信机关"。③稍后，刘师培又在上海几个大报上发表《劝告中国人士宜速习世界新语》一文，对之前在《〈词例通释〉总序》《劝同志肄习世界新语》两文中的观点进行了补充发挥，特别详细申述了学习世界语的好处，以及学习世界语的便捷。④在文中，刘师培特意批驳那种认为学习世界语会"有碍于国学"的观点（实际是在批评钱玄同舍世界语而去追随章太炎学习国学），"此实愚瞽之论也"。中国人平常所学的主要外语——英文也有弊端：

> 其音符、名称及文法均有杂淆之弊；其所发之音，复与他国言语不相符合。故中国学校各学生肄习英文，必历时数载方克粗通。惟其学之甚难，故学校学生或偏重此科，以荒国学，又或畏其难而辍业，致国学、欧学均无一成，此今日学者之通

---

① 刘师培：《论中土文字有益于世》，《仪征刘申叔遗书》第 10 册，第 4375 ~ 4377 页。

② 《东京通信》，《申报》1908 年 11 月 11 日，第 2 张第 2 版。

③ 万仕国编著《刘师培年谱》，第 164 页。参看竹内善朔《本世纪初日中两国革命运动的交流》，《国外中国近代史研究》第 2 辑，第 350 页。

④ 该文作者署为"仪征刘氏"，曾刊《时报》1908 年 11 月 26 日、27 日、28 日，均在第 1 页；又刊于《中外日报》1908 年 11 月 27 日、28 日、29 日，均在第 2 张第 1 版；还刊于《神州日报》1908 年 11 月 26 日、27 日，均在第 4 页。该文稍后又被刘师培寄到烟台《渤海日报》（1909 年 2 月 17 日，第 1 张第 2、3 版）发表，署"申公来稿"。该文亦被收入万仕国辑《刘申叔遗书补遗》下册，第 1237 ~ 1243 页。

弊也。

刘师培认为如果酌情使用世界语，学生则会比较容易上手，也易于毕业，较仅学习英文者更有所得，有利于中国学术的发达，也有助于对西方学术的接受。"既植研究欧学之基，且不致坐荒国学，非惟为输入欧学之捷径，亦且保存国学之一助矣！"值得注意的是，刘师培该文虽发表于 1908 年 11 月底，但写作时间应该是刘师培人尚在日本之时，因为在该文结尾他谈及正在东京创设世界语传习所一事："鄙人对于此语，以竭力传布为天职，既于东京设立传习所，并拟编辑书籍，广致书报，以为设立协会之基，力所能及，一息不敢自懈。"

在刘师培于日本东京大力倡导世界语的前后，上海也有一批人（主要包括部分留学生、趋新知识分子和商人）在力推世界语，声势颇为浩大。① 如从 1907 年开始，几个大报《时报》《神州日报》《中外日报》《申报》等都已开始刊载推介世界语的文章，同时还登载有群益书社出版的译自日本的《世界语教科书》广告②、创设世界语传习所的广告③、其他一些国家正在应用世界语的广告④、招收世界语学社会员的广告⑤、世界语学社捐款人名录⑥、对世界语第五次大会的编译报道⑦、招收世界语学员的广告⑧等。梁维岳等五十余人在上

---

① 有关清末民初中国人对世界语的接受情况笔者拟另文考察。此处不赘。
② 《世界语教科书》，《神州日报》1907 年 9 月 10 日，"广告"，第 2 页。
③ 《世界语传习所》，《时报》1909 年 7 月 14 日，未标版面。
④ 《空中飞行第一次万国博览会》，《申报》1909 年 8 月 14 日，第 4 张第 3 版。
⑤ 《上海世界语学社广告》，《民吁日报》1909 年 10 月 3 日，第 1 页。
⑥ 《上海世界语学社第一次捐款征信录》，《申报》1909 年 11 月 3 日，第 1 张第 1 版。
⑦ 《世界新语 ESPERANTO 第五次大会纪闻（译世界新语报)》，《申报》1909 年 12 月 8 日，第 2 张第 4 版。
⑧ 《上海世界语学社招生广告》，《神州日报》1910 年 1 月 13 日，"广告"，第 1 页。

海还成立了专门的世界语学社，并打算编辑《世界语月报》。① 上海文明书局 1909 年还出版有杨曾诰编著之《万国新语》一书。此外，一批留法学生如秦玉麒、华南圭等还在法国创办了《世界新语杂志》，将有关信息传给上海的《神州日报》，希望能借此平台广为宣传世界语。② 受此影响，一些上海商人也打算开办世界语夜校，培养世界语人才，以更好同各国进行贸易往来。③

在刘师培他们这些世界语提倡者看来，现实世界分为野蛮和文明两种社会，文字也分为野蛮和文明两种，未来的发展趋势是合而为一、逐渐文明化，"世界大通，不能不有一万国通行之语言与文字"。④ 可惜当时世界的语言文字太多，沟通交流起来非常困难，"非言文统一，不能跻世界于大同"。⑤ 他们期待能"创造一种共同之语言文字，以济世界之用"，⑥ 因为"国际文语之不统一，而必创造公共之文语以代之，实天演之公例"。⑦ 他们并将这种"共同语言"或"国际文语"即世界语的作用理想化，将之看作"进化大群之良器"，⑧ 建构与想象世界语的"世界"性，"世界语者，万国共通、人类统一之语也。跻五洲于同堂，洽感情于寰宇，舍此其焉属哉！"⑨ 戴季陶当时也认为，中国人如果要融入世界、维护世界和平，不得不具备世界道德和世界知识，"不可不先图世界交际"，"欲国民日发展今日之世界中，不能不有同一之语言文字。则世界语学之必要，又为

---

① 《上海世界语学社启》，《申报》1909 年 3 月 24 日，第 3 张第 4 版。
② 《世界新语杂志之介绍》，《神州日报》1909 年 6 月 23 日，第 1 页。
③ 《出口公会也设世界语课启》，《天铎报》1910 年 8 月 27 日，附刊一。
④ 《世界语教科书》，《神州日报》1907 年 9 月 10 日，"广告"，第 2 页。
⑤ 《劝同志肄习世界语》，原载《衡报》第 1 号，1908 年 4 月 28 日，收入万仕国辑《刘申叔遗书补遗》下册，第 1033 页。
⑥ 《上海世界语学社之发起》，《神州日报》1909 年 6 月 13 日，第 3 页。
⑦ 《上海世界语学社广告》，《民吁日报》1909 年 10 月 3 日，第 1 页。
⑧ 《上海世界语学社广告》，《民吁日报》1909 年 10 月 3 日，第 1 页。
⑨ 《上海世界语学社启》，《申报》1909 年 3 月 24 日，第 3 张第 4 版。

无待论及者矣!"① 还有人建构出世界语已经流行于世界、为世界万国所欢迎的美好图景,一厢情愿地认为:"世界语者,万国通行之新文字也,吸收世界文明之利器也,二十世纪之学术赖以进化也,而又为世界和平之证券也,欧美各国已认为万国公语。"② 有的世界语支持者甚至断言,由世界语可通往大同社会:"世界语若通行,则全球人民尽为同胞,同享平和之幸福,大同世界将见于斯矣!"③

像刘师培还认为世界语在石门和夫创办之初,就包含"博爱、大同之想",即所谓世界主义,希望借此可以去除纷争、增进团结,达到"同文之世",而世界语即世界"同文之嚆矢"。④ 由此"嚆矢","世界人心渐由国家主义而臻进世界主义",世界语"十年后其大光明,如日月之经天,江河之行地,而世界政教风俗,与夫一切文物典章,无不蕴酿胚胎于其中,世界人士虽欲不学,乌得而不学?"⑤

一些世界语的倡导者还认为,世界皆在进化,只有中国在退步,其根源在于中国的语言文字:"今吾国所以如此极者,核其原因,系由文字语言既分为二,既耗人生有涯之日月,而又趋重空虚之浮文,以相夸靡奢高尚,沉于此者数千年。"⑥ 为此,他们认为字形烦琐、发音复杂的中国文字是野蛮的,不适合社会发展,未来必被淘汰,代

① 戴季陶(泣民):《世界国民论》(原刊《民立报》1910 年 10 月 14 ~ 16 日),收入桑兵、黄毅、唐文权合编《戴季陶辛亥文集》上册,第 165 ~ 170 页。

② 《上海商学研究会附设商务夜学堂添设世界语传习所广告》,《申报》1910 年 6 月 22 日,第 1 张第 6 版。

③ 陆式蕙:《世界语之世界观》,《东方杂志》第 9 卷第 7 号,1913 年,第 11 页。

④ 《劝同志肄习世界语》,原载《衡报》第 1 号,1908 年 4 月 28 日,收入万仕国辑《刘申叔遗书补遗》下册,第 1033 ~ 1034 页。该文同前引《劝告中国人士宜速习世界新语》有颇多相似之处。故此,《劝告中国人士宜速习世界新语》应该是《劝同志肄习世界语》一文的增订版。参看《劝告中国人士宜速习世界新语》,收入万仕国辑《刘申叔遗书补遗》下册,第 1237 页。

⑤ 《上海世界语学社之发起(续)》,《神州日报》1909 年 6 月 14 日,第 3 页。

⑥ 参看社员《世界新语杂志之介绍》,《神州日报》1909 年 6 月 23 日,第 1 页。

表文明和进步的世界语则一定会在中国大兴。① 他们希望以上海为基地和起点，在中国大力推广世界语：

> 方将以上海为传播之起点，历两岸各都会而直达汉口。复分为三支：一支西南，行经宜昌、重庆而入蜀；一支西行，逆汉水而出陕甘；一支北行，循京汉铁路道而趋燕赵。务使十户九晓、十人九知世界语，以速世界进步之弘运，以启劳民自觉之良知。②

这种对世界语的描绘与想象态势，以及为其推广所做出的努力，在民国初期也得到延续。

当章太炎了解到世界语在上海的风行情况后，很是担忧，"世界语流行上海，隐患甚深"，特意致信友人批驳世界语应用于中国之谬，认为中国文化光辉悠久，不必"徒羡他人"。③ 但在《新世纪》杂志上一些世界语倡导者看来，章太炎的见解和努力是"螳臂当车"，不符合"天演公理"，定会被淘汰，"适者生存，其不适者澌灭"。④ 由此可见，在中国推广世界语这批人的背后，社会达尔文主义情结同样也非常强烈，他们尊崇与推广世界语的关怀仍是来自现实的刺激，只是他们大胆地设想未来的美好，却未估计到行事的难度和复杂性，更没有意识到这种想象与追求的乌托邦性质。

---

① 这种废弃汉字的言论被徐兆玮目为"丧心病狂"："新近少年颇主持废汉字论，留学界亦有附和之者，以便其不学，岂皆丧心病狂耶？"《徐兆玮日记》第 2 册，宣统元年十二月初三日，第 1052 页。
② 上海沐君来稿《辟谬》，《新世纪》第 118 号，1910 年 2 月 19 日，第 13 页。
③ 章信见上海沐君来稿《辟谬》，《新世纪》第 118 号，1910 年 2 月 19 日，第 10 ~ 12 页。
④ 有关的反驳意见，参看上海沐君来稿《辟谬》，《新世纪》第 118 号，1910 年 2 月 19 日，第 12 ~ 14 页；上海沐君来稿《辟谬》，《新世纪》第 119 号，1910 年 3 月 12 日，第 14 ~ 15 页。

四　事随境迁

其实，早在 1908 年初，在上海的刘师培、何震夫妇政治立场就发生了转变，已秘密写信向时任两江总督端方输诚，[①] 就如何镇压革命党一事为之出谋划策，并主动表示愿意放弃反清立场，充当端方暗

---

① 参看刘师培《1908 年上端方书》，收入万仕国辑《刘申叔遗书补遗》下册，第943～948 页。关于刘师培此信的真假一直存在争议，有关的分析和考订，可参看高良佐《论刘师培与端方书》，《建国月刊》第 12 卷第 4 期，1936 年，第 1～11页。后续的补充纠正，可参看富田昇《刘师培变节问题的再探讨》，邹皓丹译，收入复旦大学历史系编《江南与中外交流》，复旦大学出版社，2009，第 328～346 页。而根据当时同刘师培有密切关系的钱玄同的记载可知，钱玄同曾在周作人处看到刘师培致端方信原件，认为该信笔迹的确出自刘师培之手，"阅此始知其讲社会主义时已做侦探也"（杨天石主编《钱玄同日记》整理本中册，1932 年 8月 21 日，第 876 页）。不过钱玄同后来又回忆认为刘师培"降清似是一九〇八（戊申）下半年事"。（杨天石主编《钱玄同日记》整理本下册，1934 年 3 月 2 日，第 995 页）。日本富田昇教授则从人际关系的角度出发，结合多种资料，认为该信存在许多疑点，或许为刘师培为替章太炎筹款而故意向端方示好的曲笔，不代表写信时刘师培已经投靠端方，其真正变节是之后的事情，否则无法解释刘师培之后在日本依旧大力宣传无政府主义、社会主义的表现。此说有一定道理，但忽略了刘师培在鼓吹无政府主义、社会主义时，已经不再极力宣传反满。而且富田昇的考订有不够细致、对中文资料利用不够之处，尤其是对章刘交恶的时间有误判（误判为 1908 年夏），致使之后的一些考证都存在问题。该文最大的贡献是使用了一些日本方面的材料，主要是日本政府的档案及当时日文报刊中的相关报道、个别人的回忆录等，但这些资料涉及的都是章刘在 1908 年 4 月决裂以后的事情。富田引用的坂本清马的回忆明显为坂本误记，富田却未详查，因为何震为筹措办报资金和在日费用曾于 1908 年 6 月中旬回国，9 月 6 日始重返日本，在此期间根本不在日本（万仕国编著《刘师培年谱》，第 158、161 页），何来何震、汪公权、刘师培三人群殴章太炎一事？况且，1908 年 4 月初章太炎已经从刘师培住处搬离，何来该年夏天（7～8 月）坂本同何震、章太炎一起住在刘师培寓所一个月之事？假如何震回国后章太炎复搬回刘居，即刘章重新言归于好，何以经常同两人打交道且拜访两人的钱玄同在日记中全无记载？而根据朱希祖日记中的记载，7 月他们一帮留学生一直在民报社或者在"大成中学校"听章太炎讲国学。至于富田昇教授该文提到的章太炎于夏天在神户《日华新报》上发文公开揭发汪公权与何震奸情一事，他并没有看到《日华新报》原文，而笔者也未看到钱玄同日记对此有任何记载。以章太炎为人及对章、刘交谊破裂后的努力补救情况来看，此事或系误传，当然，究竟如何还需要看到《日华新报》原文才能确定。

探，侦查破坏革命党的活动。① 返回东京之后，刘师培夫妇主要通过清廷驻日留学生监督田吴炤与端方往来，"田伏侯时为留学生监督"，"据云申叔与午桥往来文件，皆由彼作介"。②

与章太炎彻底决裂后，返回上海的刘师培夫妇除散发公开信和材料揭发、构陷章太炎与清廷大员端方、张之洞暗通款曲外，还在上海积极向两江总督端方提供关于革命党的情报。③ 后王金发等人察觉刘氏夫妇和汪公权"背叛"革命党，就暗杀了汪公权。受到波及的刘师培也险些被杀，他遂在 1909 年 4 月前后赴南京公开投奔江督端方，④ 稍后又随已转任直隶总督的端方北上天津。⑤ 当时《时报》对刘师培入端方之幕一事曾有公开报道，报道最后还富有意味地讲刘师培"邃于学而短于视"。⑥

刘"背叛"事在 1908 年底公开后，时论纷纷对之表示不齿或遗憾。《神州日报》曾专门刊出讽刺小说《书生侦探》，对刘师培充当端方侦探事进行讽刺挖苦。⑦ 激进的《民呼日报》则模拟刘师培以端方门生口气作文，"南洋秘密侦探队沐恩门生刘光汉谨禀"，借以挖

---

① 当时曾先后送刘师培及其母回国的丁惟汾在 1927 年 5 月回忆时认为，是何震胁迫刘师培投靠端方的，而何震与汪公权有不正当关系。刘师培外甥梅鹤孙后来在书中几次有意无意暗示结婚后刘师培的人生抉择是受何震的影响，甚至暗示刘投奔端方亦是因为何震的"名利思想"，而刘师培"疏于世故"，"不能坚定立场"，就被何震"要挟"回国投奔端方；刘师培后来参加筹安会，亦是出自何震教唆。梅的看法自然是在为刘师培的失足进行辩护，试图把主要罪责都推到何震头上。参看丁惟汾口述，罗家伦笔记《刘师培做侦探的经过》，《山东文献》第 22 卷第 4 期，1979 年，第 103 ~ 104 页；梅鹤孙《青溪旧屋仪征刘氏五世小记》，第 48、54 页。

② 参看《卢慎之致梅鹤孙书札一通》，收入杨丽娟整理《学海遗珍：仪征刘氏家藏书札笺注》，广陵书社，2014 年，第 210 页。

③ 参看《上海光复记》，《申报》1947 年 10 月 10 日，第 5 张第 19 版。

④ 参看万仕国编著《刘师培年谱》，第 172 页。

⑤ 参看《端督随员》，《大公报》1909 年 7 月 31 日，第 2 版。

⑥ 《刘申叔孝廉之知遇》，《时报》1909 年 7 月 11 日，第 3 页。

⑦ 参看《滑稽小说·书生侦探》，《神州日报》1909 年 2 月 9 日，第 1 页。

苦刘师培品行不端、出卖同志、甘作暗探、投靠端方、随幕北洋。①
《大公报》对刘师培脱离革命党入端方幕府也有讥评：

> 徐锡麟，安庆之候补道也，而竟革恩铭之命。刘光汉，著名之革命党也，而竟入某督之幕。乃最相反之事而竟以一身兼之，论者鲜不以为怪而不知非也。今之志在入幕者，无不以革命为终南之捷径，即今之热心革命者，无不以入幕为最后之目的。放眼前途，革命乎？入幕乎？直一而二，二而一也。②

《新世纪》杂志的主事人、倡导无政府主义和世界语的同道吴稚晖也与刘师培决裂，公开在《新世纪》上刊文揭发刘师培。③ 但章太炎并没有落井下石，仍在惋惜刘师培之才，希望其能迷途知返，专心从事学术研究，为此特意致信刘师培进行劝说和提醒，④ 希望刘能归隐山林，专心学术，然而刘师培并未回信。⑤ 毕竟，初入端方幕府的刘师培此时正春风得意、炙手可热，受到端方极高礼遇，"叹为今世绝学"，"尝与谈至深夜弗倦怠，供养甚优，俸糈亦厚"。"同学少年均艳羡之"，纷纷走刘师培门路，希望其能将自己介绍或引见给端方。⑥ 章太炎苦口婆心的劝说自然无济于事。

或许就是在这一时期，刘师培放弃了早前信奉的无政府主义，也不再坚持推广世界语，反而向端方献计献策，提议效法湖北、苏州做

---

① 《拟刘光汉谢新擢直督随带赴任禀》，《民呼日报》1909 年 7 月 24 日，第 4 页。
② 《革命党入幕》，《大公报》1909 年 7 月 29 日，第 2 张。
③ 参看万仕国编著《刘师培年谱》，第 179 页。
④ 参看章太炎《与刘光汉书七》，收入刘师培《仪征刘申叔遗书》第 1 册，第 56 ~ 57 页。
⑤ 参看万仕国编著《刘师培年谱》，第 177 ~ 178 页。
⑥ 《刘申叔孝廉之知遇》，《时报》1909 年 7 月 11 日，第 3 页。参看梅鹤孙《青溪旧屋仪征刘氏五世小记》，第 50 页。

法，设立"两江存古学堂"，保存国粹，培养国学人才。在该信中，刘师培还批评了留学生趋新激进、忘本无知的做法。① 该信显然是刘师培的表忠心之作，但我们也不妨视之为刘师培的自我批判和反省——他在追悔自己之前鼓吹革命、倡导无政府主义和世界语的孟浪言行。因为以后，不管是在公开发表的言论中，还是在我们今天可以看到的刘师培的论述中，他都没有再道及无政府主义或世界语，也不再表态支持革命或社会主义。② 甚至后来在编选自己的文集出版时，也不愿意收录他在清末宣传反满革命、无政府主义与世界语的文字。③ 这种情况说明他入端方幕后，形格势禁，刘师培已经不便也不能再谈无政府主义和世界语等话题，一定程度上这也表明刘师培不但与革命党决裂，也与激进的文化立场和政治立场决裂了。④ 毕竟追随端方之后的优渥待遇和相对较好的问学环境，所谓"铤而走投端幕，端氏多善本书，申叔相从入都，所见益富，校

---

① 刘师培：《上端方书》，收入《仪征刘申叔遗书》第 12 册，第 5123～5124 页。

② 戴季陶这时直接挖苦刘师培为"水性杨花之志士"，为了功名利禄而投靠清廷："非向主张革命提倡社会主义者乎？而今则仅不过因一四品京堂数百月薪，遂全变其旧日之气概，忘其旧日主义焉。"徐兆玮则在看了《民立报》等报刊上登载的幸德秋水被杀害的报道后，将之与刘师培进行对比："日本社会党幸德秋水之死，中西各报皆详纪其事，幸德不幸而传矣。刘申叔在日本亦极力提倡，而利禄熏心，中途改节，能无愧杀？"参看戴季陶（天仇）《水性杨花之志士》（原刊上海《天铎报》1910 年 12 月 12 日），收入桑兵、黄毅、唐文权合编《戴季陶辛亥文集》上册，第 358 页；《徐兆玮日记》第 2 册，宣统三年正月初六日，第 1147 页。

③ 这些主要发表在《天义报》《衡报》上的文字，后来大部分未被熟知内情的钱玄同编进《刘申叔先生遗书》中。

④ 值得注意的或许是这样的思想社会史话题：当刘师培与章太炎皆在主张反满革命之时，两人的学术理念和思想主张——在如何保存国粹与对待世界语等方面——却渐行渐远；当刘师培同章太炎的政治立场截然相反之后，两人的学术立场与思想取向却又逐渐接近，皆主张保存国故、反对激进西化。可以说，章太炎反对在中国推行世界语是基于其文化立场而非政治主张，刘师培倡导世界语则是基于其激进的政治理念而非文化立场，而刘师培后来之所以态度转变，也是源于其政治主张的变化。章太炎的不变和刘师培的多变（所谓"厥性无恒，好异矜奇，惝急近利"），固然有外在时代环境与个人生活境遇的影响，但何尝不反映了历史的吊诡和复杂性所在？

雠益广",① 以及同一批从事中国经史研究的学者（如缪荃荪、陈庆年、王闿运、伯希和等）的经常交往，业已让昔日的"支那少年""东方卢梭"没有条件也没有同道再一起撰写批评文章、办社会主义讲习会，② 去讨论那些激进的政治、社会或文化议题。即便是到了民国初年世界语运动愈发壮大，在刘师培任职的北大就有包括蔡元培、钱玄同等在内的诸多倡导者的时候，刘师培依然再未参与其事或发表任何有关支持的言论。③

饶是如此，刘师培在 1908 年前后对世界语的倡导仍然值得注意，因为这同刘师培本人当时激进的政治主张和文化理想密不可分、相辅相成，很大程度上显示着刘师培乃至与他同时或之后倡导世界语者共同的政治目标和世界主义追求，非常具有代表性与导夫先路的作用。有意思的是，五四新文化运动时期接过当年刘师培提倡世界语大旗的恰恰是当初和刘师培决裂过的钱玄同。④

自诞生之时，世界语即许诺给人们一种能在世界各国通用的美好愿景，有着明显的超越利己主义和民族国家的意识，这非常吸引知识分子的眼球，能刺激他们的学习热情。如当时武昌私立中华大学预科就开设有世界语课程，正在此处求学的恽代英即在积极学习。受到时

---

① 参看南桂馨《刘申叔先生遗书·序》，转见刘师培《仪征刘申叔遗书》第 1 册，第 79 页。

② 昔日与章太炎、刘师培、梁启超等人均为好友的吴君遂曾写诗形容刘师培："人言病夫老大，我见支那少年。东方卢梭有几，申叔夫子最贤。"见梁启超《饮冰室诗话》，第 84 页。

③ 根据刘师培弟子陈中凡在 1936 年 12 月的记述，刘师培临终时曾忏悔："余平生述造，无虑数百卷，清末旅沪为《国粹学报》撰稿，率意为文，说多未莹。"笔者认为如果该记述可靠的话，则刘语虽然未直接提及在日本期间的著述，但显然也应该将其包括在内。参看陈中凡《刘师培〈周礼古注集疏〉跋》，收入《清晖集》，书目文献出版社，1987，第 247 页。

④ 钱玄同这时虽然极力倡导世界语，但他私下打算先学习的却是法文和英文，希望借法文再去学习世界语，因为他认为世界语中采用的法文甚多。参看杨天石主编《钱玄同日记》整理上册，1918 年 1 月 22 日、3 月 2 日，第 330、334 页。

人倡导世界语影响的他认为："能习世界语二三千字，可转变为万余字。人即于本国文，鲜有能识字万余者。故习世界语为最有利也。各国名著，世界语皆有译本，故吾人由之可多读异书，各国有世界语学会，游历通信均甚欢迎。"① 恽代英还打算学会世界语后，从事世界语的翻译工作。五四新文化运动之后，知识界更多的人受到俄国诗人爱罗先珂（1889～1952）在北大教授世界语的影响，开始学习与倡导世界语。② 当时的北京著名副刊《晨报副镌》曾对 1922 年爱罗先珂中国之行及其掀起的世界语学习潮流有很多报道和评论，后来又借纪念世界语发明人石门和夫诞辰之际，发表了多篇纪念文章，还刊布了蔡元培、沈步洲、江春霖、顾维钧等人倡导世界语的演讲。其中顾维钧从"外交发明和国际观念"角度说道：

　　现在我们要想免除国际间不幸的现象，增进国际间的睦谊，和促进世界和平起见，不能不赞成世界语。若能将世界语用作国际间的官话，非特减少许多误会，还可消除许多不幸的事呢。

到最后，顾维钧又说：

　　像我国人口占全世界四分之一，向来又是很主张和平的，所以对于世界语，更当表示同意，并且有竭力推广的义务。世界语推广愈快，则消除国际间误会愈快，国际间的真正和平的实现亦愈快。③

---

① 中央档案馆、中国革命博物馆、中共中央党校出版社编《恽代英日记》，1917 年 5 月 26 日，中共中央党校出版社，1981，第 90 页。
② 参看勇昌编译《盲诗人爱罗先珂的经历》，《文化译丛》1981 年 8 月号；侯志平《爱罗先珂与中国的世界语运动》，《中国世运史钩沉》，第 158～160 页。
③ 《顾维钧博士的演说》，《晨报副刊》1922 年 12 月 22 日，第 2 版。

而代表教育部参加世界语联合大会的沈步洲同样乐观地期望：

> 现在有了世界语，非特可以沟通中西的学术，还要创造世界上许多共同的新学术，发明世界上许多物质上的新原理，迎合这新世界的新潮流。①

当时诸如此类对世界语的看法还有很多，在在表现着时人对世界语应用前景的乐观。他们尤其希望主动走向世界，摈除野蛮，以文明开化的姿态拥抱和追求世界语，尽快融入世界，并借此打破旧有的国际权力结构，更好地被各国接纳和平等对待，即巴金所谓"开世界大同之路"。②

但是，上述的期待与想象实在是将世界语作用过于工具主义化、夸大化，不过这倒是反映了世界语本身所具有的那种"反体制"取向，如鲁迅所谓，世界语其实暗含"可以由此联合世界上的一切人——尤其是被压迫的人们"的想象。③ 故此，它就很容易被作为一种语言政治同殖民地、半殖民地国家和地区的民族独立运动及社会主义运动相结合，在中国即是如此。④

在 1920 年代后的中国世界语运动中，左右翼政治势力都有加入。

---

① 《教育部代表沈步洲先生的演说》，《晨报副刊》1922 年 12 月 22 日，第 1 版。有意思的是，在民初时，沈步洲却是世界语的坚决反对者。参看余露《清季民初世界语运动中的"世界"观念》，《学术研究》2015 年第 3 期，第 113～114 页。
② 苇甘：《世界语（Esperanto）之特点》，《半月》第 20 号，1921 年 5 月，该文已被收入许善述编《巴金与世界语》，中国世界语出版社，1995，第 5 页。
③ 《答世界社信》，收入《集外集拾遗补编》，《鲁迅全集》第 8 卷，第 402 页。
④ 近代日本的世界语运动，也同左翼发动的自由民权运动乃至 1930 年代日本共产党领导下的社会主义运动紧密结合，并遭到日本当局的镇压与迫害。参看大岛义夫·宫本正男『反体制エスペラント運動史』223～249 頁；Ulrich Lins, "Esperanto as Language and idea in China and Japan," *Language Problems & Language Planning*, Vol. 32, No. 1, 2008, pp. 51–52。

右翼的支持者希望将世界语与三民主义意识形态结合起来，因为"三民主义化"或"中山化"的教育宗旨，"非推行世界语不可"。① 甚至将孙中山的《三民主义》一书出版了世界语版。但这样的呼吁很像是国民党的官方宣传，根本得不到多少回应，所以后来右翼势力对中国世界语运动的影响就越来越小。左翼势力则希望将其视作反对帝国主义和追求民族解放的工具，主张"为中国的自由解放而用世界语"，② 认为世界语的作用可以"驱逐帝国主义之盗匪于中国国境"，③ "以世界语为武器，团结全世界被压迫的大众"。④ 这样的表达更契合民族主义的需要与世界主义的追求，很容易获得激进知识分子的共鸣，因之，左翼力量后来就慢慢主宰了中国世界语运动的走向。

当然，这时也有人试图反对左右翼对世界语运动的利用，希望世界语运动非政治化，因此强调世界语的中立性质，认为由世界语发展出来的世界语主义"是绝对中立的，绝不干涉人民的内部生活，也绝不想排斥现存的国语。世界语学者无论抱何种别的理想，信别的主义，都是私人的行动，与世界主义无关"。⑤ 只是这样的呼吁太过微弱，根本抵挡不住世界语运动不断被政治化与工具化的趋势。

中国共产党也深刻意识到世界语运动在中国的重要性与吸引力，在延安成立了世界语协会和世界语学校，招募愿意学习世界语的青年知识分子。借鼓励大家学习世界语之机，毛泽东将世界语与中国革命

---

① 伍大光：《三民主义化的教育与世界语》（1928 年 10 月 29 日），收入陈彩凤等编《广东青年运动历史资料》第 9 卷，广东省档案馆、广东青运史研究委员会印行，1991，第 396 页。

② 陈原：《世界语和中国民族解放运动》，《救亡呼声》第 2 卷第 5 期，1938 年，第 19 页。

③ 《世界语的作用》，《文艺新闻》1932 年 1 月 25 日，第 3 版。

④ 《以世界语为武器》，《文艺新闻》1932 年 5 月 2 日，第 2 版。

⑤ 义植：《世界语主义》，《会报》1928 年第 8 期，第 1 页；孙义植：《三民主义与世界语》，《会报》1928 年第 10 期，第 1~2 页。

直接联系起来，直截了当地指出："如果以世界语为形式，而载之以真正国际主义之道，真正革命之道，那末，世界语是可以学的，是应该学的。"① 由此，左翼的世界语运动进一步政治化，逐渐成为统战武器和宣传工具，而世界语提倡者则借助中共的支持，不断获得资源和扩大阵地。②

之后，在左翼力量和中共的大力支持下，世界语在中国迅速得到推广。1957 年反右运动后，虽经历一些挫折，但世界语运动依然得到强大的政治支持。1960 年起，毛泽东的一些重要著述与谈话如《实践论》《论人民民主专政》《在中国共产党第七届中央委员会第二次全体会议上的报告》《和美国记者安娜·路易斯·斯特朗的谈话》《在延安文艺座谈会上的讲话》及此后"文化大革命"中的一些相关文件，国际共产主义运动的一些文献，有关中国历史、文学、艺术、摄影、童话连环画、歌曲、科技等方面的一些著作，均先后被中华世界语协会译成世界语出版。③ 1964 年底，北京电台世界语广播开播。1971 年，《毛泽东选集》也由中国外文出版社正式推出世界语版。世界语在中国大陆的声势于 20 世纪 80 年代达到鼎盛，具体表现主要有：世界语出版社 1981 年成立，世界语出版物大量出现，很多中外名著都有了世界语版，官方举办的世界语活动也非常多。④ 正如世界

---

① 《为"延安世界语者"的题词》（1939 年 12 月 9 日），竹内实编《毛泽东集补卷》第 6 卷，第 132 页。由检索台北中研院近代史所近代史全文资料库得知。
② 参看大岛义夫·宫本正男『反体制エスペラント運動史』259～260 頁。有关的反思和检讨，可参看周质平《现代人物与文化反思》，第 239～266 页。
③ 有关的情况可参看侯志平《中国世运史钩沉》，第 411～448 页。
④ 有关的表现可参看 Gerald Chan, "China and the Esperanto Movement," *The Australian Journal of Chinese Affairs*, No. 15, 1986, pp. 4－10; Ulrich Lins, "Esperanto as Language and Idea in China and Japan," *Language Problems & Language Planning*, Vol. 32, No. 1, 2008, pp. 53－55; 大岛义夫·宫本正男『反体制エスペラント運動史』358～360 頁; 侯志平主编《中国世界语运动简史》，第 7～12、29～33、461～487 页。

语研究者侯志平所言，世界语只有在中国共产党与中国政府的支持下才能在中国获得飞速发展。① 典型的事例是 1986 年在中国召开的第 71 届国际世界语大会，截至当时，"这是在中国举办的最大的一次国际会议"，得到包括姬鹏飞、李先念、万里、姚依林等高层领导人的支持，时任中共中央政治局委员、全国人大常委会委员长的彭真担任大会最高监护人，并向大会发了贺信；大会荣誉委员会主席由时任全国人大常委会副委员长的黄华担任，副主席由时任全国人大常委会副委员长的胡愈之、楚图南担任，黄华、楚图南且到会场发表了讲话。② 这使得此次大会成为"有史以来规格最高、人数最多的委员会，它反映了中国共产党和中国政府对这次大会的重视"，"未来的发展将进一步证明：在中国共产党、中国政府的关怀和支持下，世界语将帮助各国人民更好地了解中国，也将帮助中国人民更好地了解世界，走向世界"。③ 2004 年 7 月 25～31 日，第 89 届国际世界语大会又在北京召开，有两千多人参加了大会，时任全国人大常委会委员长的吴邦国担任大会最高监护人，并发了贺信。④ 据说此次大会比 1986 年的大会"更加成功，受到国际世协和与会世界语者的称赞和高度评价"。⑤

当世界语运动在世界其他国家渐行消歇之时，中国政府高规格主

---

① 参看侯志平《中国世运史钩沉》，第 18 页。
② 关于该次大会的情况，参看《世界语的盛会——记第 71 届国际世界语大会》，《世界语连着我和你》编辑部编《世界语连着我和你》，外文出版社，2008，第 189～192 页。
③ 侯志平：《中国共产党与中国世界语运动》，《中国世运史钩沉》，第 32～33 页。
④ 关于此次大会的情况，可参看郭晓勇《寓外宣于承办活动之中》；本刊编辑部《第 89 届国际世界语大会闭幕发表〈北京宣言〉等》。以上两文载于《对外大传播》2004 年第 7 期，第 18～21、60 页；另见刘才盛《第 89 届国际世界语大会开闭幕式纪实》，《世界语连着我和你》编辑部编《世界语连着我和你》，第 208～211 页。
⑤ 侯志平：《中国共产党与中国世界语运动》，《中国世运史钩沉》，第 33 页。

办世界语大会，还热情支持和大力赞助世界语活动，皆让人印象非常深刻。只是，世界语拥趸的乐观与希望，同现实中人们对学习世界语缺乏兴趣恰成鲜明对比。因为像中国政府这样对世界语的支持力度，在其他国家那里并不存在，尽管有如此巨大的支持和投入，愿意学习世界语的中国人仍然为数极少，即便在 1980 年代世界语运动极盛时期，大概也只有四十万中国人曾经学习过世界语，现在则可能只有几百人"精通"它。① 就连一辈子研究世界语史、鼓吹世界语重要性的学者侯志平也说，早先希望自己学好世界语，"用它来为国效力"，五十年下来，最后虽"能借助字典读一些世界语书刊，但离自由应用世界语相差甚远"。② 花费苦功学过世界语并翻译了不少世界语作品的巴金，同样不会讲世界语，所以在率领中国代表团参加世界语大会时，他虽然"看到了世界语的无限光明的前途"，却无法用世界语致辞。③

小　结

若是以今日的后见之明看，从一百多年前世界语引入中国，到今日世界语逐渐沉寂，这一时期，包括刘师培在内的提倡世界语的许多人，对世界语的认知与接纳都止步于一个初学者的水平，很多时候仅停留在宣传和想象的层面。悬鹄甚高，但论证过于简单和抽

---

① 徐瑞哲：《全球约 160 万人擅长世界语》，《新闻晨报》2015 年 4 月 18 日，http：//news. ifeng. com/a/20150418/43578265_0. shtml。较之中国媒体的乐观估计，有西方媒体则比较保守，认为当今世界有 16 万 ~30 万人会说世界语，其中 8 万 ~15 万人都在欧盟地区，http：//www. liberafolio. org/2009/popolnombradoj-donas-indikon-pri-la-kvanto-de-esperantistoj/，检索时间：2015 年 8 月 10 日。
② 参看侯志平《编后记：我的梦》，《中国世运史钩沉》，第 539 页。
③ 参看巴金《世界语》，《随想录》第二集，人民文学出版社，1981，第 82 ~86 页。

象，"热情多于分析"，观点也有不少重复与照搬日本乃至欧美之处，更有不少道听途说和自我标榜的成分，充满着误解与非理性。①

简言之，他们都太强调世界语的工具主义的价值和功利用途，认为只要学会了世界语就可以替代英语、法语、德语等其他各国语言，忽略了语言背后复杂的历史和社会因素，把世界语及其使用前景理想化了。首先，任何一种语言都不是中立的、透明的。语言的兴起和推广除必需的外部条件外，还与其自身的适应性乃至文化积淀有关。世界语在推广过程中，除了一些理想主义的知识分子与民间组织的身体力行之外，其实缺乏有效的物质与制度基础，也缺乏稳定的、长期的践履群体和普通受众。其次，世界语自身属于一种力求简单明白的人造欧式语言，不具有深厚的文化底蕴与社会使用需求，仅靠许诺一种乌托邦愿景，不但难以服众，而且很容易被作为一种思想专制工具。

进言之，语言文字是随时代改变的东西，对于人造语世界语来言，它缺乏文化深度与历史底蕴，完全未经实践检验，一经应用，当面对不断出现的新词新字时，自然也会"繁杂不规则"。而且其作用也并不像世界语提倡者所认为的那样大，学习的人数没有那么多，也没有足够多可供阅读的教材。像吴稚晖、钱玄同等人废弃汉文、采用世界语、将中国文字"送进博物院"的主张，根本不具备可操作性。② 何况世界语系从几种主要的欧洲语言中创制出来的，对于亚洲人来讲，学习世界语的难度同学习其他欧洲语言一

---

① 参看周质平《语言的乌托邦——从世界语到废灭汉字》，《现代人物与文化反思》，第 260 页；林义强「『万国』と『新』の意味を問いかける：清末国学におけるエスペラント（万国新语）論」『东洋文化研究所纪要』147 号、2005 年 3 月；余露《清季民初世界语运动中的"世界"观念》，《学术研究》2015 年第 3 期，第 114 页。

② 参看朱有昀（我农）《反对 Esperanto》，《新青年》第 5 卷第 4 号，1918 年，第 416～422 页。

样，并不容易，① 其实际用途却非常有限，谓之为"屠龙术"也不过分。无怪乎钱玄同、巴金、侯志平等鼓吹者只是在极力提倡而并未以身作则精研之。

同样值得思考的是，世界语在近代中国在地化的过程中，它所包含的欧洲中心主义色彩不但被世界语的中国支持者忽略或无视，甚至还被视作理所应当，被当作西方文明与"先进"的表征。② 如钱玄同反驳陶孟和批评世界语的基础是欧洲语言时说"至于不采东方文字，而云可为世界公用的语言……此事并无不合，东方之语言，实无采入Esperanto之资格"，因为中国文字字形复杂，字义含糊，"难得其确当之意义，不逮欧洲远甚，自亦不能采用"。③ 非但如此，在钱玄同等人看来，中国"这种极陈旧的汉字"断难表现外国"崭新的学问"，若是打算让中国的"智识长进""头脑清楚"，"非将汉字根本打消不可"，"国语既不足以记载新文明，改用某种外国语又非尽善尽美的办法，则除了提倡改用 Esperanto，实无别法"。④

有意思的是，当一些中国知识分子在极力倡导世界语时，欧美世界语的流传程度却非常有限，愿意学习的人非常之少，"不过为社会

---

① 20世纪30年代女作家萧红也学习过世界语，但收获不大，所以她感叹："世界语虽然容易，但也不能够容易得一读就可以会的呀！"参看萧红《我之读世界语》，收入吴义勤主编《萧红经典必读·生死场》，文化艺术出版社，2012，第357~358页。

② 实际上，世界语的反对者背后的支撑点亦是社会进化论，如自谓"我是一个不赞成世界语的人"的胡适就认为"语言文字的问题是不能脱离历史进化的观念可以讨论的"。胡适这里基本赞同朱我农来信及之前陶孟和来信表达的对世界语的看法，并写信回应列举自己认可的朱之观点。参看曹伯言整理《胡适全集》第29卷，1921年3月5日日记，第529页；胡适《对于朱我农君两信的意见》，《新青年》第5卷第4号，1918年，第423~424页。

③ 《答陶履恭论 Esperanto》（原刊《新青年》第4卷第2号，1918年），收入《钱玄同文集》第1卷，第97页。

④ 《关于 Esperanto 讨论的两个附言》（原刊《新青年》第5卷第2号，1918年），收入《钱玄同文集》第1卷，第210~211页。

党人之媒介物而已"。①

事实上，当时也有个别人意识到关于世界语的争议颇多，对于其未来的前景并不看好。比如 1911 年基督教青年会办的《青年》杂志答问栏刊出的一则关于世界语的问答，其中有读者写信告诉编辑因为最近有人"盛称世界语之有用"，他本人打算学习之，但不知如何入门。编者在推荐了一些学习世界语的办法后又道出了自己真实的想法：

> 近古以来，造世界语者无虑一百五十家，俱未见成功，以其勉强造作，不合人之嗜好也。今所传来之世界语，虽较前者广行，专事旅行与外国经商者，学之或稍有补助，寻常学人习之无大益，因其语无用处，且无积世之文苑增其趣味也。抑将来世界果通用此语与否，今尚难定。因近又有人造二种新世界语：一曰衣陀，一曰普通语，皆欲与爱思配兰多（即吾国现传之世界语）争雄，将来未知鹿死谁手也。更有一派学士以为，果求世界公用之语，不如循天然之进化，取法英德之文之一种，而求世界公认之为愈。持论纷纭，莫衷一是。

最后，编辑又建议，如果询问者有余力，不妨学习一下世界语"以代消闲"，但如果"为求学问题起见，则不能学法、德、英语，亦当学日语，因其易学且可得多读书报之益也"。②

换言之，当时的鼓吹者试图用世界语去解决困扰中国乃至世界的诸种难题，这实际是乌托邦的想法。因为世界上存在的纷争、冲突往

---

① 参看余露《清季民初世界语运动中的"世界"观念》，《学术研究》2015 年第 3 期，第 116~117 页。

② 《问答栏》，《青年》（上海）第 14 年第 2 号，辛亥年二月，第 62~63 页。

往不是由语言的差异所导致，也非所谓文明和野蛮的冲突，而是物质资源、政治制度、宗教、意识形态、民族、文化、传统、地域争夺等多种因素造成的，靠统一语言或改变语言、普及世界语来解决这些分歧，无疑是缘木求鱼。根本上，世界语不可能解决这些问题，亦无法引领人类前进到一个大同时代，更无法代替中文乃至任何一种已经确立的民族语言，尤其在20世纪以来语言民族主义不断勃兴的情况下。就像陶孟和所谓："吾尝默查世界之趋势，国民性不可剪除，国语不能废弃。所谓大同者，利益相同而已……而绝不能以唯一之言语表出之。"① 也如后来周作人针对钱玄同提倡世界语一事的反思："到了近年再经思考，终于得到结论，觉得改变言语毕竟是不可能的事，国民要充分的表现自己的感情思想，终以自己的国语为最适宜的工具。"② 而《新青年》上刊出一篇更为激进的致胡适的读者来信（署名张耘）则直斥"好高骛远、思想不清"的"凡轻视英法德文而极力提倡世界语者"，目其为"愚、懒、妄"：

> 惟愚乃信英法德文中好书籍，世界语均有译本；惟懒乃甘取此不通途径，无所得而不辞；惟妄乃坚信世界不久必大同，大同后必有大同语，而此大同语又必为今日之所谓世界语。三问题混合为一，颇足形容今日中国人思想紊乱情形。主张踏实地做建设功夫者，对于此种愚、懒、妄传染病，须极力扑灭之乃可。③

由该通信的内容来推测，该信针对钱玄同之意明显，而负责主编该期杂

---

① 《通信·陶履恭（孟和）来信》，《新青年》第3卷第6号，1917年，第3页。
② 周作人：《国语改造的意见》，《东方杂志》第19卷第17号，1922年，第8页。
③ 张耘：《改良文学与更换文学》（目录标题作《改良文学与更换文字》，似更切合通信内容——引者注），《新青年》第6卷第3号，1919年，第335页。

志的胡适愿意把这封信发表，显然表明其赞成该信的主旨——他此处用高明的按语委婉表达了自己的真正看法："张君这封信有许多话未免太过，但他所说的大言都很有讨论的价值，故登在此处供大家讨论。"

百年转瞬而逝，如今世界语运动在实践的检验下几近消亡，世界语的提倡者和实践者所坚持的理念已成明日黄花，所期盼的愿景也遥不可及，然而他们精英式的世界主义追求、期盼世界大同的梦想、希望重新塑造中国走向和追求一种超越民族国家建构的努力，[①] 却不会杳如黄鹤，毕竟世界语在反对帝国主义霸权的政治正确层面，在反思民族主义与种族主义方面，在展现多元现代性方面，还有存在的必要与研究的价值，能引起具有浓厚乌托邦心结之人的戚戚之情。当然，世界语运动也可能会带来更大的争议与误会，尤其是近代中国世界语倡导者借此展示与赖以建构的世界主义关怀背后的社会达尔文主义情结和线性历史观，以及他们为推广世界语所展现出的终极真理在手、不容质疑的一元论心态和言行，"亦犹孔子专制之观念，欲罢黜百家也"。[②]

最后，我们或可说，就刘师培个人而言，他的世界语论述显示了其青年时期思想的剧烈转变程度，乃至其中包含着的无政府主义关怀与乌托邦情结。但是，刘师培等人在清末开始提倡的世界语论述与为此付诸的推广实践，实在不乏武断、幼稚、想象乃至专制、粗暴的成分，此种接受政治固然为近代中国思想史上的宝贵经验，亦为值得检讨的前车之鉴。

---

① 列文森（Joseph R. Levenson）曾从线性的视角认为近代中国是从"天下"到民族国家转变的过程。而揆诸清末以降的世界语论述和世界语运动，以及之后中国共产党革命的目标，近代中国或许更应该是从"天下"到"世界"或"大同"的打造过程。对列文森此观点的检讨，参看罗志田《天下与世界：清末士人关于人类社会认知的转变》，《中国社会科学》2007 年第 5 期；罗志田《走向世界的近代中国——近代国人世界观的思想谱系》，《文化纵横》2010 年第 3 期。但罗文意不在关注世界语，故并没有结合世界语支持者的"世界"观进行讨论。

② 《通信·陶履恭（孟和）来信》，《新青年》第 3 卷第 6 号，1917 年，第 3 页。

第六章
五四新文化运动的在地化

导　言

从阅读文化的建构，到关注"西方"在近现代中国的接受史，本书前五章的内容其实皆在讨论来自欧美和日本的新知识如何在近代中国落地及被时人转化吸收。本书第六章笔者想在之前五章基础上进一步讨论接受近代中国新知识的空间化和在地化问题。如王汎森教授的提示，在我们以往的研究中，经常忽略了"中层"的思想文化史，对不同空间的地方性特征注意不够。实际上，许多小地方都有它丰富而多彩的变化，当地的读书人也在敏锐地寻找出路及危机的应对措施，一些地方性的材料往往记载着他们的言行和努力。[1]王汎森这里的提示很具有启发性，我们或可从此视角出发，考察这个层级的读书人既作为新思潮的接受者，又作为新思潮的传播者的作用及意义。[2] 故此，本章以五四新文化运动时期一个湖南地方知识分子舒新城的有关活动为中心，从阅读和接受的角度，试图说明

---

[1] 参看王汎森《中国近代思想文化史研究的若干思考》，台北《新史学》第14卷第4期，2003年12月，第179~180页。

[2] 对于地方研究的意义，可参看王汎森《"儒家文化的不安定层"——对"地方的近代史"的若干思考》，收入罗志田等编《地方的近代史：州县士庶的思想与生活》，第1~26页。还可参看西佛曼、格里福编《走进历史田野：历史人类学的爱尔兰史个案研究》，贾士蘅译，麦田出版，1999，第11~85页。

在五四前后，新文化运动给类似舒新城这样的地方青年知识分子带来的影响与机遇，以及他们做出的回应和取舍。本章亦试图说明，"新文化"之所以成为影响深远的"运动"，同像舒新城这样的在地知识分子对之的接受和传播有重大关系。而像舒新城这样的在地青年知识分子能脱颖而出，也在于五四新文化运动所提供的新出路与新机会。①

作为近代著名的出版家、教育家、学者，舒新城（1893～1960）对近代中国的文化与出版事业做出了巨大贡献。目前看来，学术界对他的研究并不算少，②但关于他与五四新文化运动的关系，他自己留下的日记③、回忆录，别人对他的回忆，乃至后来的研究者对舒新城

---

① 关于五四新文化运动在湖南的情况，已经有不少的研究、回忆和资料汇编。然而这些文本多从思想史、政治史、党史或学生运动史、教育史、经济史以及阶级矛盾角度出发，侧重于叙述毛泽东等人在当时的活动与贡献，以及学生、工人、农民的一致"响应"与"参加"。对更具体的湖南一般知识分子如何阅读和参与五四新文化运动，尚缺乏从生活史、社会史、接受史、传播史等层面进行的细部个案考察。参看彭明《五四运动史》，东方出版社，1998，第388～397页；伍新福、刘泱泱、宋斐夫主编《湖南通史·近代卷》，湖南出版社，1994，第797～813页；《湖南通史·现代卷》，湖南出版社，1994，第1～92页；湖南人民出版社编《五四运动在湖南回忆录》，编者印行，1979；湖南哲学社会科学研究所现代史研究室编《五四时期湖南人民革命斗争史料选编》，湖南人民出版社，1979；本书编写组编《湖南第一师范校史》，上海教育出版社，1983；等等。
② 可列举的研究很多：阿部洋《中国近代教育的特质——舒新城教育思想考察》，《教育评论》1988年第1期；崔运武《论舒新城的近代中国教育史研究》，《华东师范大学学报》1988年第4期；王震、王荔芳《舒新城对我国图书馆事业的贡献》，《图书馆》1996年第6期；刘立德《舒新城教育活动和教育思想试探》，《教育史研究》2004年第4期；崔运武《舒新城教育思想研究》，辽宁教育出版社，1994；等等。
③ 舒新城80余册的日记始自1908年，被其家属在1981年10月捐给上海辞书出版社图书馆。遗憾的是，舒新城的日记中缺少五四新文化运动这一时期的记载。这不是遗失，乃是如舒新城自述："我当十四岁至十六岁写了日记两年半，后来因事终止；二十岁（约1912年）又写了一次，不到三个月，自己觉得那种机械式的呆写无意味，自动的停止不写。现在将十年（1922年）了，从没想到写日记。最近因为要记载教育上种种问题，不可没有日期识别，于是又想到（记）教育日记。"见舒新城《畅吾庐教育日记》，原连载于《中华教育界》，后收入舒新城《教育丛稿》第1集，中华书局，1925，第298页。

在五四新文化运动时期活动的叙述，或缺少记载，或颇有误记，或语焉不详，至多言及他曾反抗教会学校、创办《湖南教育月刊》而已。实际上，舒新城在湖南积极投入了这一时期的新文化运动，如推行教学与教育改革，创办新文化刊物《湖南教育月刊》，与新文化运动的领导者陈独秀、胡适、张东荪等人建立联系和互动，发表多篇鼓吹新思潮的文章等。

本章通过叙述舒新城在五四新文化运动期间的一些活动，试图讨论以下问题：在长沙这样一个地方，五四新文化运动为像舒新城这样的在地读书人提供了什么样的契机？他又是如何阅读和参与五四新文化运动，并将之传播给当地人的？在接受和传播过程中他有哪些取舍与补充，其主体性何在？他是如何同中心地区（北京、上海）的主流知识分子建立和保持联系的？他又是怎样来定位自己的角色的？

一　出道

舒新城出生在湖南溆浦县东乡刘家渡，初名玉山，号遁庵，又号畅吾庐，曾用笔名畅吾、徐怡、怡等。小时入私塾读书，即被人以神童目之。出于经济、家庭等方面的原因，如舒新城后来的回忆所言，"虽读了近二十年的书，但除于十年前在湖南高等师范正式读过四年而外，其余的时间大部分都消耗于私塾、法政讲义所、自治研究所、单级师范，连正式的中等学校都没有进过"。① 从小时候私塾先生教他读《新民丛报》等新书刊伊始，舒新城在

---

① 舒新城：《三十三年来旧梦底片断（代序）》，《教育丛稿》第 1 集，第 2 页。关于舒新城青少年求学及其他活动的较详细记述，可参看他的《我和教育》。

很大程度上就受到梁启超和清末新学影响。1908 年秋季，他进入"洋学堂"——县立高等小学。尽管溆浦偏僻，可在这里的阅报室中，仍藏有《时报》《新民丛报》《国粹学报》《安徽俗话报》《猛回头》《黄帝魂》《中国魂》等新学图书报刊。在这里三年，他对于《黄帝魂》《猛回头》"尤为醉心而嗜读"；"当时章太炎致康有为论革命诸书，及《猛回头》之重要词句都能背诵"。① 竟至后来因"热心于所谓革命运动"，被学校开除。② 在之后的辗转与艰难中，特别是依靠同学的帮助，他不但在湖南师范学校继续了学业，还学会了英文。

1915 年 8 月，为袁世凯复辟帝制造势的筹安会成立，对于正在求学的舒新城刺激很大，他虽然对政党不存好恶，对君主立宪也没有恶感，"可是自民元改建共和政制而后，一般青年既在事实上过着民主政治的生活，一旦令其弃去，自为其习惯及思路所不容。所以在报章上看到君主立宪的言论，即不假思索而斥为荒谬"。③

这时，舒新城还受到正在长沙湖南师范学校任教的老师杨昌济的影响，非常折服于其人格魅力。④ 舒新城在读书之余，越发关注与思考教育问题，他认为"国人专注于学校教育而忽于社会教育也"，为改善这种状况，舒新城提出了三点略显幼稚的改正措施：提倡游戏、改良戏剧、推广讲演。⑤ 更重要的是，他已经学会了写报刊文章，开

---

① 舒新城：《我和教育》，第 55 ~ 56 页。
② 舒新城：《三十三年来旧梦底片断（代序）》，《教育丛稿》第 1 集，第 2 页。
③ 舒新城：《我和教育》，第 98 页。
④ 参看舒新城《悼杨怀中先生》，《湖南教育月刊》第 1 卷第 4 号，1919 年，第 1 页；舒新城《我和教育》，第 101 页。
⑤ 舒新城：《余之社会教育观》，《京师教育报》第 28 期，1916 年 4 月 15 日，"丛载"，第 3 ~ 6 页。

始向各报投稿，^① 所得稿酬可以换取一两个月的免费报纸。而舒新城真正投入新闻出版业，则要从他在 1916 年 7 月担任《湖南民报》的编辑算起，^② 这时他才真正开始了两个月新闻记者的生涯，"我的新闻与出版的学习，要以此时为嚆矢"。^③ 之后他虽因报纸停刊离开报社，但获得了办报的经验，且与陈独秀主编的《青年杂志》发生了关系。

自 1916 年起，舒新城就开始阅读《青年杂志》（《新青年》）。起初，舒新城自承并不很了解《新青年》的价值，这时的《新青年》确实也销量欠佳、籍籍无名，更像是一个安徽地方杂志。^④ 舒新城之所以订阅它，是因为《新青年》是由湖南人陈子沛、陈子寿兄弟在上海开的群益书社发行的（上海群益书社在湖南设有代售点长沙群益图书公司）。^⑤ 舒新城读了《新青年》后，有不少感触，可因为知识的局限，他并没有更多的表示，只是数次向陈独秀写信致意与表达

① 舒新城在《我和教育》中没有言及其文章发表在何处，笔者只找到以下几篇舒新城这一时期的文章：《橘之栽培灌溉法》，《中国实业杂志》第 7 年第 10 期，1916 年，"附录"，第 5~6 页；《余之社会教育观》，《京师教育报》第 28 期，1916 年 4 月 15 日，第 3~6 页；《格利学校制度》，《京师教育报》第 30、31 期，1916 年 6 月 15 日、7 月 15 日，"撰述"，第 16~17、13~16 页。当然，这肯定不是全部。
② 此《湖南民报》非来后谢觉哉所主持的《湖南民报》，参看张平子《从清末到北伐军入湘前的湖南报界》，《湖南文史资料选辑》第 2 辑（修订合编本），湖南人民出版社，1981，第 71 页。
③ 舒新城：《我和教育》，第 306 页。
④ 有关的讨论可参看王汎森《思潮与社会条件》，《中国近代思想与学术的系谱》，第 220~260 页；王奇生《新文化是如何"运动"起来的——以〈新青年〉为视点》，《近代史研究》2007 年第 1 期。
⑤ "民国八年以前，鼓吹新文化之《新青年》杂志，在湖南虽得杨怀中先生等赞许，而销行极少。自五四运动，霹雳一声，惊破全国大梦，于是湘人亦群起研究新文化。"宫廷璋：《湖南近年来之新文化运动》，《〈大公报〉十周年纪念特刊》，转见湖南省哲学社会科学研究所现代史研究室编《五四时期湖南人民革命斗争史料选编》，第 305~306 页。又据王兴国的研究者说，杨昌济是《新青年》在湖南的最早读者，他曾购买若干本分送毛泽东、蔡和森等人。参看王兴国《杨昌济的生平及思想》，湖南人民出版社，1981，第 203 页。

自己的见解，其中一信被陈独秀发表在《青年杂志》改名后的《新青年》第1号上。① 在该信中，舒新城向陈独秀表示了自己的敬仰之意与苦闷之情，对国内教育界现状表示不满，希望教育界在某些方面能够取法教会学校。信中，舒新城关注的主要是青年教育问题，他期盼陈独秀能够在《新青年》上开辟一通信栏目，让读者可以专就教育问题交换意见。②

舒新城这封信在《新青年》上刊出的同时，陈独秀也附上了自己的回信，鼓励和赞扬了舒新城，还委婉表示舒新城的观点太过理想主义："热忱高见，钦佩良深。倘同志来函较多，自当别设一栏为诸君通信地。惟青年社会，如此销沉，深恐曲高和寡耳。数诵来札，感喟如何，呜呼！三户少年，诚非余子所及。记者。1916年9月1日。"③ 此后，舒新城虽然没有再在《新青年》上发表过通信与文章，但从阅读《新青年》中他应该获益良多，否则以后就不会推荐学生去订阅《新青年》了。

这一时期，舒新城一边求学，一面如饥似渴地读书，还要不断卖文乃至在长沙兑泽中学客串音乐教员以补贴生活。1917年暑假，舒新城高师毕业，遂正式就任长沙兑泽中学教员，兼教英文，后因人事问题于1918年6月离开兑泽中学，除了继续向各报纸杂志投稿

---

① 《新青年》第2卷第1号，1916年，第5~6页。

② 《青年杂志》(《新青年》)的通信栏目从第1卷第1号即开始设置，对该栏目的研究，可看李永中《文化传播与文学想象：〈新青年〉杂志研究》，武汉出版社，2006，第59~63页；杨琥《〈新青年〉"通信"栏与五四时期社会、文化的互动》，收入李金铨主编《文人论政：知识分子与报刊》，广西师范大学出版社，2008，第43~67页。杨琥在文章中说，像舒新城这样的"众多无名的青年学子，均通过《新青年》'通信栏'而崭露头角，声名远扬，其社会地位也随之上升，较其他同辈人获得更多更高的成功机会"(第62页)。此处的判断颇值商榷，杨先生有些夸大《新青年》及其"通信栏"的作用，也忽视了舒新城这样的青年学生长期的新学积累成果，以及他们与其他报刊、新文化运动要角的往来互动。

③ 《新青年》第2卷第1号，1916年，第5~6页。

换取补贴外，他继续关注教育问题，"立志要研究教育学，且要从事教育著述"。为此，他花费大量金钱去购阅中文教育书籍，同时还向友人借阅英文教育书籍，阅读桑戴克（Thorndike）、杜威等人的书后，知道了"教育学之外尚有教育哲学"，甚或"夜以继日地读书"。[①]

二 福湘女校事件

在 1915 年前后，舒新城开始与长沙基督教青年会美国牧师饶伯师（Roberts）交往，两人无所不谈。或许是受到饶的影响，舒新城加入了饶伯师所在之基督教长老会，并听取饶伯师的意见，于 1918 年 11 月到长老会所办的福湘女学校担任教育学科教师，同时受聘为饶伯师主持的社会服务部干事，还在省立第一中学兼音乐课。后来，舒新城为了"有充分的读书时间，不愿多兼职务"，辞去了兼课差事与青年会干事的职务，从 1919 年 1 月起，专任福湘女学校的教务主任暨教育课教师，直到 10 月底被迫离职。在这十个月的时间里，舒新城的生活发生了重大改变——"使我走上学术研究的康庄，同时也奠定我著述志业的基础。其原因半出该校，半由当时社会思想的变动"。[②]

在福湘女校，舒新城有了精神上的安定与生活上的平稳，可以不太受外界纷乱政局的影响，专心读书，从事教学工作和学术研究。"适逢该校图书室有杜威、桑戴克、詹姆斯、孟禄、贺尔（Stanley

---

① 舒新城：《我和教育》，第 129~130 页。恽代英在 1919 年 1 月 25 日、2 月 26 日日记里也有阅读桑戴克《教育学》的记录，读后感觉"颇有所益"。参看《恽代英日记》，第 470、494 页。

② 舒新城：《我和教育》，第 135 页。

Hall）等的各种教育及心理学的著作，以及其他英美文学、社会科学的书籍。"舒新城在这里不仅博览群书，还提高了英语能力，扩展了学术研究的视野，成功完成第一部教育著作——以贺恩（H. Horne）的一本书为据，编成五万字的《心理原理实用教育学》。该书杂糅美国诸教育家之学说，参以作者个人教育经验，虽不免粗浅，但较其他同类书为实用。1919 年 11 月，在杨昌济的推荐下，该书被尚志学会以一百五十元购去，由商务印书馆在 1920 年 5 月出版，销路颇好。[①]

不仅如此，在福湘女校，舒新城还获得教育经验的积累，认识到了教会学校中存在的问题：教会学校教育思想僵化，有迎合重男轻女、严男女大防的世风，不许学生看类似《新青年》这样的新思想杂志，在管理上存在诸多不合中国国情之处。利用教务长的身份，舒新城对福湘女校进行了一些力所能及的教学改革，"以较新的教学方法，灌输较新的国家知识"。[②] 这样"输入新教育思想"的举动受到学生欢迎，"学生始不为教义所束"。[③]

与此同时，舒新城每日还勾画报纸杂志中的重要新闻和《教育杂志》《学生杂志》《妇女杂志》中的重要文章，让学生阅读、讨论。在舒新城影响下，半年后，学校女生"几于无人不看报"。[④] 进一步，舒新城督促女校学生购阅像《新青年》《新教育》《民国日报》《时事新报》《晨报》《新潮》《星期评论》《解放与改造》《青年进步》这样的报刊，组织演讲会请别人来讲演，"不到半年，不晓国民学校

---

① 参看舒新城《悼杨怀中先生》，《湖南教育月刊》第 1 卷第 4 号，1919 年，第 1 页；舒新城《我和教育》，第 142～143、310～307 页。

② 舒新城：《我和教育》，第 140～141 页。

③ 《长沙学校之现状》，《时事新报》1919 年 11 月 2 日，第 2 张第 2 版。

④ 参看舒新城《回忆五四反帝斗争的一幕》，《学术月刊》1959 年第 5 期，第 39 页；舒新城《畅吾庐教育日记》，《教育丛稿》第 1 集，第 300 页。

是什么的学生，居然有人请他到公共教育机关去演讲了"，学生的国文水平也得到了提高。① "数月之间，学生思想大变，最后我因思想冲突去职，至于全体哭泣。"② 女学生还在新书刊、新思潮的启发下，对现实尤其对学校的书信检查、婚姻不自由、宗教仪式太多等感到不满和痛苦。③ 1919 年 5 月，湖南学生联合会成立，舒新城支持福湘女校学生会加入，然而福湘学生并未参与"六·三罢课"。舒新城后来回忆说，这是因为福湘女校校长凌支尼（Mrs. Lingle）不同意，他本人则是同意学生参加。④

随着五四运动的影响扩大，新文化运动越来越有声势，像当时其他诸多知识青年一样，舒新城自然对此"心有戚戚"。这时的舒新城服膺胡适"重新估定一切价值"的说法，"正当已醒未清之时，对于旧者几乎样样怀疑，对于新者几乎件件都好，所以不论什么东西，只要是白纸印黑字，只要可以买得到，无不详加阅读。竟至吃饭入厕都在看书阅报，以至成了胃病"。⑤ 舒新城还不惜花九十元，请别人代他订购五六十种报刊。⑥ 其中他喜欢读的报刊有《时事新报》副刊《学灯》、《民国日报》副刊《觉悟》、《晨报副刊》、《每周评论》、

---

① 畅吾（舒新城）：《对于教会学校的意见与希望》，《湖南教育月刊》第 1 卷第 2 号，1919 年，"附录"，第 15 页。

② 舒新城：《畅吾庐教育日记》，收入《教育丛稿》第 1 集，第 300 页。

③ 参看舒新城《回忆五四反帝斗争的一幕》，《学术月刊》1959 年第 5 期，第 40 页。

④ 参看舒新城《我和教育》，第 142 页；舒新城《回忆五四反帝斗争的一幕》，《学术月刊》1959 年第 5 期，第 40 页。关于长沙各女校学生的罢课情况，参看《湖南学生罢课事》，《时报》1919 年 6 月 16 日，第 2 张第 3 页。

⑤ 舒新城：《我和教育》，第 146 页。

⑥ 这九十元大约是舒新城一家一年的生活开销，为凑齐这九十元，舒新城不得不辛勤笔耕，以文卖钱还债。参看舒新城《我和教育》，第 147 页。其实，正是有像舒新城这样购阅新书刊的众多青年知识分子存在，新书刊在湖南才大有销路与大见影响。据当时的记者调查，其中销路最畅的杂志为《新青年》，次为《建设》《解放与改造》《新中国》（参看《湖南新思潮之发展·新杂志之功》，《时事新报》1919 年 10 月 25 日，第 2 张第 1 版）。同样情形在别的地方亦存在，如 1919 年底的浙江一师，不过 382 名学生，在这里销售的新思潮杂志就达 1000 多份（参看吕芳上《从学生

《星期评论》、《新青年》、《新潮》、《解放与改造》、《少年中国》、《少年世界》等，舒新城将之作为研习社会科学及文学艺术、哲学等新知识的主要教材，对于这些报刊上登载的杜威演讲看得特别认真仔细。受激于胡适、陈独秀等人提倡的白话文运动，这时舒新城也将自己的文体由文言改成了白话。

在思想变得越来越受五四新文化运动影响的同时，舒新城对福湘女校的一些陋习越来越感觉需要大力改革，但校长与校董只肯在有限的范围内变化，只在扩大学校影响和多招学生方面支持舒新城，鼓励他向当地以文字宣传；在涉及新思潮、国民教育、婚姻自由、通信自由这样一些根本问题上，并不让步和通融。

1919 年 8、9 月，舒新城读了上海《时事新报》副刊《学灯》上发表的匡吉《论外国人在中国的教育事业》，以及怡云等人写的讨论教会学校问题的文章后，生发了许多感想。为了促成教会学校尤其是福湘女校"自求改良、自求进步"，也为了回应诸人意见并借此表达自己对于教会教育的看法，舒新城便在《学灯》上以笔名"畅吾"发表了《我对于教会学校的意见与希望》长文。① 在该文中，舒新城列事实、讲道理，既批评了教会学校的缺点，也肯定了其优点。在此基础上，舒新城提出了自己对于教会学校的希望：办教会学校的外国人根本觉悟，与时俱进，拥护新思潮，把学生培养成一个新国民。

舒新城这篇文章，尽管不乏对教会学校的肯定，可仍引起长沙教

运动到运动学生》，中研院近代史研究所，1994，第 120～121 页）。关于报刊与民初知识分子的关系，可参看章清《民初"思想界"解析——报刊媒介与读书人的生活形态》，《近代史研究》2007 年第 3 期。

① 见《时事新报》1919 年 10 月 13 日、14 日、15 日、16 日、17 日、18 日，均在第 3 张第 4 版。该文又被收入《湖南教育月刊》第 2 卷第 3 号，1920 年，"附录"，第 1～19 页。本处所引即该版本。

会人士的极大反弹和愤怒。最终，虽然有学生的强势挽留，舒新城还是抵挡不住福湘学校中教会人士的逼迫，不得不在 1919 年 10 月 29 日辞职离校。①

三 《湖南教育月刊》

"五四"后，主张新文化者都把新思潮的出版物当作"'个人自觉'的兴奋剂，以及'文化运动'的利器"。② 由是，创办新杂志成为一种趋势，各种新兴刊物如雨后春笋般出现。③ 所谓"自从'五四'运动以来，各种新出版物，好似风起云涌，每星期差不多有一种出现"。④ 其中，学生办的刊物特别活跃，"五四"后的湖南情况亦大体类似。

实际在五四运动前，湖南新思潮的传播就已可观，居首功者当属

---

① 有关的详细情况，可参看舒新城致胡适函，收入耿云志主编《胡适遗稿及秘藏书信》（37），黄山书社，1994，第 261~265 页；舒新城《我和教育》，第 147~148 页。两处所言有所出入，致胡适一函多了舒新城在学生挽留下打算继续留下去的记载，《我和教育》则略过此点。

② 一民：《现在的天津》，《晨报》1919 年 11 月 26 日，第 3 版。

③ 罗家伦曾说："五四以来，中国的新出版品，虽是骤然增加四百余种，但是最大多数都是没有成熟的。"罗家伦：《一年来我们学生运动底成功、失败和将来应取的方针》，该文原刊《新潮》第 2 卷第 4 号，1920 年。又见《新教育》第 2 卷第 5 期，1920 年；《时事新报》1920 年 5 月 7 日、8 日、9 日、10 日、11 日、12 日。后收入《罗家伦先生文存》第 1 册，"国史馆"，1976，引文在第 433 页。据周策纵教授估计，这些新出版品的数量或许更多，参看周策纵《五四运动：现代中国的思想革命》，周子平等译，江苏人民出版社，1999，第 181~186 页。因为新杂志创办太多，当时就有不少人主张要"少办些杂志，多编些丛书"。参看郑振铎《我对于编译丛书底几个意见》，《晨报》1920 年 7 月 6 日，第 7 版。该文未被收入《郑振铎全集》（花山文艺出版社，1998）。稍早，陈独秀等人对这种新刊物出版泛滥、内容重复的情形，也有所批评。参看独秀《新出版物》，《新青年》第 7 卷第 2 号，1920 年，第 153~154 页；邰爽秋《敬告现在的新文化运动家》，《时事新报》1920 年 1 月 15 日，第 4 张第 2 版；白华《我对于新杂志界的希望》，《时事新报》1920 年 1 月 22 日，第 4 张第 1 版。

④ 文黼：《多注重些实际！》，《长沙》第 2 期，1920 年 1 月 23 日，第 7 页。

长沙《大公报》和《湖南日报》，两报早已开辟新思潮专栏，宣扬新文化；湖南的新文化运动之所以领先全国，"未必非二报之功"。[①] 既先有这两个报纸的示范，又加五四后新文化运动沛然莫御的声势，湖南言论界生气勃勃，新思潮刊物的创办让人有应接不暇之感，其中尤以学生周刊为多。[②] 而让时论寄较大希望的报刊，亦包括舒新城等"热心文化运动"的几位"湖南教育界人士"创办、以"提倡新教育"为职志、"将来必有可观"的《湖南教育月刊》。[③]

辞职前，舒新城与同在长沙各学校教书的旧同学方扩军、宋焕达、杨国础等人已经在筹划创办一个教育杂志（即《湖南教育月刊》），最后四人推名气最大、经验最多的舒新城为总编辑，宋、杨为编辑，方为经理，在1919年11月1日发行杂志创刊号。[④] 杂志主要关注湖南及中国教育中存在的实际问题，"以研究我国教育所应采之宗旨，介绍世界教育之思潮，批判旧教育之弊端，商榷新教育之建设"。[⑤] 在《本刊宣言》中，"本社同人"还标榜教育的重要性："今日之世界，教育之世界而已。人类社会一切问题，无不待教育解决之，故任何国家何（和）社会，不以教育为亟务者，盖未之有。"接

---

① 《湖南新思潮之发展·新杂志之功》，《时事新报》1919年10月25日，第2张第1版；《湖南文化运动之真相（二）》，《时事新报》1920年1月5日，第2张第1版。

② 关于这一时期的湖南报界情况，可参看《湖南新思潮之发展·新杂志之功》，《时事新报》1919年10月25日，第2张第1版；韶卿《长沙特约通信》，《晨报》1919年11月25日，第3版；H. C.《长沙特约通信——湖南之文化运动观》，《晨报》1919年12月3日，第3版。该文又见《时事新报》1919年12月8日，第1张第2版、第2张第1版；《长沙特约通信——湖南的言论界》，《时事新报》1920年9月14日，第2张第1版。

③ 参看《湖南新思潮之发展·新杂志之功》，《时事新报》1919年10月25日，第2张第1版；《湖南文化运动之真相（二)》，《时事新报》1920年1月5日，第2张第1版。

④ 舒新城在回忆里说《湖南教育月刊》的创刊号是1919年11月底发行的，当系误记。参看舒新城《我和教育》，第312页。

⑤ 本社同人：《本刊宣言》，《湖南教育月刊》第1卷第1期，1919年，第3页。

下来，《宣言》批评湖南教育界备受摧残的现状，以及中国教育无宗旨之流弊。《宣言》希望中国教育界人士了解国情，考究世界大势，"阐明教育之真义，确定教育之正宗"，找到最契合现代中国国民需要的教育方法，充分发挥教育对于培养现代国民的作用。这个发刊宣言虽非出自舒新城一人之手，却足以代表他的教育观点。而第 5 期的由舒新城独自撰写、以"本社同人"名义刊出的《本刊停版宣言》，再次重申了这样的看法："欧战而后，在我们看来，觉得我国的教育，非得改造不可，湖南的教育尤有改造的必要。"①

《湖南教育月刊》是个同人刊物，每期五六万字，定价一角。在这五期《湖南教育月刊》中，部分文章或翻译自英文，或转载自长沙《大公报》、《时事新报》等报刊；署名的文章作者除创刊者四人外，还有毛泽东、杨树达、蒋作宾、李肖聃、张效敏等。其中，以舒新城发表的文章最多（包括停刊宣言以及一些文章的导言或跋语）。舒新城的这些言论，基本上是围绕教育理论、教育问题展开的，除重新发表的《我对于教会学校的意见与希望》外，像三篇《桑戴克的教育学说》、《悼杨怀中先生》和《感情教育》（第4、5 期连载）都是如此。然而，其中也有几篇是直接赞扬或反思五四新文化运动的，比如在《无教育的教育》一文中，舒新城针对学潮后学校课停、学生放学、教员散去的情形，指出学生受教育并不以学校为限，社会是教育的更好场所，现在学生受了新思潮的刺激，有机会去感触和切实研究自己的人生问题，所得要比在学校读死书好得多，这也是五四运动带来的效果。②

---

① 本社同人：《本刊停版宣言》，《湖南教育月刊》第 1 卷第 5 期，1919 年，第 1 页。关于这个宣言，舒新城自谓："《停刊宣言》是我在极匆忙的时间写成的。"舒新城：《我和教育》，第 313 页。

② 舒新城：《无教育的教育》，《湖南教育月刊》第 1 卷第 4 期，1919 年，"教育杂谈"，第 1 页。

尤值得我们注意的是，舒新城两篇直接回应与反思五四新文化运动的文章，分别是为第 4 期转载姜琦的《新文化运动和教育》一文所写的按语，① 以及在第 5 期上发表的《甚么是湖南人的文化运动》。在按语中，舒新城非常赞成姜琦所言的"新文化运动"，"是要用新方法去再造一种更优美的文明……是全体人类向着各种方面去活动"。进一步，舒新城认为："处这个时代，要改良社会，增进人类全体的幸福，那牧民政治、军国民主义，自然是没用的。一定是要从文化运动入手。"舒新城接着追问道，采取什么措施？如何实现新文化这个运动？ 在他看来就是"民众联合"，② 到基层去发动和唤醒民众，其中特别需要先启发乡间小学教师的觉悟，这样，"实行新文化的运动，要容易收效些"。如果按此而行，就意味着新文化运动要以教育为中心、以农村为中心，这正反映了舒新城的教育理念，尤其是当他看到当时的新文化运动主要偏重于都市，"一般号称新文化运动的人，目光所及，多注重于都市——并且是注意都市里面特殊智识阶级的"。新知识人要汲取革命党不从平民入手导致辛亥革命失败的教训，"现在我们讲新文化运动的人，应该要以前车为鉴，要切实从'小百姓'的身上做起，庶可得一点较好的效果。故我很望做新文化运动的人，要从民众联合的最低级做起。这过渡时代，并要从小学教师身上切实做功夫，庶几将来可以收普遍的效果。"③ 在《甚么是湖南人的文化运动》一文中，舒新城对北京、上海好几种著名报纸杂

---

① 该文原见《时事新报》1920 年 1 月 1 日增刊，第 2 张第 1 版、第 2 张第 2 版；又见《解放与改造》第 2 卷第 5 号，1920 年，第 74~81 页。

② 舒新城这里的民众联合观点，很可能是受毛泽东此前发表的《民众的大联合》一文的影响，毛文连载于《湘江评论》第 2~4 号，1919 年 7 月 21 日、28 日，8 月 4 日；又发表于《时事新报》副刊《学灯》1919 年 8 月 13 日。不过，也不排除他有别的影响来源，毕竟当时主张民众联合和组织联合会的呼声在报章上时有见到。

③ 以上引文皆见《湖南教育月刊》第 1 卷第 4 期，1919 年，"附录"，第 1~3 页。

志夸奖湖南新文化运动有效果的评价有所保留。他以所熟悉的湖南教育为例，指出湖南的新文化运动成绩实际欠佳，这表现在：作为文化发源地与"文化最要的干部"——湖南的学校，其自身不保，而且湖南教育界人士钩心斗角，互相倾轧；在新出版物方面，湖南自身并无几种，销量亦不佳（估计每期销量只有外省十分之二三），只是送去外地特别是北京、上海等处做广告、出风头，才引起人们注意；在学会组织方面，大多是"以学会名义相号召"，真正的学会不多，且现状可虑；在教科书的编译方面，湖南的成绩亦不乐观。① 综合上述情况，舒新城认为湖南的新文化运动着实不发达，有待大家的继续努力。以今日的"后见之明"看来，舒新城这里的评价有些爱之深、责之切了。其实，较之于其他省份，湖南在新文化运动方面取得的成绩并不算差。② 舒新城之所以低评湖南新文化运动的成绩，大概是因为张敬尧对湖南教育界摧残和压制太深，在这种摧残和压制下，《湖南教育月刊》不得不自动停刊。这种不满和痛苦在舒新城充满悲观主义和哲学思辨色彩的文章《痛苦的解除——快乐》中，有充分的流露。③

舒新城这里的《甚么是湖南人的文化运动》和《痛苦的解除——快乐》两文，实际上正是回应了《本刊停版宣言》中所说的"停版"之"外部原因"。第一，"湖南无教育可言……现在湖南的教

---

① 新城：《甚么是湖南人的文化运动》，《湖南教育月刊》第 1 卷第 5 期，1919 年，"随感录"，第 1~2 页。

② 有关湖南新文化运动的情况，可参看《长沙社会面面观》，《新青年》第 7 卷第 1 号，1919 年，第 102~105 页；宫廷璋《湖南近年来之新文化运动》。两文皆收入湖南哲学社会科学研究所现代史研究室编《五四时期湖南人民革命斗争史料选编》，第 302~310 页（后文为节选）。舒新城后来回忆时对湖南的新文化运动即有比较高的评价，参看《我和教育》，第 149~161 页。

③ 新城：《痛苦的解除——快乐》，《湖南教育月刊》第 1 卷第 5 期，1919 年，"随感录"，第 3 页。

育，完全死绝——目前湖南也有少数的学校，挂牌开学，但与我们所讲的教育无关"。既然如此，"讲些空话，又有什么用处？"所以决定停版。第二，湖南的政治高压，让人不能畅所欲言，湖南的出版法也管束很严，"无论发行何种出版物，必要经政府的允许，所有稿件，都要检查——没立案及无社址的出版物，则派员在各印刷所检稿"。《湖南教育月刊》不属被政府允许的出版物，因为怕被军阀查究，杂志上没有列社址，由同情该刊的印刷所私下印刷，稿源主要出自四人或与四人有较密切关系的师友，部分来自转载。尽管有这种种的困难，舒新城与同人还是成功出版了五期《湖南教育月刊》。到1920年3月，迫于政治压力，宣告停刊。①

对于《湖南教育月刊》产生的影响，特别是有关其读者的材料，现在可以看到的并不多。而且鉴于该杂志的同人性质，发表其他读者的稿件不多，大概只有第5期最后刊载的署名"莫运选"的信，表明了个别读者对于前四期《湖南教育月刊》的一点看法。该读者希望《湖南教育月刊》模仿《新青年》第7卷第1号的句读，并改为横式编排，为各杂志开风气。其他读者对《湖南教育月刊》的反应是在《湖南教育月刊》刚刚出版时，长沙《大公报》上发表了一篇署名"盾"的短篇文章——《杜威以外的大教育家》："自从杜威博士到了我国，我国思想界如得了一种保障，人人都知道现在世界有个杜威。杜威在现在世界是个甚么人了。但是还有一个同杜威齐名的，也是个大教育家。列位如果即欲知道，《湖南教育月刊》有篇《桑戴克的教育学说》，载得清清楚楚。"② 还值得一提的一个读者反应例证

---

① 有关《湖南教育月刊》运作的具体情况，可参看舒新城《我和教育》，第311~316页；本社同人《本刊停版宣言》，《湖南教育月刊》第1卷第5期，1919年，第1~4页。

② 长沙《大公报》1919年11月6日，第2张第7页。

是，舒新城在为第 1 期杨国础的《湖南教育问题》一文所写的跋语中认为，杨提出的问题不过是个开端，希望湖南教育界人士继续回应或补充杨文的观点。果然，在之后的四期杂志里，杨树达、马文义、黄醒等人都回应了这个讨论。

附言之，《湖南教育月刊》在还没有出版时，就曾在长沙《大公报》上刊登连续广告——"《湖南教育月刊》出版预告"。① 同时，《湖南教育月刊》还在《体育周报》《时事新报》上刊载过广告和目录，也在《新潮》《解放与改造》等报纸杂志上刊载过广告与目录，并和当时其他新思潮类杂志相互交换过，"由《月刊》交换而来的刊物不下百数十种"，其印数后四期都在两千册左右，第 1 期则为三千册。② 《湖南教育月刊》在长沙与上海都设有代售处，发行也推广于全国，应该是有许多人尤其是学生能够阅读到的。③ 1920 年 3 月，它能被官方注意乃至被迫停刊，事实上亦表明《湖南教育月刊》产生了一定的影响。④

---

① 长沙《大公报》1919 年 10 月 20 日，第 2 张第 9 页。该广告之后多日刊载。

② 关于当时新思潮杂志的销量，据时人之言，大多在千份以上，"我国自去年来文化运动，蓬蓬勃勃，一日千里，各种杂志周刊，出者日多，购者亦日众。差不多无论何种新杂志，他的销路，总在千份以上"。颖水：《文化运动与辞典》，《时事新报》1920 年 5 月 20 日，第 4 张第 2 版。

③ 舒新城：《我和教育》，第 315 页。当时影响颇大的湖南《体育周报》，自创刊以来，其发行量"每期将近两千份"，参看黄醒《办〈体育周报〉做甚么?》，《体育周报》第 18 期，1919 年 4 月 21 日，第 3 页。关于《体育周报》，可参看黄萃炎《长沙〈体育周报〉》，《长沙文史》第 12 辑，1992，第 55～56 页；《湖南省志》第 20 卷《新闻出版志·报业》，湖南出版社，1993，第 95～96 页。

④ 当时就有人认为，新文化运动如能够"引起官厅的恐惶"，就算成功。参看坂井洋史整理《陈范予日记》，学林出版社，1997，第 189 页。还可参看舒新城《我和教育》，第 313 页。时人亦言《湖南教育月刊》"颇有影响"。参看《湖南文化运动之真相（二）》，《时事新报》1920 年 1 月 5 日，第 2 张第 1 版。但后来，某些研究者仅根据《湖南教育月刊》第 1 期就断言："《湖南教育月刊》是湖南教育史上第一份完备的教育杂志，一经创刊，即受到了湖南教育界人士的好评，在全国教育界也有一定的影响。"这样的说法可能太想当然了，而且完全无视了之前湖南省教育会出版的更早、更持久、更具有系统性的《湖南教育杂志》（1912～1916）。参看冯象钦、刘欣森总编《湖南教育史》第 2 卷，岳麓书社，2002，第 496 页。按，此《湖南教育杂志》于 1921 年 3 月复刊。

四　求助名流

舒新城在创办《湖南教育月刊》时，即已经意识到办刊的困难及个人前途的不明朗。在第 1 卷第 1 期出版之前，他曾向三位新文化运动名流胡适、陈独秀、张东荪写信求助，希望得到这三位新文化运动领袖的指导、说项与赐稿。其中他写给胡适的信最长，所述事情也最多，当然期望也最大。在这封信中，舒新城将胡适当作导师与楷模，自述过去之简历，并详细讲述了福湘女校事件，以及自己对于教会教育的思考和疑问，希望胡适帮他想出解决教会教育问题的办法。从中，我们还知道舒新城曾计划去美国学教育，他为此筹了一千元钱，但对美国的情况不熟悉，所以恳请胡适指点。[①] 另外，他还告诉胡适其眼下的翻译工作与"想用文字传播学术"的愿望，希望能得到胡适的认可和帮助，以便找到"一个长期撰述员"的工作，筹措留美的花费。[②]

不到五天，在还没有收到胡适复函时候，舒新城借《湖南教育月刊》出版的机会，迫不及待地于 11 月 4 日给胡适写了第二封信，向胡适提出了三个请求："一、请先生批评指教。二、请先生在各报纸杂志上介绍。三、请先生做文章给本月刊。"同时舒新城又向胡适述说了在湖南办刊物的难处与湖南教育界的悲惨状态，以及政治上言论不自由的状况，"并且我们处在这块地方，不比在别处，言论很难自由。从前的《湘江评论》与《新湖南》，先生都看见过的，都不能

---

① 有意思的是，舒新城在回忆录里却说自己当时经济很困难，只能暂时维持生活，且没有提自己曾给胡适、陈独秀、张东荪三人写信，也没有提自己托胡适帮助介绍出国留学事。参看舒新城《我和教育》，第 311 页。

② 参看耿云志主编《胡适遗稿及秘藏书信》（37），第 261～268 页。

够存在"。但舒新城表示，尽管《湖南教育月刊》的命运不可预测，但"我们总尽我们的力量，去作文章、去筹款。自己没有钱，作起文章到外面去卖钱"。舒新城再次希望胡适能够帮忙，① 还讲了他已同时写信给陈独秀、张东荪求助的事情。②

对于第一封信，胡适肯定是写了复函，只是胡的回信今日已经无法得见，而且胡适十月底十一月初的日记恰好没有保存下来，我们只能从舒新城接下来在 11 月 23 日写给胡适的第三封信中管窥其大致内容。③ 经由舒新城的这封信，我们知道胡适在回信中没有支持舒新城到美国半工半读求学，胡适当时亦表达过认同毛泽东没有必要出洋留学的观点。④ 至于胡适对教会教育的态度，以及是否答应帮助解决舒新城提出的其他问题，这封信里没有透露。从舒新城之后没有能成功去北京高师上学、舒新城自己的回忆，以及今天留下来的胡适自己的材料、《湖南教育月刊》中发表的文章来看，胡适或许并没有回复舒新城后来的求助信。在他保留下来的 1919 年、1920 年日记里，也没

---

① 胡适曾为《湘江评论》写过评论，高度评价了该杂志，"长处是在议论的一方面"，"武人统治之下，能产出我们这样的一个好兄弟，真是我们意外的欢喜"。胡适这里特别对其中刊载的毛泽东《民众的大联合》一文评价甚高："《湘江评论》第二三四期的《民众的大联合》一篇大文章，眼光很远大，议论也很痛快，确是现今的重要文字。"参看胡适《介绍新出版物·〈建设〉〈湘江评论〉〈星期日〉》，《每周评论》第 36 号，1919 年 8 月 24 日，第 4 版。故舒新城这里有意让胡适也替《湖南教育月刊》写一个类似推介。

② 参看耿云志主编《胡适遗稿及秘藏书信》（37），第 269～272 页；该信又被收入中国社会科学院近代史研究所中华民国史研究室编《胡适来往书信选》（上），中华书局，1979，第 134～135 页。惟该函被《胡适来往书信选》的编者系为 1921 年 11 月 4 日，误，当为 1919 年 11 月 4 日，即《湖南教育月刊》刚刚出版之时，舒新城写给胡适的。

③ 参看耿云志主编《胡适遗稿及秘藏书信》（37），第 273～277 页。

④ 参看《致周世钊信》（1920 年 3 月 14 日），收入《毛泽东早期文稿》，湖南出版社，1990，第 474 页。不过有意思的是，1920 年 2、3 月，胡适为了同人在成都的吴虞结交，曾为吴虞长女吴桓赴美留学向美领馆写了两封保证书，并写推荐信给人在美国的陈衡哲及旧时师友，请其帮助照顾吴桓。参看中国革命博物馆整理《吴虞日记》上册，第 524～525、528～529 页。

有提及舒新城。估计是《湖南教育月刊》没能给他留下很深刻的印象，舒新城提出的要求又多，措辞也有些不礼貌；加之胡适早已"暴得大名"，应酬、约稿众多，况且这时还要陪杜威到处演讲，又有自己的教学任务与研究计划，没有继续回复和帮助一个冒昧求助的知识青年，亦属正常。①

从舒新城写给胡适的第二封信看，我们亦可知道舒新城同时给另外两个新文化运动中的名流张东荪与陈独秀写了求助信。比较一下舒新城致张东荪及致胡适第一信的内容，② 可以发现两者所述甚至颂词都基本相同，致张信仅少了叙述去美国选学校的事情。

相比胡适的回应，舒新城写给张东荪的信则收到较正面的答复。张东荪立刻把这封信以"舒新城君来函"公布在《时事新报》上（但他没有在《时事新报》中公开回应舒新城，也没有别人来回应舒新城）。为满足舒新城的约稿要求，张东荪应该还寄给舒新城一篇文章《我的教育观》，该文旋即被作为首篇文章刊发在《湖南教育月刊》第1卷第2期上。当然，张东荪与舒新城的交往还不止于此，"五四"后，两人"常有通讯"，当舒新城1920年5月在长沙待不下去时，也是张东荪首先伸出援手，当然，这本身也是以梁启超为首的研究系希望吸引青年人才的举措。梁系大将张东荪为梁启超特意安插在中国公学任教务长之人，试图借改造、振兴教育来发掘培养人才。③ 舒新城于1920年6月下旬赴沪，暂住张东荪为之安排的姚主

①　另外，据余家菊回忆，1920年春，他要进北京高师深造时，胡适告诉他说："你一定会失望的。"这话表明胡适不太赞成余去北京高师，可能是那里的软硬件条件不合胡适的要求吧。胡适没有帮助舒新城，不知是否也出于此考虑。参看余家菊《余家菊景陶先生回忆录》，慧炬出版社，1994，第212、52～53页。

②　《舒新城君来函》，《时事新报》1919年11月6日，第3张第4版。

③　参看丁文江、赵丰田编《梁启超年谱长编》，第591～592页。

教路松社。舒新城在上海的三个月中，大概与张东荪、俞颂华等人经常讨论翻译问题，并一起在《时事新报》《晨报》等处发表文章，讨论翻译的技术问题。① 舒新城与张东荪的交往还不止这些，这段时间，舒新城应该参与了张东荪负责的《时事新报》的编辑工作，在《时事新报》上发表过多篇文章。1920 年 10 月底，张东荪作为宣传新文化的名流被邀请至长沙演讲，其中，他到湖南一师就做了三次讲演，舒新城至少担任了第一次演讲会的主持人与第三次讲演的邀请者。② 在湖南期间，张东荪还发给《时事新报》一篇报道——《由内地旅行而得之又一教训》③，描述他到湖南的感想。在报道中，张东荪说："舒新城君常对我说：'中国现在没有谈论甚么主义的资格，没有采取甚么主义的余地，因为中国处处都不够。'我也觉得这句话更是非常中肯又非常沉痛。现在中国人除了在通商口岸与都会的少数外，大概都未曾得着'人的生活'。"④ 这话表明那时张东荪与舒新城有着密切关系，在上海和长沙时，他们应该有很多的交流。事实上，1921 年 7 月，舒新城在长沙湖南一师待不下去之时，亦是时任中国公学教务长的张东荪邀请他到上海中国公学去教书。⑤而通过张东荪引述的舒新城此语，我们可以知道舒新城对于其时声势

① 参看张东荪、俞颂华、舒新城《致共学社诸君书》，《时事新报》1920 年 8 月 29 日，第 4 张第 2 版；又见《晨报》1920 年 9 月 3 日，第 7 版。该信在《时事新报》上曾激起常乃惪、周佛海、郭沫若等人的回应，参看《时事新报》1920 年 9 月 8 日、9 日、11 日，均在第 4 张第 2 版。

② 《昨日各处演讲纪略》，长沙《大公报》1920 年 10 月 28 日，第 6 张；《张东荪讲精神生活》，长沙《大公报》1920 年 11 月 12 日，第 9 张。

③ 《时事新报》1920 年 11 月 5 日，第 1 张第 1 版；1920 年 11 月 6 日，第 2 张第 1 版。该文收入陈独秀编《关于社会主义的讨论》，《新青年》第 8 卷第 4 号，1920 年，第 1 页。其余读者对张东荪和陈独秀争论的回应，还有陈嘉异《社会主义之过程与目的》，《时事新报》1920 年 12 月 13 日，第 2 张第 1 版。

④ 张东荪：《由内地旅行而得之又一教训》，《时事新报》1920 年 11 月 6 日，第 2 张第 1 版。

⑤ 参看舒新城《我和教育》，第 166 页。

颇大、影响颇广的问题与主义之争，基本上是不赞成谈主义的，这与张东荪先前的看法倒不太一致。①

由舒新城致胡适及张东荪的信之内容可推知，舒新城同时致陈独秀一函的内容可能也相仿，都述说了自己在教会学校的遭遇和由此引发的思考，以及期望从对方那里得到帮助。限于材料，我们不知道陈独秀是如何答复舒新城的，从五期《湖南教育月刊》以及《新青年》杂志的内容来看，陈独秀没有给舒新城稿件，也没有在《新青年》中推荐《湖南教育月刊》，只是在和张东荪争论社会主义问题时，批评张东荪所引舒新城之语——"中国现在没有谈论甚么主义的资格，没有采取甚么主义的余地，因为中国处处都不够"——为"妄言"。②"道不同，不相与谋。"这也算是喜欢主义和爱谈政治的陈独秀，对舒新城写给他的求助信的一个间接回答吧。③

---

① 张东荪认为："在现在状态之下，无论谈主义或是谈问题，都是极难的事。"张东荪：《问题与主义》，《时事新报》1919 年 11 月 9 日，第 2 张第 1 版。有关"问题与主义"之争，可参看罗志田《对"问题与主义"之争的再认识》，《激变时代的文化与政治：从新文化运动到北伐》，北京大学出版社，2006，第 61 ~ 145 页。

② 陈独秀：《独秀复东荪先生底信》，收入陈独秀编《关于社会主义的讨论》，《新青年》第 8 卷第 4 号，1920 年，第 22 页。

③ 舒新城自谓其一直不愿意介入实际的政治与意识形态冲突。1923 年 11 月，他加入了少年中国学会，并在其中颇受影响，然而后来发现一旦距离政治太近，就自觉采取疏离或退出的立场，即便沦为"政治难民"，也在所不惜。参看舒新城《我和教育》，第 396 ~ 403 页。但根据《梁启超年谱长编》中披露的舒新城数封信及张东荪的信可知（第 594、603 ~ 604、605 页），舒新城曾积极参与了梁启超与研究系的活动，视之为"吾党"，而张东荪也认为自己网罗来的接办中国公学的教员中，"止舒新城一人确有决心，与吾辈共甘苦也"。舒新城自己也为中国公学聘请了一些教员，并期待如果梁启超等按照他的计划去做，"足可以左右中国文化，五年后吾党将遍中国，岂再如今日之长此无人也"。梁启超对舒新城的诸建议非常肯定，很是赏识舒新城。由此可见舒新城在回忆录中的叙述，后见之明与倒改历史色彩过于显著。

五　其他活动

"五四"之后，舒新城同时向湖南及其他国内各主流报刊投稿，阐发自己对于新思潮、教育、翻译等问题的见解和主张，也曾在湖南教育界人士组织的趋新教育团体健学会发表过两次讲演，[①] 内容就是在《湖南教育月刊》上刊载的《桑戴克的教育学说》。随着这些文章与活动带来的影响，舒新城交游圈扩大，他走出长沙与湖南，先后到上海、成都、南京等地发展，逐渐成为以教育家闻名全国的学者。限于篇幅，本章对舒新城与五四新文化运动关系的考察，也就截止到1921年7月他以教育家身份受聘上海中国公学。之后，舒新城虽然还在关注湖南的新文化运动，如给李剑农写信询问湖南教育界处理学潮的情况，[②] 但此后一段时间基本上已将心力集中在教育著述、提倡道尔顿制等教学改革活动中去了。

根据舒新城的自述，这一时期他曾在《体育周报》《解放与改造》《新中国》《北洋时报》《民铎》《中华教育界》等杂志上发表过多篇文章。[③] 笔者据此查找，发现从五四到1921年7月，除前面引用过的及《湖南教育月刊》上的文章之外，他的著述至少还有以下这些：在《体育周报·周年纪念特刊》上发表的《"儿童研究"大意》一文；[④] 在

---

① 《湖南新文化运动之真相（一）》，《时事新报》1920年1月3日，第2张第2版。关于健学会，可参看湖南哲学社会科学研究所现代史研究室编《五四时期湖南人民革命斗争史料选编》，第338~343页；李龙如《健学会》，《长沙文史》第12辑，第109~111页。

② 参看舒新城《畅吾庐教育日记》，《教育丛稿》第1集，第299页。

③ 参看舒新城《我和教育》，第315页；崔运武《舒新城教育思想研究》，第276~277页。

④ 参看《体育周报·周年纪念特刊》，1920年1月5日，第53~59页。

《体育周报》上发表的《儿童研究》一文；① 在《北洋时报》（原刊未见）上发表的《心理学》一文；在《解放与改造》第 2 卷（1920年）第 1 号和第 8 号上，分别发表的《自我的研究》《怎样去改造武人思想》两篇文章；在《新中国》杂志 1920 年第 2 卷第 2、4、6、7、8 号上发表的长文《美学》；在《中华教育界》第 10 卷第 2、3 期发表的《教育心理学述要》一文，在第 10 卷第 5 期发表的《儿童学与教育》一文；在《民铎》杂志第 2 卷第 4 号上发表的《环境之创造》一文。在《时事新报》副刊《学灯》上，舒新城发表有《思想和环境》（1920 年 4 月 13 日）、《舒新城致俞颂华》（1920 年 5 月 25日）、《舒新城致张冀成》（1920 年 8 月 11 日）等。再者，根据《舒新城致张冀成》一信，我们知道舒新城在《时报》上曾发表过探讨地理教学法的文章，该文招来了张冀成的商榷意见；由该信提供的线索，笔者找到舒新城在《时报·教育周刊》上发表的《地理教法之革新》一文。② 另外，笔者在这一时期的长沙《大公报》上找到舒新城《革改婚制先决的一个问题》一文，③ 在《时事新报》上更是找到舒新城的多篇文章。④ 以上《时事新报》、《时报》与长沙《大公

---

① 《儿童研究》，分别刊于《体育周报》第 49、51、53、54、56、58、59/60 合期，1920 年 1 月 12 日、26 日、2 月 9 日、16 日、3 月 1 日、15 日，10 月 25 日，第 3 ~ 4、39 ~ 40、69 ~ 70、85 ~ 86、111 ~ 112、133 ~ 134、155 ~ 158 页。该文与致胡适第一信所言翻译文章应为同一文。

② 见《时报》1919 年 6 月 18 日、30 日，《时报附张·教育周刊·世界教育思潮》。

③ 该文署为"新城投稿"，见长沙《大公报》1919 年 11 月 23 日，第 6 页。

④ 参看舒新城《争自由》，《时事新报》1920 年 8 月 15 日，第 1 张第 1 版。舒新城该文是《时事新报》"本报特别征文"——"关于争自由之运动"的发起文。此外有新城《"自由"为什么要争？》，《时事新报》1920 年 8 月 16 日，第 2 张第 1版；新城《"为什么"要争自由？》，《时事新报》1920 年 8 月 16 日，第 2 张第 1版；新城《阶级的教育与人之教育》，《时事新报》1920 年 10 月 4 日，第 2 张第 1版；舒新城《中国人依人的心理》，《时事新报》1920 年 10 月 13 日，第 1 张第 1版。《中国人依人的心理》一文曾招来《时事新报》读者的回应，参看陆尚功《读舒新城先生〈中国人依人的心理〉》，《时事新报》1920 年 11 月 25 日，第 3 张第 2 版。

报》中的文章，都是舒新城在回忆录及其他自述里未提及的。① 上举这些文章，大多是就新文化运动兴起后出现的具体教育问题、学术问题、思想启蒙问题进行讨论，展现了舒新城的改良主义社会教育思想与政治理想。

1920年6月，在张敬尧被赶走后，湖南一师改由易培基（寅村）任校长，五四运动中的学生名将、北京高师毕业生匡互生及其同学熊仁安实际主持校务。1920年9月初，他们到上海聘请舒新城等人到湖南一师任教。② 除了舒新城，他们还从上海、南京等地聘来原浙江一师的夏丏尊、沈仲九等人，从武昌中华大学聘到余家菊、陈启天等人。这时长沙教育界刚从张敬尧的高压政策下解放出来，又受到杜威民治主义教育宣传的影响，报界和一般教职员都在迎合五四新文化潮流，推行新教育，学生亦愿意学习新知识、接受新思潮。③ 舒新城等一帮一师的新聘教员，加上徐特立、孙俍工、李达、周谷城、田汉、王鲁彦、赵景深、一师附小的毛泽东等人，大展身手，"用新文化运动的精神来办教育"，④ 推行教育改革，实行能力分组与选科制，向学生灌输新文化思潮，使一师很快变为湖南新文化运动的中心，与盛极一时的浙江一师齐名："时人谈五四运动的演进，北京大学而外，必以长沙一师与杭州一师并提，这都是新时

---

① 另外，笔者还在《时事新报》上找到两篇署名"怡"的文章，"怡"曾为舒新城的笔名，不知这两篇文章是否也出自舒新城之手，暂存疑。参看怡《参与丝茧博览会的感想》，《时事新报》1910年10月26日，第3张第1版；怡《无能力的上海市民》，《时事新报》1920年8月23日，第3张第1版。
② 《湖南教育之革新》，《时事新报》1920年9月12日，第2张第1版。
③ 毛泽东在1920年7月9日写给胡适的信中言："湘自张去，气象一新，教育界颇有蓬勃之象。"《毛泽东早期文稿》，第494页。时人宫廷璋亦言："湖南驱张成功以后，各学校极力刷新，比较别省，进步算得很快。"宫廷璋：《湖南教育谈》，《湖南教育杂志》第1卷第1号，1921年，第9页。
④ 陈启天：《寄园回忆录》，台湾商务印书馆，1965，第83页。

代的文化种子。"①

　　舒新城在湖南一师教授教育学及教育心理学，平常大购新书，亦偶尔去湖南其他学校演讲教育问题，宣传新文化思潮，其间还与夏丏尊、沈仲九、余家菊、陈启天结下深厚友谊。② 1920 年秋，当主张联省自治的章太炎及宣传新文化的杜威、罗素、蔡元培、吴稚晖、张继、张东荪、李石岑、杨端六等名流到长沙讲演时，包括舒新城、毛泽东、杨国础、张平子及夏丏尊等人都参与了接待与记录的工作。③ 1921 年初，作为长沙教育界名人的舒新城也应邀去宁乡县演讲新文学问题。④

六　接受及传播

　　王奇生在研究中曾指出，《新青年》之所以从初期寂寂无闻到后来影响广大，是以陈独秀为代表的《新青年》同人"运动"出来的，跟《新青年》作者队伍的改变、思想主张的激进化以及社会时代环境之变动，特别是五四运动的发生有关，也跟陈独秀等人对媒体传播

---

① 曹聚仁：《我与我的世界》（上），北岳文艺出版社，2001，第 116 页。关于此时的湖南一师，可参看程星龄《五四运动后湖南第一师范的教育改革》、李绍邺《教育改革后的一师点滴》。两文皆被收入《湖南文史资料选辑》第 11 辑，湖南人民出版社，1979，第 43~58 页；本书编写组编《湖南第一师范校史》，第 150~161 页。

② 舒新城等在湖南一师的一些情况，可参看舒新城《我和教育》，第 152~161 页；陈启天《寄园回忆录》，第 83~85 页；余家菊《余家菊景陶先生回忆录》，第 214~215 页。

③ 各人赴湘演讲缘起及所需花费，以及他们在湖南的行程、演讲情况等，见《英美哲学家定期赴湘》，《时事新报》1920 年 10 月 20 日，第 2 张第 2 版；《长沙特约通信》，《时事新报》1920 年 10 月 31 日，第 2 张第 1 版；《长沙之中西名宿大演讲》，《时事新报》1920 年 11 月 5 日，第 2 张第 1 版；《长沙特约通信》，《时事新报》1920 年 11 月 8 日，第 2 张第 1 版；《长沙特约通信》，《时事新报》1920 年 11 月 11 日，第 2 张第 1 版；长沙《大公报》1920 年 10 月 27 日至 11 月上旬各期。

④ 《谢觉哉日记》上册，1921 年 1 月 13 日，人民出版社，1984，第 29 页。

技巧的娴熟运用大有关系。① 通过以上对舒新城与五四新文化运动关系的分析，我们亦应意识到，促成五四新文化很快"运动"起来的因素实际有很多，但其中一个非常重要的因素，则是像舒新城这样的在地知识分子对之的接纳、修正与传播，正是他们把发端于中心地区的五四新文化运动进行在地化，同当地民众建立了联系。这通过多种方式表现出来，他们或参与组织和运动，或办报刊、办平民学校、办阅览室、组织学会与社团、"到民间去"，或通过投稿，写信，参与征文，编辑教科书和乡土读本，编写歌曲、戏曲与小说，或借助演讲、教书、订阅与赠送新学书报、反迷信、抵制外货等手段，将他们认知与接受的新思想资源译介和转述给当地民众。比如舒新城，他不仅教书和创办杂志向学生与湖南人发言，还在中心媒体上发表自己的

---

① 王奇生：《新文化是如何"运动"起来的——以〈新青年〉为视点》，《近代史研究》2007 年第 1 期。杨琥先生认为王奇生教授这里的观点，"确有见地，惜他将五四之前新文化运动的兴起主要归结为《新青年》的传播策略，则不无偏颇。倘若无全国各地大批青年学生在五四运动之前的呼应与互动，陈独秀与《新青年》即使有多么高超娴熟的传播策略，新文化运动恐怕也不可能'运动'起来，五四运动也不可能波及全国。此一'运动'过程，是全'社会性'的，而非纯粹'思想'、'政治'或其他单方面的'运动'"。杨琥：《同乡、同门、同事、同道：社会交往与思想交融——〈新青年〉主要撰稿人的构成与聚合途径》，《近代史研究》2009 年第 1 期，第 71 页，注释 4。笔者认同杨先生的意见。不过从传播学角度来讲，传播媒体作为一种权力运作方式，旨在影响或改变受众，它必须首先对其承载的信息进行筛选和分门别类，然后再有选择性地对某些信息进行放大、缩小或遮蔽，达到影响或改变受众的意图。换言之，传播媒体本身即具有可操控性、欺骗性、片面性和利益导向性，像陈独秀等利用传播媒体进行的"炒作"，实际为五四新文化运动时期许多知识分子所惯用。恰如杜亚泉的批评，"近今言论家，惩于国民之奄忽无生气，故其立论惯取刺激之口吻。亡国灭种，视为常谈；奴隶牛马，时发警告。甚或一平常之事，而亦推类至尽，谓其结果必将如何如何"（杜亚泉：《言论势力失坠之原因》，《东方杂志》第 15 卷第 12 号，1918 年，第 3 页）。事实上，五四之前以迄今日的各传播媒体，包括微信、微博，对此类"炒作"亦乐此不疲，甚有极尽渲染之能事者。此类举动可谓业界之"潜规则"，只是其具体技巧与实际达到的效果，乃至受众的反应千差万别罢了。不过，王文从传播学的角度注意到陈独秀与《新青年》采用的传播策略之重要，为我们揭示了"中心"知识分子陈独秀及《新青年》同人的策略之于五四新文化所以成为"运动"的意义，洵属导夫先路之见。

见解和主张，并提出要对军人进行启蒙，注意同核心的新文化运动领导人建立联系，培养自己的人脉，以获得同情与支持。这样即使在面临不少困难的情况下，舒新城还是成功地坚持了自己的理想，[1] 并获得了地方社会、媒体、同人与出版界的认可，从长沙的一个青年教师，逐步成长为全国闻名的教育家。[2] 这其中，固然有舒新城思想中"内在理路"及同乡（同学）、师友网络的作用，但若非五四新文化运动给他提供了社会条件与思想气候，尤其是大量新书刊的方便可得、投稿渠道的增多、独立办报的便捷、教育改革呼声的高涨，舒新城大概是不会公然向教会学校发出挑战的，也不太会集合三位无多少社会资本的同学去办一个同人刊物，很可能也不会贸然向胡适等新文化运动的领袖写信求助，更不会那么快就出人头地！再以五四时期江西临川第三师范的几个青年教师为例，他们看到临川地方教育"背现今的潮流而行"，凡介绍德谟克拉西的出版物，视之为仇雠，不购给学生看，地方社会上的演讲、阅书报社、通俗学校等均付之阙如，于是他们"亟谋"对学校的革新与对社会的启蒙，组织"通俗演讲团和平民学校"，"不收学费并发给书籍等物，用以启发失学男女，促进社会文明"。[3]

在此接受与传播过程中，地方知识分子并非完全为五四新文化思潮的传声筒或攀附者，许多人往往有自己的偏好、选择与认同、反

---

① 像余家菊五四后到北京，对新书"最感兴趣"，"乃大买新书，读书的兴趣得了顺利的发展，一切外务概不愿干涉"，为此甚至不惜辞去北京高师教育杂志社的总编一职。参看余家菊《余家菊景陶先生回忆录》，第118页。

② 类似舒新城，五四运动前后正在武昌中华大学教书的陈启天，也对教会教育不满，以"指导学生活动，创办定期刊物"的方式，"为新文化运动摇旗呐喊"，改作白话文，尽力搜罗新书报，响应和传播五四新文化运动；他一度也想与舒新城一样，继续在文化学术上用功夫，"专攻教育"。参看陈启天《寄园回忆录》，第19、78~85页。

③ 陶文凤：《江西文化运动的效果和希望》，《革新评论》第1卷第9号，1920年，第48~49页。

思。像舒新城对于五四新文化运动，他不赞成其中多谈主义及政治的方面，对于当时争论颇为激烈的新旧问题也关注不多，只是决心以教育著述为毕生志业，聚焦于具体的教育问题，购阅的亦多是教育学方面的书籍，写的文章也多关教育学和教育理论。再如上引临川这几位青年教师，他们便认为参加新文化运动必须有牺牲，他们几人及家属为此遭到的打击报复，并不足惧，因为"有运动，就有欢迎，就有反对；有牺牲，就有效果，决不是空话而已"，进一步，他们对流行的思潮与现象反思道："现在改造社会和政治，这一句话成了口头禅，说的人多，做的人少，做的人不见得各个肯牺牲，天下断没有无牺牲可以得到代价的。"呼吁立志改造社会与政治的青年人，不要光想改造后的好处与便宜，要先勇于牺牲，"努力与恶魔奋斗"。①《革新评论》的编辑潘震亚在回应该文意见时又申论："今日作文化运动的，也不可全行模仿他人，还要各就社会环境，切实逐渐做去，才可收完满的效果。"类似这样的例子所在多有，② 在在提醒我们不要将五四那代知识分子简单化和标签化，在某种框架或模式下抽象讨论其思想和言论。

五四新文化运动虽然肇始于《新青年》杂志及陈独秀、胡适等精英人物，在上海、北京等大城市兴起并播散开来，可是我们需要从地方与接受者的立场上来看待，才能更好地理解之。正如彼得·伯克从中心和边缘互动角度对欧洲文艺复兴的研究，因为传播和接受是社

---

① 陶文凤：《江西文化运动的效果和希望》，《革新评论》第 1 卷第 9 号，1920 年，第 50 页。

② 如郑振铎那时就提醒知识青年在从事社会改造活动时，"应该各视性之所近，分途去实行社会改造各种的运动，不可专趋于一种运动"。参看《再论我们今后的社会改造运动》（原刊《新社会》第 9 期，1920 年 1 月 21 日），《郑振铎全集》（3），第 20 页。余家菊回忆他在五四新文化运动期间之所为时亦言，"新文化运动者好谈民主。但是在民国十五年以前，我从来没写过一篇谈民主的文章。因为我的学力不到的地方，我是决不开口；对于时人纷争的大问题，决不轻于作左右袒"。余家菊：《余家菊景陶先生回忆录》，第 110 页。

会行为，永远会受到社会语境与物质条件的制约，给予的东西与接收到的东西并不一致，思想、文化与制度的传播都是如此。[1] 法国文化史家侯肴（Daniel Roche）对启蒙运动时期法国地区学会的研究同样提醒我们，启蒙运动不是由巴黎的大人物像伏尔泰、孟德斯鸠或卢梭推动的，启蒙运动涉及的范围与内容实际上很广泛、很多元，我们必须研究启蒙运动同社会其他部分及其价值的复杂关系。[2] 又如达恩顿的提示，观察法国旧制度末期的文学文化，不能仅将眼光局限于如《社会契约论》这样的经典著作，在底层社会风行的那些蓝皮书同样值得重视。[3] 因此，我们有必要将对五四的研究进行在地化和去中心化，不能只关注上海、北京，不能只把眼光放在陈独秀、胡适、鲁迅、李大钊等人身上，地方知识分子是五四新文化所以运动起来的中介与桥梁，他们在各自的具体脉络中接受和传播五四新文化，不是简单的为之背书，而是一个复杂的阅读、吸收与地方化、生活化过程。在其中，或出现误读、误会和滥用，或出现模仿、攀附与创新，或出现不解、恐惧及抵制，这些多面的呈现皆是我们应该关注与研究的。[4] 本章以舒新城为例，试图对上述某些面向进行一些回应和讨论。

小　结

晚清以降的近代中国知识分子，成长于一个新旧冲突、内忧外患

---

[1] 参看彼得·伯克《欧洲文艺复兴运动：中心与边缘》，刘耀春译，东方出版社，2007，第6~7页。

[2] 参看《侯肴访谈》，收入陈建守主编《史家的诞生：探访西方史学殿堂的十扇窗》，时英出版社，2008，第102页。

[3] Robert Darnton, "The Social History of Ideas," in Robert Darnton, *The Kiss of Lamourette: Reflections in Cultural History*, New York: Norton, 1990, pp. 251 - 252.

[4] 对于从地方角度研究五四新文化运动的意义，可参考王汎森《五四运动与生活世界的变化》，《二十一世纪》2009年6月号。

的年代，知识分子不得不对自己重新定位，像舒新城即是如此。他从接受传统的私塾教育，到进新学堂、师范学校读书，再到报馆实习，去教会学校任教，编杂志，做撰稿人，最后出国留学不成而到上海谋生。这期间为获得好的出路，他遭遇不少的挫折，但舒新城并没有放弃自己的志业，而是尽量利用既有的条件和业已获得的新思想资源，向正在勃兴的新文化运动靠拢，主动接受和参与这个新事业，通过从事有关的活动，不断为自己在地方社会和中心地区积累人望与社会资本，最终在新文化运动领袖之一的张东荪等人帮助下，顺利实现了身份转换和上升性社会流动。①

在五四新文化运动时期，像舒新城这样的地方知识分子，成功实现身份蜕变的应该为数不少。对他们这些人来说，五四新文化运动不仅仅是一场新旧之争、白话文运动，或者是一场关乎身份区隔、个人认同和新思潮乃至民族主义的思想革命，它同时也为读书人提供了争夺话语权的思想资源与合法性论证，乃至其建构自己的权力网络和社会地位的机会。在此过程中，五四新文化运动的主流话语经地方知识分子的吸收和过滤进入各个地区，从而壮大了新文化运动的声势，扩大了其参与基础和受众数量，使之不再只是一个流通在中心城市少数知识精英之间的文化生产与消

①　对于张东荪在五四新文化运动时期的地位和作用，目前史学界尚无足够的重视和研究。实际上，张在五四新文化运动时期的活动资料极多，他曾主编《解放与改造》，特别是较长时间主持《时事新报》与《学灯》副刊，吸引了各方学子精英成为读者和参与者；之前张亦曾参与《大共和日报》的编辑与撰稿活动。他的作为及其对五四新文化运动的推动作用，非常值得史家抉隐发微。1990 年代以来，中国大陆有张汝伦、左玉河等人研究张东荪并初步整理其著作，台湾地区亦有学者张耀南研究其知识论，还有戴晴为之写传《在如来佛掌中：张东荪和他的时代》（香港中文大学，2009）。但在资料搜集及讨论张与五四关系方面，以上研究则远远不够，更深入的讨论，犹待来者。高波在北京大学历史学系的博士学位论文即是研究张东荪，曾注意上述问题（《追寻新共和：张东荪早期思想与活动研究（1886～1932）》，三联书店，2018）。

费活动，同时是一个"投机事业"。①

　　最后，有必要专门申明的是，本人无意为已经非常思想史化和意识形态化的五四研究添砖加瓦，本章不想去描绘舒新城对于五四新文化"运动"有多么大的作用和贡献，也不是旨在阐述他同湖南的新文化运动有多么密切的关系，更不是想证明舒新城为多么标准的"五四青年"，只是希望从具体的在地视角，从接受政治的角度来说明五四新文化运动是如何从上海、北京这样的中心蔓延到地方的，以及该运动给类似舒新城这样的地方青年知识分子带来的影响与机遇，乃至这些青年结合自己的志业做出的取舍及调适活动——即便大多数他们所从事的这些活动，不乏跟风、肤浅、苛求及片面、歪曲、狂妄之处。② 毕竟，五四新文化"运动"的历史是由各个地方、各个个体参与者的历史构成（自然，这种构成并非机械或数字上的），从接受与传播角度关注思想和信息的社会层面，关注某些地域、某些人如何接受、修正与使用五四新文化运动进行描绘，不但可以比较透彻地考

---

① 如达恩顿对法国启蒙运动《百科全书》的研究所揭示的一样，五四新文化运动在很多情况下，在很多地方、很多时候，亦是一种商机与投机。有关的情况笔者拟另撰文处理。

② 实际上，以今日的后见之明来看，当时像舒新城这样的地方青年知识分子对于五四新文化运动的了解、支持与传播都是非常粗浅和有限的。如陈启天即认为在那时多数青年知识分子"除办刊物外，谈谈爱国、德谟克拉西、白话文和人生问题等，并支持学生的爱国运动外，并无其他什么"（陈启天：《寄园回忆录》，第81页）。单不庵也曾批评道："浙江鼓吹新文化的人们，实在浅薄得很。近年出版的新书报，有许多我早已看过的，他们都还没有知道。我看他们并没有什么研究，不过任一时的冲动，人云亦云罢了。"（转自《亡友单不庵》，收入《钱玄同文集》第2卷，第289页）但这样的批评并不足以让我们忽略其中所包含的参与者之主体性与创造性。像时人所说："我国学生，自去年五四运动以来，得一个顶好的结果，就是人人都关心国事，能判别是非，而同时又感智识的缺乏。"（杨道腴：《随感录》，上海《平民》第3号，1920年5月15日，第4版）舒新城在《本刊停版宣言》中也曾深刻反省，自己"学识浅陋"，"从出版至今，其中所发表的言论，发见的错误甚多，扪心自问，非得切实研究几年，不足以在社会上有所建白"（《本刊停版宣言》，《湖南教育月刊》第1卷第5期，1919年，第1～2页）。

察和诠释地方性或个体的问题，还可以为更大范围内的心态、思想及社会的变化提供参照、经验与思考，展现或回应更深层面的生活、思想、社会的互动和思想传播问题，深化我们对五四新文化之所以能很快"运动"起来的认识与理解。

结　语
种瓜得豆

一　"唯公言是听"

1903 年 10 月 21 日，《国民日日报》发表了一篇《近四十年世风之变态》的文章。在该文中，立场趋向革命的作者秉持社会进化论的观点，认为"政治之进化也，由专制以进于立宪，由立宪以进于共和"，而在这种进化途中：

> 必有无量之思想以胚胎之，必有无量之言论以酝酿之；而此思想、言论也，即为其事其物之母，其言论、其思想不可不察。举其最大之要点，为一时舆论之所趋向者，即为一时之世风。[①]

在该文作者看来，足以代表太平天国运动后中国过去四十年舆论趋向的，为六种出版物。这不同时期的六种出版物反映了不同时期中国的世风所好，"由制造以至洋务"，"又由洋务而时务、而变法、而保皇、而立宪"：

[①] 《近四十年世风之变态》，《国民日日报》1903 年 10 月 21 日，转见张枬、王忍之编《辛亥革命前十年间时论选集》第一卷下册，三联书店，1960，第 740 页。引文标点有所更动。

总括之，《格致汇编》也，命之曰制造；《经世文续编》也，命之曰洋务；《盛世危言》也，命之曰时务；《时务报》也，命之曰变法；《清议报》也，命之曰保皇；《新民丛报》也，命之曰立宪（此语似强）。①

这里暂且不论作者如此划分是否允当，② 但该作者以此六种出版物来代表不同时代的风尚，确有所见。③ 因为这六种出版物在当时中国社会的阅读文化塑造中确实扮演了至关重要的角色，对时人观念的转变和思维方式的更新有很大的影响。有意思的是，从作者的表述中，我们明显可以看出时代风气变化的渐趋迅捷——自"《时务报》之世风"开始两三年即发生一次转变，以及上海与日本在其中所扮演的关键角色（前四种出版物均在上海出版，后两种杂志则在日本横滨出版）。同样，我们还可以发现这六种出版物，后三种其实都同康有为尤其是梁启超密不可分，梁启超一直是这三个杂志的主编和主要撰稿人，有时还不得不独立支撑杂志

---

① 《近四十年世风之变态》，《国民日日报》1903 年 10 月 21 日，转见张枏、王忍之编《辛亥革命前十年间时论选集》第一卷下册，第 743 页。引文标点有所更动。

② 如用《格致汇编》杂志来表征晚清讲求制造的风气，远不如 1860 年代开始的制造局之译书事业为合适，毕竟《格致汇编》1876 年才由传教士傅兰雅在上海创办，而清廷朝野讲求制造的风气则始于 1860 年代的洋务运动。

③ 吕思勉后来也持这种以杂志作为时代风气转换中枢的认知。他在讨论甲午以后中国三十年来之出版界情况时，即以《时务报》作为"新书新报之能撼动社会之始"，认为杂志之力大于日报，更大于书籍，"三十年来撼动社会之力，必推杂志为最巨"。胡适当时也有类似见解，认为"廿五年来，只有三个杂志可以代表三个时代，可以说是创造了三个时代。一是《时务报》，一是《新民丛报》，一是《新青年》，而《民报》与《甲寅》还算不上"。参看《三十年来之出版界（1894～1923）》，收入《吕思勉遗文集》上册，第 373～384 页；胡适《致高一涵、陶孟和、张慰慈、沈性仁》（1923 年 10 月 9 日），见耿云志、欧阳哲生整理《胡适全集》第 23 卷，第 415 页。

的运作。① 三种杂志能够名扬天下、转移一时之世风，梁启超居功至伟。

在梁启超所主持的这三种杂志中，奠定其在舆论界大名的是《时务报》，所谓"甲午挫后，《时务报》起，一时风靡海内，数月之间，销行至万余份，为中国有报以来所未有，举国趋之，如饮狂泉"。② 恰如张元济在致汪康年的信中所言其乡人阅读梁启超《时务报》上文章后的反应："乡人有年逾七旬素称守旧者，读其文且慕之，且赞之。其摄力何若是之大耶？"③ 但梁启超事后反思，由于其学识所限，《时务报》的办报水准并不高，"今日检阅其旧论，辄欲作呕，复勘其体例，未尝不汗流浃背也"。④ 三种杂志相比起来，一般人认为品质最高、影响最为深远者为《新民丛报》，"盖梁氏文学，以《新民丛报》为最盛之时"。⑤ 也如梁启超自谓："国人竞喜读之，清廷虽严禁不能遏，每一册出，内地翻刻本辄十数。"⑥《清议报》居于二者之间。后两种杂志之所以品质优越《时务报》，乃是因为梁启超流亡日本后学会日文，吸收了大量日本新思想资源，如其自陈：

　　自居东以来，广搜日本书而读之，若行山阴道上应接不暇，

---

① 《新民丛报》即主要系梁启超自己勉力支撑的结果，该杂志上的很多文字出自其手，如梁启超自谓："一人任之，若有事他往，则立溃耳。""此间自开《新民丛报》后，每日属文以五千言为率，因此窘甚。"《与康有为书》，丁文江、赵丰田编《梁启超年谱长编》，第 180 页。

② 梁启超：《本馆第一百册祝辞并论报馆之责任及本馆之经历》，《清议报》第 100 册，孔子二千四百五十二年十一月十一日（1901 年 12 月 21 日），第 5 页。关于《时务报》的情况及其影响，还可参看潘光哲《〈时务报〉和它的读者》，《历史研究》2005 年第 5 期。

③ 张元济函，收入上海图书馆编《汪康年师友书札》（2），第 1682 页。

④ 梁启超：《本馆第一百册祝辞并论报馆之责任及本馆之经历》，《清议报》第 100 册，孔子二千四百五十二年十一月十一日（1901 年 12 月 21 日），第 5 页。

⑤ 《悼梁卓如先生》，《大公报》1929 年 1 月 21 日，第 2 张第 2 版。

⑥ 《清代学术概论》，收入朱维铮校注《梁启超论清学史二种》，第 70 页。

脑质为之改易，思想、言论与前者若出两人。每日阅日本报纸，于日本政界、学界之事，相习相忘，几于如己国然。①

因此，后出的《清议报》，尤其是《新民丛报》，它们皆因梁启超学识之增长而对读者显得格外有吸引力，这是当时很多读者的共识。如晚清浙江名士宋恕在对《清议报》"期期读、字字读"后，感觉其"胜《时务报》万倍，恨不能销于内地"。② 时尚与梁启超交好的章太炎在横滨读到新出的两册《新民丛报》后则认为该刊比《清议报》更佳："任公宗旨较前大异，学识日进，头头是道。"并认为该刊的流行程度必超过《清议报》。③ 孙宝瑄在读到新出的《新民丛报》后亦认为："梁卓如改《清议报》为《新民丛报》，议论较前尤持平，盖年来学识之进步也。"④ 即使此前对梁启超所办《清议报》论调不满的严复，也在私信中向张元济表扬他新读到的梁启超《新民丛报》第一册"甚有意思"，"其论史学尤为石破天惊之作，为近世治此学者所不可不知"。⑤ 连持革命立场的梁启超昔日同学黄世仲也表扬梁启超及《新民丛报》的品质，批评张之洞查禁《新民丛报》之举：

近者《新民丛报》其辞旨较《清议报》而尚觉和平，不过以发挥泰西富强之政策与西儒平等自由之学说为本。有志之士方

---

① 梁启超：《附录二：夏威夷游记》，收入《饮冰室合集·专集之二十二》第 7 册，第 186 页。
② 《致饮冰子书》（1899 年 9 月 23 日），胡珠生编《宋恕集》上册，第 603 页。
③ 章太炎：《致吴君遂等书》，转见汤志钧编《章太炎年谱长编》增订本上册，第 75 页。
④ 孙宝瑄：《忘山庐日记》上册，光绪二十八年二月二十日，第 492 页。
⑤ 《与张元济书（十四）》，收入王栻主编《严复集》第 3 册，第 551 页。

引领而祝曰：道人思想，开人脑筋，增人知识。庶几乎幸无中坠也。①

更甚者，连立场较为保守、大力反对新名词的樊增祥也夸奖《新民丛报》："世间报纸惟《新民丛报》最易行销，言无文则不远，谁谓笔墨无用耶？"② 而同属保守阵营的劳乃宣亦赞许《新民丛报》由之前的较为激进的立场后撤："《新民丛报》中议论，近颇改变，归于评事，甚有益于后生小子。"③ 还有人将《新民丛报》第 1 号"首尾读毕"后，于当时上海发行量最大、对商界影响力最大的《新闻报》上发表评论，不但介绍其大致内容，还高度赞扬《新民丛报》"真中国之警钟也"。④

各种的赞美均表明《新民丛报》比此前的《清议报》《时务报》更为成熟、更受读者欢迎。无怪乎徐兆玮会感叹：

> 梁任公之倡《新民丛报》也，明知《清议报》谈锋逼人太甚，故敛其芒，出之以和平，而我中国守旧迂谬之儒同声赞美，不胫而走，沪上行销几及万本，村塾僻陋亦置一编，任公之心思真不可及。⑤

---

① 参看黄世仲《论张之洞之禁〈新民丛报〉》，原刊《天南新报》，转见《鹭江报》第 29 册，1903 年 4 月 27 日，第 6 页。

② 樊增祥致缪荃孙函，收入顾廷龙校阅《艺风堂友朋书札》上册，上海古籍出版社，1983，第 111 页。关于樊增祥反对新名词的情况，可参看黄兴涛《新名词的政治文化史——康有为与日本新名词关系之研究》，收入黄兴涛主编《新史学》第 3 卷《文化史研究的再出发》，第 118 页。

③ 转见孙宝瑄《忘山庐日记》上册，光绪二十八年十月初五日，第 588 页。

④ 《志〈新民丛报〉》，《新闻报》1902 年 3 月 4 日，第 1 张。

⑤ 《徐兆玮日记》第 1 册，光绪二十八年八月十五日，第 388 页。

除了《新民丛报》等报刊，坊间单独出版的梁启超著作（包括其所编辑的书），也非常受读者欢迎。梁启超谓其所自著书（主要由《新民丛报》发表的文章合成），"每出一部，必销数万"，"每出一书，必被人翻印"。① 其实，这种情况在身为《新民丛报》和梁启超著作的热心读者黄遵宪那里早有预见和揭示。在 1902 年 5 月致梁启超的一封长信中，黄遵宪即大力表扬梁启超的学识与办报经验在不断"进步"，对读者的影响也越来越大：

> 《清议报》胜《时务报》远矣。今之《新民丛报》又胜《清议报》百倍矣。《清议报》所载，如《国家论》等篇，理精意博。然言之无文，行而不远。计此报三年，公在馆日少，此不能无憾也。惊心动魄，一字千金。人人笔下所无，却为人人意中所有，虽铁石人亦应感动。从古至今，文字之力之大，无过于此者矣。罗浮山洞中一猴，一出而逞妖作怪，东游而后，又变为《西游记》之孙行者，七十二变，愈出愈奇。吾辈猪八戒，安所容置喙乎，惟有合掌膜拜而已。②

黄遵宪这里的褒扬并非仅他一个人的私见，他的一个老朋友对梁启超的文字亦佩服得五体投地：

> 以公之才识，无论著何书，必能风靡一世。吾有一三十年故友，谓公之文有大吸力，今日作此语，吾之脑丝筋随之而去；明日翻此案，吾之脑丝筋又随之而转。盖如牵傀儡之丝，左之右

---

① 参看丁文江、赵丰田编《梁启超年谱长编》，第318~319页。
② 《致梁启超函》（1902年6月），陈铮编《黄遵宪全集》上册，第429页。

之，惟公言是听。①

孙宝瑄也不遑多让，他将书生梁启超同当时炙手可热的实权人物袁世凯、盛宣怀两人并列，共称为支那"三大奇人"，认为梁启超流亡日本后，全靠一支笔，声名遍及东亚：

> 高树一帜，日积其怨气热肠，化为闳言伟论，腾播于黄海内外、亚东三国之间，无论其所言为精为粗，为正为偏，而凡居亚洲者，人人心目中莫不有一梁启超，非奇人而何？梁能于我国文字之中，辟无穷新世界，余故服之。②

可以看出，《近四十年世风之变态》的作者虽然对梁启超的政治立场非常不满，在文中经常给予挖苦讽刺，但无疑他看出了梁启超对时人的巨大影响。或可说，在近代中国的阅读文化打造过程中，不管是宣传启蒙，倡导新史学、新小说，还是运用来自欧美、日本的新思想资源来重新诠释中国传统，或者在对抗更为激进的革命与无政府主义宣传方面，梁启超一直是这个所谓"言论时代"的执牛耳者。他"最能以新学理解旧史实，引旧史实证明新学理"，③ 在对当时的趋新读者影响方面，无人能出其右。接下来我们聊举几例说明之。

温州瑞安趋新士人张棡在读到从上海转寄来的《新民丛报》后记载道："是报均系梁任公主笔，议论精警，识见透到，洵中国近来报界之巨擘，细阅为之爱不释手。"④ 他后来不但订购《新民丛报》

---

① 转见《致梁启超函》（1905 年 2 月 21 日），陈铮编《黄遵宪全集》上册，第457 页。
② 参看孙宝瑄《忘山庐日记》上册，光绪二十八年八月初一日，第 563 页。
③ 《从章太炎说到康长素梁任公》，《吕思勉遗文集》上册，第 398 页。
④ 《张棡日记》第 2 册，光绪二十八年三月初七日，第 759 页。

《清议报类编》《新小说》《政艺通报》等书刊，还将《新民丛报》送给朋友读，分类装订成书以更好保存，并将其中的文章作为教材向学生讲授。他还曾把梁启超主编的《新小说》中的内容讲给女儿听，甚至称再版的《新民丛报》为"最精最美之报"。① 在读了《新民丛报》第1号上发表的梁启超的《二十世纪太平洋歌》后，张枬在日记里记道"悲壮淋漓，爱不释手"，② 并将之抄录于日记中。在光绪二十八年六月三十日的日记中，张枬又记下他阅读《新民丛报》第11号梁启超《论正统》（张枬日记中写作《正统史学说》——引者注）一文的感受："鸿裁卓识，一时无两，梁任公真可爱才也。"后来在读了梁启超所著《现今世界大势论》和《灭国新法论》后，张枬认为两书是"痛切之谈，石人下泪，任公真有心人哉"。③ 之后，张枬日记中还有许多关于阅读《新民丛报》上刊登的梁启超文章及其他梁启超著述的记载，如友人林左髓送给张枬两本《新小说》，张枬读了其中梁启超所著政论式小说《新中国未来记》后，觉得该书"尤有无穷新理，不得与寻常小说一例观也"。在阅读了梁启超的《德育鉴》后，张枬认为该书"系梁任公辑，述先哲名言，详加跋语，字字皆切理餍心，发人猛省，洵保粹之兴奋剂也"。④ 隔了几年，张枬重新阅读了《新民丛报》第3、4、5号上刊登的《论中国学术思想变迁之大势》后，又在日记中记道："其考核之精，眼光之阔，洵可谓一时无两者矣。"⑤ 民初以后，张枬对梁启超的一些作为虽偶有不满，但对于梁文仍比较爱读，如对于梁启超忠告袁世凯不要称帝的《去国上大总统书》一文，特意抄录于日记中，还评论道："洋洋

---

① 《张枬日记》第2册，光绪二十八年四月二十八日，第783页。
② 《张枬日记》第2册，光绪二十八年三月十一日，第762页。
③ 《张枬日记》第2册，光绪二十八年七月二十三日，第811页。
④ 《张枬日记》第2册，光绪三十二年二月十三日，第849页。
⑤ 《张枬日记》第3册，宣统元年五月二十四日，第1180～1181页。

数千言，其一种爱国爱民、倦倦忠告之心，流露言表，真近日卓出之文字，急录之，以资讽咏。"① 诸如此类阅读梁启超著作的记载与评论，张棡日记中颇不乏见，均显示出他对梁启超著作的嗜好程度。较之对同时代其他报刊如《中外日报》《同文沪报》等和他人著述如严复、林纾等，张棡对《新民丛报》及梁启超著作的阅读，不但仔细持久，而且从阅读中得到的收获也似乎是最多的。

与张棡同为瑞安趋新人士的刘绍宽也有读《新民丛报》和梁启超续办的《国风报》的经历，他于日记中同样高度评价梁启超的著述及其广博乃至中西结合的能力，对梁启超的学识称赞有加：

> 凡学问专守一家言，专持一先生说，必不能广博。梁任公多读泰西学说，还持以视中国古哲学说，遂彼此互证，另有一番学识。又多阅外国政书，还持以观中国现时政迹，遂彼此互勘，另有一番政见。此《新民丛报》与近出《国风报》诸编，所以辟易万夫也。然非有超旷才识者，则旁骛炫惑，胸无定主，彼此迷误，且以惑世诬民矣！卓如亦卓矣哉！②

另外一位瑞安趋新士人孙诒棫也对《新民丛报》钟爱有加，他非常喜欢使用新名词，在初阅两号《新民丛报》后，"渴望无似"，对新学前景无限看好，深为处于当时"风气大开"之"世界"庆幸，"岂非极乐之大幸福乎！"③

其实，不管是张棡、刘绍宽还是孙诒棫，他们均属于以孙诒让为

---

① 《张棡日记》第 4 册，1915 年 12 月 30 日，第 1681 页。
② 方浦仁、陈盛奖整理《刘绍宽日记》第 2 册，宣统二年五月十七日，中华书局，2018，第 506 ~ 507 页。
③ 温州博物馆编《宋恕师友书札》下册，浙江摄影出版社，2011，第 338 页。

结　语　种瓜得豆　*395*

首的瑞安趋新士人这个圈子。在孙带领下，他们在瑞安普及新学、推广新式教育，为当地订购新书刊、兴建学堂和推广阅报社，这让瑞安"士气大振，甲乎吾郡"，《新民丛报》在这里的销量也可以达到四十余份。①

较之诸多趋新人士对梁启超及《新民丛报》的喜爱与赞美，徽州青年汪希颜则对《新民丛报》情有独钟，且读到《新民丛报》的时间更早，受到的影响似乎更大。他在 1902 年 3 月底于南京写给弟弟汪孟邹的信中表露了他阅读新书新报的体会，以及他对新创刊的《新民丛报》之痴迷：

> 惟在上海购得新书、新报数种，日夕观览，大鼓志气，大作精神，大拓胸襟，大增智慧。其得力最多者为日本新出之《新民丛报》，其宗旨在提倡一国之文明，其体例则组织学界之条理，中外双钩于笔底，古今一冶于胸中。吾谓学游六年，不如读此报一年；读书十卷，不如读此报一卷。此报一出，而一切之日报、旬报、月报皆可废矣。何则？他报之能开风气者，述政艺不为不精，如《汇报》《政艺通报》等；唱民权不为不烈，如《国民报》《中外日报》《选报》《清议报》等。论外患不为不切，各报皆然；詈时局不为不快，亦各报所有，而惟《中外日报》《选报》《清议报》《国民报》为最。讲学术不为不新，而究未有本天演之公例、辟人群之义务、洞环球之全局、澈教育之根源如《新民丛报》者。②

---

① 温州博物馆编《宋恕师友书札》，下册，第 338 页。
② 汪希颜函，转见汪原放《亚东图书馆与陈独秀》，学林出版社，2006，第 2 页。引文标点有所更动。

在信中，初识新风气的汪希颜虽然认为诸报各擅胜场，但均比不上《新民丛报》的吸引力和水准，读此报，他的收获远超过读其他新书报。为此汪希颜特意在信中告诉弟弟汪孟邹，他不怕花钱，也为汪孟邹订购了一份价格颇高的《新民丛报》，"负欠典衣，在所不顾，而此报终不可不阅也"。汪希颜这里还自道其受到《新民丛报》启发后的新志向与新打算，亦希望其弟通过阅读《新民丛报》来读懂《天演论》：

> 自今以往，吾辈但无冻馁，不以富贵为可美，不以贫贱为可忧，不以世俗之毁誉关心，不以浮名之得失为虑，努力求学，努力做事，务养成二十世纪上一个人之资格。盖世界不同，立于世界之法亦自不同。弟读《天演论》，未通其意，望再读一过，并俟此报寄到，参观互证，当必恍然有悟。①

虽然不如张枬、汪希颜那样钟爱《新民丛报》和梁启超著作，但与汪希颜同为青年学生的钱玄同也有相仿的阅读感受。因为父亲早逝，与母亲一起在湖州生活的钱玄同（德潜）少年时并不太成器，不但喜好修饰，还诓骗母亲，不听其师让读《瀛寰志略》《东洋史要》等新书的指示，"极恶新学"。其母去世后，钱玄同陡觉压力倍增，遂听从另外一个老师的劝告打算"稍读新书"。不过钱玄同对当时流行的新学全不了然，其堂兄钱恂送他作新社出版的四种新译书——《世界地理》《万国历史》《国家学》《法学通论》，钱玄同竟"不知为何物，以为东籍也"，直到有人告诉他新学门径可从《新民丛报》入手，"适有以《新民丛报》告者，因取阅焉"。钱玄同开始

---

① 汪希颜函，转见汪原放《亚东图书馆与陈独秀》，第2~3页。

读《新民丛报》后，看到其刊登的新书广告，"遂欲购上海新出之新书"。这时钱玄同也读了已经停刊的《清议报》，看到其中的"尊皇之论"后，他也受到感染，"遂有尧囚慨叹之心"，事后钱氏反省说自己之所以如此，乃是因为"未知真理所在"。① 之后，钱玄同虽受到章太炎、邹容等倡导革命与"民族主义"的影响，但仍喜欢阅读《新民丛报》与梁启超的著作，"晚间无事，看旧时《新民报》"。② 后来钱玄同还购阅过《新小说》杂志第5、6号和《新民丛报》第73号，③ 亦翻阅过旧《清议报》，"颇觉有味，骨董诚足爱也"。④ 钱玄同在日记中还记下他读了梁启超主编的《新小说》、梁与孙中山合办的《中国秘史》杂志后，"觉甚有味"。⑤ 当钱玄同读到梁启超发表在《新民丛报》第1号上的《二十世纪太平洋歌》一文时，如张枬一样，感触颇深："阅任公《太平洋歌》，直可当历史歌读，以记事之笔，作瑰奇之文，而又以种种新名词填入其中，而仍浑存自然，毫无堆砌之痕，真才子笔也。"⑥ 后来钱玄同日本旅行时在一旅店墙壁上看到有梁启超题名的诗，认为"梁氏文豪，而此诗殊不佳"，进而为梁启超辩护道，该诗可能并非梁启超所写，乃是他抄录日本人之作。⑦ 直到以后受到《国粹学报》及章太炎的影响，转向保存国粹和反满革命立场，且日益激烈，他才从梁启超的著述中逐渐脱身，转而认同《民报》上发表的批判梁启超的文章，⑧ 甚至为梁启超被革命党

---

① 以上引文均见钱玄同《钱德潜先生之年谱稿》，杨天石主编《钱玄同日记》整理本上册，第4~5页。
② 杨天石主编《钱玄同日记》整理本上册，1906年2月21日，第23页。
③ 杨天石主编《钱玄同日记》整理本上册，1906年3月4日、6日，第26页。
④ 杨天石主编《钱玄同日记》整理本上册，1906年3月31日，第33页。
⑤ 杨天石主编《钱玄同日记》整理本上册，1906年4月26日，第39页。
⑥ 杨天石主编《钱玄同日记》整理本上册，1906年2月20日，第22页。
⑦ 杨天石主编《钱玄同日记》整理本上册，1906年3月28日，第32页。
⑧ 杨天石主编《钱玄同日记》整理本上册，1907年3月10日，第89页。

殴打叫好"快事！快事！"① 而到了五四新文化运动时期，钱玄同虽然对梁启超仍有不满，认为其文"不好的地方，正在旧气未尽涤除，八股调太多，理想欠清晰耳"，但对于旧派所攻击的梁启超喜用新名词的问题，钱玄同则认为"毫无不合"。② 在斯时正积极参与文学革命和白话文运动的钱玄同看来，"梁任公实为创造新文学之一人"：

> 虽其政论诸作，因时变迁，不能得国人全体之赞同。即其文章，亦未能尽脱帖括蹊径，然输入日本之新体文学，以新名词及俗语入文，视戏曲、小说与论记之文平等（梁君之作《新民说》《新罗马传奇》《新中国未来记》，皆用全力为之，未尝分轻重于其间也），此皆其识力过人处。鄙意论现代文学之革新，必数及梁君。③

钱玄同晚年对梁启超更是评价甚高，他还特意将之同章太炎、刘师培相比，认为"三十年前老辈，惟梁任公在近二十年中仍有进步，最可佩服，其他则均已落伍矣"。④

当时正在南京江南水师学堂读书的周作人也是梁启超著作的忠实读者。他于1902年8月从同学处借得《新民丛报》第11号，阅读后大涨见识，"甚为兴奋"，特意在日记中记下："内好书甚多，率皆饮冰子所著，看至半夜，不忍就枕。善哉善哉！令我有余慕矣。"⑤ 不

---

① 杨天石主编《钱玄同日记》整理本上册，1907年10月17日，第108页。
② 《新文学与今韵问题》（原见《新青年》第4卷第1号，1918年），收入《钱玄同文集》第1卷，第60页。
③ 《反对用典及其他》（原见《新青年》第3卷第1号，1917年），收入《钱玄同文集》第1卷，第10页。
④ 《致郑裕孚》（1938年3月1日），《钱玄同文集》第6卷，第300页。
⑤ 张菊香、张铁荣编《周作人年谱》，天津人民出版社，2000，第46页。

仅如此，周作人第二天还开始抄写《新民丛报》上连载的饮冰室诗话、尺牍，并摘录《新罗马传奇》《新民说》等文章，并托人购买《饮冰自由书》《中国魂》二书。① 在读了梁启超的《中国魂》后，周作人记下阅读感受："其中美不胜收，令人气壮。"② 而当知道鲁迅托人从日本给他带回《清议报》《新小说》等杂志的时候，周作人"喜跃欲狂"。③ 连日阅读鲁迅捎来的《清议报》后，周作人评价该杂志："材料丰富，议论精当奇僻，足以当当头之棒喝，为之起舞者数日。"④ 通过这些记载，我们不难看出周作人对梁启超的著作及梁所主编杂志的嗜好程度，从中亦可看出梁启超的文字对周作人的深刻影响。

除了上海、南京这些大的中心城市比较容易读到或买到梁启超的著作及《新民丛报》外，沿海、沿江及内地其他一些地方也有《新民丛报》在流行。像浙江余姚士子朱鄂基（鄂生）经常在余姚阅读梁启超和与他有关的著述——像《新民丛报》《新小说》及各种梁著的小册子。如他在乙巳年二月二十八日的日记中写道："看饮冰室《中国武士道·序言》，透辟畅快，非浅学者所能道其只字。"⑤ 在八月初一日的日记中，朱鄂基又特意摘录了梁启超在《新中国未来记》第三回中的一个眉批："看《新中国未来记》，内云：'从前各国联军干涉法国革命，是各国君主自保其利益。往后外国干涉中国，是各国国民自保其利益，一属于政治上的，一属于生计上，却是生计的问题的力量比政治问题的越发可怕。'其言颇中旨，故录之。"⑥ 朱鄂基某

① 张菊香、张铁荣编《周作人年谱》，第46页。
② 张菊香、张铁荣编《周作人年谱》，第47~48页。
③ 张菊香、张铁荣编《周作人年谱》，第52页。
④ 张菊香、张铁荣编《周作人年谱》，第52页。
⑤ 参看《朱鄂生日记》手稿本，文听阁图书有限公司，2013，第325页。
⑥ 《朱鄂生日记》手稿本，第364页。

日在读了某期《新民丛报》的"学术"类内容后，在日记中又写下"甚可观"的评价。① 在读了《新民丛报》上刊载的梁启超的《余之生死观》一文后，朱鄂基又评论道："博引释典及现今进化诸语，精湛之至。"② 时在湖北鄂州的小士子朱峙三由于家贫不能多买新书，但他也受到趋新风气影响，经常主动借阅别人"所购时务新书，如《中国魂》《新民丛报》之类"，朱峙三读后感觉"精神为快，可以开文派又一格矣"，希望借此能在科考中取得好成绩。③ 而依照《大公报》上的读者来信可知，《新民丛报》在一向风气不够开通的徐州也颇为流行："徐州来函云，该处士风向称顽陋，近于《新民丛报》出版后，购阅纷纷，且有嗜之成癖者。此可念我国民文明广播，思想发达，而该报膨胀亦速且大矣。"④ 再据《大公报》报道，《新民丛报》在四川省城成都"销路甚大，阅者亦多，通计共销一百五六十份"。⑤

不仅仅是上述这些一般士人和普通学生，即便在官场中，也有一些人喜欢购阅《新民丛报》等趋新报刊。像广东官场就存在此种情况，很多人喜欢阅读革命派在香港办的《中国日报》及梁启超主持的《新民丛报》。《大公报》对此也有所报道："闻近日官场阅报纸极多，而于《中国报》及《新民丛报》则嗜之者尤众云。"⑥ 上述报道中透露出来的广东官场情况或许只是特例，但亦可显示出一些官员的阅读趣味及读书选择，这种情况也可以在恽毓鼎、徐兆玮等官员的日记中得到验证，他们的日记中有不少阅读梁启超著述和《新民丛报》

---

① 《朱鄂生日记》手稿本，第384页。
② 《朱鄂生日记》手稿本，第390页。
③ 参看胡香生辑录《朱峙三日记》，光绪二十八年十月十六日，第102页。
④ 《〈丛报〉膨胀》，《大公报》1902年8月17日，第4页。
⑤ 《四川·报章畅销》，《大公报》1903年5月9日，第3页。
⑥ 《官场好学》，《大公报》1903年4月19日，第4页。

《国风报》等杂志的记载。以下以恽毓鼎为例说明之。

政治上和文化上立场保守的恽毓鼎喜欢读新书新报，他自认识见高远、自信坚定，"自谓于新学能得其精深"，乃是"新知识有以发之"。① 恽毓鼎非常喜欢阅读梁启超的著述，当他读了后者发表在《新民丛报》上的《论中国学术思想变迁之大势》一文后，就认为该文评论"本朝学派变迁"为"真知灼见，洞中窍要，从前无人能及此者，二百六十年宗派当以此为定评"。② 而恽毓鼎得到梁启超主编的《国风报》第三期，马上"竭半夜之力粗竟一册"。他且详细记载了自己的阅读感受和收获，并将《国风报》与其他报刊进行比较：

> 报中所登，皆有实益有关系，所著论说，语语搔着痒处，旬余抑闷为之一快。现今报纸丛出，无非造谣言、乱骂人，结党售赇，是非颠倒，阅之徒乱人意，余皆摈不寓目。独此报出于梁任公，学问根底既坚，阅世复多深识，每月二册，皆经国远谟，我是以笃嗜之。③

受到《国风报》的影响，恽毓鼎进而想去阅读梁启超所著《中国六大政治家》，故此他专门去北京有正书局购买了梁启超所著《中国六大政治家》第五编"王荆公"，读后认为"其书发挥荆公政术学行，尽雪宋以后党论之谤，实具卓识，当细读之"。这里恽毓鼎还记载第一、第二编为"管仲""商鞅"，"余尤欲得之"，只可惜"书局

---

① 史晓风整理《恽毓鼎澄斋日记》第2册，宣统二年二月二十九日，第480页。
② 史晓风整理《恽毓鼎澄斋日记》第2册，宣统二年十二月二十九日，第520页。
③ 史晓风整理《恽毓鼎澄斋日记》第2册，宣统二年二月二十二日，第479页。

市缺，须俟异日也"。① 之后当有人为其觅得"管仲""商鞅"两编后，恽毓鼎在日记里又说这三编"可得一月快读，此三十日为不负矣！"② 于四月初六日的日记中，恽毓鼎读了"商鞅"后，又评论道他依靠此编（恽毓鼎这里误以为是梁启超所编，实则是麦孟华所编）才明白"研索"商鞅、韩非思想的关键所在，"如锁之得匙也"："不特知商君法治精神，而法家之纲领要义，亦略见于此。"③ 恽毓鼎还称梁启超的《新民说》、他主持的《国风报》、《中国六大政治家》中关于管仲、商鞅、王安石的论述，让他"耽读而忘寝食"，这些文字阅读起来"反复不厌，以其文笔佳也"，即便是严复所译《天演论》也不如之，因其"看似精奥，细按之则枵然无物，仍不耐看耳"。④ 恽毓鼎还比较《中国六大政治家》中他阅读过的管、商、王三家，认为"梁任公最得意者为第五编'王荆公'"，但他更喜欢管、商两编：

> 荆公一编发明设施、政策，尽洗前年冤诬，独具只眼，然意在翻案，究竟偏于辩论。若管、商二编，所言纯乎法治精神，诸子精蕴，欧日学说，尽入包罗，实政治家颠扑不破之作。余字字熟复不厌，较之第五编尤简赅切要也。⑤

之后的日记中，恽毓鼎又说他读了梁著三编之后的收获，"研绎有深味，于新旧政治、学识所得甚多，叹为古人未究之伟著"。⑥ 不

---

① 史晓风整理《恽毓鼎澄斋日记》第2册，宣统二年二月二十六日，第479页。
② 史晓风整理《恽毓鼎澄斋日记》第2册，宣统二年二月二十九日，第480页。
③ 史晓风整理《恽毓鼎澄斋日记》第2册，宣统二年四月初六日，第484页。
④ 史晓风整理《恽毓鼎澄斋日记》第2册，宣统二年五月三十日，第491～492页。
⑤ 史晓风整理《恽毓鼎澄斋日记》第2册，宣统二年七月初六日，第495～496页。
⑥ 史晓风整理《恽毓鼎澄斋日记》第2册，宣统二年十二月十二日，第517页。

久，恽毓鼎又重新阅读了"王荆公"一编，再次于日记中表示其收获之大："余于管、商、王三编，熟玩深思，服膺不释，其足以增吾智识者多矣。"① 1913 年 3 月 25 日，恽毓鼎在日记中再次评论该三编"实为治法家言之金科玉律，不第明古谊发幽光已也。法学精英，聚于三册，熟读而精思之，岂不远胜今人移译东洋法学，在可解不可解之间哉！"② 恽毓鼎这里还表示，"此三册，余阅已三四过矣，愈看愈有味"。反复斯言，无怪乎他将此三编作为少数几种他最为看重的书之一，"实为吾精神所萃，寤寐不忘之要道也"。③ 他甚至将"管仲"一编作为教材，"为子侄讲授"，"每夕讲一章，约至秋凉可毕。古今中外法家精义尽于此矣！"④ 通过以上恽毓鼎从个人角度屡屡对梁启超著作所做的阐释和评论，我们不难看出恽毓鼎从阅读中得到的收获，以及当时梁启超著作对他的影响。⑤ 所以当恽毓鼎完成《崇陵传信录》时，就希望梁启超能为之作跋，而梁启超也答应了恽毓鼎的请求，"复书允为跋尾"。⑥

梁启超的影响还体现在清末的科举考试中，这既是其影响力的体现，也是其影响力进一步扩大的最好的途径。清末科举改制，以策论代替八股文后，《新民丛报》《中国魂》之类书刊上登载的呼吁维新与批评清廷的文体、句式、新名词及其中引介的新思想资源，逐渐取代旧时的八股策论选本，被一些趋新考官与考生当作典范，这种情况体现在考官的考题与考生的答卷中。一旦梁启超的著述、

---

① 史晓风整理《恽毓鼎澄斋日记》第 2 册，宣统三年正月初三日，第 521 页。
② 史晓风整理《恽毓鼎澄斋日记》第 2 册，1913 年 3 月 25 日，第 636 页。
③ 史晓风整理《恽毓鼎澄斋日记》第 2 册，宣统三年闰六月十一日，第 542 页。
④ 史晓风整理《恽毓鼎澄斋日记》第 2 册，宣统三年六月二十四日，第 540 页。
⑤ 有关恽毓鼎对梁启超著述与思想的接受情况，有学者从交游角度做过研究，参看杨齐福《清末民初恽毓鼎与梁启超关系述论》，《史学月刊》2009 年第 11 期。
⑥ 史晓风整理《恽毓鼎澄斋日记》第 2 册，1913 年 11 月 26 日，第 669 页。

文体同士子的功名利禄结合起来，那其具有的诱惑力就可想而知了。正像时人之言：

> 盖自科举改章，役心功名之徒，陡然失其所抱，不得不稍稍涉猎新书。而去岁适遇秋试，若辈更遑遑不知所措，乃百方以求足供抄袭之新书，为《大题文府》《策府统宗》之替代。而《新民报》适符其用，故一时竞购，大有洛阳纸贵之象。且秋试闱题，如"问西国学术"等，无不可剿新民氏之说者，于是若辈中十之九几无不读《新民报》矣，故数月之间进步大速。①

一如《申报》上一则"社说"所批评的，"今日应试之士"，"平日束书不观，迨届场期，则广搜坊肆怀挟之书，满纸陈言，令人可厌；号为知新者，则又矜奇吊诡，刺取《新民丛报》及近人所译和文诸书中各字面，诩诩自得，号为新奇"。②

吊诡的是，哪怕张之洞查禁《新民丛报》及《清议报》等，不准翻印、购阅，厉声警告士子切勿"蹈袭康梁之书例"，并恶评有"卢梭"等新名词字样的考生试卷；③哪怕外务部发公文"照会各省督抚，令其严禁《新民丛报》及《新小说》等书"，屡次发布类似禁令，④但越禁，被禁的书报就会销售得越多，禁书政策倒等于给被禁

---

① 仁和马世杰轶群：《与陈君逸庵论杭州宜兴教育会书》，《新世界学报》癸卯第 3 期，1903 年 3 月 13 日，第 114 页。
② 《书鄂闻文告后》，《申报》1902 年 9 月 7 日，未标注版面。
③ 《两江总督张之洞通饬两江查禁〈清议〉等报札》，《大公报》1903 年 3 月 29 日，第 1 页。参看关晓红《科举停废与近代中国社会》，第 69、75 页。
④ 参看《时事要闻》，《大公报》1903 年 4 月 2 日，第 1 页；《时事要闻》，《大公报》1903 年 4 月 8 日，第 2 页；《江西·禁卖新书》，《大公报》1904 年 6 月 18 日，第 5 页；《札禁悖书》，《申报》1904 年 6 月 29 日，第 2 版；《严禁邪书》，《大公报》1907 年 7 月 7 日，第 2 页。

的书报做了广告。"昔张之洞之禁《新民丛报》,而该报反添销数百份;假外人之力以禁《新小说》,而《新小说》如故。"① 又如《大公报》的评论:

> 闻有某省某制军拟禁止学者阅《新民丛报》,谓系大逆不道、诱人为乱之恶本,并拟请朝廷严申禁令,而近日购《新民丛报》者较前尤为踊跃。压力愈大,涨力亦愈大,理固然也。②

官厅的查禁固然不会毫无效果,③ 但经常是"禁者自禁,售者自售,阅者自阅"。后来尽管清廷屡颁禁书之令,仍难以阻挡住士子仿效梁启超文风、援引其论述的热情。他们依旧会在答卷中征引梁启超著述,模仿其文体,使用其示范的掺杂日式风格的新名词、新表达,四川乡试考场内还有人公然"以《新小说》报中之《槐花谣》刻印多纸,纷贴于场中",造成"观者如堵"的局面,"有某巡绰官见而怒曰:冯廉访止禁淫书,何人敢在场屋中布散康梁谣言?遂揭一张而去"。④

饶是如此,也阻止不了其他士大夫、考官或大吏对这类行为的纵容乃至崇尚。故此,有士子堂而皇之袭用犯禁的《新民丛报》和梁启超的文章于答卷中,不但全然无事,还会借此获选。像江西考生熊季廉的乡试答卷被江西学政吴士鉴"直奖其能摹梁文",熊由此获"解元"。⑤ 此风一开,据说"以剿袭《新民丛报》得科第者,不可

---

① 《投函》,《警钟日报》1904 年 5 月 28 日,第 4 版。
② 《时事要闻》,《大公报》1903 年 3 月 26 日,第 1 页。
③ 如据《大公报》的报道,一些代售书商还是会对禁令有些许忌惮,会视其执行情况而变换卖书策略。参看《时事要闻》,《大公报》1903 年 5 月 21 日,第 1 页。
④ 参看《四川·科场纪事》,《大公报》1903 年 11 月 9 日,第 3 页。
⑤ 柴萼:《梵天庐丛录》,第 1032 页。

406

胜数也"。① 自然，梁启超所办报刊及其著述会被朱峙三这样的地方士子视为至宝，趋之若鹜，纷纷阅读仿效，"习其文体"，因其系"科举利器，今科各省中举卷，多仿此文体者"。② 舒新城回忆他少年时在家乡私塾里读书为应试做准备，私塾老师同样让他们把梁启超在《新民丛报》上发表的文章作为范本，"鼓励我们大胆说话"。③

　　士子有此需要，聪明的书商自然同样无视禁令，将《时务报》《清议报》《新民丛报》及梁启超著作大肆翻印，④ 并将之作为"乡试必携"书投放大量广告，提醒考生其为不可不备的"投时之利器"。⑤ 士子于是争相购阅模仿。像广西院试时即因主考官"颇重西学"，导致"凡有八股之癖者，皆大失所望。而随考各书庄，亦利市三倍，闻《新民丛报》及《饮冰室自由书》一概售罄，因赴考者概以是书为利器云"。⑥ 一直到1909年《新民丛报》停刊将近两年后，一些参与"不科举之科举"——优拔考试的考生，"程度稍高者专购《新民丛报》"，用以模仿应试。⑦ 凡此，均可见梁启超示范、倡导的这种混杂日文风格的报章体文风影响之广大。正如李剑农所言：

　　到辛丑年科举程式改变，废弃八股，改用策论后，一班应考

---

① 《星庐笔记》，收入《李肖聃集》，第524页。王理孚也言："其时清廷科举未废，一般学子多携此册（指《新民丛报》）入场，借以获隽者，不乏其人。"见张禹等编注《王理孚集》，上海社会科学院出版社，2006，第146页。
② 胡香生辑录《朱峙三日记》，光绪二十八年十二月初十日，第103页。
③ 参看舒新城《我和教育》，第304页。
④ 梁启超曾因其著作被大量盗版，"每一册出，内地翻刻本辄数十"，以致自己与广智书局不能多从中获利弥补亏空，而向人抱怨："每出一书，必被人翻印，无异自绞心血，替他人赚钱，故愤极不欲著书。"参看丁文江、赵丰田编《梁启超年谱长编》，第318页。
⑤ 《乡试必携：〈时务〉〈清议〉〈丛报〉汇编》，《中外日报》1903年8月17日，第3版。
⑥ 《院试余闻》，《大公报》1905年3月3日，第2张。
⑦ 《考试优拔现形记》，《民呼日报》1909年8月1日，第3页。

的秀才童生们骤然失去向来的揣摩工具，《清议报》和《新民丛报》就成了他们的小题文府、三山合稿了。政府尽管禁止，国内却是畅销无滞，千千万万的士君子，从前骂康梁为离经叛道，至此却不知不觉都受梁的笔锋驱策作他的学舌鹦鹉。①

吊诡的是，清廷虽然公开查禁梁启超著作，但私下里不少官员甚至包括出洋考察大臣端方等人，乃至肃亲王善耆、度支部尚书载泽、摄政王载沣等满洲新贵，都同梁启超暗通款曲，不少人曾求助梁启超撰写有关宪政的文章、指导预备立宪事宜。据徐佛苏回忆，当清廷设置宪政编查馆准备推行预备立宪之时：

> 当时清大吏不解宪政为何物，其馆中重大文牍，大率秘密辗转，请求梁先生代筹代庖……故先生当年代宪政馆及各衙署各王公大臣所秘撰之宪政文字，约计有廿万余言。②

更有趣的是，端方等出洋五大臣考察宪政的奏折，其幕后捉刀人也是梁启超。③

借由以上讨论，我们能发现《新民丛报》与梁启超著作被各地读者广泛购阅和梁启超产生广泛影响的情况。这些书刊在很多地方均能买到，其货源或主要由康梁派在上海的出版合作方如广智书局、《新民丛报》支店提供，其他一些则来自上海书商及外地书商盗印、

---

① 李剑农：《中国近百年政治史》，湖南教育出版社，2008，第198页。

② 徐佛苏：《梁任公先生逸事》，转见丁文江、赵丰田编《梁启超年谱长编》，第326页。

③ 参看夏晓虹《梁启超代拟宪政折稿考》，收入氏著《梁启超：在政治与学术之间》，东方出版社，2014，第17~77页。

选印，① 还有一些是从日本带回或寄回的，像周作人所读的部分《清议报》《新民丛报》就是其兄周树人（鲁迅）从日本寄回或托人带回的。②《新民丛报》销行虽广，但前引徐兆玮 1902 年 9 月所说《新民丛报》"沪上行销几及万本"，肯定是有所夸大，或是对《新民丛报》广告有误读。③ 复据 1903～1905 年初《国民日日报》、《时报》和《警钟日报》上先后发表的各报刊销售数量的不完全统计可知（这无法包括旅客由日本或上海夹带到内地的数量，像前引周作人、朱峙三看到《新民丛报》等违禁书刊即是通过这个途径），在扬州、常熟、泰兴、泰州、武汉、镇江、杭州、衢州等地，《新民丛报》的销量除了不如传统的大报《申报》《新闻报》及新兴的《中外日报》《时报》等，在各地的杂志销量中大多已处于第一的位置，累计统计，毫无疑问它就是当时最畅销的杂志，但也难以达到万册。④ 然而需要特别说明的是，一份报、一份刊或一本书还可以由多个读者阅读，到底哪些读者读过、在哪里阅读、为什么阅读、读后的具体回应情况如何，等等，都值得深入讨论，所以很难完全用报刊或书籍销量的多少来证明其影响力的大小，此处的叙述只是提供一个可供参考对比的简单数字，未必就足为凭信。

---

① 如开明书店即翻印过梁启超的《新民说》《中国魂》，参看《文明绍介·开明书店》，《中国白话报》第 7 期，甲辰年二月初一日，第 9 页；南京明达书庄也曾"鸠集股本翻印"过《清议报》等杂志，参看《两江总督张之洞通饬两江查禁〈清议〉等报札》，《大公报》1903 年 3 月 29 日，第 1 页。时在重庆府中学堂读书的任鸿隽，读的就是梁启超《灭国新法论》的盗版本，读后"因是种种感触"，开始与同学"在校不以校课为满足，而时时作改革运动"。胡宗刚整理《任鸿隽自述》，《近代史资料》第 105 号，中国社会科学出版社，2003，第 5 页。
② 参看张菊香等编《周作人年谱》，第 51～52 页。
③ 梁启超自谓《新民丛报》创刊时销量只有近五千册，但到 1906 年 3 月 25 日，新民丛报社在《申报》上刊登广告时，称该杂志销量为一万四千册。后来梁启超于 1915 年 9 月初时又说："《新民丛报》《饮冰室文集》等书流布人间者，不下数十万本。"参看丁文江、赵丰田编《梁启超年谱长编》，第 180、318、467 页。
④ 关于清末各报刊的销量情况，笔者拟另文考察，此处不赘。

抑有进者，由于梁启超在当时舆论界的影响力太大，当时新创办的诸多杂志、报纸纷纷追随梁启超的文风、语汇及《新民丛报》的栏目编排和关注点，或者转载梁启超的文章。像当时在上海颇有名气的《苏报》就曾发表一位杭州读者侯井心的来函，该函直接批评该报"论说往往袭用《新民丛报》空调，亦今日文界中一奴隶也"。① 再如喜欢阅读新书新报的浙江名士孙宝瑄认为，当时创办的其他刊物如《新世界学报》，"其中议论多袭梁饮冰之绪余"，② 又认为"吾浙人之游学东国者创社报一种，名《浙江潮》。盖仿《新民丛报》之作也"。③ 北京一家打算开办的旬报，创办之前即标榜其体例要仿效《新民丛报》："观音寺之林屋洋行内之主人拟在北京设一旬报馆，月出二册，一切体例均仿《新民丛报》。"④ 商务印书馆1904年新创刊的《东方杂志》，虽然其创刊号所载《新出〈东方杂志〉简要章程》中自我标榜"本杂志略仿日本《太阳报》、英美两国《而利费》（*Review of Review*）体裁"，⑤ 但其更具体的模仿对象其实是创刊诸人不太容易说出口的《新民丛报》，我们只要比较一下前几期《东方杂志》与《新民丛报》的栏目设计就可以发现这个情况。⑥ 梁启超对《东方杂志》的影响甚至延续到1920年代："商务印书馆以《东方杂志》为首，是在任公先生的影响之下。任公自己的文章固不必说，

---

① 参看《侯井心来函》，《苏报》1903年7月3日，第3页。此材料由复旦大学曹南屏提供，特此致谢。
② 参看孙宝瑄《忘山庐日记》上册，光绪二十八年八月二十六日，第573页。
③ 参看孙宝瑄《忘山庐日记》上册，光绪二十九年二月二十一日，第652页。
④ 参看《北京·拟开报馆》，《大公报》1903年6月6日，第2页。
⑤ 《东方杂志》第1年第1期，光绪三十年正月二十五日，第1页。
⑥ 关于早期《东方杂志》的研究，可参看丁文《"选报"时期〈东方杂志〉研究》，商务印书馆，2010。该书对《东方杂志》早期的创办情况有比较好的梳理，只是并未注意到《东方杂志》模仿《新民丛报》的问题。

他介绍来的文稿都是必登必印的。"① 同样，革命派秦力山、戢元丞等人合办的《大陆报》虽然不断刊发攻击梁启超与保皇党人及《新民丛报》的刻薄评论，但从其栏目设计、体例、刊载的文章内容等方面来讲，亦是将《新民丛报》作为模仿的对象，进而又将之作为打倒的对象的；秦力山和其同志甚至创办有《少年中国报》，从报名与发表的个别文章内容看，明显也是受到梁启超"少年中国"和"老大帝国"论述的影响。② 至于其他留学生创办的杂志如《游学译编》等，均受到《新民丛报》体例和文风的很大影响。③ 甚至到了民初吴虞等人在成都打算发起一杂志，其模仿的对象依然是《新民丛报》，"拟仿之分政治时评、教育时评、社会时评三门也"。④ 而清末包括一些官报在内的内地报刊转载或引用、回应《新民丛报》的现象更是比比皆是。⑤ 或可说，《新民丛报》就是当时报界的一个标杆，引起诸多后起报刊的仿效，它对时人产生的影响之大，远非包括《大陆报》《民报》在内的其他报刊所能比。对此，我们通过《正宗爱国报》上的一个记载也可略窥一二："听说最近由东洋来了一种新

---

① 陶希圣：《商务印书馆编译所见闻记》，收入高崧编选《商务印书馆九十五年》，商务印书馆，1992，第491页。

② 笔者没有看到该杂志，是根据《鹭江报》上转载自该杂志上的一篇文章内容推知此点。参看《介绍〈游学译编〉》，《鹭江报》第29册，1903年4月27日，第5页。关于秦力山等人创办《大陆报》《少年中国报》一事，以及《大陆报》的情况，参看《大陆报》，上海图书馆编《中国近代期刊篇目汇录》第2卷（上），上海人民出版社，1979，第699~759；冯自由《秦力山事略》，收入《革命逸史》初集，第88页。

③ 关于《游学译编》的情况，参看《游学译编》，收入上海图书馆编《中国近代期刊篇目汇录》第2卷（上），第762~766页。

④ 中国革命博物馆整理《吴虞日记》上册，1914年2月4日，第121页。

⑤ 如《湖南官报》即转载了梁启超的《格致学沿革考略》一文。参看《湖南官报》第195号等。原报未署出版时间。其余如《新闻报》、《时报》、《大公报》、《选报》、《鹭江报》、《东方杂志》、《广益丛报》、《北洋政学旬报》、《萃新报》、《南洋七日报》、《童子世界》、《教育杂志》（天津）、《台湾日日新报》等报刊也不时转载或改编《新民丛报》上的文章。

报，名叫《民报》，每月销的很多。报的内容，我们没看见，可不知道好不好，揣度着，也必是《新民丛报》之类吧。"①

进言之，在当时清廷各级官方的文告、奏呈，报刊上的政论和商业广告，教科书，唱歌集，新的戏曲小说等文类中，乃至后来溥仪登极普告天下的诏书中，都充斥着梁启超式的叙述与表达——"支那""脑筋""黄种""国民""国家""少年中国""老大帝国""东亚病夫""醒狮""过渡时代""新民""新中国""新小说""新史学""四万万"之类梁启超率先使用或经其使用后始大放光彩的新名词。难怪洞烛世事的黄遵宪早在 1902 年 12 月写给梁启超的信中就说：

> 此半年中，中国四五十家之报，无一非助公之舌战，拾公之牙慧者，乃至新译之名词、杜撰之语言、大吏之奏折、试官之题目，亦剽袭而用之。精神吾不知，形式既大变矣；实事吾不知，议论既大变矣。②

另外一个曾目睹其事的同道与黄遵宪所见略同，他在纽约新创办的《中国维新报》序言中说道：

> 迩来《新民丛报》承二报（指《时务报》《清议报》——引者注）之余烈，而大光之，士夫采之为国论，学堂用之为读本，薄海内外报馆林立，无论其宗旨如何，其议论如何，其尽天职与《新民》一揆。凡所输入国民新思想、新智识、新道德，无非扬《新民》之波，而激《新民》之流，虽谓诸报皆《新

① 《〈民报〉畅销》，《正宗爱国报》第 176 期，丁未四月初九日（1907 年 5 月 20 日），第 3 页。
② 《致梁启超函》（1902 年 12 月），陈铮编《黄遵宪全集》上册，第 449 页。

民》之应声可也。①

诸如此类的表达不胜枚举，这均可反映出梁启超和《新民丛报》对于当时读者的吸引力与影响力，表明上引黄遵宪等两人的称赞绝非溢美之词。正像受过梁启超很大影响的史家吕思勉后来所说：

> 《新民丛报》者，其转移风气之力，与《时务报》相垺。时清廷方貌行新政，以敷衍人民，书报禁递，已不甚严，故其销数亦几垺《时务报》。《时务报》多论政事，《新民丛报》则多贬针人民。欧西思想与中国不同之处，乃渐明了。自由、平等、热诚、冒险、毅力、自尊、自治、公德、私德诸多名词，乃为人人所耳熟。今日中年以上之人，其思想，尚多受诸此报者也。多载泰西名人学案传记，多数人乃渐知西方学术之真相。又多以新思想论旧学术，后此治新学者之喜研国故，亦实肇端于是焉。②

蒋梦麟晚年亦在回忆录中说：

> 梁启超在东京出版的《新民丛报》是份综合性的刊物（蒋梦麟这里记错，《新民丛报》是在横滨而非东京出版——引者

---

① 《中国维新报·序》，原见旧金山《文兴报》，转见《鹭江报》第 36 册，1903 年 7 月 5 日，第 6 页。

② 《三十年来之出版界（1894～1923）》，《吕思勉遗文集》上册，第 375 页。在 1946 年发表的文章中，吕思勉仍认为梁启超在《新民丛报》时代的论述，"都有许多暮鼓晨钟、发人深省的言论。读者若不厌其旧，求得而读之"，可以作为学习理学尤其是王学的"阶梯"。《从章太炎说到康长素梁任公》，《吕思勉遗文集》上册，第 399 页。

注），内容从短篇小说到形而上学，无所不包。其中有基本科学常识，有历史，有政治论著，有自传，有文学作品。梁氏简洁的文笔深入浅出，能使人了解任何新颖或困难的问题。当时正需要介绍西方观念到中国，梁氏深入浅出的才能尤其显得重要。梁启超的文笔简明、有力、流畅，学生们读来裨益非浅，我就是千千万万受其影响的学生之一。我认为这位伟大的学者，在介绍现代知识给年轻一代的工作上，其贡献较同时代的任何人为大，他的《新民丛报》是当时每一位渴求新知识的青年的智慧源泉。①

类似吕思勉和蒋梦麟，不少受过梁启超著作洗礼的人在回忆中均提及梁著作的流行程度与影响力。如曹聚仁回忆，其父也受到梁启超与《新民丛报》的很大影响。曹还进而认为《新民丛报》的影响无远弗届，很多偏僻的地方都有《新民丛报》传布：

> 《新民丛报》虽是在日本东京刊行，而散播之广，乃及穷乡僻壤。清光绪年间，我们家乡去杭州四百里，邮递经月才到，先父的思想文笔，也曾受梁氏的影响；远至重庆、成都，也让《新民丛报》飞越三峡而入，改变了士大夫的视听。②

柳亚子、郭沫若、顾颉刚、舒新城、陈启天、梁漱溟在追忆当年阅读梁启超著作的情况时，也有大体相似的叙述，且可与曹聚仁的回忆相印证。

---

① 蒋梦麟：《西潮·新潮》，第57页。
② 曹聚仁：《报章文学》，《文坛五十年》，东方出版中心，2006，第31页。

柳亚子在1940年自撰的年谱中回忆1902年他十六岁在吴江同里老家初读《新民丛报》时的情况说："以《新民丛报》为枕中鸿宝焉。读卢梭《民约论》倡天赋人权之说，雅慕其人。更名曰人权，字亚卢，谓亚洲之卢梭也。"① 同样，根据郭沫若的回忆，那时远在四川县城学堂读书的少年郭沫若读了梁启超发表在《新民丛报》上的《意大利建国三杰传》文章、《清议报》刊载的翻译小说《经国美谈》后，印象深刻，二十多年后回忆时犹说："他轻灵的笔调描写那亡命的志士、建国的英雄，真是令人心醉。"② 较之郭沫若，顾颉刚回忆他昔日阅读梁启超的情形更为具体生动：

我的父亲的案头有了梁启超在日本编印的《新民丛报》。那时我已在学习作文了，梁启超的文章这样的浅显畅达而又感情丰富，是我在古文里从来不曾读过的，因此我在私塾功课之外就自己选读这刊物，其中尤以《少年中国说》《呵旁观者文》等篇写得十分慷慨激昂，读得更高兴，俨然有古人"痛饮读《离骚》"的样子，把作者的感情和自己的感情融化而为一了。我从这刊物里认识了中国所以必该变法的道理和旧制度应当怎样改革的方法。我从他的《光绪圣德记》里更热爱了光绪帝，真觉得他是中国历史上所有的皇帝中最好的一位。不幸偏偏逢着这位只做坏事的西太后，把他关禁起来了。中国失去了这样好的一位领袖，怎么办呢？我又从梁启超的《新中国未来记》这部预言性的小说里写的将来新中国变法立宪、人民选举光绪帝做第一任大总统，就希望将来真有这一天实现

---

① 柳无忌等编《柳亚子文集·自传·年谱·日记》，上海人民出版社，1986，第8～9页。
② 郭沫若：《童年时代：沫若自传之一》，重庆作家书屋，1942，第168页。

这最良好的愿望，并且赶走外国的侵略军，让全国人民都过着最良好的生活。①

与顾颉刚同龄的少年舒新城也是在湖南溆浦的学堂里读老师推荐的《新民丛报》中的论文选集，"更感到'男儿立志当如斯'"，后又很快学会了写策论文章。② 陈启天回忆中也说及 1908 年时在湖北黄陂读书，"同学中有以《新民丛报》传观者"，偶然读到的陈启天"思想似为之一新"，他遗憾因为该报当时为禁书，"无由得多阅也"。③ 民初以后，陈启天在读了梁启超的集子以后，又受到梁启超很大的影响，"后来我撰编《张居正评传》与《中国法家概论》等书，多少是由于他的著作之启示，可为证明"。④

梁漱溟回忆他少年时候（1907 年前后）有"在北中国内地的人所可能有的最好自学资料"，"是当时内地寻常一个中学生，所不能有的丰富资财"，这些资料的主要部分是："我拥有梁任公先生主编之《新民丛报》壬寅、癸卯、甲辰三整年六巨册，和同时他编的《新小说》（杂志月刊）全年一巨册（以上约共五六百万言）。这都是从日本传递进来的。"梁漱溟还详细记述了他阅读梁启超作品后得到的收获：

> 《新民丛报》一开头有任公先生著的《新民说》，他自署曰"中国之新民"。这是一面提示了新人生观，又一面指出中国社会应该如何改造的；恰恰关系到人生问题、中国问题的双方，切

---

① 顾颉刚：《我在辛亥革命时期的观感》，收入《中国哲学》第 9 辑，三联书店，1983，第 512 页。
② 舒新城：《我和教育》，第 37 页。
③ 陈启天：《寄园回忆录》，第 13 页。
④ 陈启天：《寄园回忆录》，第 78 页。

合我的需要，得益甚大。任公先生同时在报上有许多介绍外国某家学说的著作，使我得以领会近代西洋思想不少。他还有关于古时周秦诸子以至近世明清大儒的许多论述，意趣新而笔调健，皆足以感发人。此外有《德育鉴》一书，以立志、省察、克己、涵养等分门别类，辑录先儒格言（以宋明为多），而任公先生自加按语跋识。我对于中国古人学问之最初接触，实资于此。虽然现在看来，这书是无足取的，然而在当年却给我的助益很大。这助益，是在生活上，不徒在思想上。①

与顾、舒、陈、梁年岁相若的毛泽东同样受梁启超的影响很大，不过他是晚到 1910 年初才读到《新民丛报》。五四新文化运动时期毛泽东发起组织新民学会，此即显示出梁启超对他的持久影响。而梁启超式的句法与文章风格，则让毛泽东终身受用。②

抑有进者，连在洪宪帝制时期主张复辟的《上海亚细亚日报》，在批评梁启超之余，也刊文称赞其当年主办《新民丛报》时的影响力：

> 惟其办《新民丛报》，灌输新学，提醒国民，以新思想归纳于旧学术，旧学术演绎为新思想，此在中国文学界上，实亦辟一新纪元，洵不惭为中国之新民也。③

由上可知，一定程度上，对于读者"别有一种魔力"的梁启超

① 参看《我的自学小史》，收入中国文化书院学术委员会编《梁漱溟全集》第 2 卷，山东人民出版社，2005，第 681～682 页。
② 参看李锐《毛泽东早年读书生活》，万卷出版公司，2015，第 61～64 页；还可参看李运博《中日近代词汇的交流——梁启超的作用与影响》，第 24 页。
③ 《学海述闻》，《上海亚细亚日报》1915 年 9 月 25 日，第 2 张第 4 页。

从"灌输常识"入手，受到的"社会之欢迎"，"乃出意外"，① 实际是重新形塑了近代中国的阅读文化，为一众读者提供了可供选择吸收使用的大量新式思想资源。尽管这些新的思想资源不那么具有原创性，② 甚至多是由日文转述而来，③ 然而却契合了时代与时人的需要。这种局面延续到1920年代乃至以后，梁启超仍凭借其文字拥有大批的读者和来自政学各界的尊敬，其金字招牌并不因其政治主张不当或其没有政府职务而削弱，这一点梁启超身边像张君劢那样的追随者很是明白。所以当1922年11月底梁启超计划带病在南京举行多场演讲时，张君劢强硬地进行了干涉与阻止。据梁启超所记张之理由乃是："说我的生命是四万万人的，不能由我一个人作主，他既已跟着我，他便有代表四万万人监督我的权利和义务。"④ 对此，向以"营业主义"为重的商务印书馆也非常清楚，无怪乎张元济等人费心将梁启超从中华书局那里罗致过来为商务印书馆专门撰稿，特事特办，每月撰写字数多少无所谓，给予千字二十元的极高稿酬，且要梁启超不要声张，"千字二十元勿为人道及，播扬于外，人人援例要求，甚难应付"，另外再每月致三百元月供。⑤ 这个稿酬较1911年张元济为梁启超所开的千字七元（也非常

---

① 梁启超：《鄙人对于言论界之过去及将来》，收入《饮冰室合集·文集之二十九》第4册，第3页。

② 孙宝瑄曾批评梁启超："梁任公《新民丛报》，新理盈篇累幅，我国人读之悚目惊心，而自日人观之，皆唾余也，其程度相去悬远。"孙宝瑄：《忘山庐日记》上册，光绪二十九年六月二十六日，第549页。

③ 有关的情况，可参看狭间直树所编《梁启超·明治日本·西方》（社会科学文献出版社，2012）中的一些研究。有关梁启超与明治日本的关系，还可参看夏晓虹《觉世与传世——梁启超的文学道路》，第177~200页。

④ 参看丁文江、赵丰田编《梁启超年谱长编》，第624页。

⑤ 参看丁文江、赵丰田编《梁启超年谱长编》，第621、648页；《张元济全集》第3卷，商务印书馆，2007，第223页。关于梁启超与商务印书馆的关系，见子治《梁启超和商务印书馆》，收入蔡元培等《商务印书馆九十年》，商务印书馆，1987，重点参看第495~511页。

高）又高出许多。① 而北京高师为了要请梁启超讲课，"要和别的学校竞争，出到千元一月之报酬"。② 凡此均可见梁启超在当时的影响力，亦可管窥其作品的畅销度和吸引力。正如梁启超的自谓："二十年来学子之思想，颇蒙其影响。"③ 也如胡适在 1922 年时的现身说法："二十年来的读书人差不多没有不受他的文章的影响的。"④ 后来曹聚仁甚至说："近五十年间，中国每一知识分子都受过梁启超的影响，此语绝无例外。"⑤ 陈启天则进一步表示："凡是读过他的文章的人，几乎无人不受他的影响。"⑥ 即便是对梁启超善变性格与学术主张不满的湖南名士李肖聃，也不得不承认：

> 要之五十年来，中国书生以文学议论主张国策，移易人心，启发天地之新机，光大中华之国命，盖未有能及梁者，虽国民党人百口谤之，而于梁固无伤损。⑦

李氏对梁之评价不可谓不高！

二 "亡国之媒"

梁启超的这种影响绝对不限于思想、学理或文化的层面，在现实社会中激起的反应或更大。就像 1905 年由上海兴起蔓延到全国的抵

---

① 参看张元济致梁启超函（1911 年 5 月 12 日），收入《张元济全集》第 3 卷，第218 页。
② 丁文江、赵丰田编《梁启超年谱长编》，第 630 页。
③ 《清代学术概论》，收入朱维铮校注《梁启超论清学史二种》，第 70 页。
④ 《五十年来中国之文学》，见郑大华整理《胡适全集》第 2 卷，第 282 页。
⑤ 曹聚仁：《梁启超》，《文坛五十年》，第 75 页。
⑥ 陈启天：《寄园回忆录》，第 78 页。
⑦ 《星庐笔记》，收入《李肖聃集》，第 526 页。

制美货运动，按照严复的批评，就是源于梁启超在《新民丛报》中的启蒙，"中国迩年程度已进，所持议论，半皆三四年来《新民》诸报之积毒"。① 较之对此运动起因的影响，梁启超更大的价值或在于其改良式的宣传导致了"革命"的效果。正如张尔田在1908年批驳康有为、梁启超的新学主张时所言："康梁诸人出，创为革命变法之说，以簧鼓天下，十年以来，举国从之。"② 为此张尔田与孙德谦合作专门撰写《新学商兑》一书来批驳康梁误读古籍、附会新学（主要是针对梁启超，兼及其师承康有为），"使天下学子读六经诸子之书，皆有尊君爱国之心，而不为康梁谰言所诱……"③

有意思的是，虽然清末时梁启超一度倾向革命，④ 但最终仍归于保皇和立宪一途，反对暴力革命，为此他饱受革命党人的口诛笔伐，经常被骂为"文妖"。像激进的《汉帜》杂志即发表了一篇挖苦"梁文妖"及《新民丛报》的文章，明指梁启超的影响力已过时，属于"不文明"之列，读者现在更愿意追随"文明"的革命潮流：

近来种族革命之大思潮日益膨胀，有家藏梁文妖一部书者，必为全学界所不齿。某君壬寅来之最喜阅《新民丛报》，而现改过者也。一日，适有持梁氏报过其门者，曰速携去，毋坏我名誉。又某君者亦注意种界者也，适友人来访，戏夸己室内无一不文明之物。友指其床底下尘封之旧日《饮冰室文集》，笑曰：君

① 《与曹典球书（四）》，王栻主编《严复集》第3册，第569页。
② 《〈新学商兑〉叙》，收入黄曙辉、张京华编《张尔田著作集》卷5，上海大学出版社，2018，第7页。
③ 《〈新学商兑〉叙》，收入黄曙辉、张京华编《张尔田著作集》卷5，第8页。
④ 民国元年梁启超归国对报界发表演说时，自谓在维新变法时期已有"种族之感"，"言之未尝讳也"，后又专门办《新小说》"欲鼓吹革命"，这些话虽不无后见之明，但也大体属实。参看梁启超《鄙人对于言论界之过去及将来》，收入《饮冰室合集·文集之二十九》第4册，第2～3页。

室内真个好文明！尚有此妙品在耶！某大惭，即取出火之。日来梁文妖高树降幡，《新民丛报》店销路不通，骎骎于有倒闭之势。梁氏诸著，盖已视同禁书，而人无敢购阅矣。[1]

我们结合前一部分的讨论可知，这里对梁启超的批评显然是革命党人的想象与故意丑化，从中彰显的恰是梁启超之于时人的巨大影响，以及革命党人对梁启超的忌惮。其实，不管当初这些论敌如何评价梁启超，如何否定其影响，其文字宣传所起的实际作用，都与梁共同助推了近代中国激进风气的形成，最终促成了革命浪潮的勃兴与民国的肇建。如正在美国留学的胡适在1912年11月对梁启超的评价：

> 梁任公为吾国革命第一大功臣，其功在革新吾国之思想界。十五年来，吾国人士所以稍知民族思想主义及世界大势者，皆梁氏之赐，此百喙不能诬也。去年武汉革命，所以能一举而全国响应者，民族思想、政治思想入人已深，故势如破竹耳。使无梁氏之笔，虽有百十孙中山、黄克强，岂能成功如此之速耶？[2]

后来阎锡山回忆他当年在日本时偶然读到梁启超的《中国魂》一书，由此坚定了革命决心，"益稔知清廷之腐败无能，清官吏所吩咐千万不可接近革命党人的话，至是在我脑中全部消失，遂决心加入推翻满清政府的革命"。[3] 梁启超去世后，天津《大公报》即发表评论认为："自东京时代，梁氏与国民党为政敌，然其全盛时期之文

---

① 亚朔：《挟书之禁》，《汉帜》第1号，1907年1月25日，第57～58页。
② 曹伯言整理《胡适全集》第27卷，胡适1912年11月10日日记，第222页。
③ 《阎锡山早年回忆录》，传记文学出版社，1968，第5页。

学，实播殖中国革命之种子。"① 有时人在悼念梁启超时也直接说民国肇建之功，"新会之功不亚孙、黄"。② 毕树棠（1900～1983）从报刊史角度所做的回顾大略相似：

> 梁任公所办的《时务报》和《新民丛报》可算中国政治杂志的始祖，当时把十九世纪后半期西洋的学术思想和政治制度生吞活剥地搬运到中国来，唤醒其当时一般青年，造成一种要求新政的共同意识。当时所鼓吹的虽然是宪政，却间接的酝酿成了辛亥革命。那时在海外和边疆上虽然有国民党的激烈活动，然而在言论上促成革命的，以《新民丛报》的力量为最大。③

对此，梁启超自己其实也有清醒认识："平心论之，现在之国势政局，为十余年来激烈、温和两派人士之心力所协同构成，以云有功，则两俱有功，以云有罪，则两俱有罪。"④ 可以说，种瓜得豆，梁启超无意中起到了"避革命之名行革命之实"的作用。⑤ 无怪乎民初有舆论认为梁启超依靠《新民丛报》等杂志的宣传，"其功"可为

① 《悼梁卓如先生》，《大公报》1929 年 1 月 21 日，第 2 张第 2 版。
② 丁文江、赵丰田编《梁启超年谱长编》，第 778 页。
③ 毕树棠：《杂志小言》，《政治学报》，1932 年 6 月，第 254 页。
④ 参看梁启超《鄙人对于言论界之过去及将来》，收入《饮冰室合集·文集之二十九》第 4 册，第 5 页。
⑤ 有关这一阶段梁启超思想的转变情况及其宣传对革命的促进作用，可参看张朋园《梁启超与清季革命》，中研院近代史研究所专刊，1999。不过桑兵教授从政治史角度立论认为梁启超本就在暗中宣传革命，是"真心得豆"，不存在种瓜得豆的问题（参看桑兵《庚子勤王与晚清政局》，北京大学出版社，2004，第 384～387 页）。桑论很有启发，但笔者仍认为这或应分三方面看：首先就梁启超等对革命兴起所起的作用来言，如张朋园等人所论应该是种瓜得豆；其次就梁启超等人的主观意愿来讲，他当时也应该是"真心种瓜"；最后，从思想史角度就梁启超等人言论及其造成的社会效果来讲，他其实是种豆得豆，用撷拾来的西学/新学进行急功近利的启蒙，最后又造成一个"买椟还珠"的中国。

"造成民国"之"第一人"："故论造成民国之功者，咸以梁氏为第一人。"① 而梁启超的同道徐佛苏在回忆梁启超与辛亥革命关系时也认为，辛亥革命初起之时，革命党人并无明确的计划和强大的势力，孙、黄甚至在开始时均未介入其中，辛亥革命一举成功，"实大半由于各省（谘议局）议员根据议政机关，始能号召大义，抵抗清廷也，又大半由于各省谘议局之间有互助合作之预备与其目标也"。谘议局议员之所以有此表现，乃多因梁启超"能以精神及著作领导会等之奋斗也"。梁启超对于民国肇建，"实有间接之大力"。②

或许毕树棠、徐佛苏等人事后之言太过宏观，也有爱屋及乌之嫌，不过，他们之论并非过誉，接下来我们进一步列举更多个案佐证之。如对当时正在上海求学的少年胡适而言，梁启超文字"明白晓畅之中，带着浓挚的热情，使读的人不能不跟着他走，不能不跟着他想"。其中影响胡适最大的，"第一是他的《新民说》，第二是他的《中国学术思想变迁之大势》"，这两篇文章都发表在《新民丛报》上，"我们在那个时代读这样的文字，没一个人不受他的震荡感动的"。③ 进而胡适还说及他读梁启超《新民说》的具体感受："《新民说》诸篇给我开辟了一个新世界，使我彻底相信中国之外还有很高等的民族、很高等的文化；《中国学术思想变迁之大势》也给我开辟了一个新世界，使我知道四书五经之外，中国还有学术思想。"④ 胡适这里又自谓其后来之所以去撰写《中国哲学史》，也是因为想延续梁启超在《中国学术思想变迁之大势》中未能完成的工作。在别处胡适还曾评价《新民说》道："这样推崇西方文明而指斥中国固有的

① 《新阁员之历史》，《大公报》1913 年 9 月 18 日，第 2 张。
② 丁文江、赵丰田编《梁启超年谱长编》，第 394 页。
③ 《四十自述》，收入沈寂整理《胡适全集》第 18 卷，第 59、60 页。
④ 《四十自述》，收入沈寂整理《胡适全集》第 18 卷，第 61 页。

文明，确是中国思想史上的一个新纪元。"① 而对于梁启超这一时期的文字事业与政治活动，胡适同样指出："这时代是梁先生的文章最有势力的时代，他虽不曾明白提倡种族革命，却在一班少年人的脑海里种下了不少革命种子。"② 考虑到胡适上述追忆性评价的语境，当不无故意渲染的因素，但我们仍可以感受到梁启超对胡适的影响之大，这同后者 1912 年 11 月日记中对梁启超的评价基本一致。

无独有偶，郭沫若在自传中也回忆他当时虽然不喜欢梁启超的保皇立场，"却喜欢他的著书"，"当时的有产阶级的子弟——无论是赞成反对，可以说没有一个没有受他的思想的洗礼，文字的洗礼的。他是资产阶级革命时代的有力的代言者，他的功绩实不在章太炎辈之下的"。③ 与毕树棠、胡适、郭沫若三人所见略同的是浙江人曹聚仁（1900～1972），他在回忆中也有类似看法：

> 孙中山虽是人人知道的革命领袖，他的思想，对于我们，可说绝无关涉。我读了当代文士的自叙传，都说到幼年时期，如何受《饮冰室文钞》的感动。清末，康、梁派的君宪党和孙中山派的同盟会，虽是对立的政党；《新民丛报》和《民报》虽是一直争辩着的战友，但唤醒一般人的革命情绪，扩大革命运动，梁启超的《新民丛报》，乃在同盟会的《民报》之上。梁启超所做的，可说是革命的前驱工作。④

---

① 《新文化运动与国民党》，收入沈寂等整理《胡适全集》第 21 卷，第 442 页。
② 《四十自述》，收入沈寂整理《胡适全集》第 18 卷，第 55 页。关于梁启超对少年胡适的影响，可参看张朋园《梁启超与胡适——两代知识分子的亲和与排拒》，收入唐德刚等《我们的朋友胡适之》，岳麓书社，2015，第 114～152 页；江勇振《舍我其谁：胡适》第一部《璞玉成碧，1891～1917》，第 102～106 页。
③ 郭沫若：《童年时代：沫若自传之一》，第 167～168 页。
④ 曹聚仁：《梁启超》，《文坛五十年》，第 75 页。

毕树棠、胡适、郭沫若和曹聚仁这四位职业和政治立场不同但年龄相差最多只有十岁的人，看法如此一致，在在说明梁启超在近代中国的趋新事业与激进的政治实践中所扮演的关键角色。

与上述胡适等人评价梁启超的角度相似、立场却相反的评论则有"仁和马世杰轶群"、柴萼、李肖聃、严复等人，他们各有关怀，但均集中于梁启超带来的巨大破坏力，其中严复结合当时中国现实所进行的批评最为全面详细，尤值得仔细分梳。

我们先看亦是梁启超和《新民丛报》热心读者的"仁和马世杰轶群"的观察。他在回答陈逸庵关于杭州城现状的问询时说，杭州人近来开化很快，"推其故溯其因，乃悦然于《新民丛报》之动人也"。① 在趋新的马世杰看来，威力巨大的《新民丛报》短时间内让时人"进步大速"："曩之埋首下帷咿唔呫哔，从事于八比试帖，诟西学如螫毒，詈维新为叛逆者，今几皆反而言革命、谈维新矣！"然而，马世杰担心这只是"开化"的表象，这些读者依靠《新民丛报》掌握的新学知识只是皮毛，其目的仅是在追逐时髦：

> 盖若辈今日之竞读《新民报》者，非能知《新民报》也，特以口谈一二新语为合时尚之用，博知新之名（原文为"民"，应误——引者注）耳！试一穷诘之，将瞠目缄口结舌，畏缩而无语矣！是若辈之开化，皮相焉耳！

马世杰最后又将批评的矛头对准《新民丛报》，认为《新民丛报》是"急进派之报也"，"其主义专在激刺人脑，使人增感化力，

---

① 仁和马世杰轶群：《与陈君逸庵论杭州宜兴教育会书》，《新世界学报》癸卯第3期，1903年3月13日，第113~114页。

故其所言皆激昂淋漓、叠叠动人之论"。① 这样很容易让"吾杭人之开化者""读数小册子之《新民报》而遂以为天下学问悉尽于此，不复致力于古来固有之学"，结果"其所得必不实，而终且流为学术之奴隶"。②

然而这样的批评和提醒似乎并没有发挥多少作用，新名词泛滥之势不可抑制。辛亥后，目睹清末民初新名词乱象的小文人彭文祖写作专书《盲人瞎马之新名词》，专门剖析某些流行新名词的系谱，极力挖苦乱用新名词的趋新者和利用新名词牟利的商务印书馆、新学会社等出版商。在彭文祖看来，新名词兴起于甲午战败之后，"此留学生与所谓新人物（如现之大文豪梁启超等）者共建之一大纪念物也"，之后新名词所向披靡，到辛亥革命后更是"弥漫全国，小学蒙童，皆以竞谈新名词为能事"。③ 不过彭文祖这里虽然极力强调新名词之危害，但他仅仅提到梁启超的"共建"作用，并未特别批评梁启超在其中扮演的角色。

与彭文祖类似，民初亦曾为留日学生的后来者柴萼（1893～1936）在目睹五四新文化运动之强烈风潮后，从梁启超援引新名词对中国文学造成的伤害到最后导致白话文崛起的角度进行了批评：

> 数十年来，吾国文章承受倭风最甚……新会梁启超主上海《时务报》，著《变法通义》，初尚有意为文，其后遂昌言以太、脑筋、中心、起点。《湘报》继起。浏阳唐才常、谭嗣同和之，古文家相顾惶恐……及留日学生兴，《游学译编》依文直译，而

---

① 以上引文均见仁和马世杰轶群《与陈君逸庵论杭州宜兴教育会书》，《新世界学报》癸卯第3期，1903年3月13日，第114页。

② 仁和马世杰轶群：《与陈君逸庵论杭州宜兴教育会书》，《新世界学报》癸卯第3期，1903年3月13日，第117页。

③ 彭文祖：《盲人瞎马之新名词》，第4页。

梁氏《新民丛报》，考生奉为秘册，务为新语，以动主司……梁益为《世界大势论》《饮冰室自由书》，以投时好（梁自言为赚钱，盖专为考生作也）。湖南则自江标、徐仁铸号为开新，继以阳湖张鹤龄总理学务，好以新词形于官牍。其时督抚亦招留学生入幕，西林岑春萱奏移广西省会于南宁，奏称："桂省现象，遍地皆匪。南宁为政事上要区、商业上中心。"新词入奏疏，自岑始矣。宪政论起，法政学生多主自治。所拟章程，召绅士讲习。于是手续、目的、机关、规则、场合、但书、成立、取销、经济、社会、积极、消极、有机、无机，种种新语，学官缙绅，颇能言其意义……迄宣统纪元，颁行《先朝宪典》，则"四万万人"见于上谕，闻秉笔者即东海徐世昌也。夫文字应时代而生，学术开海禁而变，日本译名，有出于倭（原文为吾，当为误——引者注）书者，长沙杨树达考之最详；其定学名，确有雅（原文为"有确雅"，当为误——引者注）于吾国者，海宁王国维称之最甚。即张文襄公深恶新词，至因此谴责幕僚，然其官牍，亦不能尽废。若端方批某生课卷，谓其文有思想而乏组织，惜用新名词太多，人传为笑……盖新学者不能读古书，而老生又不解西籍，二者交讥，而倭文乃流行于禹域……及至梁启超长法部，乃改取销为撤销，手续为程序，目的为鹄的。然大势所趋，不可挽救，学者非用新词，几不能开口动笔。不待妄人主张白话，而中国语文已大变矣。梁氏作俑，其罪讵可逭哉？[①]

字里行间，可以看出反对白话文的柴萼对于新名词流行于中国的不满与无奈，而他认为开启这个恶劣风气的即梁启超与留日学生。曾为清

---

① 柴萼：《新名词》，《梵天庐丛录》，第 1031~1033 页。引文标点有所更改。

末留日学生的李肖聃也从与柴萼相似的角度批评了梁启超的影响："自梁启超主纂新报，时杂倭气，迄于后进，语体代兴，而文章正宗以坏。"①

较之李肖聃、柴萼等曾留日者，亲与其役且同梁启超本人有过交往的严复则不管康梁之间的差异，以及此后康有为对梁启超的批评，将师弟二人捆绑在一起一并清算。

早在戊戌政变康梁逃亡日本后，严复总结维新变法情形，即认为策略不当而又揽权营私的康梁难辞其咎：

> 每次见《清议报》，令人意恶。梁卓如于已破之甑，尚复哓哓，真成无益。平心而论，中国时局果使不可挽回，未必非对山等之罪过也。轻举妄动，虑事不周，上负其君，下累其友，康、梁辈虽喙三尺，未由解此十六字考注语；况杂以营私揽权之意，则其罪愈上通于天矣。②

后因双方均系维新保皇同道，关系稍有缓和，但严复对康梁尤其是大出风头的梁启超介绍"东学"却一直不惬于心，屡有直接或间接的批评。所以当后来严复目睹袁世凯复辟帝制失败及梁启超在反对袁世凯复辟过程中大出风头后，极为不满，屡屡于致后辈密友熊纯如的信中严厉批评康有为、梁启超，特别是针对梁启超。如在1916年4月4日致熊纯如的信中，严复反思甲午以来中国乱象，认为康梁师徒"于道徒见其一偏"，却乱发议论，实为变乱中国之罪魁祸首。严复这里批评梁启超前后宗旨不一以贯之，"前后易观者甚众"，却先后

---

① 《星庐笔记》，《李肖聃集》，第502页。
② 《与张元济书（五）》，收入王栻主编《严复集》第3册，第533页。

主持多个杂志，煽惑众多读者听信其言，梁启超该为清亡负责：

> 嗟嗟！吾国自甲午、戊戌以来，变故为不少矣。而海内所奉为导师，以为趋向标准者，首屈康、梁师弟。顾众人视之，则以为福首，而自仆视之，则以为祸魁。何则？政治变革之事，蕃变至多，往往见其是矣，而其效或非；群谓善矣，而收果转恶。是故深识远览之士，愀然恒以为难，不敢轻心掉之，而无予智之习，而彼康、梁则何如，于道徒见其一偏，而由言甚易。南海高年，已成固性。至于任公，妙才下笔，不能自休。自《时务报》发生以来，前后所主任杂志，几十余种，而所持宗旨，则前后易观者甚众，然此犹有良知进行之说，为之护符。顾而至于主暗杀、主破坏，其笔端又有魔力，足以动人。主暗杀，则人因之而倜然暗杀矣；主破坏，则人又群然争为破坏矣。敢为非常可喜之论，而不知其种祸无穷……以仆观之，梁任公所得于杂志者，大抵皆造业钱耳。今夫亡有清二百六十年社稷者，非他，康、梁也……至于任公，则自窜身海外以来，常以摧剥征伐政府为唯一之能事。《清议》《新民》《国风》，进而弥厉，至于其极，诋之为穷凶极恶，意若不共戴天，以一己之于新学略有所知，遂若旧制一无可恕，其辞具在，吾岂诬哉！一夫作难，九庙遂堕，而天下汹汹，莫谁适主。

严复进一步透露他针对梁启超的原因，仍在于梁启超言论过激，辱骂清政府不留余地，结果导致革命形势一发不可收拾，最后共和建立，中国却面临亡国形势，但康梁师徒却毫发无伤，反得享大名，回国后拥有左右舆论之力：

今夫投鼠忌器，常智犹能与之。彼有清多罪，至于末造之亲贵用事，其用人行政，尤背法理，谁不知之。然使任公为文痛詈之时，稍存忠厚，少敛笔锋，不至天下愤兴，流氓童骇，尽可奉辞与之为难，则留一姓之传，以内阁责任汉人，为立宪君主之政府，何尝不可做到。然则统其全而观之，吾国所全，顾不大耶！而无如其一毁而无余何也。至于今日，事已往矣，师弟翩然返国，复睹乡扮，强健长存，仍享大名，而为海内之巨子，一词一令，依然左右群伦，而有清之社，则已屋矣，中国已革命而共和矣……

接下来，严复担心康梁师徒在袁世凯倒台后如再有作为，会导致中国局面更坏："康、梁之于中国，已再摘而三摘矣。耿耿隐忧，窃愿其慎勿四摘耳。"① 显然，严复这里全然或故意忘记了过去他与梁启超之间有过的思想联系，以及他昔日对梁启超的看重。

早在 19 世纪末 20 世纪初，严复即同梁启超有颇为密切的来往。② 那时严复所译述的《天演论》及其中揭橥的社会达尔文主义理念，让梁启超尤心有戚戚，经其结合中国现实，用更为通俗的文笔阐释宣扬之后，"物竞天择，优胜劣汰"这样的观念广为当时中国青年所知。而严复及其译介工作也被梁启超高度赞誉："哲学始祖天演严，远贩欧铅换亚椠；合与莎米为鲽鹣，夺我曹席太不廉。"③

辛亥革命爆发后，严复亦曾在致袁世凯政治顾问莫理循（George Ernest Morrison）的英文信中表扬梁启超，"有一枝生花妙笔，在政

---

① 以上引文均见《与熊纯如书（三十）》，收入王栻主编《严复集》第 3 册，第 631～633 页。
② 关于严复与梁启超的关系，可参看黄克武《严复与梁启超》，《近代中国的思潮与人物》，第 274～303 页。
③ 《广诗中八贤歌》，《新民丛报》第 3 号，光绪二十八年二月初一日，第 97 页。

治、经济和哲学方面均有建树"，所创办的《新民丛报》《国风报》均很"畅销"，"对中国民众的思想产生了极大的影响"。① 非唯如此，为了稳定民初大局、巩固袁世凯的政治地位、更好对付革命党，严复还极力向袁世凯建议网罗梁启超为其所用，"梁启超不可不罗致到京"。② 袁世凯之后果然再三拉拢梁启超到京为其服务，但梁氏只答应为其间接效力。

换言之，梁启超所以能在清末民初的中国社会扮演严复所不愿乐见的角色，严其实是推动者之一，只是他对此完全不愿进行自我反省，不愿提及当年他引梁启超为同道之事。严复曾十分在乎梁启超与《新民丛报》对其译作《原富》的评论，③ 但他后来不愿提及民初他与梁启超的交往，以及分别为梁启超及其父亲生日写过修禊诗和祝寿诗的事，④ 反而以先知身份屡发事后高论。

在1916年9月10日致熊纯如的信中，严复再一次批评康梁师徒主动造成了清朝灭亡、袁世凯崛起，乃至袁氏称帝失败后"不得不成"的"大乱"。严复认为清朝虽系以外族"为中国之主"，但比较而论，"其暴君乱政，以视朱明、胡元，要为稀少"，而其之所以灭亡，"向来执笔出报诸公，不得不谓其大有效力耳"。其中以梁启超的作用最为巨大：

> 往者杭州蒋观云尝谓：梁任公笔下大有魔力，而实有左右社会之能。故言破坏，则人人以破坏为天经；倡暗杀，则党党以暗

---

① 见《与莫理循》，收入马勇等编校《严复全集》卷8，福建教育出版社，2014，第274页。

② 参看孙应祥《严复年谱》，福建人民出版社，2003，第311页。

③ 参看《与张元济书（十四）》，收入王栻主编《严复集》第3册，第551页。

④ 见严复《癸丑上巳梁任公禊集万生园，分韵流觞曲水四首》《三月十六日寿梁卓如尊甫七十》，收入马勇等编校《严复全集》卷8，第33、71页。

杀为地义。溯自甲午东事败衄之后，梁所主任之《时务报》，戊戌政变后之《清议报》《新民丛报》，及最后之《国风报》，何一非与清政府为难者乎？指为穷凶极恶，不可一日复容存立。于是头脑单简之少年、醉心民约之洋学生，至于自命时髦之旧官僚，乃群起而为汤武顺天应人之事。

严复这里再次批评梁启超读书不精，不明了中国皇室与政府是合二为一的关系，① 不应分而视之。其为文多系为了"出风头"，而非真正的救国谋划，结果在导致大乱之后又无能为力：

> 迨万弩齐发，堤防尽隳，大风起而悔心萌，即在任公，岂不知误由是。则曰："吾所极恶痛绝者政府，至于皇室，则向所保护者也。"嗟嗟任公！生为中国之人，读书破万卷，尚不知吾国之制，皇室政府不得歧而二之，于其体，诚欲保全；于其用，不得不稍留余地，则其误于新学，可谓深矣。大抵任公操笔为文时，其实心救国之意浅，而俗谚所谓出风头之意多……任公既以笔端搅动社会至如此矣。然惜无术再使吾国社会清明，则于救亡本旨又何济耶？②

严复对康梁的挞伐还意犹未尽，在稍后致熊纯如的信中，严复又

---

① 严复在之前致熊纯如的信中也说过类似的话："盖至辛亥、壬子之交，天良未昧，任公悔心稍萌见矣。由是薰穴求君，恩及朱明之恪孙，及曲阜之圣裔，乃语人曰：'吾往日论议，止攻政府，不诋皇室。'夫任公不识中国之制与西洋殊，皇室政府，必不可分而二者，亦可谓枉读一世之中西书矣。其友徐佛苏曰：'革命则必共和，共和则必亡国。'此其妖言，殆不可忏。而追原祸始，谁实为之。"参看《与熊纯如书（三十）》，收入王栻主编《严复集》第3册，第632页。
② 以上引文均见《与熊纯如书（三十八）》，收入王栻主编《严复集》第3册，第645~646页。

批评了康有为和梁启超，进一步从地域角度分析康有为、梁启超的思想成因，认为康梁系受到赴美广东人带来的革命学说的影响：

> 康、梁生长粤东，为中国沾染欧风最早之地，粤人赴美者多，赴欧者少，其所捆载而归者，大抵皆十七八世纪革命独立之旧义，其中如洛克、米勒登、卢梭诸公学说，骤然观之，而不细勘以东西历史、人群结合开化之事实，则未有不薰醉颠冥。以其说为人道惟一共遵之途径，仿而行之，有百利而无一害者也。

继之，严复总结梁启超思想激进的原因之一，在于他主王学随良知而行，其言论导致恶果后追悔莫及。严复还认为受到梁启超影响的留日学生系被日本人利用：

> 任公文笔，原自畅遂，其自甲午以后，于报章文字，成绩为多，一纸风行海内，观听为之一耸。又其时赴东学子，盈万累千，名为求学，而大抵皆为日本之所利用。当上海《时务报》之初出也，复尝寓书戒之，劝其无易由言，致成他日之海，闻当日得书，颇为意动，而转念乃云："吾将凭随时之良知行之。"任公宋学主陆王，此极危险。由是所言，皆偏宕之谈，惊奇可喜之论。至学识稍增，自知过当，则曰："吾不惜与自己前言宣战。"然而革命、暗杀、破坏诸主张，并不为悔艾者留余地也。①

在严复看来，于言论界"势力最巨"的梁启超很多时候扮演的

---

① 以上引文均见《与熊纯如书（三十九）》，收入王栻主编《严复集》第 3 册，第 648 页。

是破坏者角色，以言论耸动时局，"好为可喜新说"，眼高手低，不了解国情和国民文化程度，只能纸上谈兵，不能坐言起行，"于时世毫无裨补"，"吾徒惜其以口舌得名，所持言论，往往投鼠不知忌器，使捣乱者得借为资，已又无术能持其后，所为重可叹也！"① 严复将上述问题皆归咎于梁启超，怨念不可谓不深。其后，严复得知政治上失意的梁启超打算脱离官场隐居天津著书。1918 年 8 月 22 日，他又在致熊纯如信中有些幸灾乐祸地说："时人看研究会之汤、梁，真是一钱不值也。"②

简而言之，严复对康梁尤其是梁启超所起破坏作用的批评，③ 除了有为自己支持帝制事进行辩护并凸显自己的先见之明外，更多是对时局的忧虑、对晚近趋新思潮的批判，以及对清末民初历史的总结与反思。从中我们不难看出严复对革命党人与共和政体的态度，"不剪辫，以示不主共和之意"，④ 以及严复对清朝的认同情形，所谓"今日政府未必如桀，革党未必如汤，吾何能遽去哉？"⑤ 严复这样的见解无疑也代表了民初诸多所谓遗民的看法，他们之所以敌视民国，往往并非因为忠于清朝，而是民国之乱破坏甚至颠覆了其得以安身立命的道德根本与文化寄托，让他们看不到希望。⑥

---

① 《与熊纯如书（四十八）》，收入王栻主编《严复集》第 3 册，第 661 页。

② 《与熊纯如书（七十五）》，收入王栻主编《严复集》第 3 册，第 692 页。

③ 1917 年后严复对康有为看法有大的改变，开始将之引为同道。关于晚年严复与康有为的关系，可参看王刚《"严熊书札"研究三题》，《东吴历史学报》第 23 期，2010 年 6 月。

④ 劳祖德整理《郑孝胥日记》第 3 册，1911 年 12 月 21 日，第 1373 页。

⑤ 转见劳祖德整理《郑孝胥日记》第 3 册，1911 年 12 月 22 日，第 1373 页。

⑥ 对于此种情况的原因，康有为曾有很好的揭示："今以前清为失政，而后发愤革之。虽然，昔者虽专制失道，而不闻悍将骄兵之日争变也，不至人民身家产业不保也，不至全国士农工商失业也，不至蒙回藏不统一而图自立也。故今者国民惴惴恐栗，或且悔祸，皆谓革命之举以求国利民福，不图共和之后反见国危民悴也。"《中华救国论》，收入姜义华、张荣华编校《康有为全集》第 9 集，第 312 页。

我们不确定梁启超是否知晓晚年严复对他的这些批评，但之前康有为对他的批评早已触动过他，故善于"以今日之我攻昨日之我"的梁启超在1912年撰写的文章中就开始反思晚清传入的新思想资源对中国的社会道德造成的负面影响："自二十年来，所谓新学新政者流衍入中国，然而他人所资为兴国之具，在我受之，几无一不为亡国之媒。"① 而于1921年撰写的《清代学术概论》中，梁启超对自己在晚清思想界的作为有深刻全面的自省，同康有为、严复等人对他的批评颇有呼应之处，如他自谓晚清"新思想界之陈涉"："启超之在思想界，其破坏力确不小，而建设则未有闻。晚清思想界之粗率浅薄，启超与有罪焉。"② 接下来，梁启超又自我批评说自己涉猎广泛，读书不够透彻，缺乏周全考虑，但经常随意发表著作训导启蒙读者，造成误人子弟的局面："启超务广而荒，每一学稍涉其樊，便加论列，故其所述著，多模糊影响笼统之论，甚者纯然错误，及其自发现而自谋矫正，则已前后矛盾矣。"③ 梁启超这个后见之明的忏悔，虽然算是深刻的领悟与沉痛的反思，但其实也是对自己过去巨大贡献的总结。只可惜他在五四新文化运动时期又重蹈覆辙，跟风希图做青年导师、领导舆论，"努力跟一般少年人向前跑"，④ 结果被讥为"献媚小生"，⑤ 又遭到新旧各派的挖苦讽刺，甚至一度被视作"卖国贼"受到舆论谴责。但其在当时的影响仍是巨大，⑥ 对于五四新文化运动的

---

① 梁启超：《中国道德之大原》，原见《庸言》第1卷第2号，1912年，收入《饮冰室合集·文集之二十八》第4册，第2页。
② 《清代学术概论》，收入朱维铮校注《梁启超论清学史二种》，第73页。
③ 《清代学术概论》，收入朱维铮校注《梁启超论清学史二种》，第73页。
④ 《"老章又反叛了！"》，收入严云绶整理《胡适全集》第12卷，第76页。
⑤ 章士钊语，转见《"老章又反叛了！"》，收入严云绶整理《胡适全集》第12卷，第78页。
⑥ 五四之前，时人对梁启超仍有"讲文章，梁任公数第一"的看法。参看陶希圣《商务印书馆编译所见闻记》，收入高崧编选《商务印书馆九十五年》，第491页。

介入非常之深。①

不仅进行自我解剖，梁启超在《清代学术概论》中还对清末以来输入欧美和日本的新学说、新思想进行了回顾和反思，认为甲午战前译书局与传教士的译书只在讲求制造方面，当时中国人于此之外，对欧美其他学问一无所知，处于"学问饥荒"状态，且旧思想"根深蒂固"。康有为、梁启超等人欲结合中西新旧，引入新思想，但为时代所不容，为戊戌政变所阻。等到庚子事变后，中国青年留学海外特别是日本者渐多，翻译事业兴旺：

> 壬寅、癸卯间，译述之业特盛，定期出版之杂志不下数十种。日本每一新书出，译者动数家。新思想之输入，如火如荼矣。然皆所谓"梁启超"式的输入，无组织，无选择，本末不具，派别不明，惟以多为贵，而社会亦欢迎之。盖如久处灾区之民，草根木皮，冻雀腐鼠，罔不甘之，朵颐大嚼，其能消化与否不问，能无召病与否更不问也，而亦实无卫生良品足以为代。②

结合 20 世纪初年中国译介的情况，梁启超这里的批评的确是有的放矢，立论妥帖，恰可与严复当年的批评相互印证："上海所卖新翻东文书，猥聚如粪壤。但立新名于报端，作数行告白，在可解与不可解间，便得利市三倍。"③ 吕思勉在近二十年后亦有类似看法，同样认为清末诸译作"率尔操觚之作多，而精心结撰之作少；所译之书，

① 关于梁启超和研究系与五四新文化运动的关系，最新的精彩研究可参看周月峰《另外一场新文化运动——梁启超诸人的文化努力与五四思想界》，《中央研究院近代史研究所集刊》第 105 期，2019 年 9 月。

② 《清代学术概论》，收入朱维铮校注《梁启超论清学史二种》，第 79~80 页。

③ 《严复与熊季廉书（八）》，收入孙应祥、皮后锋编《〈严复集〉补编》，第237页。

又多俯拾即是，鲜加选择，故其书流播不久"。但吕思勉也承认，这些粗制滥造的译作"一时风起云涌，使社会耳目一新，亦不能谓其全无功绩也"。[①] 吕思勉自己就受惠于这些译作颇多。

在对梁氏本人及留日学生的翻译工作进行总结之后，梁启超还对严复等西洋留学生的翻译活动及影响进行了评论，认为严复虽然翻译了"数种""名著"，但这些译作"半属旧籍，去时势颇远，然西洋留学生与本国思想界发生关系者，复其首也"。进而，梁启超又感慨道：

> 晚清西洋思想之运动，最大不幸者一事焉，盖西洋留学生殆全体未尝参加于此运动。运动之原动力及其中坚，乃在不通西洋语言文字之人。坐此为能力所限，而稗贩、破碎、笼统、肤浅、错误诸弊，皆不能免。故运动垂二十年，卒不能得一健实之基础，旋起旋落，为社会所轻。就此点论，则畴昔之西洋留学生，深有负于国家也。[②]

在梁启超看来，东西洋留学生这些所谓的"新学家"都该为晚清思想界的问题承担责任，因他们太过功利、太过讲求致用，缺乏为学术而学术的精神，"其所以失败，更有一种根原，曰不以学问为目的而以为手段"。[③]

梁启超在民初的检讨和反思，较之1904年他于《论中国学术思想变迁之大势》一文中表现出的自信与乐观，以及对严复评价之高，大相径庭：

---

① 《三十年来之出版界（1894~1923）》，《吕思勉遗文集》上册，第376页。
② 《清代学术概论》，收入朱维铮校注《梁启超论清学史二种》，第80页。
③ 《清代学术概论》，收入朱维铮校注《梁启超论清学史二种》，第80页。

惟侯官严几道（复）译赫胥黎《天演论》、斯密亚丹《原富》等书，大甄润思想界……戊戌庚子以还，日本江户为樶迁新思想之一孔道，逾海负笈，月以百计，学术阗黉塾，译本如鲫鱼，言论惊老宿，声势慑政府。自今以往，思想界之革命沛乎莫之能御矣。今始萌芽，遂庞杂不可方物，莫能成一家言。顾吾侪今日只能对于后辈而尽播种之义务，耘之获之，自有人焉。但使国不亡，则新政府建立后二十年，必将有大放光明、持大名誉于全世界学界者……但使外学之输入者果昌，则其间接之影响，必使吾国学别添活气，吾敢断言也。[①]

真可谓后之视今，犹今之视昔。面对"已成"的"风会"，不管是当事人还是自居清流的旁观者，均在时过境迁之后感叹当年急功近利，无异于种瓜得豆，徒使后人复哀后人！

三 "以学亡国"

虽然不像严复、梁启超明确地对其当年的新学启蒙行为进行反思和自省，但民初之后的刘师培显然已从当年的激进后退到复古乃至赞同袁世凯复辟帝制，不复是当年写作《论激烈的好处》和极力坚持无政府主义、推广世界语的刘光汉。与之类似的还有当年同系国粹派大将、为汉学"正统派大张其军"的章太炎。进入民国后，他也迅速从早年的译介比附援引西学、反满提倡种族革命转到保存国粹与弘扬中国文化的立场上，力斥当时中国社会的

---

① 中国之新民:《论中国学术思想变迁之大势》,《新民丛报》第 3 年第 10 号,1904 年,第 33～34 页。

党化、俄化现象。

然而，不管处于后见之明的严复、梁启超及章太炎、刘师培怎么看待清末这段他们身在其中、曾发挥巨大作用的历史，他们及与之有关的那批知识分子确实借助报刊等媒介，依靠写作、出版、翻译、宣讲等活动，共同促成了清末民初中国"舍旧谋新"的崇拜。这种情况在科考士子的答卷中即有所表现。如据恽毓鼎的观察，在第二场的策问类答卷中，一些士子"往往颂扬东西国为尧舜汤武，鄙夷中国则无一而可，至有称中朝为支那者"，这让恽毓鼎感慨"西学发策之弊，一至于此"。[①] 而且这个崇拜的"权势"与日俱增，延续到现在，仍不稍歇。借此崇拜，清末民初的知识精英可以获得更优越的道德地位和发言立场，可以顺理成章地建构开民智、改造大众阅读的必要性，可以获得名正言顺阅读"淫书"、推广新的性道德的合法性；借此崇拜，他们可以译介黑格尔，并希望找到欧美列强学术发达的秘密、振兴中国的秘方；借此崇拜，他们可以援用关于古腾堡的认识重新阐释毕昇，重新书写中国印刷史，重新为中国找到在过去和现在在世界上的位置；借此崇拜，他们就可以废弃中国固有语言文字，在中国宣传和推行无政府主义与世界语；也只有借此崇拜，身为一个地方边缘知识青年的舒新城才能脱颖而出，获得向中心地区上升流动的机会。当然，也正是这个崇拜，使得清末民初以来的中国社会日趋激进，新旧转换愈加快速：

> 新旧之见，近乃益甚，无定体也，无止境也。前之所为者，

---

① 史晓风整理《恽毓鼎澄斋日记》第 1 册，光绪二十九年三月二十四日，第 220 页。恽毓鼎所说的这种心态延续到五四新文化运动时期，如吕思勉之言，多数人"所慕虽幻，亦若实有其事矣"，"故今日之称颂西欧，犹其昔日之讴歌三代。非必真知年代之若何善美也；有所疾于今，则凡与今反对者，一切托之于古云尔"。参看《三十年来之出版界（1894～1923）》，《吕思勉遗文集》上册，第 380 页。

本新也，自今视之，皆旧也。人之所为者，本新也，自我视之，皆旧也。于是舍旧而谋其新，再越一时，再历一人，则见适间之，舍旧谋新之种种，又皆旧矣！于是又谋其所谓新者，纷更烦扰，将不知何时何地为得新之止境也！①

时人为功利而趋新，为时髦而趋新，为"文明"和强国想象而趋新，新则新矣，本则不顾，每况愈下。但这些趋新者，"用之者未必真知其详"，往往"不过采取虚声"，导致"猎泰西之皮毛"的人滥竽充数，结果"偾事更多"。②因之，这时所谓的新，更多其实是表面上的新、形式上的新、忘本的新，系对"新"的误解误用，"到了此时，风气大开，打这面旗儿的，也就一天多似一天，无论是人非人，乐得借此营生"。③另一小说《官场维新记》中亦有类似的讽刺：

> 目下虽然万口一词说维新维新，然却不可把维新两字看得认真。只可求形式上的维新，不可求精神上的维新。要晓得精神上的维新，乃是招灾惹祸的根苗，若换作形式上的维新，便是升官发财的捷径。④

如此邯郸学步，反失其故，无怪时人有言："守旧固拙，维新亦妄，凡事不从本根上做起，岂能久长。"⑤还有人指出："近年内外上

---

① 袁金铠：《佣庐日记语存》卷 2，1909 年 8 月 19 日日记，收入国家图书馆藏《中华历史人物别传集》第 81 册，第 470 页。
② 《御史徐定超奏更定官制办法十条折》（光绪三十二年九月十四日），收入故宫博物院明清档案部编《清末筹备立宪档案史料》上册，第 167 页。
③ 嗟予：《新党现形记》，《新新小说》第 2 号，光绪三十年十月二十日，第 1 页。
④ 佚名：《官场维新记》，第 108 页。
⑤ 丁立诚致缪荃孙函，《艺风堂友朋书札》下册，第 696 页。

下表面均似开化，而按之实际毫无进步。"①

　　1911 年的辛亥革命及随后中华民国的建立，也仅是革去了一个形式上的满洲皇帝而已，旧有的专制腐败依然照旧，恰似戴季陶在 1912 年 3 月发表的一个评论：

　　　　革命成功矣。革命者，革除中央政府之专制政治、顽固人物，而易以新政治、新人物也。今则中央政府之已革去者，不过"大清帝国"四字而已。革命之起，起于地方，革命之终，亦终于地方。中央政府既未经事实上之改造，更未受思想上之淘汰，而遂标榜曰革命成功，是失败耳，何成功之有？故此次之革命，非能革去恶政治也。所革去者，仅仅满洲皇室之主权耳，专制腐败犹旧也。呜呼！②

　　之后大家继续舍旧谋新，甚至不惜要"坐着摩托车往前跑"，③于是又有更新的势力出来、更新的革命出来、更新的主义出来，但"旧制度"、旧的集权思维和专制手段，非但没有被作为"旧"梦魇舍弃或革除，反而在新的口号伪装之下更加得到巩固与"进化"。

　　曾有人在民初（1912）总结清亡教训时说道："自古未有以学亡国者，有清之亡，实由于学。"④ 说此语的人乃湖南遗老文人程颂万，

---

① 许恪儒整理《许宝蘅日记》第 1 册，1906 年 5 月 15 日，中华书局，2010，第 75 页。

② 《天仇文集》，桑兵、黄毅、唐文权合编《戴季陶辛亥文集》下册，第 725 页。

③ 黄凌霜（文山）：《Esperanto 与现代思潮》，《新青年》第 6 卷第 2 号，1919 年，"通信"，第 236 页。

④ 赵启霖：《十发居士六十序》，收入易孟醇校注《赵瀞园集》，湖南人民出版社，2012，第 74 页。林志宏教授亦从废科举带来的社会影响方面讨论过"新学亡国"的问题。参看林志宏《世变下的士变：科举废除和知识阶层的定位（1900s ~ 1930s）》，收入甘怀真编《身份、文化与权力——士族研究新探》，台大出版中心，2012，第 416 ~ 419 页。

他在清末时亦热衷于学习西学和新学，时过境迁，今非昔比，程颂万也开始追悔往时。更有时论借"北京某酒肆之堂倌"之言曰："中国不亡于真守旧而亡于伪维新！今日富贵人真能以伪维新亡国者也。"①如今百年以后再回首，可以说，有清一代的确亡于趋新，只不过是亡于假趋新，处于后见之明中的我们对此种瓜得豆的结果当能洞若观火。看似热热闹闹的清末趋新大潮和新名词崇拜，其实只是虚有其表、徒有其名。其中，真心慕效新学者或不乏人，但一知半解者、望文生义者也许更多，很多攀附者、实践者只是浑水摸鱼、叶公好龙，借此渔利和沽名钓誉，"上之人曰立宪，即有假宪致以博官者；上之人曰普及教育，即有假办学以渔利者"。②由此带来的负面效应当远远超过新学本身具有的正面影响。

不过，如果我们乐观地看，或确如清末讽刺小说《官场维新记》作者所言的那样"辩证"："一二假维新提倡于前，必有千百真维新踵起于后。"现在真维新的人多了，"然而推原其本，还是全仗一班假维新的人导其先路，所以才有真维新的步其后尘"。③由此，我们对近代以降中国人的"文明"与"强国强种"的追求和想象，亦可作如是观！

可惜的是自以为新旧标准的区隔者，自以为掌握"新学"、可以代表时代新趋势与平民意见的知识精英，尽管他们善于制造、引导舆

---

① 《痛言》，《天铎报》1910年5月23日，第3版。早前《申报》曾有时论批评这种"伪"："我中国之无人不伪，无事非伪……内而部臣，外而疆吏，上而政府大僚，下而地方士庶。""苟有可以利我之所为，不恤伪其面目、伪其言语、伪其手段，相师相竞递嬗。""科举废矣，而考优、考职如故也；烟间禁矣，而内地之征收膏捐如故也。龙头蛇尾之政策，南辕北辙之预备立宪，一若不如是不足以成一伪中国者，戴假面而入酬应之场，其不取憎于人者几希。"墅：《说伪》，《申报》1907年6月22日，第1张第2版。
② 《痛言》，《天铎报》1910年4月4日，第3版。
③ 佚名：《官场维新记》，第110页。

论并在一定程度上掌握了大众媒体——当这些所谓以天下为己任的精英颇有些自作多情地在努力启蒙大众、希图推动社会"进步"、期望能"再造文明"或建设一个"美丽新世界"（Brave New World）之时，何尝会想到有朝一日，历史大潮也会将孤芳自赏的他们置于激进时代的祭坛上。

参考文献

近代中文报刊

《安徽俗话报》、《北平北海图书馆月刊》、《渤海日报》、《长沙》、《长沙日报》、《晨报》、《晨报副刊》、《出版界》、《刍言报》、《大公报》（天津）、《大公报》（长沙）、《大共和日报》、《大陆报》、《大同报》、《东北文化月报》、《东方文化》、《东方杂志》、《儿童世界》、《翻译世界》、《菲律宾华侨教育丛刊》、《复旦》、《革新评论》、《格致汇编》、《古今半月刊》、《广益丛报》、《国粹学报》、《国民白话日报》、《国学专刊》、《国医杂志》、《汉口中西报》、《汉帜》、《衡报》、《湖北学生界》、《湖南官报》、《湖南教育月刊》、《华商联合报》、《华字汇报》、《画图新报》、《江宁学务杂志》、《江苏》、《教会新报》、《教育世界》、《教育杂志》、《晋阳公报》、《京话日报》、《京师教育报》、《经世文潮》、《警钟日报》、《觉民杂志》、《开明》、《科学的中国》、《科学画报》、《岭南白话杂志》、《岭南学报》、《鹭江报》、《每周评论》、《民报》、《民立报》、《民吁日报》、《闽报》、《南方报》、《南开双周》、《平民》、《青年》（上海）、《青年》（北平）、《秦中官报》、《清议报》、《人物杂志》、《商务印书馆出版周刊》、《上海亚细亚日报》、《少年》、《绍兴医药学报》、《申报》、《神州日报》、《盛京时报》、《时报》、《时事新报》、《实学报》、《曙光》、《顺天时报》、《苏报》、《体育周报》、《天铎报》、《天义报》、《通俗日报》、《同文沪报》、《图书馆学季刊》、《外交报汇编》、《文化译丛》、《文选》、《文艺新闻》、《无锡白话报》、《西北实业月刊》、《湘江评论》、《小孩月报》、《小说林》、《新白话报》、《新潮》、《新教育》、《新民丛报》、《新青年》、《新世纪》、《新世界学报》、《新闻报》、《新小说》、《新新小说》、《新译界》、《醒狮》、《绣像小说》、《学海》、《学衡》、《学务杂志》、《亚细亚日报》、《艺文印刷月刊》、《益闻录》、《游学译编》、《友声》、《舆论时事报》、《月月小说》、《造纸印刷季刊》、《浙江潮》、《正宗爱国报》、《政艺通报》、《之罘报》、《知新报》、《直隶教育杂志》、《中国实业杂志》、《中国新书月报》、《中华妇女界》、《中外日报》、《中西闻见录》

其他中文史料

Carlton J. H. Hages，Parker Thomas Moon，John W. Wayland：《世界史》，邱祖谋译，上海书店，1947。

Nisenson & Parker 原著《世界名人小传》，于熙俭编译，上海青年协会书局，1936。

P. G. 译《印刷术之梗概》，《进德季刊》1922 年第 1 期。

阿英编《晚清文学丛钞·小说戏曲研究卷》，中华书局，1960。

阿英编《晚清文学丛钞·小说一卷》，中华书局，1960。

阿英编《晚清戏曲小说目》，上海文艺联合出版社，1954。

艾约瑟：《西学略述》，总税务司署，光绪丙午仲冬（约 1886）。

八宝王郎：《冷眼观》，收入《中国近代小说大系·新党升官发财记·后官场现形记·冷眼观》，百花洲文艺出版社，1991。

巴金：《世界语》，《随想录》第二集，人民文学出版社，1981。

白河次郎、国府种德：《支那文明史》，竞化书局译，澄衷蒙学堂印刷，上海竞化书局发行，1903。

白眼：《后官场现形记》，收入董文成、李勤学主编《中国近代珍稀本小说》（14），春风文艺出版社，1997。

坂本健一：《外国地名、人名辞典》，宁波新学会社编译，上海新学会社发行，1904。

坂井洋史整理《陈范予日记》，学林出版社，1997。

包天笑：《钏影楼回忆录》，山西古籍出版社、山西教育出版社，1999。

北京图书馆编《民国时期总书目（1911～1949）》，书目文献出版社，1995。

本多浅治郎：《高等教科参考通用·西洋历史》，百城书舍译，东京三光堂印刷所印刷，上海商务印书馆发行，1909 年初版，1915 年改订 4 版。

本刊编辑部：《第 89 届国际世界语大会闭幕发表〈北京宣言〉等》，《对外大传播》2004 年第 7 期。

毕树棠：《杂志小言》，《政治学报》1932 年 6 月。

蔡少卿整理《薛福成日记》，吉林文史出版社，2004。

曹聚仁：《曹聚仁杂文集》，三联书店，1994。

曹聚仁：《我与我的世界》，北岳文艺出版社，2001。

曹聚仁：《文坛五十年》，东方出版中心，2006。

柴萼：《梵天庐丛录》，山西古籍出版社、山西教育出版社，1999。

常乃惪：《西洋文化简史》，上海中华书局，1934。

长城不才子：《新名词之运用》，《新世界小说报》1906 年第 1 号。

长谷川诚也：《欧洲历史揽要》，长水敬业学社译，光绪壬寅孟夏敬业学社译印。

陈彩凤等编《广东青年运动历史资料》，广东省档案馆、广东青运史研究委员会印行，1991。

陈光熙校点《符璋日记》，中华书局，2018。

陈衡哲：《陈衡哲早年自传》，冯进译，安徽教育出版社，2006。

陈衡哲：《欧洲文艺复兴小史》，上海商务印书馆，1930。

陈衡哲：《西洋史》，上海商务印书馆，1929。

陈焕章：《明定原有之国教为国教，并不碍于信教自由之新名词》，《宗圣汇志》第 1 卷第 4 号，1913 年。

陈平原、夏晓虹编《二十世纪中国小说理论资料》第 1 卷，北京大学出版社，1989。

陈启天：《寄园回忆录》，台湾商务印书馆，1965。

陈庆年：《横山乡人日记》，上海图书馆藏。

陈叔谅编《西洋通史》，上海图书馆收藏，手工刻印本，无具体出版信息，似为 20 世纪 20 年代出版。

陈旭麓主编《宋教仁集》，中华书局，1981。

陈寅恪：《金明馆丛稿二编》，三联书店，2001。

陈原：《世界语和中国民族解放运动》，《救亡呼声》第 2 卷第 5 期，1938 年。

陈铮编《黄遵宪全集》，中华书局，2005。

陈智超编注《陈垣来往书信集》，上海古籍出版社，1990。

陈中凡：《清晖集》，书目文献出版社，1987。

程星龄：《五四运动后湖南第一师范的教育改革》，收入《湖南文史资料选辑》第 11 辑，湖南人民出版社，1979。

蹉跎子：《最新女界鬼蜮记》，收入金成浦、启明主编《私家秘藏小说百部》，远方出版社、内蒙古大学出版社，2001。

戴克让编《最新初等小学国文教科书》，上海彪蒙书室印行，1906。

丁福保：《辛丑日记》，袁家刚整理，收入《上海档案史料研究》

第 13、14 辑，上海三联书店，2012、2013。

丁福保：《医话丛存》，沈洪瑞、梁秀清编《中国历代名医医话大观》，山西科学技术出版社，1996。

丁士章等：《简明物理学史》，山西人民出版社，1988。

丁惟汾口述，罗家伦笔记《刘师培做侦探的经过》，《山东文献》第 22 卷第 4 期，1979 年。

丁题良：《西学考略》，贵荣、时雨化译，同文馆聚珍版，总理衙门印，1883。

丁文江、赵丰田编《梁启超年谱长编》，上海人民出版社，2009。

东新译社印《中国文明发达史》，黑风氏译补，翔鸾社印刷，东京东新译社发行，纪元二千四百五十五年四月二十四日发行。

法国赛奴巴原著，日本野泽武之助日译《泰西民族文明史》，沈是中等中译，商务印书馆，1903。

法乌罗：《男女交合秘要新论》，忧亚子译，王立才编辑，原书未列出版信息。

法乌罗：《男女交合新论》，忧亚子译，上海江东茂记书局，民国庚申年夏月。

樊友平：《中华性学观止》，广东人民出版社，1997。

冯友兰：《三松堂自序》，江苏文艺出版社，2011。

冯自由：《革命逸史》，中华书局，1981。

服部宇之吉：《心理学讲义》，日本东京东亚公司新书局，1905。

浮田和民：《西史通释》，吴启孙译，上海文明书局，1903。

福泽谕吉：《男女交际论》，张肇桐译，秦毓鎏校，文明书局 1903 年版；上海中华书局 1922 年再版。

傅瑾主编《京剧历史文献汇编》，凤凰出版社，2011。

傅瑾主编《京剧历史文献汇编·续编》，凤凰出版社，2014。

傅兰雅：《地志须知》，1882，其他出版信息不详。

傅纬平编著《本国史第 2 册·新课程标准适用》第 15 版，上海商务印书馆，1933。

傅岳棻：《西洋历史教科书》，上海商务印书馆，1911。

傅运森：《共和国教科书·西洋史》，上海商务印书馆，1913。

傅运森：《新字典》，上海商务印书馆，1912。

傅运森编《现代初中教科书·世界史》上册，上海商务印书馆，1925 年初版，1929 年第 7 版。

高平叔编《蔡元培全集》，中华书局，1984。

高桑驹吉：《中国文化史》，李继煌译述，上海商务印书馆，1926。

高崧编选《商务印书馆九十五年》，商务印书馆，1992。

戈公振：《中国报学史》，上海商务印书馆，1927。

耿云志主编《胡适遗稿及秘藏书信》，黄山书社，1994。

公奴：《金陵卖书记》，上海开明书店，1902。

故宫博物院明清档案部编《清末筹备立宪档案史料》，中华书局，1979。

顾颉刚：《我在辛亥革命时期的观感》，《中国哲学》第 9 辑，三联书店，1983。

顾颉刚：《顾颉刚书信集》，中华书局，2011。

顾颉刚：《顾颉刚读书笔记》，中华书局，2011。

郭沫若：《童年时代：沫若自传之一》，重庆作家书屋，1942。

郭晓勇：《寓外宣于承办活动之中》，《对外大传播》2004 年第 7 期。

海上说梦人：《歇浦潮》，上海古籍出版社，1991。

何炳松编《外国史》，上海商务印书馆，1929 年初版，1932 年国难后第 7 版。

河上清：《德意志全史》，褚嘉猷译，上海通雅书局藏版，1903。

荷历:《婚姻指南》, 诱民子译, 横滨启智书会印, 癸卯十月初一日发行。

黑格尔:《法哲学原理》, 范扬等译, 商务印书馆, 1979。

黑格尔:《历史哲学》, 王造时译, 三联书店, 1956。

胡礼垣:《胡翼南先生全集》, 文海出版社, 1976。

胡如虹编《苏舆集》, 湖南人民出版社, 2008。

胡适:《胡适留学日记》, 安徽教育出版社, 2006。

胡思敬:《国闻备乘》, 上海书店, 1997。

胡祥翰:《上海小志》, 收入胡祥翰等《上海小志·上海乡土志·夷患备尝记》, 上海古籍出版社, 1989。

胡珠生编《东瓯三先生集补编》, 上海社会科学院出版社, 2005。

胡珠生编《宋恕集》, 中华书局, 1993。

湖南机器印刷局印行《最新初等小学国文教科书》, 无具体出版日期, 但可看出为清末时出版, 复旦大学图书馆藏。

湖南人民出版社编《五四运动在湖南:回忆录》, 湖南人民出版社, 1979。

湖南省哲学社会科学研究所古代近代史研究室校注《宋教仁日记》, 湖南人民出版社, 1980。

湖南省哲学社会科学研究所现代史研究室编《五四时期湖南人民革命斗争史料选编》, 湖南人民出版社, 1979。

黄惠:《从国父遗教研究印刷工业的重要性 ("印刷工业与文化"征文第一名节刊)》,《文化先锋》1947 年第 6～7 期。

黄濬:《花随人圣庵摭忆》, 山西古籍出版社、山西教育出版社, 1999。

黄人编《普通百科新大辞典》, 上海国学扶轮社, 1911。

黄曙辉、张京华编《张尔田著作集》, 上海大学出版社, 2018。

黄远生：《远生遗著》，商务印书馆，1984。

霍立克：《男女子秘密》，春梦楼主人译，卫生研究社发行，1922 年订正 4 版。此版本应该为清末版的再版本。

霍立克：《生殖器新书》，仇光欲、王立才合译，嘉定日新书所洋装本。

箕作元八、峰岸米造合纂《欧罗巴通史》，徐有成等译，东亚译书会印。

吉国藤吉：《普通百科全书之六十六·西洋历史》，东华译书社编译，上海会文学社版，1903。

季羡林主编《胡适全集》，安徽教育出版社，2003。

剑村游客辑《上海》，无出版地点和单位，1903，上海图书馆藏本。

姜义华、张荣华编校《康有为全集》，中国人民大学出版社，2007。

蒋方震：《欧洲文艺复兴史》，1921 年初版，1933 年国难后第 1 版，出版者不详。

蒋梦麟：《西潮·新潮》，岳麓书社，2000。

蒋维乔：《蒋维乔日记》，中华书局，2014。

"教育部编审委员会"编《国定教科书·高小历史》，上海华中印书局，1940 年初版，1943 年第 6 版。

"教育部编审委员会"编《国定教科书·初中本国史》，上海华中印书局，1943 年第 5 版。

"教育部编审委员会"编《初中本国史》，北平新民印书馆，1939。

金兆梓：《教育部审定新编高中·外国史》，上海中华书局，1946。

金兆梓编《新中学教科书初级·世界史》，上海中华书局，1924。

金祖馨：《男女卫生新交合论》，上海育新书局，1935 年第 3 版。

井上圆了：《哲学原理》，闽县王学来译，日本东京闽学会，1903。

井上圆了：《哲学要领·前编》，罗伯雅译，上海广智书局，1902 年初版，1903 年再版。

景梅九：《罪案》，京津书局，1924。

卡尔登·海士、汤姆·蒙：《中古世界史》，徐宗铎、伍蠡甫译，上海世界书局，1934。

科培尔：《哲学要领》，下田次郎笔述，蔡元培译述，商务印书馆，1903。该书初版时未署译者，后在民初再版时才署译者为蔡元培。

来凤仪编《张爱玲散文全编》，浙江文艺出版社，1992。

来曼波斯撒利：《处女卫生》，日本北岛研三译，冯沛重译，广智书局洋装本，1903。

劳祖德整理《郑孝胥日记》，中华书局，1993。

雷瑨辑《各国名人事略》，砚耕山庄，1904。

楞公编《万国名儒学案》，上海新学社，1907。

黎民：《纪念世界两大印刷功臣》，《新闻学报》第 1 卷第 4～5 期，1940 年。

黎床卧读生编《绘图上海杂记》，上海文宝书局，1905。

李伯元：《文明小史》，上海古籍出版社，1982。

李伯元：《南亭四话》，江苏古籍出版社，2000。

李凤苞：《使德日记》，文海出版社，1968。

李季谷：《西洋史纲》，上海世界书局，1935。

李泰棻：《新著世界史》，上海商务印书馆，1922 年初版，1926 年第 10 版。

李廷翰：《教育丛稿》第 5 种，上海中华书局，1921。

李肖聃：《李肖聃集》，岳麓书社，2008。

李永圻、张耕华编撰《吕思勉先生年谱长编》，上海古籍出版社，2012。

李薇仪、梁柏年编《西洋史·法政丛编第十七种》，东京并木活版所印刷，湖北法政编辑社发行，1905。

连横：《雅堂文集》，大通书局，1964。

梁焕均编《西洋历史》，东京九段印刷所，1906。

梁济：《梁巨川遗书》，黄曙辉编校，华东师范大学出版社，2008。

梁启超：《饮冰室诗话》，人民文学出版社，1959。

梁启勋：《曼殊室随笔》，收入林庆彰主编"民国文集丛刊"，文听阁图书有限公司，2008，第一编103种。

梁漱溟：《我的努力与反省》，漓江出版社，1987。

林乐知、范祎：《新名词之辨惑》，《万国公报》甲辰四月。

林志钧等编《饮冰室合集》，中华书局，1997。

刘才盛：《第89届国际世界语大会开闭幕式纪实》，《世界语连着我和你》编辑部编《世界语连着我和你》，北京外文出版社，2008。

刘大鹏：《刘大鹏日记》，乔志强标注，山西人民出版社，1990。

刘鹗：《老残游记》，人民文学出版社，1982。

刘精民收藏《光绪老画刊——晚清社会的〈图画新闻〉》，中国文联出版社，2005。

刘晴波等编校《陈天华集》，湖南人民出版社，1982。

刘乃和编《中国现代学术经典·陈垣卷》，河北教育出版社，1996。

方浦仁、陈盛奖整理《刘绍宽日记》，中华书局，2018。

刘叔琴、陈登原：《开明世界史教本》，上海开明书店，1931。

刘叔琴编译《民众世界史要》，上海开明书店，1928。

刘望龄编著《辛亥首义与时论思潮详录》，华中师范大学出版社，2011。

刘永文：《晚清小说目录》，上海古籍出版社，2008。

柳无忌等编《柳亚子文集·自传·年谱·日记》，上海人民出版社，1986。

柳诒徵：《中国文化史》，东方出版中心，1996。

《鲁迅全集》，人民文学出版社，1981。

陆澹安：《澹安日记》，上海锦绣文章出版社，2010。

陆士谔：《新上海》，上海古籍出版社，1997。

罗惇融：《庚子国变记》，上海书店出版社，1982。

罗家伦：《罗家伦先生文存》，台北"国史馆"，1976。

马克思：《经济学手稿（1861～1863年)》，《马克思恩格斯全集》第47卷，人民出版社，1979。

马勇编《章太炎书信集》，河北人民出版社，2003。

马勇等编校《严复全集》，福建教育出版社，2014。

《毛泽东早期文稿》，湖南出版社，1990。

茅盾：《虹》，《茅盾全集》，人民文学出版社，1984。

梅鹤孙：《青溪旧屋仪征刘氏五世小记》，上海古籍出版社，2004。

孟宪承等编《中国古代教育史资料》，人民教育出版社，1985。

米怜：《新教在华传教前十年回顾》，北京外国语大学中国海外汉学研究中心翻译组译，大象出版社，2008。

木寺柳次郎：《新译西洋历史》，章师濂等译，光绪壬寅六月初次印行。

慕优生编《海上梨园杂志》，上海振聩社，1911。

培根：《新工具》，许宝骙译，商务印书馆，1984。

彭文祖：《盲人瞎马之新名词》，东京秀光舍，1915。

坪井九马三：《中学西洋历史教科书》，吴渊民译，上海广智书局，1908。

钱玄同：《钱玄同文集》，中国人民大学出版社，1999。

钱玄同等编《仪征刘申叔遗书》，广陵书社，2014。

钱锺书主编《郭嵩焘等使西记六种》，三联书店，1998。

秦瑞阶译编《普通西洋历史教科书》，上海文明书局，1907。

秦孝仪主编《总统蒋公大事长编初稿》，中国国民党中央委员会党史委员会，1978。

璩鑫圭、唐良炎编《中国近代教育史资料汇编·学制演变》，上海教育出版社，1991。

瞿兑之：《杶庐所闻录·故都闻见录》，山西古籍出版社，1996。

全国政协文史资料研究委员会编《辛亥革命回忆录》，文史资料出版社，1981。

民友社原著，田尻著《十九世纪欧洲文明进化史》，上海广智书局，1902。

日本前田安治氏原编《万国历史地理试验问题会案》上编，金葆穉译述，经亨颐校正，甲辰十月初十日印刷，东京翔鸾社。

日本天野为之助：《万国通史》，吴启孙译，上海文明书局，1903。

芮和师等编《鸳鸯蝴蝶派文学资料》，福建人民出版社，1984。

瑞典拼里平：《婚姻进化新论》，日本藤根常吉编译，丁福同译，上海文明书局编，译书局代印，1903。

桑兵、黄毅、唐文权合编《戴季陶辛亥文集》，香港中文大学出版社，1991。

桑兵主编《近代报刊汇览·汇报》，广东教育出版社，2012。

桑木严翼：《哲学概论》，王国维等译，教育世界社，1902。

森田峻太郎：《传种改良问答》，丁福保译，上海商务印书馆，1901。

上海人民出版社编《章太炎全集》（4、6），上海人民出版社，

1985、1986。

上海图书馆编《汪康年师友书札》第 1、2、3 册，上海古籍出版社，1986~1987。

上海图书馆编《艺风堂友朋书札》，上海古籍出版社，1983。

上海图书馆编《中国近代期刊篇目汇录》（1、2、3、4），上海人民出版社，1979~1982。

上海新四军历史研究会印刷印钞分会编《中国印刷史料选辑·雕版印刷源流》，印刷工业出版社，1990。

上田茂树：《世界史要》，刘叔琴译，上海开明书店，1940。

深泽镰吉：《西洋史年表》，徐宗鉴译，东京宏文馆，丁未年正月初版。

沈惟贤编《万国演义》，上贤斋藏版，上海作新社制印。

沈云龙编《汪旭初先生遗集》，文海出版社，1973。

沈子复：《印刷术的故事》，上海永祥印书馆，1945 年初版、1947 年再版。

史晓风整理《恽毓鼎澄斋日记》，浙江古籍出版社，2004。

舒新城：《回忆五四反帝斗争的一幕》，《学术月刊》1959 年第 5 期。

舒新城：《教育丛稿》第 1 集，上海中华书局，1925。

舒新城：《我和教育》，该书原为上海中华书局 1945 年版，重新排版后被收入张玉法、张瑞德主编"中国现代自传丛书"，龙文出版社，1990。

松本安子：《男女婚姻卫生学》，诱民子译，横滨启智书会版。

松平康国：《世界近世史》，梁启勋译述，饮冰室主人按语，上海广智书局，1903。

宋开玉整理《桐城吴先生日记》，河北教育出版社，1999。

宋树基、蔡光照、闵槭、黄熙合辑《中外时务新书叙录》，上海会文学社，1902。

苏曼殊等：《民权素笔记荟萃》，山西古籍出版社，1997。

孙宝瑄：《忘山庐日记》，上海古籍出版社，1983。

孙义植：《三民主义与世界语》，《会报》1928 年第 10 期。

孙应祥、皮后锋编《〈严复集〉补编》，福建人民出版社，2004。

孙应祥：《严复年谱》，福建人民出版社，2003。

孙中山：《中山丛书》，上海太平洋书店，1926。

台北"中央图书馆"编《近百年来中译西书目录》，台北中华文化事业委员会，1958。

谭汝谦主编《中国译日本书综合目录》，香港中文大学出版社，1980。

汤志钧编《章太炎年谱长编》增订本，中华书局，2013。

汤志钧编《章太炎政论选集》，中华书局，1977。

《天隐庐日记》庚戌第一册，收入国家图书馆藏《中华历史人物别传集》第 86 册，线装书局，2003。

田玉振：《新闻学新编》，重庆新闻出版社，1944。

万仕国编著《刘师培年谱》，广陵书社，2003。

万仕国辑《刘申叔遗书补遗》，广陵书社，2008。

汪康年：《汪穰卿笔记》，上海书店出版社，1997。

王阑编《泰西学案》，上海明权社，1903。

王立才：《通信订婚法说明》，日本石川县金泽商况社，1905。

王利器辑录《元明清三代禁毁小说戏曲史料》增订本，上海古籍出版社，1981。

王栻主编《严复集》，中华书局，1986。

王松：《台阳诗话》，大通书局，1963。

王韬、顾燮光等：《近代译书目》，北京图书馆出版社，2003。

王维泰：《汴梁卖书记》，上海开明书店，1903。

王相笺注《女四书》，光绪戊申年江阴源德堂藏版，复旦大学图书馆藏。

王锡彤：《抑斋文稿》，文听阁图书出版公司，2008。

王扬宗编校《近代科学在中国的传播》，山东教育出版社，2009。

温州博物馆编《宋恕师友书札》，浙江摄影出版社，2011。

文康：《儿女英雄传》，十月文艺出版社，1995。

文廷式：《纯常子枝语》，收入《文芸阁（廷式）先生全集》，文海出版社，1975。

邬国义编校《〈史学通论〉四种》，华东师范大学出版社，2007。

吴葆诚编译《东西洋历史教科书》，上海文明书局，1905。

吴庆坻：《端总督传》，收入端方《端忠敏公奏稿》，文海出版社，1967。

吴铁声、朱胜愉编译《广告学》，中华书局，1946。

吴学昭整理《吴宓日记》，三联书店，1998。

吴仰湘编《皮锡瑞全集》，中华书局，2015。

吴义勤主编《萧红经典必读·生死场》，文化艺术出版社，2012。

吴稚晖《吴稚晖全集》，九州出版社，2013。

夏晓虹编《〈饮冰室合集〉集外文》，北京大学出版社，2005。

小川银次郎：《西洋史要》，东文学社原译，金粟斋版，辛丑七月。

小川银次郎编《中等西洋史教科书》，沙曾诒译，上海文明书局，1904。

谢觉哉：《谢觉哉日记》，人民出版社，1984。

谢维扬等编《王国维全集》，浙江教育出版社、广东教育出版社，2010。

谢卫楼：《万国通鉴》，1882。

新智社编辑局编纂《男女卫生新论》，新智社，1903。

醒吾等：《童子随笔》，《童子声》第 3 期，1914 年 2 月 16 日。

熊月之主编《稀见上海史志资料丛书》，上海书店出版社，2012。

徐珂编《清稗类钞》，中华书局，1984、1986。

徐亮工编校《中国近三百年学术史论》，上海古籍出版社，2006。

徐瑞祥、陈锡祺合编《外国史纲要》，镇江新苏印书馆，1937。

许恪儒整理《许宝蘅日记》，中华书局，2010。

许善述编《巴金与世界语》，中国世界语出版社，1995。

徐心镜增订《增补泰西列代名人传》，上海徐汇报馆原本，上海鸿宝斋石印，1903。

徐雁平整理《贺葆真日记》，凤凰出版社，2014。

徐兆玮：《徐兆玮日记》，黄山书社，2014，。

薛正兴主编《李伯元全集》，江苏古籍出版社，1997。

杨丽娟整理《学海遗珍：仪征刘氏家藏书札笺注》，广陵书社，2014。

杨天石主编《钱玄同日记》整理本，北京大学出版社，2014。

杨蕡：《吾妻镜》，杭州图书公司，1901。

阎锡山：《阎锡山早年回忆录》，传记文学出版社，1968。

姚公鹤：《上海闲话》，上海古籍出版社，1989。

叶德辉编《双梅景暗丛书》，海南国际新闻中心，1998。

叶圣陶：《叶圣陶日记》，收入《中国近代文学大系·书信日记集》(2)，上海书店，1993。

伊东琴次郎：《胎内教育》，陈毅译，上海广智书局，1902。

义植：《世界语主义》，《会报》1928 年第 8 期。

佚名：《官场维新记》，古典文学出版社，1957。

佚名：《西洋历史教科书》，作（编）者、出版时间均不详，陕西味经官书局。

佚名：《西洋名人传记》，具体编译者、出版者等信息不详，但可看出为清末版，上海辞书出版社图书馆藏。

佚名：《戏曲改良公会广告》，戏曲改良公会第一种：《审吉平》，无具体出版信息，应为清末刊本，复旦大学图书馆藏。

佚名：《印刷术是中国人发明的》，《华侨周报》1932年第17期。

佚名：《中国印刷术的发明》，《华语月刊》1932年第22期。

佚名：《最新中学教科书·西洋历史》，上海商务印书馆，1906年第3版。该书无具体编者信息，唯"凡例"第2页署有"光绪三十一年乙巳六月"字样，出版者、出版时间、版次等信息俱以英文标识。

英国默尔化：《西洋历史教科书》，出洋学生编辑所译述，上海商务印书馆，1902。

英国张伯尔原本《世界名人传略》，上海山西大学堂译书院译印，1908。

有贺长文：《西洋历史提要》，无标注译者，上海时中书局，光绪甲辰年版。

余家菊：《余家菊景陶先生回忆录》，慧炬出版社，1994。

余协中：《西洋通史》，上海世界书局，1935。

余治：《重订得一录：各项善堂义举规章》，上海人文印书馆，1934。

俞万春：《荡寇志》，上海世界书局，1935。

雨谷羔太郎、坂田厚胤：《世界史要》，吴宗煦、吴傅绂译补，上海开明书店，1903。

元良勇次郎、家永丰吉：《万国史纲》，邵希雍译，1906。

元良勇次郎、家永丰吉：《再版万国史纲》，邵希雍译，上海支那翻译会社，1903。

元良勇次郎、盐泽昌贞：《西国新史》，泰东同文局编译，东京株式会社国光社印刷，1905。

袁金铠：《佣庐日记语存》，收入国家图书馆藏《中华历史人物别传集》第81册，线装书局，2003。

袁英光、刘寅生编《王国维年谱长编》，天津人民出版社，1996。

恽代英：《恽代英日记》，中共中央党校出版社，1981。

曾朴：《孽海花》，收入吴组缃等主编《中国近代（1840～1919）文学大系·小说集》（4），上海书店，1992。

张枬：《张枬日记》，中华书局，2019。

张国仁：《世界文化史大纲》，上海民智书局，1931。

张恨水：《写作生涯回忆》，人民文学出版社，1982。

张静庐辑注《中国近现代出版史料·补编》，上海书店，2003。

张菊香、张铁荣编《周作人年谱》，天津人民出版社，2000。

张曼陀：《中国制纸与印刷沿革考》，收入《〈循环日报〉六十周年纪念特刊》，香港《循环日报》社，1932。

张人风编《张元济全集》第3卷，商务印书馆，2007。

张申府：《张申府文集》，河北人民出版社，2005。

张天星辑录《晚清报载小说戏曲禁毁史料汇编》，北京大学出版社，2015。

张相编《新制西洋史教本》，上海中华书局，1914年8月。

张一濤编《新学界门径》，该书具体出版信息不详，应为清末版，上海图书馆藏。

张亦镜编《真光丛刊》，中华浸会书局，1928。

张禹等编注《王理孚集》，上海社会科学院出版社，2006。

张枬、王忍之编《辛亥革命前十年间时论选集》，三联书店，1960。

章太炎：《国故论衡》，上海古籍出版社，2003。

赵晋辑录《戊戌变法前后至辛亥革命报刊发表的戏曲剧作编年》，《戏曲研究》第 6 辑，文化艺术出版社，1982。

赵启霖：《赵瀞园集》，湖南人民出版社，2012。

赵懿年编《中等历史教科书东西洋之部》，上海作新社，1909。

郑振铎、傅东华编《〈文学〉一周年纪念特辑：我与文学》，上海生活书店，1934。

郑振铎：《郑振铎全集》，花山文艺出版社，1998。

中国革命博物馆整理《吴虞日记》，四川人民出版社，1984。

中国社会科学院近代史所中华民国史研究室编《胡适来往书信选》，中华书局，1979。

中国社会科学院近代史研究所《近代史资料》编辑组编《义和团史料》，中国社会科学出版社，1982。

中国史学会主编《中国近代史资料丛刊·辛亥革命》，上海人民出版社，1981。

中国韬奋基金会韬奋著作编辑部编《韬奋全集》，上海人民出版社，1995。

中国文化书院学术委员会编《梁漱溟全集》，山东人民出版社，2005。

中国戏剧出版社编辑部编辑《汪笑侬戏曲集》，中国戏剧出版社，1957。

钟叔河编《英轺私记随使英俄记》，湖南人民出版社，1986。

周传儒：《新撰初级中学教科书·世界史》，上海商务印书馆，1925 年初版，1929 年第 18 版。

周振鹤：《晚清营业书目》，上海书店，2005。

周作人：《知堂回想录》，三育图书公司，1980。

朱鄂生：《朱鄂生日记》手稿本，文听阁图书有限公司，2013。

朱寿朋编《光绪朝东华录》，中华书局，1958。

朱维铮校注《梁启超论清学史二种》，复旦大学出版社，1985。

朱希祖：《朱希祖日记》，中华书局，2012。

朱峙三：《朱峙三日记》，华中师范大学出版社，2011。

竹内实编《毛泽东集》，东京苍苍社，1983。

庄俞、沈颐编《教育部审定共和国教科书·新国文》第5册，商务印书馆，1912年初版，1916年第85版。

总务司案牍科：《学部奏谘辑要续编》，原书为线装，无具体出版信息，上海辞书出版社图书馆藏本。

祖祐：《常识：中国人的三大发明》，《民众教育周刊》1931年第1期。

樽本照雄编《新编增补清末民初小说目录》，齐鲁书社，2002。

中文论著（含译作）

Stuart Allan：《新闻文化：报纸、广播、电视如何制造真相?》，陈雅玫译，书林出版有限公司，2006。

阿部洋：《中国近代教育的特质——舒新城教育思想考察》，《教育评论》1988年第1期。

安井伸介：《中国无政府主义的思想基础》，五南图书公司，2013。

安田朴：《中国文化西传欧洲史》，耿升译，商务印书馆，2000。

巴斯蒂：《中国近代国家观念溯源——关于伯伦知理〈国家论〉的翻译》，《近代史研究》1997年第4期。

本书编写组编《湖南第一师范校史》，上海教育出版社，1983。

彼得·柏克：《知识社会史：从古腾堡到狄德罗》，贾士蘅译，麦田出版社，2003。

彼得·伯克：《欧洲近代早期的大众文化》，杨豫等译，上海人民出版社，2005。

彼得·伯克：《欧洲文艺复兴运动：中心与边缘》，刘耀春译，东方出版社，2007。

波兹曼：《童年的消逝》，吴燕莛译，广西师范大学出版社，2010。

蔡元培：《五十年来中国之哲学》，收入《最近之五十年——申报馆五十周年纪念》，申报馆，1922，上海书店1987年影印本。

蔡元培等：《商务印书馆九十年》，商务印书馆，1987。

陈建华：《“革命”的现代性：中国革命话语考论》，上海古籍出版社，2000。

陈建守主编《史家的诞生：探访西方史学殿堂的十扇窗》，时英出版社，2008。

陈建守：《思想的载体：近代中国词汇/概念史的研究回顾与展望》，《日本中国史学》2016年10月号。

陈平原、王德威编《北京：都市想象与文化记忆》，北京大学出版社，2005。

陈启伟：《康德、黑格尔哲学初渐中国述略》，收入湖北大学哲学研究所《德国哲学论丛》编委会编《德国哲学论丛（2000）》，中国人民大学出版社，2001。

陈应年、陈兆福：《商务印书馆与百年来西方哲学东渐述略》，《世界哲学》2002年增刊。

崔运武：《论舒新城的近代中国教育史研究》，《华东师范大学学报》1988年第4期。

崔运武：《舒新城教育思想研究》，辽宁教育出版社，1994。

嵯峨隆：《近代日中社会主义交流之经验——以大杉荣为例》，收入中国社会科学院近代史研究所编《近代中国与世界——第二届近代中国与世界学术讨论会论文集》，社会科学文献出版社，2005。

戴晴：《在如来佛掌中：张东荪和他的时代》，香港中文大学，2009。

邓嗣禹：《中国印刷术之发明及其西传》，《图书评论》1934 年第 11 期。

杜迈之、张承宗：《叶德辉评传》，岳麓书社，1986。

段怀清：《刘师培的语言 - 文学观》，《杭州师范大学学报》2009年第 1 期。

范铁权、孔祥吉：《革命党人戢翼翚重要史实述考》，《历史研究》2013 年第 5 期。

费夫贺、马尔坦：《印刷书的诞生》，李鸿志译，广西师范大学出版社，2006。

费孝通：《乡土重建》，上海观察社，1948。

冯象钦、刘欣森总编《湖南教育史》第 2 卷，岳麓书社，2002。

复旦大学历史系、复旦大学中外现代化进程研究中心编《新文化史与中国近代史研究》，上海古籍出版社，2009。

傅秋敏：《论汪笑侬的戏曲改良活动》，《戏剧艺术》1988 年第 3 期。

富田昇：《刘师培变节问题的再探讨》，邹皓丹译，收入复旦大学历史系编《江南与中外交流》，复旦大学出版社，2009。

富田昇：《社会主义讲习会与亚洲和亲会——明治末期日中知识界人士的交流》，张哲译，收入《国外中国近代史研究》第 22 辑，中国社会科学出版社，1993。

高良佐：《论刘师培与端方书》，《建国月刊》第 12 卷第 4 期，1936 年。

高彦颐：《闺塾师：明末清初江南的才女文化》，李志生译，江苏人民出版社，2005。

关晓红：《科举停废与近代中国社会》，社会科学文献出版社，2013。

郭勇：《晚清四川戏曲改良的历史还原》，连载于《四川戏曲》2008 年第 6 期、2009 年第 1 期。

贺麟、洪汉鼎：《康德黑格尔哲学东渐记——兼谈贺麟对介绍康德黑格尔哲学的回顾》，收入《西学东渐研究》第 2 辑，商务印书馆，2009。

贺麟：《康德、黑格尔哲学在中国的传播》，收入《五十年来的中国哲学》，商务印书馆，2002。

侯志平：《世界语运动在中国》，中国世界语出版社，1985。

侯志平：《中国世运史钩沉》，首都师范大学出版社，2015。

侯志平主编《世界语在中国一百年》，中国世界语出版社，1999。

侯志平主编《中国世界语运动简史》，新星出版社，2004。

胡全章：《近代报刊与诗界革命的渊源流变》，北京大学出版社，2017。

湖南省地方志编纂委员会编《湖南省志》第 20 卷《新闻出版志·报业》，湖南出版社，1993。

黄爱华：《中国早期话剧与日本》，岳麓书社，2001。

黄萃炎：《长沙〈体育周报〉》，《长沙文史》第 12 辑，1992。

黄见德：《西方哲学东渐史》，人民出版社，2006。

黄克武：《新名词之战：清末严复译语与和制汉语的竞赛》，《中央研究院近代史研究所集刊》第 62 期，2008 年 12 月。

黄克武：《近代中国的思潮与人物》，九州出版社，2013。

黄兴涛：《新名词的政治文化史——康有为与日本新名词关系之

研究》，收入黄兴涛主编《新史学》第 3 卷《文化史研究的再出发》，
中华书局，2009。

霍布斯鲍姆：《民族与民族主义》，李金梅译，上海人民出版社，
2000。

季剑青：《语言方案、历史意识与新文化的形成——清末民初语
言改革运动中的世界语》，《现代中文学刊》2017 年第 1 期。

江勇振：《舍我其谁：胡适》第一部《璞玉成碧，1891～1917》，
新兴出版社，2011。

姜义华：《章太炎评传》，南京大学出版社，2002。

蒋俊、李兴芝：《中国近代的无政府主义思潮》，山东人民出版
社，1991。

蒋俊：《梁启超早期史学思想与浮田和民的史学通论》，《文史
哲》1993 年第 5 期。

蒋瑞藻：《小说考证》，古典文学出版社，1957。

金观涛、刘青峰：《观念史研究》，法律出版社，2010。

卡特：《中国印刷术源流史》，刘麟生译，长沙商务印书馆，1938。

卡特：《中国印刷源流史》，刘麟生译，商务印书馆，1957 年影
印 1938 年本。

李剑农：《中国近百年政治史》，湖南教育出版社，2008。

李龙如：《健学会》，《长沙文史》第 12 辑。

李仁渊：《晚清的新式传播媒体与知识份子》，稻乡出版社，2005。

李仁渊：《新式出版业与知识份子：以包天笑的早期生涯为例》，
《思与言》第 43 卷第 3 期，2005 年 9 月。

李锐：《毛泽东早年读书生活》，万卷出版公司，2015。

李润苍：《论章太炎》，四川人民出版社，1985。

李绍邺：《教育改革后的一师点滴》，收入《湖南文史资料选辑》

第 11 辑，湖南人民出版社，1979。

李孝悌：《清末下层社会的启蒙运动》，河北人民出版社，2001。

李孝悌：《中国近代大众文化中的娱乐与启蒙——以改良戏曲为例》，收入张启雄主编《二十世纪的中国与世界》，中研院近代史研究所，2001。

李永中：《文化传播与文学想象：〈新青年〉杂志研究》，武汉出版社，2006。

林志宏：《世变下的士变：科举废除和知识阶层的定位（1900s～1930s）》，收入甘怀真编《身份、文化与权力——士族研究新探》，台大出版中心，2012。

刘达临：《20 世纪中国性文化》，上海三联书店，2000。

刘立德：《舒新城教育活动和教育思想试探》，《教育史研究》2004 年第 4 期。

刘人鹏：《"西方美人"欲望里的"中国"与"二万万女子"——晚清以迄五四的国族与"妇女"》，新竹《清华学报》新 30 卷第 1 期，2000 年 3 月。

罗伯·丹屯：《猫大屠杀：法国文化史钩沉》，编译馆主译，吕健忠译，联经出版公司，2005。

罗伯特·达恩顿：《启蒙运动的生意——〈百科全书〉出版史》，叶桐、顾杭译，三联书店，2005。

罗尔纲：《水浒传原本和著者研究》，江苏古籍出版社，2000。

罗志田：《抵制东瀛文体：清季围绕语言文字的思想论争》，《历史研究》2001 年第 6 期。

罗志田：《激变时代的文化与政治：从新文化运动到北伐》，北京大学出版社，2006。

罗志田：《清季围绕万国新语的思想论争》，《近代史研究》2001

年第 4 期。

罗志田：《天下与世界：清末士人关于人类社会认知的转变》，《中国社会科学》2007 年第 5 期。

罗志田：《走向世界的近代中国——近代国人世界观的思想谱系》，《文化纵横》2010 年第 3 期。

罗志田：《革命的形成：清季十年的转折》，《近代史研究》2012 年第 3、6 期，2013 年第 6 期。

吕芳上：《从学生运动到运动学生》，中研院近代史研究所，1994。

吕思勉：《三十年来之出版界（1894~1923）》，《吕思勉遗文集》，华东师范大学出版社，1997。

孟庆澍：《无政府主义与五四新文化——围绕〈新青年〉同人所作的考察》，河南大学出版社，2006。

闵杰：《近代中国社会文化变迁录》第 2 卷，浙江人民出版社，1998。

欧阳哲生：《中国近代学人对哲学的理解》，《中国哲学史》2006 年第 4 期。

潘吉星：《从元大都到美因茨——谷腾堡技术活动的中国背景》，《中国科技史料》1998 年第 3 期。

潘吉星：《李约瑟的生平及其贡献》，《自然科学史研究》1995 年第 3 期。

潘吉星：《论中国印刷术在欧洲的传播》，《传统文化与现代化》1996 年第 4 期。

潘吉星：《中国古代四大发明——源流、外传及世界影响》，中国科学技术大学出版社，2002。

彭春凌：《以"一返方言"抵抗"汉字统一"与"万国新语"——章太炎关于语言文字问题的论争（1906~1911）》，《近代史研究》2008 年第 2 期。

彭明：《五四运动史》，东方出版社，1998。

钱存训：《中国纸和印刷文化史》，郑如斯编订，广西师范大学出版社，2004。

钱锺书：《管锥编》，中华书局，1994。

钱锺书：《谈艺录》，中华书局，1996。

钱锺书：《七缀集》，三联书店，2016。

萨义德：《旅行中的理论》，收入《世界·文本·批评家》，李自修译，三联书店，2009。

赛门·温契斯特：《爱上中国的人——李约瑟传》，潘震泽译，时报文化出版企业股份有限公司，2010。

桑兵：《庚子勤王与晚清政局》，北京大学出版社，2004。

桑兵：《近代"中国哲学"发源》，收入狭间直树、石川祯浩编《近代东亚翻译概念的发生与传播》，社会科学文献出版社，2015。

桑兵：《天地人生大舞台——京剧名伶田际云与清季的维新革命》，《学术月刊》2006 年第 5 期。

山口诚一：《日本黑格尔研究一百年》，张桂权译，《哲学动态》1997 年第 9 期。

沈国威：《康有为及其〈日本书目志〉》，『或問』5 号、2003 年。

沈国威：《近代中日词汇交流研究：汉字新词的创制、容受与共享》，中华书局，2010。

石川祯浩：《中国近代历史的表与里》，袁广泉译，北京大学出版社，2015。

宋祖良：《黑格尔哲学在中国的传播》，收入姜丕之、汝信编《康德、黑格尔研究》第 1 辑，上海人民出版社，1986。

苏精：《19 世纪在华传教士与印刷出版》，《出版博物馆》2013

年第 4 期。

孙广德：《晚清传统与西化的争论》，台湾商务印书馆，1982。

唐权：《从"造化机论"到"培种之道"：通俗性科学在清末中国社会的传播》，《近代中国妇女史研究》第 27 期，2016 年 6 月。

汪朝光、王奇生、金以林：《天下得失：蒋介石的人生》，山西人民出版社，2012。

汪东：《寄庵随笔》，上海书店，1987。

汪荣祖：《章太炎对现代性的迎拒与文化多元思想的表达》，《中央研究院近代史研究所集刊》第 41 期，2003 年 9 月。

汪原放：《亚东图书馆与陈独秀》，学林出版社，2006。

王德威：《被压抑的现代性——晚清小说新论》，宋伟杰译，北京大学出版社，2005。

王东杰：《"价值"优先下的"事实"重建：清季民初新史家寻找中国历史"进化"的努力》，《近代史研究》2012 年第 3 期。

王东杰：《从文字变起：中西学战中的清季切音字运动》，《中山大学学报》2009 年第 1 期。

王汎森：《"儒家文化的不安定层"——对"地方的近代史"的若干思考》，收入罗志田等编《地方的近代史：州县士庶的思想与生活》，社会科学文献出版社，2015。

王汎森：《近世中国焚书或反印刷言论的若干断想》，《古今论衡》第 25 期，2013 年 11 月。

王汎森：《五四运动与生活世界的变化》，《二十一世纪》2009 年 6 月号。

王汎森：《章太炎的思想》，上海人民出版社，2012。

王汎森：《中国近代思想文化史研究的若干思考》，台北《新史学》第 14 卷第 4 期，2003 年 12 月。

王汎森：《中国近代思想与学术的系谱》，河北教育出版社，2001。

王凤霞：《官方权力与民间观念的合谋——文明戏被压制之史料钩沉》，《广州大学学报》2009 年 5 月号。

王刚：《"严熊书札"研究三题》，《东吴历史学报》第 23 期，2010 年 6 月。

王奇生：《新文化是如何"运动"起来的——以〈新青年〉为视点》，《近代史研究》2007 年第 1 期。

王晴佳：《中国近代"新史学"的日本背景》，《台大历史学报》第 32 期，2003 年 12 月。

王兴国：《杨昌济的生平及思想》，湖南人民出版社，1981。

王震、王荔芳：《舒新城对我国图书馆事业的贡献》，《图书馆》1996 年第 6 期。

吴晓峰主编《中国近代文学史证：郭长海学术文集》，吉林人民出版社，2005。

邬国义：《梁启超新史学思想探源》，收入氏著《历史的碎片》一集，上海人民出版社，2016。

吴新苗：《清末民初北方地区戏曲改良运动考述》，《中国戏曲学院学报》2001 年 8 月号。

吴新苗：《辛亥前王钟声在北方的戏剧活动及其影响》，《戏剧艺术》2012 年 8 月号。

吴展良：《中国现代学人的学术性格与思维方式论集》，五南图书公司，2000。

伍新福、刘泱泱、宋斐夫等编撰《湖南通史·近代卷》，湖南出版社，1994。

伍新福、刘泱泱、宋斐夫等编撰《湖南通史·现代卷》，湖南出版社，1994。

西佛曼、格里福编《走进历史田野：历史人类学的爱尔兰史个案研究》，贾士蘅译，麦田出版，1999。

夏晓虹：《觉世与传世：梁启超的文学道路》，上海人民出版社，1991。

夏晓虹：《梁启超：在政治与学术之间》，东方出版社，2014。

肖东发：《印刷术发明权的论争并未止息》，中国印刷及设备器材工作协会、中国印刷年鉴社编《中国印刷年鉴（2003）》，中国印刷年鉴社，2003。

辛德勇：《中国印刷史研究》，三联书店，2016。

熊月之：《清末哲学译介热述论》，收入北京外国语大学中国海外汉学研究中心、中国近现代新闻出版博物馆编《西学东渐与东亚近代知识的形成和交流》，上海人民出版社，2012。

徐瑞哲：《全球约160万人擅长世界语》，《新闻晨报》2015年4月18日。

徐载平、徐瑞芳：《清末四十年申报史料》，新华出版社，1988。

许洪新：《民国初教育家李廷翰史料钩沉》，收入林克主编《上海研究论丛》第18辑，上海人民出版社，2007。

杨复礼：《梁任公的新民体及其在中国文学史上的地位》，《开封教育月刊》第1卷第3期，1940年。

杨河、邓安庆：《康德黑格尔哲学在中国》，首都师范大学出版社，2004。

杨琥：《〈新青年〉"通信"栏与五四时期社会、文化的互动》，收入李金铨主编《文人论政：知识分子与报刊》，广西师范大学出版社，2008。

杨琥：《同乡、同门、同事、同道：社会交往与思想交融——〈新青年〉主要撰稿人的构成与聚合途径》，《近代史研究》2009年第1期。

杨齐福：《清末民初恽毓鼎与梁启超关系述论》，《史学月刊》2009 年第 11 期。

杨天石：《何震揭发章太炎》，《近代史研究》1994 年第 2 期。

姚刚：《思想冲突中的抉择——试论章太炎对无政府主义的接纳》，《中山大学研究生学刊》1994 年第 1 期。

野史氏编辑《袁世凯轶事续录》，上海文艺编译社。

余露：《清季民初世界语运动中的"世界"观念》，《学术研究》2015 年第 3 期。

郁龙余：《中国文化开放、进取的性格》，收入汤一介主编《中国文化与中国哲学》，三联书店，1990。

斋藤希史：《近代文学观念形成期的梁启超》，收入狭间直树编《梁启超·明治日本·西方》，社会科学文献出版社，2012。

詹姆斯·C. 斯科特：《弱者的武器》，郑广怀等译，译林出版社，2007。

张桂权：《黑格尔研究九十年》，《河北学刊》1997 年第 2 期。

张朋园：《梁启超与胡适——两代知识分子的亲和与排拒》，收入唐德刚等《我们的朋友胡适之》，岳麓书社，2015。

张朋园：《梁启超与清季革命》，中研院近代史研究所专刊，1999。

张平子：《从清末到北伐军入湘前的湖南报界》，《湖南文史资料选辑》第 2 辑修订合编本，湖南人民出版社，1981。

张秀民：《中国印刷史》，韩琦增订本，浙江古籍出版社，2006。

张秀民：《中国印刷术的发明及其影响》，人民出版社，1958。

张仲民：《另类的论述——杨矞〈吾妻镜〉简介》，《近代中国妇女史研究》第 15 期，2007 年 12 月。

张仲民：《严复与复旦公学》，《历史研究》2009 年第 2 期。

章清：《民初"思想界"解析——报刊媒介与读书人的生活形

态》,《近代史研究》2007 年第 3 期。

章清:《知识·政治·文化:晚清接纳"新概念"之多重屏障》,收入方维规编《思想与方法:近代中国的文化政治与知识建构》,北京大学出版社,2015。

钟少华:《出取集:钟少华文存》,中国国际广播出版社,1998。

钟欣志:《晚清"烈士剧"初探》,《文化艺术研究》2012 年 7 月号。

钟欣志:《晚清"世界剧场"的理论与实践——以小说〈黑奴吁天录〉的改编演出为例》,《中央研究院近代史研究所集刊》第 74 期,2011 年 12 月。

周策纵:《五四运动:现代中国的思想革命》,周子平等译,江苏人民出版社,1999。

周昌龙:《新思潮与传统》,百花洲文艺出版社,2004。

周绍明:《书籍的社会史》,何朝晖译,北京大学出版社,2009。

周月峰:《另外一场新文化运动——梁启超诸人的文化努力与五四思想界》,《中央研究院近代史研究所集刊》第 105 期,2019 年 9 月。

周质平:《现代人物与文化反思》,九州出版社,2013。

朱浩:《章太炎之"无政府主义"》,《逢甲人文社会学报》第 29 期,2014 年 12 月。

竹内善朔:《本世纪初日中两国革命运动的交流》,曲直等译,《国外中国近代史研究》第 2 辑,中国社会科学出版社,1981。

邹振环:《上海东文学社与南洋公学的东文学堂》,『或问』9 号、2005 年。

英文论著

Allen, James Smith, *In the Public Eye: A History of Reading in Modern*

France, 1800 – 1940, New Jersey: Princeton University Press, 1991.

Altick, Richard D. , *The English Common Reader: A Social History of the Mass Reading Public, 1800 – 1900*, Columbus: Ohio State University Press, 1998.

Butler, Pierce, *The Origin of Printing in Europe*, Chicago: University of Chicago Press, 1960.

Carter, Thomas Francis, *The Invention of Printing in China and Its Spread Westward*, New York: Columbia University Press, 1931.

Cavallo, Guglielmo, and Chartier Roger (eds.) , *A History of Reading in the West*, translated by Lydia G. Cochrane, Amherst & Boston: University of Massachusetts Press, 1999.

Chan, Gerald, "China and the Esperanto Movement," *The Australian Journal of Chinese Affairs*, 15 , 1986.

Chartier, Roger, *The Order of Books: Readers, Authors and Libraries in Europe Between the Fourteenth and Eighteenth Centuries*, translated by Lydia G. Cochrane, Cambridge: Polity Press, 1994.

Chartier, Roger, *The Cultural Origins of the French Revolution*, translated by Lydia G. Cochrane, Cambridge: Polity Press, 1999.

Chow, Kai-wing, " Re-inventing Gutenberg: Woodblock and Movable Type Printing in Europe and China," in Sabrina Alcorn Baron, Eric N. Lindquist, and Eleanor F. Shevlin, eds. , *Agent of Change: Print Culture Studies after Elizabeth L. Eisenstein*, Amherst, MA & Washington, DC: University of Massachusetts Press, 2007.

Chung, Yuehtsen Juliette, *Struggle for National Survival: Eugenics in Sino-Japanese Contexts, 1896 – 1945*, New York and London: Routledge, 2002.

Darnton, Robert, *The Kiss of Lamourette: Reflections in Cultural History*, New York: Norton, 1990.

DeCerteau, Michel, *The Practice of Everyday Life*, Berkeley, Los Angeles, London: University of California Press, 1988.

Dikötter, Frank, *Sex, Culture, and Modernity in China: Medical Science and the Construction of Sexual Identities in the Early Republican Period*, Honolulu: University of Hawaii University, 1995.

Duara, Prasenjit, *Rescuing History from the Nation: Questioning Narratives of Modern China*, Chicago: University of Chicago Press, 1995.

Evans, Richard, *In Defence of History*, London: Granta Books, 2000.

Friedrich Hegel, Georg Wilhelm, and Boumann, Ludwig, *Hegel's Philosophy of mind: Being Part Three of the ' Encyclopaedia of the Philosophical Sciences'* , translated by William Wallace, Arnold V. Miller, Oxford : Clarendon Press, 1971.

Forster, Peter Glover, *The Esperanto Movement*, New York: Mouton Publishers, 1982.

Garvia, Roberto, *Esperanto and Its Rivals: The Struggle For An International Language*, Philadelphia: University of Pennsylvania Press, 2015.

Ginzburg, Carlo, *The Cheese and the Worms: The Cosmos of a Sixteenth-Century Miller*, translated by John Anne Tedeschi, London and Henley: Routledge & Kegan Paul, 1980.

Hesse, Carla, *Publishing and Cultural Politics in Revolutionary Paris, 1789 – 1810*, Berkeley, Los Angeles and Oxford: University of California Press, 1991.

Jenkins, Keith, *Re-thinking History*, London and New York: Routledge, 2003.

Kapr, Albert, *Johann Gutenberg: The Man and His Invention*, translated by Douglas Martin, Aldershot: Scholar Press, 1996.

Lins, Ulrich, "Esperanto as language and idea in China and Japan," *Language Problems & Language Planning*, 1, 2008.

Lyons, Martyn, *Readers and Society in Nineteenth - Century France: Workers, Women, Peasants*, New York: Palgrave Macmillan, 2001.

Man, John, *Gutenberg: How One Man Remade the World with Words*, New York: John Wiley & Sons, 2002.

Reed, Christopher, *Gutenberg in Shanghai: Chinese Print Capitalism, 1876 - 1937*, Vancouver, Toronto: University of British Columbia Press, 2004.

Reed, Christopher, "Gutenberg and Modern Chinese Print Culture: the State of the Discipline II," *Book History*, 10, 2007.

Rose, Jonathan, "Rereading the English Common Reader," in Finkelstein, David, and McCleery, Alistair (eds.), *The Book History Reader*, London and New York: Routledge, 2002.

Steinberg, S. H., *Five Hundred Years of Printing*, London: The British Library & Oak Knoll Press, 1996.

Zarrow, Peter, *Anarchism and Chinese Political Culture*, New York: Columbia University Press, 1990.

Zarrow, Peter, "Liang Qichao and the Conceptualization of 'Race' in Late Qing China," 《中央研究院近代史研究所集刊》第 52 期, 2006 年 6 月。

日文文献

唐権「『吾妻鏡』の謎：清朝へ渡った明治の性科学」『国際日

本文化研究センター』2014 年 2 月。

赤川学「開化セクソロジーの研究」人間情報学科（編）『人文科学論集』32 号、1998 年 2 月。

赤川学『明治の「性典」を作った男 謎の医学者・千叶繁を追う』筑摩書房、2014。

林義強「『万国』と『新』の意味を問いかける：清末国学におけるエスペラント（万国新語）論」『東洋文化研究所紀要』147 号、2005 年 3 月。

嵯峨隆『近代中国の革命幻影——劉師培の思想と生涯』研文出版、1996。

日本エスペラント運動 50 周年記念行事委員会（編）『日本エスペラント運動史料第 1（1906～1926）』日本エスペラント運動 50 周年記念行事委員会、1956。

大島義夫・宮本正男『反体制エスペラント運動史』三省堂、1987。

初芝武美『日本エスペラント運動史』日本エスペラント学会、199 年。

网络文献

http：//www. liberafolio. org/2009/popolnombradoj-donas-indikon-pri-la-kvanto-de-esperantistoj/，检索时间：2015 年 8 月 10 日。

图书在版编目（CIP）数据

种瓜得豆：清末民初的阅读文化与接受政治／张仲
民著. －－修订本. －－北京：社会科学文献出版社，
2021.6
（鸣沙）
ISBN 978－7－5201－8443－4

Ⅰ.①种⋯　Ⅱ.①张⋯　Ⅲ.①阅读－文化研究－中国
－近代　Ⅳ.①G252－092

中国版本图书馆 CIP 数据核字（2021）第 093382 号

·鸣沙·

种瓜得豆：清末民初的阅读文化与接受政治（修订版）

著　　者／张仲民

出 版 人／王利民
责任编辑／梁艳玲　陈肖寒

出　　版／社会科学文献出版社·历史学分社（010）59367256
　　　　　地址：北京市北三环中路甲 29 号院华龙大厦　邮编：100029
　　　　　网址：www. ssap. com. cn
发　　行／市场营销中心（010）59367081　59367083
印　　装／北京盛通印刷股份有限公司

规　　格／开 本：787mm×1092mm　1/16
　　　　　印 张：30.5　字 数：395 千字
版　　次／2021 年 6 月第 2 版　2021 年 6 月第 1 次印刷
书　　号／ISBN 978－7－5201－8443－4
定　　价／99.00 元